刘泽华全集

刘泽华◎著

南开大学历史学院◎编

中国的王权主义

天津出版传媒集团

天津人民出版社

图书在版编目(CIP)数据

刘泽华全集. 中国的王权主义 / 刘泽华著；南开大学历史学院编. -- 天津：天津人民出版社, 2019.10
ISBN 978-7-201-15224-0

Ⅰ. ①刘… Ⅱ. ①刘… ②南… Ⅲ. ①刘泽华-文集②政治制度-研究-中国-古代③帝王-权力-研究-中国-古代 Ⅳ. ①C53②D691.2

中国版本图书馆 CIP 数据核字(2019)第 193620 号

刘泽华全集·中国的王权主义
LIU ZEHUA QUANJI · ZHONGGUO DE WANGQUAN ZHUYI

出　　版	天津人民出版社
出 版 人	刘　庆
地　　址	天津市和平区西康路 35 号康岳大厦
邮政编码	300051
邮购电话	(022)23332469
网　　址	http://www.tjrmcbs.com
电子信箱	reader@tjrmcbs.com

总 策 划	任　洁
责任编辑	金晓芸
特约编辑	韩　伟
装帧设计	明轩文化·王　烨

印　　刷	河北鹏润印刷有限公司
经　　销	新华书店
开　　本	710 毫米×1000 毫米　1/16
印　　张	25.25
字　　数	405 千字
版次印次	2019 年 10 月第 1 版　2019 年 10 月第 1 次印刷
定　　价	168.00 元

前　言

　　由天津人民出版社编辑出版的《刘泽华全集(全十二卷)》,在众多南开师友、刘门弟子、家属及出版社领导、各位编辑的共同努力下,终于可以问世了。此套全集由南开大学历史学院主持编选,一些事项需要在此说明:

　　一、刘泽华,享誉海内外的著名史学家、南开大学荣誉教授,1935 年 2 月出生,2018 年 5 月 8 日病逝于美国西雅图,享年 83 岁。自 1960 年大学三年级破格留校任教后,刘先生在南开大学历史系、历史学院执教四十余载,直至 2003 年退休。刘先生曾任南开大学历史系主任、校学术委员会委员、教育部人文社科重点基地中国社会史中心主任等校内外多种重要学术职务,受聘于多家高校及科研单位并担任客座教授,退休后被授予"南开大学荣誉教授"称号。刘先生著作较多,理论观点自成一体,所提出的"王权支配社会""王权主义是传统思想文化的主脉""中国传统政治思想是一种'阴阳组合结构'"等命题和论断,准确而深刻地把握住了中国传统政治文化与政治实践的特点,具有重要的理论创新性,学术影响极大。

　　二、在几十年的教学与科研进程中,刘先生带起了一支专业素质较强的学术团队,以他的学术观点为灵魂,系统梳理中国传统政治思想的脉络,找寻传统与现代政治理念间的异同,致力于剖析中国现代化进程中的诸多症结,具有鲜明的学术个性、敏锐的问题意识和强烈的现实关怀,被誉为"王权主义学派"或"刘泽华学派"。先生可谓是中国政治思想史领域的代表性人物之一。

　　三、鉴于刘泽华先生崇高的学术地位及其论著的重要理论价值,《刘泽华全集(全十二卷)》得以入选天津市重点出版项目。为保证文集的学术水平和编纂质量,天津人民出版社与南开大学历史学院密切合作,联手打造学术精品。经刘泽华先生生前授权,由南开大学历史学院主持全集编选工作,成立了由李宪堂、张荣明、张分田教授为主的编选工作组,带领部分研究生收集初稿进行编选,之后又多次协调召开京津地区刘门弟子研讨会,对全集十二卷的顺序、各卷目录及学术年谱进行了反复讨论。天津人民出版社副总编辑任洁带领团队全力投入,负责各卷编辑工作。

四、时值南开大学百年华诞,作为献礼之作的《刘泽华全集(全十二卷)》的出版引起广泛关注。全集编选工作得到各方支持,进展顺利。多位师友提供刘泽华先生文章手稿及照片。阎师母及先生的女儿刘琰、刘璐对全集的出版十分关心,就全集的编撰、封面设计提出不少建设性的意见。葛荃教授代表刘门弟子撰写了全集的序。葛荃、张荣明、李宪堂、孙晓春、季乃礼、林存阳等教授审读了各卷。何平、杨阳、林存光、邓丽兰等诸多刘门弟子,以及诸多南开史学的毕业生纷纷表达期待之情,翘首以待。

五、由于刘泽华先生的写作时间始自 20 世纪 50 年代初,直至 2018 年 5 月逝世前夕,跨度长达半个多世纪,各个时期的学术规范、报刊发表要求不尽相同,给收集整理和编辑工作带来相当大的困难。此次出版,除对个别字句的误植进行订正外,基本保持发表时的原生样态,以充分体现论著的时代性,便于后人理解当代中国史学演变的路径及意义。刘泽华先生的回忆录《八十自述:走在思考的路上》于 2017 年由生活·读书·新知三联书店出版后,引起广泛关注,被誉为“当代中国学人的心灵史”,此次全集出版时也将其收录进来,以体现全集的完整性,并于文末附由林存阳教授与李文昌博士所梳理的“刘泽华先生著述目录”。

六、由于印刷模糊、议题存疑等原因,刘泽华先生的个别文章未能收入。希望以后有机会再增补出版,以补缺憾。

七、天津人民出版社《刘泽华全集(全十二卷)》编辑小组的全体编辑,对全集编辑出版工作倾情投入,付出了艰巨的劳动,他们是责任编辑金晓芸、张璐、赵子源、霍小青、孙瑛、王小凤、康嘉瑄、韩伟,二审赵艺编审和三审任洁编审。在此向天津出版传媒集团和天津人民出版社表示衷心的感谢。

刘泽华先生长达半个多世纪的学术生涯是在南开度过的,他对南开大学、南开史学拥有一份真诚、朴素的情感,曾带头汇捐四十万元用于设立“中国思想史奖学金"，希望中国思想史学科能后继有人。这套全集也是按照刘先生生前愿望，由南开大学历史学院主持编选，这也是刘泽华先生向南开百年奉献的一份真挚祝福。

唯愿刘泽华先生在天之灵安宁！引导我们永远走在思考的路上！

南开大学历史学科学术委员会

2019 年 10 月 17 日

序：刘泽华先生的学术贡献

葛　荃[①]

刘泽华先生(1935—2018)，河北石家庄人，中国当代著名史学家，中国政治思想史研究著名学者。研究领域包括先秦史、政治史、知识分子史、历史认识论和中国古代政治思想史。先生成果丰硕，为当代中国学术研究贡献良多，主要体现在以下三个方面。

一、著述等身

中国政治思想史研究自 1952 年全国院系调整以后基本处于停滞状态。间或也有些研究成果，刘泽华先生此时即有论文面世，大都是先秦诸子及后世思想家方面的学术论文，鲜有专著问世。20 世纪 80 年代改革开放后，中国政治思想史研究得以复苏。1984 年《先秦政治思想史》出版，这是继 1924 年梁启超《先秦政治思想史》[②]之后唯一的一部同名学术专著，其翔实和厚重的程度，体现了中国学术界六十年来的知识积累和理性认知的进步。其后，1987 年《中国传统政治思想反思》出版，这两部著作在学术界形成了重要影响，奠定了刘泽华先生的学术地位。

关于《先秦政治思想史》，据先生自述，这是一部"迄今为止最系统、最全面(包括'人'和'书')、资料最翔实的一部先秦政治思想史"。诚哉斯言！从体例来看，这部著作有三个特点。一是脱出中国哲学史研究的套路，真正形成了

---

① 葛荃(1953—　)，安徽巢湖人，系刘泽华先生首徒。曾在南开大学、山东大学任教。现为中国政治学会常务理事，中国政治思想史研究会常务理事兼会长。术业专攻：中国政治思想与政治文化。

② 该书一名《中国圣哲之人生观及其政治哲学》。

1

中国政治思想史的知识体系。二是立论允当,均有翔实的史料依据。所谓"言必有据",这正是先生"让史料说话"治学理念的验证。三是在理论突破方面有所尝试。《先秦政治思想史》的写作时间大约是从 1979 至 1983 年。那个时段的中国刚刚改革开放,曾经的教条主义思想束缚还没有完全破除,在理论方面有所突破是需要胆识和超前意识的。刘泽华先生说:"在研究方法上我突破了用阶级理论定义政治的'铁则'。我认为政治有阶级性,也有社会性。""1949 年以后到本书出版之前所有的思想史著作,在论述人物及其思想时几乎都被戴上'这个'阶级或'那个'阶级的帽子,而我在本书中实行了'脱帽礼'。把帽子统统摘掉了。这在当时也可以说是绝无仅有的,谓余不信,不妨翻翻那时的著作。"刘泽华先生延续了"马克思主义"流派的论说方式,破除了教条思维的束缚,摒弃了几十年来桎梏人们头脑甚而轻车熟路的"阶级代入法",形成了夹叙夹议、史论结合、突显学术个性的叙事方式。刘泽华先生以传统中国的政治思维与当下的家国情怀相观照,充分展现了政治思想史研究的理论深度与学术感染力,具有明显的开创性,从而在学术界形成了广泛影响。

《中国传统政治思想反思》更是一部力作。刘泽华先生以鲜明的问题意识"反思"传统,论题包括人性、民论、天人合一、法制、礼论、谏议思想、清官问题,等等。书中提出了中国传统政治思想的研究对象和研究方法问题,论述了传统人文思想与王权主义问题。这些论题的视角和形成的学术判断展现出作者自由思维的敏锐与犀利,引起学界极大的关注。《先秦政治思想史》和《中国传统政治思想反思》开启并奠定了刘泽华先生的研究路向,提升了先生在学术界的知名度和影响力。其中王权主义理念的提出,预示着先生学术思想体系的核心部分已经形成,为其以后的研究及王权主义理论体系的构建开通了道路。

嗣后几十年,刘泽华先生在中国古代政治思想史研究领域用功尤勤,出版了一卷本《中国古代政治思想史》(1992)、三卷本《中国政治思想史》(1996)和九卷本《中国政治思想通史》(2014)。这三部著作跨越二十余年,反映出先生在中国政治思想史领域的超越性进路。其中,1992 年初版的《中国古代政治思想史》于 2001 年出版修订本,被国家教育部研究生工作办公室推荐为全国研究生教学用书。2014 年出版的《中国政治思想通史》是这一学科发展近百年来唯一的一部通史类著作。如果从 1923 年出版的谢无量的《古代政治思想研究》和 1924 年梁启超的《先秦政治思想史》算起,近百年来,有关中国政治思想史类的个人著述并不少。除了梁、谢之作,还有萧公权、萨孟武等人的二十余种,但是冠以"政治思想通史"者,唯先生一人耳。

此外,刘泽华先生还出版了《中国政治思想史集(全三册)》、《中国的王权主义》、《专制主义与中国社会》(合著)、《士人与社会 (先秦卷)》、《士人与社会(秦汉魏晋南北朝卷)》、《中国传统政治哲学与社会整合》(合著)、《洗耳斋文稿》、《中华文化集粹丛书·风云篇》、《中国传统政治思维》、《竞争、改革、进步:战国历史反思》(合著)、《王权思想论》、《中国古代王朝兴衰史论》(合著)等三十多种书,并主编《中华文化通志·制度文化典》。晚年出版个人回忆录《八十自述:走在思考的路上》,这部著作登上了《南方周末》《新京报》等各大书榜,又被《中华读书报》评为 2017 年 5 月月度好书。

刘泽华先生在《历史研究》《哲学研究》《历史教学》《红旗》《文史哲》《南开学报》《天津社会科学》《学术月刊》等刊物,以及《人民日报》《光明日报》《文汇报》《今晚报》等先后发表学术论文、学术短文合计两百四十多篇。

另外,先生还有多部论文和著作在外文期刊或外国出版社出版。其中《中国传统政治思想反思》由卢承贤译成韩文,首尔艺文书苑 1994 年出版;三卷本《中国政治思想史》由韩国著名学者、韩国荀子学会会长、韩国政治思想学会会长张铉根教授用功二十年(1997—2017),译成韩文,合计二百六十万字,已经于 2019 年 2 月面世。

20 世纪 80—90 年代,中国政治思想史研究形成热潮,计有几方重镇。中国古代政治思想史有南开大学、吉林大学,中国近现代政治思想史以中国人民大学为首。进入 21 世纪,重镇相继衰落。唯 2014 年泽华师主编的九卷本"通史"问世,彰显了他数十年的学术积累和巨大的学术影响力,即以皇皇巨著表明其学术追寻的孜孜以求和笔耕不辍的坚守,誉为"著作等身",实至名归。

二、开创学派

学者的成功不仅在于著述,更在于培养新人、接续文化与学术传承。刘泽华先生于 1982 年初指导硕士研究生,1994 年始招博士研究生, 几十年培养弟子众多。其中一些弟子选择在高校或科研单位任职,在学术观点上与先生相承相通,逐渐形成了一个相对松散却志同道合的学术群体。刘泽华先生的学术旨趣在于反思中国历史与传统文化,以批判中国君主专制政治为要点,形成了一套学术理念,具有鲜明的启蒙性。在先生的感召和引领下,学术群体虽然分散在各地,但仍能坚守学术志向,传承先生衣钵,形成了李振宏先生命名的"中国政治思想史研究中的王权主义学派"①。

这里需要说明的一点是,这一"学派"的形成,并非有意为之,更非刻意求之,而是在长期的指导、引领与合作中自然形成的,正所谓"无心插柳柳成荫"。一方面,先生指导研究生的重点是精读原典和研习理论方法,主要通过讨论的方式,激发学生思考,学会做研究。另一方面,先生以指导学生习作的方式来培养和提高学生的研究能力,旨在通过实际操作,激活学生的思维能力。特别是对于某些年龄偏大、入门较晚的学生更是如此。正是在这样的过程中,在先生耳提面命、逐字逐句的谆谆教诲中,师生得以思想交流、情感交融。老师的学术旨趣、价值理念感染和浸润着受教者,许多学术判断和创见性论断在学生的著述中得到接续和不断阐发。兹可谓聚似一团火,散则满天星,历经有年,以刘泽华先生为中心的学术群体逐渐形成。

关于学派的名称,李振宏认为"是考虑到这个学派内部成员的学术个性、差异性问题,而'王权主义学派'较之'刘泽华学派',可能具有更大的包容性"②。这一判断当然是有道理的。不过据我所知,先生本人却没有完全认同。他认为,应该是"王权主义批判学派"或"王权主义反思学派",否则容易令人产生误解,以为我们是赞同王权主义的,其实恰恰相反。

我与师门中诸位好友倒是倾向于最初的提法,以为"刘泽华学派"更为恰当。李教授关注的重点是"王权主义学派"的提法有更大的包容性。不过我以为,孔子以后儒分为八,墨子之后墨分为三,无论怎样分化,其学派的基本理念和宗旨是一脉相承的。中国传统政治文化的价值系统抑制人的个体主体性,长期以来的集体主义教育也使得我们的文化基因对突显个人有着天然的

---

① ② 李振宏:《中国政治思想史研究中的王权主义学派》,《文史哲》,2013 年第 4 期。

恐惧和抵制。事实上，以刘泽华先生为创始人的学术群体，其成员主要是硕士生或博士生，以及部分优秀私淑弟子及学道同人。正是基于价值观的认同与长期的学术合作而相互呼应，形成了学术传承，以礼敬先生、光大师门的共识凝结了认同基础，具备了"师承性学派"的典型特征。故而冠以老师之名讳而称学派，或可开当代中国学界风气之先。

开创或形成学派，并非自家的一厢情愿，而是成就于学界共识。其规定至少有三：一是创始人创建出相对完备的理论体系及相应的知识与话语体系，具备特色鲜明的方法论；二是学术群体成员基本沿顺着相同的学术立场和价值观而接续传承；三是学术群体不仅合作，更有学术创新，而且多有建树，发扬光大。借此而言，刘泽华先生能身体力行，堪为典范。学术群体成员长期合作，建立了全国性学术组织①，并在各自的研究领域各有擅长与学术特色。李振宏对此论述详尽，这里不赘言。

三、知识创新

坊间探讨何为大学，谓之须有大师。能称为大师者，必然能在人类社会的知识传承方面有所创新。刘泽华先生正是这样，主要体现在三个方面。

一是中国政治思想史理论架构和知识体系的创新。梁启超早在20世纪20年代就已经提出了政治思想史研究对象问题，不过他仅仅从类型的视角解读了中国政治思想史的研究对象。一是从"所表现的对象"来划分，分为"纯理"和"应用"两类；二是从"能表现之主格"来区分，分为"个人的思想"和"时代的思想"。这样的概括显然过于笼统，学理性略有不足。此后，大凡涉猎中国政治思想者，纷纷做出解读。

近一个世纪以来，比较具有说服力的是徐大同在20世纪80年代初的认识。他提出："政治思想史的研究对象是：历史上各个阶级和政治集团对社会政治制度、国家政权组织，以及各阶级相互关系所形成的观点和理论体系；各

---

① 2014年，以刘门弟子为主，发起成立中国政治学会之中国政治思想史专业委员会，即中国政治思想史研究会，迄今已经召开七届年会暨"中国政治思想史论坛"。该论坛始于2012年，即筹备成立研究会，在学术界形成了广泛的影响。

种不同政治思想流派之间的斗争、演变和更替的具体历史过程;各种不同政治思想对现实社会政治发展的影响和作用。"①进入 21 世纪,徐大同的认识进一步凝练,提出"一切政治思想无不是反映一定的社会阶级、阶层或集团的政治理想、政治要求,设计夺取、维护政治统治方案或为政治统治'出谋献策'。古今中外概莫能外"②。这一认识较之 80 年代有所扩展,不过其核心仍然可以概括为"关于国家与法的认识"。

刘泽华先生认为,徐大同等人的说法相当深刻,抓住了政治思想史研究的主要内容,可是尚有不足。"问题主要是把政治思想史的对象规定得过于狭窄,有碍于视线的展开。"他提出政治思想史除了研究国家和法的理论外,还有一些内容也应列入研究范围。计有政治哲学、社会模式理论、治国方略和政策、伦理道德、政治实施理论及政治权术理论等。③三十年后,先生在 2014 年出版的《中国政治思想通史》中进一步概括说:"中国古代的政治学说包罗万象,有时还与其他领域的学说理论交织在一起,而中国古代政治思想史的研究对象应包纳无遗,故在确定研究的内容和范围时,宁失之于宽,勿失之于狭。即除了关于国家、政体、法制的理论以外,还要根据中国古代政治学说自身的特点,充分注意政治哲学、社会模式理论、关于治国方略与政策的理论、政治实施理论、政治权术与政治艺术理论、政治道德理论,以及中国古代政治学说所关注的其他各种理论和其他各种门类学术理论中所包含的政治理论内容。"④

刘泽华先生在前人研究的基础上,重新审视中国古代政治思想史的研究对象,提出了政治哲学等五个方面也须作为中国政治思想史的研究对象。这一学术判断符合中国历史和文化生态,拓宽了中国政治思想史的研究视域,具有原创性,为构建中国政治思想史知识体系奠定了基础。

---

① 徐大同、陈哲夫、谢庆奎、朱一涛编著:《中国古代政治思想史》,吉林人民出版社,1981 年,第 2—3 页。

② 徐大同:《势尊道,又尊于道》,载于赵宝煦主编:《知识分子与社会发展》,华夏出版社,2003 年,第 51 页。

③ 刘泽华:《先秦政治思想史》,南开大学出版社,1984 年,第 2—7 页。

④ 刘泽华主编:《中国政治思想通史(综论卷)》,中国人民大学出版社,2014 年,第 6 页。

对中国政治思想史进行整体性的概括是基于学科的发展逐渐展现出来的。自从 20 世纪初叶梁启超"常作断片的发表"[1]，随着学科发展，有诸多研究者想对中国政治思想史做整体性的把握。不过，研究者往往是通过历史分期或概括特点进行整体性的描述。如陶希圣《中国政治思想史》、吕思勉《中国政治思想史十讲》等，莫不如此。被誉为以政治学理论研究中国政治思想史第一人的萧公权也是这样。[2]相较而言，萧公权的整体性认识是有一定的创新性的，但是基本格局没能走出前人的思路。

刘泽华先生的认识在一定程度上超越了前人，他以"王权主义"概括中国古代社会、政治与思想，对中国政治思想史做出了整体性判断。在《中国政治思想史（先秦卷）》序言中，他将中国政治思想史的主题归纳为三点：君主专制主义、臣民意识、崇圣观念。随后，他将这三点归结为一点——王权主义。在他看来，所谓王权主义"既不是指社会形态，也不限于通常所说的权力系统，而是指社会的一种控制和运行机制。大致说来又可分为三个层次：一是以王权为中心的权力系统；二是以这种权力系统为骨架形成的社会结构；三是与上述状况相应的观念体系"[3]。他认为，"在观念上，王权主义是整个思想文化的核心"。作为现代人的研究，当然要借助现代学科的分类来审视传统思想，"但不能忽视当时的思想是一个整体，它有自己的特定的逻辑和结构，而政治思想则是其核心或主流部分，忽视这个基本事实，就很难贴近历史"[4]。借此断言，"在中国的历史上，除为数不多的人主张无君论以外，都是有君论者，在维护王权和王制这一点上大体是共同的，而政治理想几乎都是王道与圣王之治"[5]。显然，王权主义不是一个简单的政治意识形态化的陈述，而是对中国传统社会的政治、社会与思想文化的结构性认知。在这一结构中，君主政治权力系统是中心。与中心相关联的，一方是与之相应的社会结构，另一方则是与权力中心及社会结构相应的思想观念。这里的逻辑关系

---

① 梁启超：《先秦政治思想史》，中华书局，1936 年，第 1 页。

② 萧公权按照思想演变的趋势，划分为四个时期：草创时期、因袭时期、转变时期、成熟时期。又以思想的历史背景归纳为三段：封建天下之思想、专制天下之思想、近代国家之思想。

③ 刘泽华：《中国的王权主义》，上海人民出版社，2000 年，第 2 页。

④⑤ 刘泽华：《中国的王权主义》，上海人民出版社，2000 年，第 4 页。

很清楚,政治思想与政治权力系统及社会结构相关联,三者之间存在着相互影响与作用的互动关系。

这就是说,刘泽华先生突破了以往就思想而谈思想,以分期的方式概括政治思想全局的思路。他从历史学家横亘历史长河的认知高度审视中国古代社会、政治与文化,用王权主义的体系性框架对中国传统社会政治、经济、思想文化做总体性把握,梳理出思想与社会、思想与政治、思想与制度之间互动和相互影响的认知路径,形成了独具学术个性的学理逻辑,实则构成了一种认知范式。

正是在王权主义总体把握的认知基础上,先生对中国政治思想史的命题和范畴做了梳理。诸如传统人文思想与君主专制主义、宗教与政治、王权与"学"及士人、王权与圣人崇拜、革命与正统、政治理想与政治批判,以及道与王、礼与法,等等。又提出中国传统政治思维的"阴阳组合结构",这一判断极具首创性。刘泽华先生在几十年的探索、思考中,渐渐形成了自成体系的学理逻辑,构建了充分展现其学术创新性的知识体系,终成一家之言。

二是学术观点的创新。刘泽华先生的研究新见迭出,多有首创性学术判断,这里仅举两例。

1.关于"王权支配社会"。这一观点是在传统的"权力支配经济"基础上提出的。先生坦言他受到了前人的启发:"王亚南先生的见解可谓前导。"不过他指出,王亚南是从经济入手解读政治权力与社会的关系。而"王权支配社会"与前人所论有着相当的差别。他说:"第一,我不是从经济(地主制)入手,而是直接从政治权力入手来解析历史。君主专制体制主要不是地主制为主导的经济关系的集中,而恰恰相反,社会主要是权力由上而下的支配和控制;第二,我不用'官僚政治'这一术语,君主要实现其统治固然要使用和依靠大批官僚,但官僚不是政治的主体,而只是君主的臣子、奴仆,因此不可能有独立的'官僚政治'及其他学者提出的'学人政治''士人政治'等。君主可以有各式各样的变态,如母后、权臣、宦官,等等,但其体制基本是一样的。"①

"王权支配社会"的提出具有首创性,用先生自己的话说:"我提出这一看

---

① 刘泽华:《王权支配社会的几个基本理论》,《历史教学(上半月刊)》,2018 年第 2 期。

法不是出于灵机一动,而是多年来学术积累的概括。"正是在这一看法的基础上,总结出了"王权主义"理论体系。这一学术判断为深入解读和诠释中国政治思想提供了政治学视角,使诸多传统论题的研究,诸如天人合一、圣人观、重民思潮等,得以走出前人的框架与格局。

2."政治文化化与文化政治化"。刘泽华先生沿顺着思想与社会互动的思路提出,"政治关系就不仅仅是单纯的权力关系,它还是一种文化关系"。他把制度、法律、军队、警察、监狱等称为政治关系中的"硬件",将信仰、情感、态度、价值观等称为政治关系中的"软件",认为"政治文化指的就是这些'软件'"。在这里,先生借鉴了现代政治文化理论,指出"政治文化是政治实体中一个有效的组成部分,在某些情况下,对政治行为起着指导作用"。他把这种状况称为"文化政治化"。其中"包括两层政治含义:其一,一定政治体制的形成有赖于一定的文化背景;其二,一定政治体制的存在和运行,受到文化因素的制约和改造。仅仅从制度、法律、规定、强制等范畴来谈政治是远远不够的,还必须结合一定的文化背景才能真正理解政治的运行和发展"[1]。

政治文化化是说,一定的政治制度与法律体系可以通过不断的政治社会化过程逐渐内化成为政治共同体内成员所奉行的行为准则与政治观念。刘泽华先生从政治与文化互动关系的视角切入,借鉴现代政治学的政治社会化理论,深刻剖析中国传统政治思想的内在结构与关联。"政治文化化与文化政治化"不仅具有学术创新性,而且作为政治学立论本土化的案例,充实了中国政治思想史研究领域的中国话语。

三是研究方法的创新。严格而论,人文社会科学的研究方法和方法论是有区别的。一般而言,研究方法指的是研究的技术手段,如计量方法,包括田野调查、质性研究,等等。方法论是指运用某种理论作为认知、分析、论证和形成学术判断的手段。刘泽华先生是彻底的唯物主义者,自喻"马克思主义在我心中"。他的方法论基础是历史唯物论和辩证唯物论,学界称为"历史与逻辑相结合"的研究方法。从 20 世纪 70 年代中期起,先生坚定而决然地摒弃了僵化教条思维,扩展视野,提出并践行中国政治思想史研究的"互动"方法与价

---

[1] 刘泽华:《政治文化化与文化政治化》,《天津社会科学》,1991 年第 3 期。

值研究方法。

关于"互动"方法。刘泽华先生提出的"思想与社会互动研究方法"是其辩证思维的体现。他认为,"在以往的研究中,大致说来,占主流的是'二分法'。先是阶级的二分法,强调两者的对立。近年来,讲阶级性的大大减少,取而代之的是'精英'与'大众'的二分法"①。在他看来,"思想与社会本是一个有机的整体。然而,由于学科的分化,人类社会的主要领域被分割"。"为了提高研究的专门化程度,人们可以将本来浑然一体的历史现象分割给不同的学科。"为此他提出"必须以综合性的研究来还原并解读事物的整体",概括出"互动"方法论。就是要"综合思想史与社会史的资源、对象、思路、方法",运用"互动"方法进行研究,"撰写更全面的思想史和社会史"。②

为了进一步说明,泽华师举出统治思想与民间社会意识关系问题作为案例。他认为,正是学科分工细化导致的"二分法"将思想分为统治思想和民间社会意识,研究者将上层与下层、官方与民间、经典与民俗、精英与大众、政治思想与社会思想分隔开来。为此就需要运用互动方法论,"依照历史现象之间固有的内在联系,确定研究对象,拓展研究视角,设计研究思路,对各种社会政治观念进行综合性解读"。"在对统治思想、经典思想、精英思想、社会思潮、民间信仰和大众心态分别进行系统研究的基础上,考察它们之间的相互关系,对全社会普遍意识发展史做出深度分析和系统描写。"③互动研究方法关注事物之间的联系与逻辑,可以视为辩证唯物论在政治思想史研究领域的具体运用。这种研究方法能够突破主流思想和政治意识形态对于政治思想史研究的局限,对中国社会的思想与文化做出更为深刻与合理的阐释。

关于价值研究方法。刘泽华先生说:"一方面要注意学科自身的认识规律,循序渐进;另一方面还要借鉴思想史和哲学史研究的经验与教训。"于是提出要把价值研究作为中国政治思想史研究的重要视角,这显然是一种方法论的提炼。

---

① ② ③ 刘泽华等:《开展统治思想与民间社会意识互动研究》,《天津社会科学》,2004 年第 3 期。

先生认为,研究中国政治思想史不能只限于描述思想内容和思想发展的历史过程,同时要考察思想的价值,价值性认识在政治思想史研究中是具有特别重要意义的。他说:"为了判明一种思想的价值,首先要明确价值标准……这就是历史唯物主义。""价值问题不只是个阶级定性问题,还有许多其他方面的内容。不做价值分析,政治思想史就会变成一笔糊涂账。为了更好地判明各种思想的价值,应该探讨一些价值标准问题。在这个问题上,既要借助历史学中已获得的成果,又要结合政治思想史的具体情况,理出一些自身特有的标准。"①

在他看来,在历史上,一些代表剥削阶级的政治思想付诸实践,是可行的,有效的,"甚至起了促进历史的作用"。那么,"在这种情况下,真理与谬误该如何分辨,代表剥削阶级利益的政治思想中有否科学和真理? 实践证明是可行的,起了积极作用的思想是否就是实践检验证明了的真理?"②这些认识是在《先秦政治思想史》中提出的,时值 20 世纪 80 年代初期,"思想解放"几近热潮,这些认识代表着中国政治思想史研究的新思维趋向。

总的来看,刘泽华先生密切关注中国思想、社会和历史相关的宏观性问题,从批判和破除教条主义的思想禁锢出发,彰显和倡导史家自由思考和独立认识的主体意识,形成了成熟的方法论理念,并用于研究实践。互动研究方法和价值研究方法的提出,对推动中国政治思想史研究的深入与拓展,构建创新性知识体系具有重要意义。

四、学术人格

刘泽华先生的学术人格主要是通过其治学理念体现出来的。他说:"研究中国的政治思想与政治精神是了解中国历史与现实的重要门径之一。"为了从传统的封建主义体制和心态中走出来,"首先要正视历史,确定历史转变的起点。我们经常说要了解和熟悉国情,而历史就是国情最重要的组成部分。我的研究目的之一就是为解析中国的'国情',并说明我们现实中封建主义的由

---

① 刘泽华:《先秦政治思想史》,南开大学出版社,1984 年,第 11 页。
② 刘泽华:《先秦政治思想史》,南开大学出版社,1984 年,第 12 页。

来"①。可知先生作为历史学家有着强烈的家国情怀和现实关怀,并凝聚为特色独具的治学理念,形成了极富主体精神的学术人格。

其一,反思之学。反思(turn over to think)的概念在近代西方哲学已有使用,可以界定为认知主体以当下的立场和认知方式审视、回溯传统,即以往的事物与知识。刘泽华先生最早使用这一概念就是在前文提到的《中国传统政治思想反思》一书中。"反思"作为书名,实则体现了他的治学理念。作为历史学家,他认同这样的理念:历史是个不断地再认识的过程,需要当下的认识主体不断地予以反思。历史本来就是人类过往的记述,历史研究就是要为当下的现实生活做出解释,给出学术判断。"学科学理与反思国情就是我研究政治思想史的两个主要依据,也是我三十年来循而不改的一个原因。"这是他致力于"反思"中国历史与传统政治思想的"愿力"②所在。

刘泽华先生曾明确表示:"我觉得我们这一代人经历的曲曲折折很值得反思,其中我认为政治思想的反思尤为重要。""我是强调分析,强调反思……我自己也认为我是反思派,是分析派,而不是一个弘扬派,我主张在分析当中,在反思当中,来区分问题。"③先生的反思之学有两个突出的特点。一是坚持马克思主义基本方法,"把马克思主义作为一种认识论来看待"。他坚持"马克思是伟大的思想家,是人类的精神财富",并且"仍然认为马克思讲的一些基本的道理,具有很强的解释力,比如经济是基础这一点,我到现在仍然认为是正确的"。但马克思主义不是教条,因而对于某些观点需要"修正"。"作为一种学派,它的发展一定要有修正,没有修正就没有发展。其实不只是我在修正,整个社会从上到下都在修正,历史在变,不能不修正,有修正才能发展。"④这里说的修正,指的是学理层面的反思、批判和发展。

二是延续"五四"批判精神。刘泽华先生认为:"'五四'在中国思想文化史上都是划时代的,不管别人怎么批评,我个人还是要沿着'五四'的批判道路接着往下走的。""我自认为我是一个分析的、批判的态度。""五四"精神体现

① 刘泽华:《中国政治思想史集(第一卷)》,人民出版社,2008年,第1页。

② 佛教用语,指心愿的造业力。在这里指意愿之力。

③④ 王申等:《独立思考,突出学术个性——刘泽华先生访谈》,《中国研究生》,2011年第4期。

着一种鲜明的批判精神,正如李振宏所指出的,王权主义学派有着鲜明的学术个性和强烈的现实关怀,"与现代新儒家有明显对立的学术立场,对中国古代政治思想文化抱持历史批判的科学态度"①。这里说的批判当然不是对传统思想与文化的全盘否定,而是哲学意义上的"扬弃",有否定,有拣择,有传续。泽华师延续"五四"批判精神的初衷是"关切民族与人类的命运"。他认为"历史学的重要功能之一,应该是通古今之变,关切民族与人类的命运"。"如果史学要以研究社会规律为己任,那么就必须关注人间烟火。所谓规律,应该程度不同地伸向现实生活。"②

"反思"的治学理念彰显着刘泽华先生的学术个性。正是基于数十年的坚守,先生及其研究群体才能在中国政治思想史领域不断推出成果,为当代中国的文化精神提供理性与新知。

其二,学术主体性与自由思维。刘泽华先生的治学理念体现了作为历史学家理应具有的学术主体性和自由思维。他明确表示"我一直主张独立思考,强调学术个性"③。20世纪80年代后期,先生发表了两篇文章,一为《除对象,争鸣不应有前提》,一为《史家面前无定论》,④集中体现了先生的学术人格。

刘泽华先生提出:"在认识对象面前,一切学派都应该是平等的,谁先认识了对象,谁就在科学领域处于领先地位。"他反对在"百家争鸣"面前设置前提和人为的规定,"百家争鸣是为了发展科学。科学这种东西是为了探索和说明对象,因此科学只对对象负责"⑤。他明确表示:"我认为在历史学家的面前,没有任何必须接受的和必须遵循的并作为当然出发点的'结论'与'定论'。""从认识规律上看,众说纷纭,莫衷一是,是认识的常态;反之,舆论一律,认识一致,则是变态。前者是认识的自然表现,后者则是权力支配与强制的结果。"⑥

---

① 李振宏:《中国政治思想史研究中的王权主义学派》,《文史哲》,2013年第4期。

② 刘泽华:《历史研究应关注现实》,《人民日报》,1998年6月6日第5版。

③ 王申等:《独立思考,突出学术个性——刘泽华先生访谈》,《中国研究生》,2011年第4期。

④ 分别载于《书林》,1986年第8期、1989年第2期。

⑤ 刘泽华:《除对象,争鸣不应有前提》,《书林》,1986年第8期。

⑥ 刘泽华:《史家面前无定论》,《书林》,1989年第2期。

基于这样的认识，刘泽华先生力主研究者理应具有认知主体的个性，即主体精神，认为研究者要从历史中走出来，以造就当下的主体精神。为此，他不赞成把"国学"说成是中华文化的本体，不赞成"到传统那里寻根、找自己，等等"。他说："我认为传统的东西是资源不是主体或本体，我不认为孔子能包含'我'，孔子他就是一个历史的资源，我就是我！中国文化的主体应该是一个活的过程，应该首先生活在我们的现实之中，至于说作为资源，那没问题。"[①]

此外，涉及中西文化的"体用"问题，先生断言："如果讲到体和用，我就讲先进为体，发展为用。只要是属于先进的东西，不管来自何方，都应该学习，拿来为我们现在的全方位发展服务。"[②]

刘泽华先生的主体性也体现在他有意识地对教条化阶级理论进行批判。1978年与王连升合写《关于历史发展的动力问题》一文，"依据马克思、恩格斯有关生产是历史发展的'根本动力'说，来修正当时神圣的阶级斗争说"。这篇文章是他从教条主义束缚中走出来的标志，也是其学术主体性得以彰显并确立的标志。这篇文章与戴逸、王戎笙先生的文章成为20世纪70年代末、80年代初史学界和理论界关于"历史动力问题"大讨论的由头文章。

总的来看，刘泽华先生的学术主体性贯穿着深刻的反思精神，坚持站在当下看传统。在研究对象面前，没有前提，没有定论，也不存在任何不可逾越的权威。他要求自己也教导后学要在前人画句号的地方画上一个问号。他的自由思维是学理认知的自由和学理逻辑的自由，内含着深刻的怀疑和批判精神，确认在学术研究的场域，研究者必须持有独立人格。他用自己数十年的学术生涯践行了这样的治学理念，形成其作为历史学家的学术人格，展现了学者的良知和现代知识分子的天职：质疑、颠覆和构建。

其三，笃实学风。刘泽华先生秉承了南开史学的学风——"平实"。他的创新性论断和首创性学术判断，无不具有翔实的理论依据和史料依据。这种治学理念的基础是"一万张卡片理论"。

在南开大学做青年助教时，南开大学历史系泰斗郑天挺先生的一句话他牢记在心——没有两万张卡片的积累，不能写书。嗣后先生自称为"文抄工"。

———————————

①② 王申等：《独立思考，突出学术个性——刘泽华先生访谈》，《中国研究生》，2011年第4期。

他说:"我属于平庸之才,脑子也不好,所以我就拼命抄。""我这个人不聪明,底子又差,记忆力也不好,所以首先做的是文抄工(不是'公'),每读书必抄,算下来总共抄了几万张卡片。批评者没有人从资料上把我推翻。我的一些考证文章到现在仍经得起考验。"①这里说的"文抄工"指的是从历史典籍、文献或研究著述中抄录资料,在没有电脑等现代录入手段的时代,这是文史研究的基本功,也是学术积累的重要方式。所谓"读书破万卷",由此方能锻铸扎实、厚重的学术功底。

刘泽华先生的勤奋给他带来巨大收获。1978 年湖北云梦睡虎地出土的"秦简"公开发表,他根据秦简考证出战国时期各国普遍实行"授田制"这一事实。这项发现印证了"权力地产化"是实际存在的,从而为"王权主义"理论的建构提供了史实支持。②这是他学术生涯中感到最得意也是津津乐道的一件事。

刘泽华先生倡导"让史料说话"的治学理念,对他的研究结论充满自信,因为所有的结论都是从史料中得来的。他曾说过三卷本一百二十万字的《中国政治思想史集》"不是每一个字都恰当准确,却没有一个字是空洞的、轻飘的"。

笃实学风体现的是治学理念,展现的是其学术人格。作为历史学家必须构筑坚实的史学功底和理论功底,先生的"王权主义"理论就是在长期的研究和思考中形成的,结构严谨,逻辑通透,从而感召学界同人与弟子,形成了被李振宏誉为"使人真切地感受到了学术的进步"的王权主义学派。

五、全集编序

编辑出版全集是刘泽华先生的遗愿,感谢天津人民出版社和南开大学历史学院为此做了详细规划,多次召开研讨会议,最终确定了全集编序。

全集共计十二卷,我们将《先秦政治思想史(上下)》作为第一卷和第二

---

① 刘泽华述,陈菁霞访:《反思我们这代人的政治思想尤为重要》,《中华读书报》,2015 年 3 月 4 日第 7 版。

② 参见刘泽华:《论战国时期"授田"制下的"公民"》,《南开学报》,1978 年第 2 期。

卷。之所以做这样的安排,主要是考虑到这部专著在泽华师的学术生涯中具有重大意义。如前所述,中国政治思想史研究开端于 20 世纪初叶。1923 年,谢无量著《古代政治思想研究》由商务印书馆出版。翌年,梁启超著《先秦政治思想史》由中华书局出版。时隔半个多世纪,刘泽华先生的《先秦政治思想史》于 1984 年问世。这部著述多有创新,在研究对象、研究方法和理论深度方面超越了前贤,奠定了刘泽华先生的学术地位。

全集以《中国传统政治思想反思》作为第三卷。这部力作于 1987 年出版,汇集了这一阶段刘泽华先生关于中国古代政治思想的深刻反思,突破了传统的教条主义思维,明确提出了王权主义理念,用于概括传统中国的政治与思想。事实上,正是《先秦政治思想史》与《中国传统政治思想反思》这两部著作在研究视域上和认识深度上走出了前人研究的窠臼,独辟蹊径,初步形成了王权主义理论的核心内涵体系,将发展了半个多世纪的中国政治思想史研究提升到了一个新高度,同时也形成了独具特色的学术风格。

第四卷收录的《中国的王权主义》是 2000 年由上海人民出版社出版的专著,这是刘泽华先生关于王权主义理论的一部专论。"王权主义"是先生对中国古代社会、政治与文化的总体概括。从最初思路的提出到理论体系的凝聚成形,历经十多年。其间先生有诸多论文问世,观点一经提出,便遭遇太多视儒学为圭臬为神圣为信仰者的攻讦。刘泽华先生秉承先贤"直书"理念,辅之以历史学家的独立人格与学术个性,在不断的反思与深思中将这一理论体系构建完成。这部著作是先生关于中国传统政治思想创新之论的集大成,为 21 世纪的中国学术增添了最为浓重的一笔。

第五卷和第六卷收录的是先生关于中国政治思想史研究的论著。其中,第五卷主要是对先秦、秦汉政治思想的论著,曾经结集作为《中国政治思想史集(第二卷)》出版(人民出版社,2007 年)。第六卷则是未曾结集的学术论文,包括先生对于中国传统政治文化的一些研究成果。

第七卷收录的是刘泽华先生关于中国社会政治史研究的论著。如前所述,先生的学术视域比较宽阔,除了政治思想史研究,还涉猎先秦史、秦汉史、社会史、政治史,等等。本卷即收录了这一方面的研究,包括《士人与社会(先秦卷)》和学术论文。刘先生的王权主义理论不仅仅是对于中国古代政治思想的概括,而是将君主政治时代的中国视为一个制度与思想相互作用的社会政治整体,因而先生并不是孤零零地只谈思想,而是十分关注思想与社会的互动。认为从思想与社会相互作用的视角才能更深入地剖析传统政治思想的真谛,把握其真质,从而对于中国传统社会政治本身才会形成更为贴近历史真实的解读。本卷收录的正是刘泽华先生践行这一治学理念的学术成果。

刘泽华先生的历史研究主要放在战国秦汉史和历史认识论及方法论方面。前者编为第八卷,即关于战国秦汉史及中国古代史的有关著述。后者即历史认识论与方法论,编为第九卷,内容相对比较丰富。包括先生的治学心得、历史认识论与方法论的研究成果等。诚如前述,其中《除对象,争鸣不应有前提》(《书林》,1986 年第 8 期)、《史家面前无定论》(《书林》,1989 年第 2 期)两篇文章集中展现了先生的治学理念和学术自由精神,对于冲破教条主义束缚,培育科学精神和独立人格极具催动性,在学术界影响巨大。今天读来,依然感受到其中浓烈的启蒙意蕴。

全集最后三卷分别是第十卷《随笔与评论》、第十一卷《序跋与回忆》、第十二卷《八十自述》。这三卷的文字相对轻松些,主要是发表在报刊上的学术短文、采访、笔谈,以及为南开大学师长、学界同人、好友及后学晚辈撰写的序跋等。其中最后一卷收录的《八十自述》是刘泽华先生对自己一生治学与思考的总结,从中可以深切感受到先生"走在思考的路上"之心路历程。

全集最后附有刘泽华先生的著述目录,以方便读者检索。

全集是刘泽华先生毕生治学精粹的汇聚,展现了先生这一代学人的认知与境界。经南开大学历史学院与天津人民出版社着力促成,对于当代学界及后世学术,意义匪浅。

"哲人其萎",薪火永续。

是为序。

葛荃于巢社

2019 年 7 月 21 日

目　录

自　序

从 20 世纪 70 年代后期开始，我把主要精力投入中国政治思想史的研究。为什么选择这个方向？回想起来，既有个人志趣，又有自我使命的选择。志趣人人各异，另当别论。说到使命的选择，最初出于学科补白。60 年代初入思想史时，发现专事政治思想史的研究者寥寥无几。对这种现象有点儿奇怪，我虽没有找到说明这种现象的足够理由，但也有一点儿模糊的感觉，好像是"政治"不需要它，可是自认为，从事中国古代史的教学与研究是不能忽视思想史的，尤其不能忽视政治思想，于是略有积累，也写过几篇小文。没有想到这几篇习作竟在"文革"伊始的大环境下招来不少大字报，罪名无非是"借古讽今""含沙射影"等，再加上其他"罪过"，我被投入"牛鬼蛇神"的行列。那时间我心惊胆战，魂飞魄散。当时得出的教训是："政治"，神物也，凡人不可议也，哪怕是古代的亦属禁忌！然而人就是这么一个"怪物"，他要思考！我在惊恐之余，竭力"斗私批修""紧跟"，可是又不停地产生疑问。这里讲一个例子，记得从当时油印的"首长讲话"中读到陈伯达的讲话，他要人们读《贰臣传》，又号召人们做董仲舒。我感到十分震惊。因为我对董仲舒多少有过一点儿研究，还写过文章，于是自疑自问：真的要回到什么时代？是的，就我而言，也曾下决心要做一个"忠民"和"顺民"（我不是"官"，还不够"臣"的资格）。然而使我无法抑制的是，总不停地有"贰心"产生。"贰心"相斗，阴一套，阳一套，苦不堪言。后来逐渐清晰，与其"贰心"相斗，不如躲进小屋求"我心"。70 年代后期又萌生了"马克思主义在我心中"这一信念，到此时才逐渐明确，别人的事归别人，我自己归我自己。这里要说明一句，我并不是无政府主义者，"自己归自己"的意思是指，在研究领域，学理高于一切，而所求的则是学术个性。这层意思后来在《除对象，争鸣不应有前提》《史家面前无定论》等文中做了较细致的阐述。自从有了"自己归自己"的意识之后，我才开始把"学理"看得重于一切，也才开始讲求学术"逻辑"。本书所集结的文字便是"自己归自己"之后收获的一部分。

70 年代后期开始主攻政治思想史，除了前边说到的原因外，无疑还有"文革"大背景的促使。"文革"中的封建主义的大泛滥给我以极大的刺激。细想想，那些封建主义的东西并不仅仅是"文革"的创造，同时也是历史封建主义的继续和集成。为了从"文革"中走出来、从封建主义中走出来，为了清理自己，痛定思痛，无论如何需要再认识中国传统的政治思想。

我不是专业的"著作郎"，而是一名教书匠，研究必须与教学相配合。随着教学层次（本科、硕士、博士）的提高，我也力求把政治思想史的研究推向深入。大致说来，可分为递进性的三个层次。

政治思想史的基础研究：为了适应本科生和硕士生，我写了《先秦政治思想史》和主编了《中国古代政治思想史》。为了给博士生提供一部完备的参考书，与合作者写了较专深的三卷本《中国政治思想史》。关于政治思想史的基础问题研究大体归纳为如下几个方面：一是以人为单位的"列传"式研究；二是政治流派研究；三是一个时代的社会政治思潮研究；四是专题性问题的研究；五是政治思想与政治实践关系的研究。在我看来，基础研究是一个学者终生的事业，越专越要回顾基础，如果在"专"的过程中不注意拓宽基础，容易漂浮和偏颇。

政治文化研究：在基础性的研究过程中已涉及普遍的社会政治意识问题，如何深入？多有困惑。适值 80 年代初西方的"政治文化"理论开始介绍进来，于是我想到"传统政治文化"问题。人们对"政治文化"众说纷纭，更何况"传统政治文化"。我不想先给"传统政治文化"下什么定义，而是先从问题出发，我认为有两个问题很值得研究。一是政治价值观念问题。所谓政治价值观念，指的是一种政治观念的文化结晶或凝固状态，如成俗性的政治心理定式，无明确意识的政治行为准则，无须论证的当然前提，不以为非的公认的政治形式、框框、套套，等等。这些是历史长期积累的成规，是历史的惰性，在历史上影响极大，过去注意得比较少。二是"政治文化化与文化政治化"问题。比如，儒家最初是诸子百家的一派，后来与政治结合为一体，这就有一个儒家政治化和政治儒家化问题。这一类问题在历史上同样有极大的影响。我写了一些文章来剖析这些问题，系统研究尚待来日。

政治哲学问题：如果说传统政治文化侧重社会政治价值研究，政治哲学则主要研究政治思维方式和形而上学的抽象。政治哲学不仅在研究政治思想史时会遇到,在研究中国整个历史时也会遇到。政治哲学是政治思想的最高抽象,同时又反过来成为社会政治控制的理论系统,它在实际上所起的控制作用有时可能比政治硬件还有效,因为它已成为人们的精神规范和不可逾越的框框。我认为必须把政治哲学作为独立的领域来看待,这就需要从中国思想史中抽象出特有的政治哲学命题、范畴,要研究我们祖宗的政治思维方式。虽然至今我还没有理出一个清晰的头绪,但大体说来是沿着以下几点进行探索的:其一,哲学史中最普遍、最抽象的问题,如"天人合一"等,我认为大多也是政治哲学问题;如果讲中国哲学的特点,也在于"政治哲学",或者说哲学问题都要归结为政治问题。其二,从中国的历史过程解析中国传统政治精神的主旨问题,依我之见,中国传统政治精神的主旨是王权主义。其三,我认为传统政治思想和观念有一个重要特点,这就是理论上的"混沌性",也可以说是一种"阴阳组合结构",或者说是"组合命题",例如"君本–民本"组合,"尊君–非君"组合等。我们要做的事情之一就是剖析这种组合结构与特点。其四,研究传统政治思维方式问题。以上这些问题在《中国传统政治思想反思》《中国传统政治思维》(合著)两书中已有所论述,也写了若干篇文章,但只是开了一个头。《中国传统政治哲学与社会整合》一书进一步系统论述了这些问题。

我认为中国传统思想文化的主体是政治思想和政治文化,而其主旨则是王权主义。思想文化的王权主义又根源于"王权支配社会"这一历史事实。

既然我认为传统思想文化的主旨是王权主义,因此我对它在现实生活中的有效性怀疑多于相信,对张扬传统的种种说法多不敢苟同;对流行的开发传统、开发儒家以救时弊的思潮更为怀疑。在我看来,当务之急是分清什么是传统观念,什么是现代意识,以及如何从传统的笼罩中走出来!如果说我这些说古的文章有什么蕴意的话,可以概括为一句话:要从历史中走出!

我的这本书不是为写书而写的,而是二十年来对王权主义问题陆续思考的一个结集。为了避免重复,凡以前已成书的篇章,原则上不再收入。本书与过去几本书不同之处在于更集中阐述了"王权支配社会"这一看法,并以此为据进一步论述了与王权主义相关的政治文化和政治哲学问题。

由于这些文章是陆陆续续写成的,个别地方难免有重复之处,我曾试图做些删、并,但由于每篇论述的问题不同,做起来很难,且有伤体之弊。最后放弃了这种努力,还是保留原貌为宜。

书中有几篇文章是同葛荃、张分田、李冬君、刘刚、侯东阳合写的。征得他们的同意收入本书,名字在文中注出。他们是我的学生,又是合作者和朋友。在我们之间,唯求学理,不问其他。应该说我们的合作是有成效的!我感到格外高兴的是,在共同切磋过程中,对"王权主义"问题达成了共识,这是我们能长期合作的学术基础。我非常感谢这几位老弟(还有其他的老弟),他们经常磨砺我这个趋于钝化的脑筋!这些年来我的精力有些不济,他们也给了我许多帮助。在此向他们致谢。

1999 年 6 月 25 日

于南开大学洗耳斋

再 版 序

本书于 1988 年以《专制权力与中国社会》为名首次出版,当时印了两万册,很快就销售一空。由于阴差阳错,这本书一直没有再印。

王亚南先生的《中国官僚政治研究》是我们的先导,我们不敢说是《中国官僚政治研究》的续篇,但我们作为后来者主观上是力争接着做的。如果说我们的书有什么新意,可以概括为一句话,这就是:我们是围绕"专制权力支配社会"这一思路展开论述的。

"专制权力支配社会"(或曰"王权支配社会")这一看法是 20 世纪 70 年代后期到 80 年代前期逐步形成的,我当时一方面努力研究中国政治思想史,除写了一系列文章外,1984 年出版了拙著《先秦政治思想史》;另一方面花费相当的精力研究战国、秦汉的社会阶级和身份。在上述两方面的研究中,专制君主这个庞然大物凸现在我的眼前。

先秦时期的哲人一面异口同声呼唤圣王出世,一面又把无限权力交给圣王。圣王虽然与现实的王有别,但在理论取向和事实上是对现实王的肯定。春秋战国诸子的政治理论对王权支配社会做了全面的论证,奠定了此后两千年的思维范式和思路。我对战国、秦汉时期阶级、身份,以及后来封建地主生存条件的研究,在经济上证明了居于社会主导地位的阶级和阶层,主要是权力分配的产物,特别是那些官僚地主,主要是靠权力来维系的。我们多数史学家都不会否认"官僚地主"是占社会主导地位的阶级,而"官僚"正是"地主"的前提和主要依据。至于政治制度上的特点,史学界公认是君主专制体制。基于上述理由,我得出了"王权支配社会"的结论。

这一判断最早是在 1983 年于昆明举行的"中国封建地主阶级研究"学术讨论会上提出的,会议主办单位是《历史研究》编辑部、南开大学历史系和云南大学历史系。我向会议提交的论文是《论中国封建地主产生与再生道路及其生态特点》，文中提出地主阶级的主干——官僚地主产生与再生道路主要是由政治权力分配社会资源而形成和维持的。文章提出"政治特权支配社会、支配经济"，"暴力和政治虽然不能创造出封建经济，但在封建经济关系基础上，它可以在很大程度上影响乃至决定封建地主成员的命运及其存在形式"。此论一出即受到一些朋友的批评，说我的观点是杜林"暴力论"的翻版，早已被恩格斯批判得体无完肤云云。这种批评在当时是很严厉的。我绕开这种责难，在历史事实上请求驳正，他们无言以对，这增加了我的信心。从整体上说，我不赞成政治决定经济关系，但我认为不能忽视政治权力在经济中的地位与特殊作用，在一定的范围内，比如在社会资源分配等方面，它能起决定性的作用，在前资本主义社会尤为突出。如果只用经济分析，根本无法说明大量的事实。马克思十分重视前资本主义社会的超经济强制的意义，我们所做的就是把超经济强制视为一种占主导地位的体制和观念。为了更详尽地阐发上述观点，我邀汪茂和、王兰仲同志一同撰写了本书。在学术理念上我们是真正的志同道合，所以是一次成功的合作。

专制权力支配社会在中国有两三千年的历史，其影响是相当广泛的，它不仅形成了一套体制，也形成一种文化心态。我们要从这种体制和心态中走出来，不是一蹴而就的。为了走出来，首先要正视历史，确定历史转变的起点。我们经常说要了解和熟悉国情，而历史就是国情最重要的组成部分。我们的这本书可以毫不夸张地说，是一本国情备忘录。欲了解中国国情者，应该翻阅一下本书！

刘泽华

2005 年元月

引　言
——王权主义概论

马克思在说到法国中世纪的特点时,曾说过这样一句话:"行政权力支配社会。"马克思虽然没有详细展开论述,但这句话对我认识中国传统社会起了提纲挈领的指导作用。我稍加变通,把"行政权力"变成"王权"二字。我认为中国传统社会的最大特点是"王权支配社会"。与"王权"意义相同的还有"君权""皇权""封建君主专制",等等。

从历史的总过程看,我仍相信生产力的发展状况与生产关系决定着社会的基本形态。这是最基础性的看法。王权支配社会问题是在此基础上提出的一个具体的社会运行机制问题。这是既有联系又有区别的两个不同层次的问题。前者要回答这个社会何以是这样,后者则是回答这个社会运动的主导力量是什么。就中国古代社会而言,我认为区分这两个不同层次对更真实地把握历史过程是有意义的。

在社会生产力发展缓慢的历史时期,在生产力还没有突破现有的社会关系以前,社会的运动主要是受日常的社会利益关系矛盾驱动的。这里所说的日常利益是指形成利益的社会条件没有什么大的变化,利益的内容大体相同,利益分配和占有方式大体相同。社会利益无疑有许多内容,但主要的还是经济利益。在长达数千年的中国传统社会中,经济利益问题主要不是通过经济方式来解决,而主要是通过政治方式或强力方式来解决的。这样,政治权力就走到历史舞台的中心,并在相当长的时期内成为社会运动的主角。

中国从有文字记载开始,即有一个最显赫的利益集团,这就是以王-贵族为中心的利益集团,以后则发展为帝王-贵族、官僚集团。这个集团的成员在不停地变动,而其结构却又十分稳定,正是这个集团控制着社会。这是一个无可怀疑的事实,我的问题就是以此为依据而提出的。

这种王权是基于社会经济又超乎社会经济的一种特殊存在。它是社会经济运动中非经济方式吞噬经济的产物,是武力争夺的结果,所谓"马上得天下"是也。这种靠武力为基础形成的王权统治的社会,就总体而言,不是经济力量决定着权力分配,而是权力分配决定着社会经济分配,社会经济关系的主体是权力分配的产物;在社会结构诸多因素中,王权体系同时又是一种社会结构,并在社会的诸种结构中居于主导地位;在社会诸种权力中,王权是最高的权力;在日常的社会运转中,王权起着枢纽作用;社会与政治动荡的结局,最终是回复到王权秩序;王权崇拜是思想文化的核心,而"王道"则是社会理性、道德、正义、公正的体现,等等。过去我们通常用经济关系去解释社会现象,这无疑是有意义的;然而从更直接的意义上说,我认为从王权去解释更为具体,更恰当。

王权主义是上述现象的总称, 我所说的王权主义既不是指社会形态,也不限于通常所说的权力系统,而是指社会的一种控制和运行机制。大致说来又可分为三个层次:一是以王权为中心的权力系统;二是以这种权力系统为骨架形成的社会结构;三是与上述状况相对应的观念体系。

以王权为中心的权力系统有如下几个特点:其一,一切权力机构都是王的办事机构或派出机构;其二,王的权力是至上的,没有任何有效的、有程序的制衡力量,王的权位是终生的和世袭的;其三,王的权力是无限的,在时间上是永久的,在空间上是无边的,六合之内,万事万物,都属于王权的支配对象;或者说,王权的无限并不是说它包揽一切,而是说,王权恢恢,疏而不漏,它要管什么,就可以管什么;就某些人事而言,可以同它拉开一定距离,所谓"不事王事",但不能逃脱它;其四,王是全能的,统天、地、人为一体,所谓的大一统是也。

在王权形成的过程中,同时也形成相应的社会结构体系。王权无须经过任何中介,直接凭借武力便可以拥有与支配"天下",所谓"普天之下,莫非王土;率土之滨,莫非王臣","六合之内,皇帝之土","人迹所至,无不臣者","天子以四海为家","土地,王者之有也"等,并不是虚拟之词,而是历史事实的反映。在那个时代,政治统治权和对土地与人民的最高占有、支配权是混合在一起的。也可这样说,对土地和人身都是混合性的多级所有,王则居于所有权之巅。这种观念和名义上的最高所有,有时是"虚"的,但它随时可以转化为"实","虚""实"结合,以"虚"统"实"。因此权力的组合与分配过程,同时也是社会财产、社会地位的组合与分配过程。王权–贵族、官僚系统既是政治系统,又是一种社会结构系统、社会利益系统,集政治、经济、文化为一体。这个系统及其成员主要通过权力或强力控制、占有、支配大部分土地、人民和社会财富。土地集中的方式,主要不是"地租地产化",而是"权力地产化"。这个系统在社会整个结构系统中居于主要地位,其他系统都受它的支配和制约。

在观念上,王权主义是整个思想文化的核心。各种思想,如果说不是全部,至少是大部,其归宿基本都是王权主义。春秋战国的百家争鸣可以说是中国历史上的思想文化转型时期,诸子百家创立的学说和思维方式开其后两千多年的先河,后来者虽不无创造,但直到近代以前,基本上没有能突破那个时代创造的思想范式和框架,以至可以说,承其余绪而已。因此对诸子百家的思想做一个总体估计,对把握其后两千年的思想是极有参考意义的。这里我只提两个问题。第一,诸子百家思想的主流和归宿是什么呢?应该说是政治。对这一点,司马谈有很好的概括:"《易大传》:'天下一致而百虑,同归而殊途。'夫阴阳、儒、墨、名、法、道德,此务为治者也,直所从言之异路,有省不省耳。"①班固的看法承司马氏,他认为诸子是"王道"分化的结果,归根结蒂又为王服务,"使其人遭明王圣主,得其所折中,皆股肱之材已"②。诸子百家所论,可以说是上穷碧落下黄泉,无所不及,但最终归于一个"治"字,这应是一个无可怀疑的事实。我们可以从现代学科分类出发对过去的思想进行相应研究,但不能忽视当时的思想是一个整体,它有自己的特定的逻辑和结构,而政治思想则是其核心或主流部分,忽视这个基本事实,就很难贴近历史。道家中的"庄学"颇有点排除政治的意味,主张回归自然,那么从哪里回归呢?最主要的是要抛却政治才能谈回归,为此就必须不停地讨论如何同政治拉开距离,也就是说,必须议论政治,应付政治,庄子的千古名篇《应帝王》就是既想离又离不开的一篇奇文。第二,政治的中心是什么?我认为只能有一个结论,这就是王权和王制。在中国的历史上,除为数不多的主张无君论以外,都是有君论者,在维护王权和王制这一点上大体是共同的,而政治理想几乎都是王道与圣王之治。

作为观念的王权主义最主要的就是王尊和臣卑的理论与社会意识。

---

① 《史记·太史公自序》。
② 《汉书·艺文志》。

我们的最伟大、最杰出的思想家几乎都在为王尊编织各种各样的理论，并把历史命运和开太平的使命托付给王。

天、道、圣、王合一，简称"四合一"，置王于绝对之尊。"四合一"是传统思想中的普遍性命题，只要是能称得上是思想家的，几乎没有不论述"四合一"的。如何"合一"，固然有种种说法和理论，但所追求的都是"四合一"。关于这些问题我在多篇文章中进行了讨论，书中第四章有专论，这里仅撮要说几点：一、"四合一"把王神化、绝对化、本体化；二、把王与理性、规律一体化；三、把王与道德一体化；四、把理想寄希望于王。从历史评价上看，天、道、圣同具体的王不一定契合，甚至相背，但是同理想的王或圣王则是一体关系。尽管在"四合一"中包含了人们无限的美好理想，并以此为依据对许多具体的君主进行了批评，甚至鞭挞，可是归结点依然是王权和"王制"。只要没有超出这个大框框，也就说明还没有走出王权主义。这不是苛求古人，而是对一种事实的判断。理想的王权主义同现实的王权没有不可逾越的界限。历史似乎同人们开了一个玩笑，越是寄希望于圣王，就越难摆脱现实的王。"四合一"是传统思想文化的一个支脉，不可忽视。现在有些学者离开具体历史内容大谈"天理""心性"，使人如坠十里云雾，我期期以为不可也。

传统思想文化对帝王的社会与历史定位几乎也是一致的。首先，人类的文明和制度都是那些圣王们创造的，没有圣王，人就不能成为人，王是社会秩序的体现。其次，王只能有一个，一切权力只能集中于王之手，这就是所谓的"天无二日，民无二王"和"大一统"。王贵"独"：势位独一，权力独操，决事独断，地位独尊，天下独占。这"五独"是诸子百家的共同主张，也是社会的共识。在理论上，"五独"同君主要开明、要纳谏、要虚心、要用贤、要听众、要有罪己精神等并存不悖。后者对前者无疑有某种制约和规范意义，但更主要的是完善和补充，即使最严重的"革命"，也没有突破"五独"体制。再次，王为民之父母。从表面看，这是极高的要求，也充满了脉脉的温情，然而恰恰在亲情的帷幕下所有人都变成了王的子民，变成为被养育者，于是"皇恩浩荡，臣罪当死"，成为不易之论。还有，开太平的历史重任也只有通过王才能实现。在中国的历史上，众多的思想家编造了太平盛世的理想，那么如何实现呢？大凡都寄希望于圣王。正是在这种无限的寄情中，帝王变得更加伟大和神圣。

与王尊相应的是臣卑的理论和观念。

臣民卑贱是天秩所决定的。所谓天秩指的是宇宙的结构或万物秩序之类的事物关系。在各式各样的结构和秩序中，君主都处于至尊至上之位，臣民与君主相对而处于卑下之位。"君臣相与高下之处也，如天之与地也。"①千姿百态的阴阳论无一例外地把君主置于阳位，把臣民置于阴位，虽然阴阳相对相成而不可分，但同时又有主次，阳为主，阴为辅。于是臣民为地、为阴、为卑、为下，这是天秩，是命定，是必然。

臣民在社会与历史上只能为子民、为辅、为奴、为犬马、为爪牙、为工具。"主者，人之所仰而生也。""为人臣者，仰生于上也。"君主是天下人的衣食父母，生养万民。既然臣民是被君主恩赐才能生存的下物，那么属于君主自然是理中之事，以至像柳宗元这样有个性的大文人在皇帝面前也要说这样的话："身体肤发，尽归于圣育；衣服饮食，悉自皇恩。"这类的话不仅仅是谀辞，而是一种社会认同的政治文化和观念。正如臣下对君主自称"犬马"一样，是一种无意识的自然的文化认定。社会硬件（权力、等级等）对君臣主奴地位的规定无疑具有强制的性质，而成为习俗的主奴观念则使人变为自觉的臣仆。从这个意义上说，成为习俗的政治文化对人的规范作用更为突出。

面对着君主，在认识上臣下虽然有某种自主性，比如以道事君、以道谏君等。但这种认识的自主性是有限的，绝没有在认识对象面前认识平等的意义，相反，在文化观念和心理上深深存在着一种错感和罪感意识。从理论和社会观念上说，君主是圣明的，无所不知，无所不通，臣下只能是君主的学生和受教育者；在是非的判断上，君主是最高的裁决者，因此臣下的进谏固然包含着对君主的批评，然而这种批评在观念上又是一种错误和罪过，于是在臣下的上疏中，开头、结语常常有这样一些语句，诸如"昧死以言""臣某诚惶诚恐，顿首顿首""愚臣""愚见""兢惶无措""惟圣心裁鉴""臣不胜倦倦之至""彷徨阙庭，伏待斧锧"，等等。这绝不是空洞的客套话和形式主义，而是社会和认识定位的真实写照。历史上无数因进谏而致罪的事实便是这类词语的历史内容和证据。如果说到臣民的认识能力和知识从哪里来，在君主面前大抵都要归功于君王，正如韩愈所说："得备学生，读六艺之文，修先王之道，粗有知识，皆由上恩。"就事实而论，韩愈的知识与皇帝何干？可是他必须把自己的知识归功于君王。这就是那个时代的臣民的精神！在君王面前，臣民生就的错感和罪感意识对传统的思想文化有着巨大

①《管子·明法解》。

的影响,是造就思想贫乏、缺乏创造力和想象力,以及人格普遍萎缩的重要原因之一。

中国传统社会的运行机制和历史过程,无疑比以上所说的要丰富得多,但就"主要的"而言,我自信,我的看法离历史真实不远!

第一章　王权支配社会

一、君主专制帝国:政治支配经济运动的产物

公元前 221 年,秦统一了中国,建立了我国历史上第一个封建君主专制主义的中央集权帝国。其后两千年,代代相袭,而且君主专制越来越强化,成为中国古代政治制度的一个最显著的特点。究竟什么是君主专制制度赖以存在的基础? 史学界的说法颇不一致。或曰封建土地国有;或曰地主土地所有;或曰小农经济;或曰水利灌溉事业的需要;或曰抵御少数族的入侵;或以上数说兼而论之。总之,众说纷纭,莫衷一是。我们想暂且把"基础"问题放在一边,先对统一的封建君主专制制度形成的原因和过程, 如实地进行一番考察,进而找出这个制度的特点,庶几对解决这个问题有所帮助。

1.武力兼并与君主专制制度的发展

更早的历史姑且不论,中国封建君主专制中央集权的矛盾运动是从春秋时期开始,至秦帝国的建立而成定型。

翻开春秋、战国、秦汉的历史,可以清楚地看出:从分封制和分权制,经过各种形式的兼并、掠夺,进而到地区性的统一和地区性的君主集权;地区性的统一和君主集权再经过更加激烈的军事争夺,最后到全国的统一和君主中央集权。从这个历史的变动过程来看,这样一个历史的因果关系是清楚的:统一只是封建君主专制的形式,也就是说,没有君主集权就不会有地区性的统一;没有地区性的君主集权就不会有全国的统一。所以,弄清了君主集权发展演变的基本原因,封建专制统一的问题也就比较容易解决了。

我们知道,国家机器是由许多权力环节联结在一起的成套体系。就其阶级性而言,它是剥削者、统治者压迫被剥削者、被统治者的工具,并维持相应的社会秩序。但这只是国家的一般性质。就其权力机关的每一个环节来看,又

有着特定的性质,体现着特定阶层的利益。因此,一方面国家表现了阶级的对立和相应的秩序,同时国家机器本身各个环节之间又有矛盾。国家权力构成形式的变化不仅受阶级矛盾的制约,还受内部矛盾的制约。在一定条件下,后者甚至会起主导作用。从西周的分封制过渡到战国以后的君主集权制,与其说它是地主阶级夺权的结果,或者说是地主制取代领主制的结果,不如说是各个大小受封者互相争夺的结果。不能忽视这样一个基本事实:即战国时期的专制君主,没有一个是分封制以外的来客,都是由原来的受封者扮演的。

西周以来的分封制是权力和财产(主要是土地和人民)分配结合在一起的一种既临民又临土的世袭体制。权力的上下关系同时又体现着财产的占有关系。逐级分封制形成了天子、诸侯、大夫、士对土地和人民的多级所有。这种结构不可避免地造成两种趋向:一是权力越大对财产的支配力就越大,从而要求攫取更多更大的权力,这表现为权力的集中垄断、扩张兼并等;二是分封又造成了一个个相对独立的王国,每个独立王国都具有强烈的排他性和割据性。这两种势头是一个问题的两个方面,既统一又矛盾。西周分封诸侯是当时的历史条件形成的,周天子的本意是"以藩屏周",但历史的发展却使它走到了自己的反面,各诸侯坐大势强,形成头轻脚重之势,最后周天子形同虚设。到春秋之世,便形成了诸侯各自为政的局面。与此同时,由于生产及商品经济的发展,又为诸侯们扩张兼并注入了刺激活力。

诸侯们每一次争战的导火线虽然极不相同,但有两个相同的目的:一是扩大自己的势力范围,侵占更多的土地和人民;二是争当霸主。如晋国的郤至受聘于楚,对楚令尹子反说:"诸侯贪冒,侵欲不忌,争寻常以尽其民。"[1]当时争夺之激烈,竟至"疆场之邑,一彼一此,何常之有"[2]的地步。郑攻陈,陈告郑于晋(晋当时是霸主),晋责问郑:"何故侵小?"郑反驳说:"昔天子之地一圻(方千里),列国一同(方百里),自是以衰。今大国多数圻矣!若无侵小,何以至焉?"[3]据载,春秋之世,齐吞掉三十个小国及一些部落[4];楚灭掉四十余国及一

<hr />

① 《左传》成公十二年。
② 《左传》昭公元年。
③ 《左传》襄公二十五年。
④ 参见《荀子·仲尼》。

些部落①;晋灭掉二十余国,征服四十余国②;秦灭掉二十余国③。这种兼并扩张的结果当然是削减了割据势力,扩大了地区性的统一和君主集权。另外,对几个大国来说,争当霸主的目的也是十分明显的。霸主实际是无名而有实的天子,所以争当霸主就是为建立更大的君主集权而进行的演习。

从春秋的历史看,促使君主集权强化的主要角色是诸侯。他们虽然受着传统力量的支配,继续进行着分封,但他们却把较多的注意力放到了打击卿大夫等受封者上面,千方百计加强集权的力量。分封制引起了诸侯与天子之间的矛盾,但人们对这个问题的认识,直到卿大夫以同样的方式起来反对诸侯时才开始。《左传》开篇所载郑庄公与京城大叔的矛盾,使祭仲觉察到受封者势力膨胀是"国之害",他认为应先发制人,及早除掉,防患于未然。公元前755年,晋封桓叔于曲沃,师服当即指出:"吾闻国家之立也,本大而末小,是以能固……今晋,甸侯也,而建国。本既弱矣,其能久乎?"④公元前531年,楚国的申无宇总结了各诸侯国的大夫犯上作乱的历史事实之后,得出结论:"末大必折(折其本),尾大不掉。"⑤以上我们列举的这些论者,虽然都没有从根本上否定分封制,但他们却看到了分封制已成为与诸侯专权相抗衡的力量,主张用大斧砍断斩绝。

分封制是君主集权的主要障碍,这一点已逐渐为人们所认识。但是要一下子消灭分封制是不可能的,因为所有的贵族与执政者都置身其中,既是搞君主集权的主角,又是分封的受益者。而且当时的经济又没有在分封制外产生与分封制相抗衡的社会势力或集团。因此,削弱与破坏分封制的力量不可能来自分封制之外,而只能从分封制内部成长起来。以对权力和土地等的争夺为杠杆,受封者之间的矛盾运动,促成了分封制的衰落和君主集权的形成。春秋时期,在君主集权的运动中诸侯们尚占着优势,他们打击卿大夫等受封者,主要有如下几种方式:

一是消灭大族。周天子分封过许多诸侯,他对这些封国有改封,而很少灭封国。但到了春秋时期,诸侯消灭大夫的事却层出不穷。就晋国的情况来看,

---

① 参见《吕氏春秋·直谏》。
② 参见《吕氏春秋·贵直》。
③ 参见《史记·李斯列传》。
④ 《左传》桓公二年。
⑤ 《左传》昭公十一年。

晋献公担心桓、庄之族逼宫，仿效"晋士蒍使群公子尽杀游氏之族"的办法，于是"晋侯围聚，尽杀群公子"，并废除了公族，于是晋无近亲公族。①十多年后，当晋国假道于虞以伐虢的时候，虞国的宫之奇曾追忆过此事，说："桓、庄之族何罪，而以为戮，不唯逼乎？"②这个"逼"字道出了君主集权与分封者之间的矛盾。晋献公以为消灭了桓、庄之族，其他异姓大夫不会对他构成威胁，不会夺取晋国的君位。但历史的进展表明，异姓大夫强大起来之后，同样虎视眈眈，觊觎君位。正因为如此，所以到晋厉公时，再一次提出"去大族"的问题。事情进行了一半，优柔寡断的晋厉公当决不决，反被栾氏、中行氏杀死了。这说明诸侯王公们在加强自己的权力时所遇到的反抗力量是何等的巨大！以后晋平公又提出过"去大族"的问题。

二是削夺。这种方式与前者不同，它是通过削夺封邑的办法来打击分封者的势力，以加强诸侯的权力。如郑子驷执政时，"为田洫，司氏、堵氏、侯氏、子师氏皆丧田焉"③。楚灵王"夺斗韦龟中犫（韦龟，令尹子文玄孙；中犫，邑名），又夺成然（韦龟子）邑而使为郊尹"④。管仲当政时，"夺伯氏骈邑三百"⑤。在那些险要的地方，夺封的事更是常常发生。如楚惠王要把梁赏封给鲁阳文子，鲁阳文子说："梁险而在境，惧子孙之有贰者也……纵臣而得全其首领以没，惧子孙之以梁之险，而乏臣之祀也。"⑥文子的话反映了一个事实：险要之地是难得传世的。

三是转封或改封。这样做的目的在于避免受封者坐大成势，出现不可收拾的后果。春秋时期这类事例甚多，如晋灵公"使解扬归匡、戚之田于卫，且复致公壻池之封，自申至于虎牢之竟"⑦。又如晋国的士会先封于随，后又改封于范，故士会有随武子与范武子之称。

四是减少分封。春秋时期，各国主要世族的受封多在前期，后期就明显地减少了。根据宗法分封制的原则，诸公子都应受封。然而到春秋后期，这种分

---

①《左传》庄公二十五年。

②《左传》僖公五年。

③《左传》襄公十年。

④《左传》昭公十三年。

⑤《论语·宪问》。

⑥《国语·楚语下》。

⑦《左传》文公八年。

封也明显地减少了。即便分封，也不再像以前那样容易了。如楚共王时，公子婴齐请求楚王把申、吕封给自己，开始楚王答应了；但后来申公巫臣对楚王说，申、吕是北方边境士卒所需军赋的供应地，假如以此为赏田，就等于没有了申、吕。楚王听从了申公巫臣的建议，收回成命。

诸侯们采取的以上种种措施，都与加强君主集权有关。这些活动越多，原来的分封制所具有的凝固性分解得就越快，君主权力也就日益强化。这绝不是说诸侯们已经变成了分封制的对立物，而是说那种争夺的力量迫使他们不得不这样做。

那么，卿大夫们对分封制与君主集权持何立场呢？这尽管在不同的国家和不同的条件下表现并不都是一样的，但总的说来他们表现为两面性：一方面他们抵触诸侯们的集权，热衷于分封；另一方面他们又在拼命搞兼并，搞集权。

希望得到君主的封邑，这几乎是公子、大夫、有功者及嬖幸等人普遍的愿望和要求。这些人不是嫌封邑太多太大，而是越大越好。分封绝不是诸侯单方面的行为，而是存在着普遍要求分封的社会势力，因为分封是利益分配最现实的形式。这种要求分封的普遍性，我们可以从赵简子的誓词中看出。赵简子攻范氏、中行氏，在誓师时宣布："克敌者，上大夫受县，下大夫受郡！"①毫无疑问，这应该是当时最有诱惑力的口号。如果这些上大夫、下大夫不热切地要求分封，那么赵简子的誓词还有什么价值！以上所说只是问题的一方面。另一方面，卿大夫的争夺权利，又为集权开辟了道路。这些卿大夫并不是以割据、坐邑称主为满足，事实上也不允许他们这样做。在那个权力主导一切的时代，单单为了保住既得的封邑权益，还必须出而为官，因此有"弃官则族无所庇"②的说法。如果想要扩大自己的利益，那就更不必说了。春秋后期，显赫的大夫们为了争国权、执国政，在政治、经济、军事等各个领域展开了激烈的争斗。齐、晋、郑等国，在这种争斗中许多大族失败，甚至被灭族；而胜利者则比其前任更加专权。大夫争执国命，包含着多种力量的较量，其中有大夫之间的斗争与联合，也有君主与各大夫之间的斗争与联合。尽管力的方向不同，但产生的合力都是朝着君主集权的方向运动的。

集权与割据是一个问题的两个方面，凡置身于分封制的人都具有两重性

---

① 《左传》哀公二年。
② 《左传》文公十六年。

格，只不过因条件不同突出的方面不同罢了。看起来是为了分赃而进行的斗争，为什么都汇向了集权呢？道理并不复杂。瓜分果实中所表现出来的权力的集中，正好意味着集权者权益的扩大。从阶级社会的历史看，生产力水平越低，经济越不发达，权力就越表现出它是攫取经济利益的最有效的手段。权力越大，获利愈多。所以当时追逐权力的斗争是不以某一个人的意志为转移的，那是一个时代的潮流。

根据以上事实，我们可以这样说：在一定的历史条件下，诸侯、卿大夫既是分封的维护者，又是集权的当事人。那种不加分析，一概把诸侯说成是分封的维护者，把卿大夫说成是集权者的观点，是不符合历史实际的。

分封制是在诸侯、卿大夫之间错综复杂的斗争中衰落的。与此相伴行，君主集权制逐渐产生和发展起来。君主集权制的主要标志是推广直属的郡县制和实行官僚制，使官治事临民而不领土，官位不世袭。同时军权也更加集中。这个过程相当长，直到战国时期，区域性的君主集权才真正建立起来。当然，这并不是说战国中期以后分封制与分封所造成的割据不复存在了，但分封的势力毕竟是大大削弱了。

集权是手段，攫取经济利益才是目的，所以在集权过程中必然引起财产关系的重大变化。在分封制下，土地和人民的所有权是从属于政治权力的。在分封制被破坏与集权形成的过程中，土地和人民的所有权同样是随着政治权力的变动而变动的。到春秋之世，那种不依政治权力而转移的土地自由买卖的时代还未到来。也就是说，春秋时期还没有形成土地私有。这样说，是不是把政治凌驾于经济之上了呢？从某种意义上说是这样。前面我们已经说过，推动兼并的主要原因是为了占有土地、人口和财产，是为了经济利益；但实现兼并的手段却又不是经济的，而是军事的和政治的。集权是为了消除对土地的多级主权占有。集权者力求使主权与所有权一元化，所以不管是原来的诸侯，还是由大夫上升而成的诸侯，他们都拥有国内土地的最高所有权。怎样支配这些土地呢？君主们除了把一部分土地分赏给亲幸、功臣、属僚之外（这种赏赐已不同于以往的分封），其余的土地便通过授田的方式分配给农民耕种。农民必须向君主交纳赋税和负担徭役。这些赋税和徭役不再像过去那样要经过各级分封者的瓜分，而是直接落入专制国家君主的腰包。

但是历史喜欢同人们开玩笑，你想要进入这个房间，却偏偏走入了另一个房间。君主集权的目的本来是为了把土地连同人口、财产统统控制在自己名下,使土地与主权一元化。但集权的后果之一就是出现了君主集权所无法支配的土地私有及其所有权的转移。在一家一户为单位进行生产的条件下,权力越是高高在上,就越脱离生产实际;越脱离实际,就越容易失去对基础的控制。如果一个政权不对生产进行直接组织与指挥,随着时间的推移,它对土地的所有权不可避免地要发生管理松弛现象。战国时期,个体生产者开始分化。最初,人们只是"捐""弃"土地而走他方,后来就出现了土地买卖的现象。然而,君主集权并没有因土地私有而受阻,而是沿着强化的道路继续前进。原因在于这时的土地私有没有同政权结合在一起,不能形成分权势力,不妨碍君主集权。另外,土地不同于其他商品,它可以买卖,但不能移动。所以不管土地属于谁,只要不影响国家的税收,归谁所有并不是一个主要问题。战国后期发展起来的土地买卖与私有,看上去是使国家即君主失去了一部分土地的所有权,但国家直接征收赋税的权力并没有丧失。所以尽管土地所有权出现了新情况,但对君主集权的运动并没有产生影响。

战国中后期诸侯的兼并战争,是春秋时期兼并战争的继续,只是内容与形式有所不同。春秋时期的兼并在争夺土地的同时还要消除分封制与分权现象,而战国时期的兼并则主要是争夺全国的最高统治权。争夺的结果,最终由秦国完成了统一大业,建立了全国的君主专制主义中央集权。

2."以天下恭养"与秦的统一

对秦朝统一的主要原因,大家的看法却很不一致。在各种不同的观点中,最为流行的一种见解是,认为秦始皇统一中国顺应了人民的要求,符合人民的愿望,巩固了封建生产关系,促进社会生产力的发展。这样一来,秦始皇的形象顿时就高大起来,"统一"的形象也顿时高大起来。

果真人们有美好的愿望,就必定会得到甜蜜的果子吗?人们要求什么,社会之神就一定恩赐什么吗?事实证明,历史并不是这样。严格地说,历史不是按照人们的愿望演进的。在阶级社会里,像人们所占物质资料的差异悬殊一样,人们的愿望也极不一样,究竟按谁的愿望走?即使说人们都希望统一,那么到底由谁来统一呢?单单为争统一本身就会引起一场殊死的搏斗。退一步讲,在当时的情况下就是有统一的愿望、要求,也只能处于自发的和分散的状态。这种自发的、分散的愿望和要求,不通过一定的形式集中起来,在任何重大的历史变动中都不可能起什么重大作用。就事实而论,到目前为止,我们还没有发现处于无权地位的人民有过什么为争取统一而联合起来的实际行动。恰恰相反,在战国的史籍中,到处可以看到劳动人民厌战、避战、逃战等反对兼并战争的事实。因此,说秦始皇统一中国是顺应了人民的要求、愿望等,只不过是一种推想罢了。至于说秦始皇统一是为了巩固封建生产关系,促进社会生产力的发展,则更是令人难以信服。如果此说可以成立,岂不是说封建地主阶级已经进入了自觉地、有计划地、有目的地创造历史的自由王国!很显然,这种把秦始皇现代化的做法,根本不符合历史事实。

战国时期犹如飞轮转动式的战争,都是围绕着争夺土地和人口展开的,强者如果不把弱者吞并掉是决不罢休的。当时的君主及一些思想家和游说之士曾不断谈到统一问题,用他们的语言来说,叫作"霸王""霸王之业""帝""一天下""定于一""天子""兼天下""尽亡天下""并诸侯""吞天下""称帝而治""跨海内制诸侯""地无四方,民无异国""天下为一",等等。这些不同的称呼反映着一个问题:各诸侯争为天下之主。诸侯们争吞天下的目的是什么呢?除了"天之所覆,地之所载,莫不尽其美,致其用"①之外,不可能有别的目的。

秦始皇也不例外。唯一不同的是,他比他同时代的任何人在这同样的轨道上都跑得快。顿弱说:"秦帝,即以天下恭养。"②战国末年其他说客们也都很明白,秦"非尽亡天下之兵,而臣海内之民,必不休矣"③。尉缭甚至在秦国也直言不讳地说,如秦王"得志于天下,天下皆为虏矣"④。在统一以后,秦始皇自己也说得很明白:"六合之内,皇帝之土","人迹所至,无不臣者"。⑤这些话与统一前别人对他的分析是完全一致的。

武力兼并运动决定着统一。那么为什么秦始皇能够完成统一,而东方六国国王们统一的美梦却破灭了呢?秦能够统一的因素很多,但它能严格地按照军功爵和功过进行赏罚,是诸种因素的基础。秦自商鞅以来一直贯彻执行军功爵制度,使全国上下军民都纳入了战争的轨道,而且这种多等级制吸引着每一个人来发挥自己的最大能量。这种制度之所以有威力,关键在于它是由国家不断进行财产和权力再分配的基本形式,各级爵位的实际利益是落实在土地、赋税、徭役的分配,以及个人身份升降等之上的。这正如荀卿所说:"秦人,其生民也狭厄,其使民也酷烈,劫之以势,隐之以厄,忸(习惯)之以庆

---

① 《荀子·王制》。
② 《战国策·秦策四》。
③ 《战国策·魏策三》。
④⑤ 《史记·秦始皇本纪》。

赏,鳍(制裁)之以刑罚,使天下之民所以要利于上者,非斗无由也;厄而用之,得而后功之,功赏相长也;五甲首而隶五家,是最为众强长久,多地以正。故四世有胜,非幸也,数也。"①这段话清楚地告诉我们,秦的统治者是怎样利用土地、租税、爵位等等调动臣民的战斗力,"使天下之民所以要利于上者,非斗无由"的。用经济手段调动了臣民的力量,打了胜仗又使秦国获取更大的利益,如此循环,这就是秦强和秦始皇完成统一的基本原因及并吞诸侯的秘密。

秦的统一和中央集权制国家的建立是权力支配经济运动的产物,因此统一中央集权更有利于君主对农民的掠夺与压迫。封建统一的中央集权越大,就越有利于当权者宰割那些分散的个体的农民,这是封建统一中央集权的最本质的一般表现。统一后秦始皇的所作所为就是最好的说明。

秦始皇统一中国之功是卓著的,但认为秦始皇统一代表了人民的要求、为了促进社会生产力发展等观点,则是站不住脚的。秦始皇统一后所实行的政策,从本质上与主流看,是他争统一过程中所实行政策的继续和发展。

君主集权制与其说是某种形式的土地占有关系(国有或私有)要求的产物,毋宁说是权力支配经济,主要是支配分配的产物。权力的大小与分配的多寡成正比,所以人们都拼命地追逐权力。封建统一与君主集权就是在这种追逐权力的斗争中形成的。这种追逐当然不是个人之间骑士式的角斗,而是以君主为核心、以军事和官僚为基础的集团的行动。人们可以清楚地看到,这种由军事争夺而形成的统一的君主集权制具有两个最明显的特点:一是它的超经济性,二是它是一个军事官僚实体。超经济性决定了它不仅无视经济规律,而且多逆经济规律而行;军事官僚实体决定了它对社会财富的无止境的贪欲和野蛮的掠夺行为。

我们这样说绝不是否认君主专制主义中央集权在其形成过程中所起过的革命性作用。这种革命性作用是一种副产品,主要表现在瓦解分封制和使土地逐渐变为私有方面,对这种变化及其意义应该有充分估计,如促进了工商业的繁荣,引起了社会生活各个方面不同程度的变革,等等。但君主专制主义中央集权是为追求占有更多的土地和人民,征收更多的赋税和徭役而形成的,它不是以社会发展为目的的。

---

① 《荀子·议兵》。

3.天盖式的权力体系与垂范两千年

秦始皇遗留给后世百代而不辍的是什么？人们可以有种种不同的答案。我则曰：皇帝制度。

秦始皇在短短的十几年里，做了那么多轰轰烈烈的事，把偌大的中国搞得天翻地覆，他靠的是什么？答案也会因人而异。我的答案依然是：皇帝制度。

秦始皇的权力无疑有继承的因素，但作为大一统帝国的权力，它同商、周一样，都是从马上得来的，只不过经历了更雄伟、更残酷的争战。正如李斯所说："今陛下兴义兵，诛残贼，平定天下，海内为郡县，法令由一统。"①秦以前可考的历史表明，每一个王朝的政权都是军事权力的转化形式。秦始皇是经历了大战之后建立的皇帝制度，他把夏、商、周以来逐渐完善的君主专制制度推到一个新的阶段。

司马迁把皇帝为核心的权力体系比作"天盖"，可谓既形象又逼真。秦始皇是这种天盖式权力体系的完成者。它有两个最基本的特征。

第一个特征是：在权力体系中，皇帝是至上的、独一的、绝对的。

秦始皇统一后做的第一件事就是称"皇帝"，宣布万世一袭，"传之无穷"，取消谥法以杜绝"子议父，臣议君"。这三项内容事关根本。皇帝集兵权、政权、立法权和行政权于一身。万世一袭与取消谥法反映了皇帝的至上性与绝对性。在大吉大喜的时刻，把取消谥号同称皇帝、宣布万世一袭并列，不免有点煞风景，然而这正是秦始皇极高明的政治艺术和娴熟的绝妙权术之表现。他规定死后不准人们对自己评头论足，生前还用说吗？在中国历史上，我们经常看到有作为的专制帝王一次又一次为身后立法，秦始皇可谓最突出的一位，他反复宣布一切法令"永为仪则"。

秦始皇的把"皇帝"绝对化，主要解决了两个问题。其一，把皇帝的绝对性与官僚任职的相对性和临时性结合为一体。君位一姓相传由来已久。但是在秦始皇以前，由于普遍存在宗亲与勋贵的分封世袭制，在君王旁边存在着一个较稳定的分权力量，这对君主的地位时时都有威胁。秦始皇把分封制一刀切掉，这没有巨大的魄力是做不到的。博士淳于越与李斯关于分封与郡县的辩论，远远超出了事情的本身，应该说，辩论的核心是皇帝的地位与独尊问题。在李斯看来，皇帝绝对"一"化，才可避免权力从内部分化，也才可避免争

---

① 《史记·秦始皇本纪》，以下未注者均引此篇。

乱。韩非早就指出,对一个君主而言,来自权力内部的威胁比来自外部威胁更多。秦始皇为突出皇帝这个"一",不惜使"子弟为匹夫"。除了他本人是绝对的"一"以外,所有的官僚都是相对的;其数量虽多,均受制于"一"。从强化君主专制这一点讲,秦始皇把事情推到了极致。后来的历史一再证明,凡是要加强君主个人集权,无一例外地或快或慢地采取了秦始皇的办法。其二,皇帝独断,官僚承办,全部官僚机构都是皇帝直接的或间接的办事机构。秦始皇是中国历史上少有的劬劳不止的大独裁者。他无所不管,"皇帝并宇,兼听万事,远近毕清。运理群物,考验事实,各载其名","经纬天下"。每天把政务排得满满的,"天下之事无小大皆决于上。上至以衡石量书,日夜有呈,不中呈,不得休息"。朝中上下,一切听他裁断,"丞相诸大臣皆受成事,倚办于上"。独断与决事的一定程序性虽并不是绝对不相容,但独断的极端化必然破坏一切程序,以至随心所欲,任意而行。秦始皇前期还注意廷议,到晚年,除几位亲信外,无人知其行迹。秦朝的机构是相当完备的,三公九卿之分是否定型,学界尚有争论,但"三公"之号则载之于《史记》。各机构尽管有明确的职掌,但又随皇帝之意由小变大,或由大变小。宦者中车府赵高能翻手为云、覆手为雨则是皇帝极端独断和各种机构职能随帝意而变形的一种反映。把所有政权机构变为皇帝的办事机构不是秦始皇的独创,但他是集大成者,他把尊君抑臣推到一个新阶段,例如《史记·礼书》所云:"至秦有天下,悉内六国礼仪,采择其善,虽不合圣制,其尊君抑臣,朝廷济济,依古以来。"

　　章太炎在《秦政记》中讲秦政"贵擅于一人","人主贵独者,政亦独制"是十分准确的。但他认为由于"贵擅于一人,故百姓病之者寡,其余荡荡平于浣准矣",以及"世以秦皇为严,而不妄诛一吏也","古先民平其政者,莫遂于秦"云云,真可谓主观臆断。"贵擅于一人"与"百姓病之者寡,其余荡荡平于浣准""民平其政"等,在纯理论推理上或许可通,但在历史过程中,则绝对是相背的。"贵擅于一人"的机制是君主专制的极端化,这种机制的弊端不会因天子圣明而消失。在辛亥革命之后还鼓吹"贵擅于一人",实在是有悖于时的。

　　第二个特征是:皇权-官僚权力体系支配整个社会。

　　秦始皇统一之后,立即宣布"六合之内,皇帝之土","人迹所至,无不臣者"。这种观念从商代甲骨文中已见端倪,到西周而有"普天之下,莫非王土;

率土之滨,莫非王臣"①之论。此后成了一种不待而然的思维定式。春秋战国百家争鸣,异说纷呈,然而在政治上却有一个主调,几乎条条思路通向君主专制主义。我在第二章的"战国百家争鸣与王权主义理论的发展"一节将具体论述。这种君主专制主义的核心便是君权至上,君权凌驾于社会之上,君主占有天下。秦始皇的大一统及其建立的皇权–官僚权力体系,使这种理论变成了现实。皇权–官僚权力体系对社会的支配,表现在如下两方面:

其一,皇帝的意志通过官僚权力体系直达社会所有的成员,并实现人身占有与支配。秦在全国实行了郡、县、乡、里行政制度和严格的户籍制度。户籍制度不仅仅是一种行政管理,它同时又兼具经济管理、执法、道德裁判及准军事职能等。秦推行户籍制度虽较其他诸侯国为晚,但实行之后比各国更完善、更严密。户籍制度核心是对"民"的占有与支配。《商君书·画策》把问题说得十分清楚:"能制天下者,必先制其民者也。能胜强敌者,必先胜其民者也。故胜民之本在制民,若冶于金、陶于土也。"具有职能综合性的户籍制度正是制民、胜民之具。皇帝对民的生、杀、予、夺之权在很大程度上依赖于户籍制度。历来的专制君主都把户籍视为治要。户籍又称为黄籍或黄册。"黄籍,民之大纪,国之治端。"②

其二,所有的社会成员都是皇帝的纳税者和服役者。对君主进行纳税与服役是不待论证的理所当然之事。纳税的数量与服役的期限,在理论和政令上均有限定,但实际上,税役之多少从来没有定制。税役的数量不能不受民力有限之事实的制约,但作为君主的欲望则是无穷的。正如《管子·权修》篇指出的:"人君之欲无穷。"这样便产生了君主无穷之欲与人民有限之力之间的矛盾,稍有理智的君主会多少注意这一事实。但我们的秦始皇大帝不知怎么搞的,从原先那么注重实际,一下子变成一位极端的主观主义者,这种主观主义同好大喜功、穷奢极欲、极权结为一体集于一身,很快便把全国置于水深火热之中。秦始皇的无限剥削,既说明了皇帝的极权可以达到何种程度,同时也说明这种皇权的核心是对社会成员的人身占有权。

秦始皇建立的"天盖式"的皇帝–官僚权力体系,不完全是他的独创,而是在先秦君权逐渐强化的基础上,进一步完善、系统和严密化,这样便真正

---

① 《诗经·北山》。
② 《南齐书·虞玩之传》。

实现了"天无二日，民无二主"的局面。这种"天盖式"的权力体系，不是从某种经济关系中，诸如土地私有制或土地国有制中派生出来的，也不是在剥削与被剥削阶级之间的酷烈斗争中产生的，它是在武力强夺财产分配权的斗争中形成的。当然，除了权力征服之外，长期形成的、被社会成员普遍认同的君主专制的政治文化，无疑是君主专制赖以存在的精神支柱。

秦帝国，这个巍然屹立、使人仰之弥高的大厦，顷刻之间的土崩瓦解，给人们留下了无穷无尽的思考。在诸多评论中，有关秦朝历史合法性问题仍是一个十分突出的历史哲学问题，这个问题同五德终始说与儒家的历史学说紧密相连。

汉代承秦，五德终始说依然是社会大思潮。秦朝在不在五德循环之中，有两种看法。一种意见把秦排斥于五德之外，秦附于周；另一种意见认为，秦为独立一德。关于这个问题顾颉刚、杨向奎两位先生在三四十年代已有详细辨析，足资参考，不再细论。这里仅指出一点，把秦从五德循环中排除出去，显然是不承认秦作为一个独立朝代而存在，否定了它的历史合理性。

汉代儒家的历史观比较驳杂，但大体而言，是在"质文""三教"的框架中来陈述历史。质文最早由孔子提出。质敝则救之以文，文敝则救之以质。具体到朝代又有不同说法。《礼记·表记》认为，虞、夏尚质，殷、周尚文，继周者应尚质。董仲舒提出的"四法"别为一说："王者之制，一'商'、一'夏'、一'质'、一'文'。"具体到历史过程，舜法"商"，禹法"夏"，殷法"质"，周法"文"，继周者则应法"商"。在董仲舒看来，秦朝不独立，也无独立之法。"三教"论以夏、商、周为模式，夏主"忠"，商主"敬"，周主"文"。董仲舒、司马迁等都论述过"三教"。司马迁称三教循环是"天统"。在三教循环中，秦朝附于周，是"文"的最坏表现。依三教循环论，汉承周，而非承秦。无论是历史的质文论或三教论，秦朝都不具有历史的合法性和合理性。

汉代及以后的思想家及各色人物对秦批评甚多，一言以蔽之，秦无道也。秦与道相背，自然也失去了合理性。在这种思想影响下，后来排列王朝系统时，把秦朝摒于"正统"之外，秦朝犹如闰月一样，而被列入"闰位"系列。

以上种种都是一种价值观念，并不反映历史的过程。就事实而论，不但汉承秦制，循而未改，还应该说历代王朝皆承秦制，循而未改。朱熹曾说："秦之法,尽是尊君卑臣之事,所以后世不肯变。"①帝王们是不会摒弃秦始皇那一套的。谭嗣同从批判整个的君主制度角度把问题说得更深刻:"二千年来之政,秦政也,皆大盗也。"②

百代承秦,主要指如下两方面:其一,皇帝-官僚权力体系和皇帝权力的至高无上性;其二,皇帝神圣观念。不管儒家及其他派别如何批评秦政,在这两点上又途殊而同归。这里仅以清初几位皇帝的论述为例,说明秦至清一脉相承。

君尊臣卑,是问题的基础,康熙撰《君臣一体论》,论述君臣相需,但它的基础却是:"天尊地卑,自然之定位也……君尊臣卑,百王之大经也。"③雍正把问题更加绝对化,以君臣之伦做人兽分别的标志。"夫人之所以为人而异于禽兽者,以有此伦常之理也。故五伦谓之人伦,是阙一则不可谓之人矣。君臣居五伦之首,天下有无君之人而尚可谓之人乎?人而怀无君之心而尚不谓之禽兽乎!"④又说:"为人臣者,义当惟知有君。"⑤臣民只能做君主的驯服奴仆,不可有半点怨言:"君即不抚其民,民不可不戴其后。"⑥

大一统,权归皇帝是问题的核心。大一统中涉及华夷之辨问题,清初诸帝从天命和德高于种族之分,使问题获得更妥切的说明。关于封建分权问题,雍正几乎直接承秦。他说:"中国之一统,始于秦;塞外之一统,始于元,而极盛于我朝。自古中外一家,幅员极广,未有如我朝者。""今六合成大一统之天下,东西南朔,声教所被,莫不尊亲。"⑦雍正对封建说恨之入骨,认为是叛逆行为,破坏了君权一统,一再严令禁止。

如果把眼界放宽些,抛开学派之间的争争吵吵,抓住主线,不妨说,两千年来的政治体制,其基本模式均因秦制;帝王观念,大抵亦袭秦也。

二、专制王权支配社会(一):从春秋战国封建贵族、地主的形成看政治的决定作用

整个封建体系无疑是以一定经济为基础的。但是封建关系中人们的社会

①《朱子语类》卷一〇八。
②《仁学》,《谭嗣同全集》,第337页。
③《清世祖御制文》二集。
④⑤《大义觉迷录》卷一。
⑥《清世宗实录》卷二二。
⑦《清世宗实录》卷八三。

分层,特别是其中的成员,并不是,或者说主要不是通过经济方式"自然"形成的,依我看,政治方式在这里起着决定性的作用。

帝王无须经过任何经济中介,直接凭借武力、暴力、强力、权力便"拥有"和"支配"天下,"六合之内,皇帝之土","人迹所至,无不臣者"是也。帝王作为最高的统治者与对全国土地、人民的占有支配权是混合在一起的。中国从西周开始即有私人土地交换的例子,战国以后又兴起土地买卖,但这不意味着有独立的土地私有权。大而言之,中国古代的土地所有制是以帝王为最高所有者的混合性的多级所有。土地买卖是土地运动的一种方式,但土地的非动产性决定了它脱离不开王权的控制与支配。王权体系的组合与分配过程,同时也是社会财产、社会地位的组合分配过程。皇帝—贵族-官僚系统既是权力系统,又是一种强大的社会结构系统,是社会各种结构中占主要地位的结构。

关于中国历史上封建地主产生道路问题,是与历史上的社会分期问题胶着在一起的。社会分期问题,这里不作论述,只就某一说作为既定的前提。我认为春秋战国时期占主导地位的剥削方式是封建性质的,中国历史上存在了两千多年的封建地主阶级到这个时期已形成。换言之,春秋战国时期的封建地主是中国历史上第一代封建地主。下面,就第一代封建地主产生的方式来说明政治的决定作用。

1.从政治在土地运动中的支配作用看封建地主的形成

春秋时期出现的一个重要历史现象,就是土地占有关系频繁变动。一些学者把这种变动说成是土地私有化运动,还有的人提出土地私有化的标志是买卖。封建地主就是在土地私有化或买卖运动中形成和发展起来的。[①]事情果真是这样吗?否。

春秋时期,人们把土地视为财富的主要标志,占有土地,也就同时拥有对人民的占有权,从而获得剥削对象。因此,追逐土地成为一种潮流。在追逐土地中有一个特别值得注意的现象,即实现土地占有关系改变的方式不是经济

---

① 参见傅筑夫:《中国封建社会经济史》(第2卷),人民出版社1982年,第101页;李亚农:《李亚农史论集》(下),上海人民出版社1962年,第994页;杨宽:《战国史》(第2版),上海人民出版社,1980年,第152—156页;林剑鸣《中国封建地主阶级产生的两条途径》中,关于山东地主的论述,载《历史研究》1984年第4期;等等。

的，而是政治的。也就是说，土地的运动不是通过平等交换或买卖方式进行的，而是政治和军事行动的伴生物。于是出现了这样一个怪现象：有土地运动，却无土地市场。

这个时期土地运动主要是在诸侯与诸侯、诸侯与卿大夫、卿大夫与卿大夫之间进行的。他们正是封建地主的主体。在他们之间土地运动的方式有如下几种：

第一种是封赏。封赏指上一级以主权和所有者的资格，把土地赏赐给自己的臣下。当时的封赏有许多不同的概念，如 "赐""赏""授""命""与""复""为""益"等。

第二种是争夺。这里没有什么原则，依靠的是强权。其中有主上对臣下的争夺，也有诸侯之间的争夺。《左传》《国语》把土地的争夺称为"侵""入""取""分"。侵占之后，整顿土地则称之为"疆"。

第三种是迁徙土著，重新分配土地。"楚公子弃疾迁许于夷，实城父。取州来、淮北之田以益之，伍举授许男田。然丹迁城父人于陈，以夷濮西田益之。迁方城外人于许。"①

第四种是索取。索取与侵夺稍有不同，侵夺直接诉诸武力，索取则通过政治方式。"智伯索地于魏宣子……乃与之万户之邑"，又"索地于赵"②。

第五种是用土地作为实现政治目的的手段。楚为了破坏郑与晋的联盟关系，"使公子成以汝阴之田求成于郑"③。用土地作为政治斗争的砝码，《左传》中多有记载。

第六种是被分封者因某些原因主动把封地的一部分上缴，这种情况多称之为"纳"或"致"。齐晏婴为了避难将一部分邑"纳"于公。陈桓子打败了栾、国二氏，本可吞并栾、国之田邑，经晏婴规劝，陈桓子"尽致诸公"④。

第七种是因政治上的需要而进行的交换。"王取邬、刘、蒍、邗之田于郑，而与郑人苏忿生之田。""郑伯请释泰山之祀，而祀周公，以泰山之祊易许田。"⑤这种"易"又称之"假"。《左传》桓公元年记载："郑伯以璧假许田，为周公祊故

---

① 《左传》昭公九年。
② 《韩非子·说林上》。
③ 《左传》成公十六年。
④ 参见《左传》襄公二十九年、昭公十年。
⑤ 参见《左传》隐公十一年、隐公八年。

也。"杜预注："郑以祊不足当许田,故复加璧。""易"是交换,"假"是借,两者性质不同。《左传》为什么一事两说,未作交代。依《穀梁传》的说法,"非假而曰假,讳易地也"。就事实而论,应该承认上述两例都是交换。不过,内中政治起着主导作用。

第八种是由诸侯或执政者通过政令对土地进行调整和分配。如晋"作爰田";郑子驷"为田洫",子产又使"田有封洫";楚"书土田,度山林"[①],等等。关于这种制度的具体内容史学界争议甚多,这里不能讨论,要之,都是用政令对土地进行调整或重新分配,对此无有异议。

第九种是"贾"。"戎狄荐居,贵货易土,土可贾焉。"[②]

在上述九种方式中,第九种是一个特例,以后再分析。其他八种方式都不是买卖,这表明当时的土地运动不是通过经济方式进行的,而是通过政治、军事手段实现的。为什么超经济的方式起了主要作用,这要从当时的历史实际寻找答案。从目前所接触的史料看,土地运动的范围是有限的,主要在诸侯和卿大夫之间进行。卿大夫以下等级是否参加进了土地运动的行列,现在还难于断定。个别史料透露了一点消息,有的家臣有食邑,有的士也有田。如郑"子驷为田洫,司氏、堵氏、侯氏、子师氏皆丧田焉"[③],杜预注,这些人"皆士也"。即使卿大夫以下某些人加入土地运动的行列,但有两点可以肯定:第一,卿大夫以下的人不占主要地位;第二,他们也受政治权力的控制。

既然诸侯和卿大夫是土地运动的主体,那么,这种运动的本身结构与特性,决定了诸侯和卿大夫们不可能按照经济的原则去操纵土地,而只能借助于超经济的手段。因为诸侯和卿大夫不仅自身发迹靠政治,而且他们又都是政治权力的负荷者。关于诸侯无须多言,卿大夫有必要稍加论述。

卿大夫相对诸侯称之为"私""私家""私门"。于是,有的学者认为这些"私门"是一批"不当权的"人,他们占有和兼并的土地就是"私田",因此"土地私有权较为完整","存在有土地买卖"。[④]这种说法很值得怀疑。且不说秦国,山

---

① 参见《左传》僖公十五年、襄公十年、襄公三十年、襄公二十五年。

②③《左传》襄公四年、襄公十年。

④ 参见林剑鸣:《中国封建地主阶级产生的两条途径》,《历史研究》1984 年第 4 期。

东各国卿大夫也都是当权者,均是氏族长、食邑主、食邑内政长三位一体式的人物。

卿大夫有与诸侯"公朝"相似的"家朝"和独立的官吏系统。如齐"崔成、崔强杀东郭偃、棠无咎于崔氏之朝";鲁叔孙氏"朝其家众"①。卿大夫下属有成套的官吏机构,泛称为"大夫""属大夫""家大夫""宰""相""室老""家臣""守臣""臣"等。表明具体职掌的有"傅""宗人""祝""史""司徒""司马""工师""贾正""御驺""圉人""阍人""寺人"等。这些家臣的任免权和使用权,完全由卿大夫掌管,诸侯不能干预。卿大夫既是诸侯的臣属,又是诸侯之下独立性极强的地方行政长官。

卿大夫还拥有自己直接指挥的军事力量,《左传》记述甚多,称之为"私徒""私属徒""私卒""私属";在标明主人的情况下,又称之为某某之"甲""甲士""卒""徒""族""乘""赋"等。在国与国的争战中,卿大夫率领自己的私卒协助国君作战,因而直接指挥权操纵在卿大夫手中。在国内,常有卿大夫率领自己的私卒与国君交手之事,至于卿大夫之间大动干戈,更是不胜枚举。

春秋时期"君""公""主"并不是诸侯的专称,卿大夫的属下也以"君""公""主"称卿大夫。当卿大夫与诸侯矛盾时,家臣、私属完全听从家主的指挥。齐崔杼命令家臣杀齐庄公时,齐庄公求饶,崔杼的家臣回答道,我们只听我们主人的命令,除此之外,"不知二命"②,结果把齐庄公杀了。这类事情,《左传》记载达五六起之多。

卿大夫既然是一级政权的主脑,因此就不好把诸侯与卿大夫之间的土地争夺笼统地称之为土地私有。因为在这种结构中,土地的占有从属于政治权力;土地运动主要不是通过经济的方式进行买卖、交换,而是从属于政治和军事行动。因此,把卿大夫视为中国历史上第一代与政治相分离的私人封建主是缺乏根据的。

春秋时期最为显著的特点之一是错综复杂的争战,这种争战的结果是权力集中化。由于土地所有权是政治的从属物,所以土地占有关系也随着政治权力的集中而集中。如果说在春秋以前由于逐级分封制存在,土地所有权实

---

① 《左传》襄公二十七年、昭公五年。
② 《左传》襄公二十五年。

际表现为多级所有;那么随着战国时期泱泱大国的形成,土地所有权便集中于诸侯国家之手,从而在大范围内表现为诸侯土地国有。

到目前为止,确切记载春秋战国时期土地买卖的只有两条材料,一条是前面提到的晋国用货"贾"戎狄之土。严格地说,这还不是土地买卖,而是晋扩充国土的一种特别方式。另一条材料是人所共知的《史记》所载赵括买田之事,这是真正的土地买卖,但已到了战国末期。有的人把"中牟之人,弃其田耘,卖宅圃"①作为春秋末已出现土地私有的论据,这是不准确的。文中已点明田与宅圃是不同的,宅圃用"卖",田则用"弃"。《管子》也有类似记载。②

综上所述,春秋时期土地主要是政治权力的从属物,只是到了战国中期以后才有一部分土地可以开始买卖,但还是比较个别的。因此,土地买卖不可能成为封建地主形成的主要途径之一。

2.从等级制对社会的控制看封建地主的形成

等级制度无疑需要建立在一定经济基础之上,但是,等级制度本身却是由政治直接造就的。等级制度实行的宽度与广度,标志着政治权力对人身的支配程度。当等级制度不仅决定着人们的社会地位,而且也决定着人们的经济地位时,那就意味着人们很少能在政治之外获得更多的自由。人们从属于政治的成分越大,作为经济主体的可能性就越小。因此,考察一下春秋战国的等级制度,对于澄清本节讨论的问题当会有所帮助。

春秋是个战乱时代,以周天子为中心的等级制度受到了冲击,对于某个人来说,活动余地可能大了些,但是等级制度本身并没有因此而走向衰败,当时所有的人仍生活在等级之中。有关论述甚多:"天子建国,诸侯立家,卿置侧室,大夫有贰宗,士有隶子弟,庶人、工、商,各有分亲,皆有等衰";"天有十日,人有十等。下所以事上,上所以共神也。故王臣公,公臣大夫,大夫臣士,士臣皂,皂臣舆,舆臣隶,隶臣僚,僚臣仆,仆臣台。马有圉,牛有牧,以待百事"③;"公食贡,大夫食邑,士食田,庶人食力,工商食官,皂隶食职,官宰食加";"诸侯春秋受职于王以临其民,大夫、士日恪位著,以儆其官,庶人工商,各守其业

---

① 《韩非子·外储说左上》。

② 如《管子·小称》载,民恶其上,"捐其地而走"。

③ 《左传》桓公二年、昭公七年。

以共其上"。①以上记载,有些被称为"先王之制",其实春秋时期的等级规定基本上亦复如是,在某些方面似乎更趋于烦琐。比如卿,有"一命""再命""三命"之分,命多者更为尊贵;另外又有"正卿""冢卿""上卿""亚卿""次卿""介卿""下卿""少卿""摄卿"之别。在大夫中可分为"上""中""下"三等;另外还有"亚大夫""七舆大夫""五大夫""属大夫"等。

众所周知,食邑制是春秋时期贵族们分享财产的一项主要制度。那么,食邑是按照什么原则分配呢?从理论上讲,不同等级占有食邑的数量是有差别的,且看如下记载:卫公"与免余邑六十。辞曰:'唯卿备百邑,臣六十矣,下有上禄,乱也。臣弗敢闻。且宁子唯多邑,故死。臣惧死之速及也。'公固与之,受其半,以为少师";齐晏婴有功,齐侯赏他六十邑,不受,辞曰:"非恶富也,恐失富也。且夫富,如布帛之有幅焉,为之制度,使无迁也"②;晋叔向曰:"大国之卿,一旅之田。上大夫,一卒之田"③;郑胜陈,赐子产六邑。子产辞曰:"自上以下,隆杀以两,礼也。臣之位在四……请辞邑"④。从春秋实际情况看,并未完全按照上述规定实行,封赏多少食邑,具有很大的随意性,受封者也常常凭借实力扩大食邑范围。不过,在名义上,予夺之权最后是由分封者决定的,正如卫孙林父所说,"臣之禄,君实有之"⑤。

春秋时期,除了最高的统治者外,其他的人都是政治从属物,均构不成独立的经济主体。在这种情况下,也就不会有不受政治干预的独立的经济运动和土地买卖。许多赫赫有名的卿大夫,资财富、食邑众,随着政治上的垮台,不只全部财产被剥夺,本人也常常降入皂隶之中。如晋国著名的栾、郤、胥、原、狐、续、庆、伯诸氏,皆"降在皂隶"⑥。由政治决定经济地位的兴衰,是春秋时期普遍存在的现象。

战国的等级制度于史有阙。不过从一些片断的记载看,爵制仍普遍实行于各国。秦有"官爵"和"军爵"⑦。官爵情况不清楚,待考;军爵即人所共知的二十等爵。由于全民皆兵,爵又普及于民,如长平之战胜利后,秦"赐民爵各一

① 《国语·晋语》《国语·周语上》。

② 《左传》襄公二十七年、二十八年。

③ 《国语·晋语八》。

④⑤ 《左传》襄公二十六年。

⑥ 《左传》昭公三年。

⑦ 《商君书·境内》。

级"①。当然,社会上也还有人未进入爵制,这些人不是更自由,而是更卑下、低贱,更不自由。从一些零星材料看,山东诸侯的等级也是相当复杂的。比如卿,又分"上卿"和"亚卿"。大夫区分更多,据《荀子》《吕氏春秋》《韩非子》《战国策》《管子》《孙膑兵法》等书记载,有"上大夫""中大夫""下大夫""长大夫""国大夫""公大夫""五大夫""属大夫""州大夫""都大夫""五校大夫""偏卒大夫""五属大夫""列大夫""散大夫"等,这些"大夫"之称,有的指爵,有的指职,可见其繁杂。山东各国的爵制资料尽管零散,但可以肯定,各国都有系统的爵制。例如楚国一位廷理(掌司法的官)立功,楚王"乃益爵二级"②。《墨子·号令》谈到战争期间,某国令、丞、尉的下属有十人逃亡,"令、丞、尉夺爵二级"。韩上党守冯亭降赵,赵除重赏冯亭外,"诸吏皆益爵三级,民能相集者,赐家六金"③。《史记·赵世家》记载略有不同,其文为"吏民皆益爵三级"。《战国策》所言"益爵"仅限于"诸吏",《赵世家》则包括"民"。从史源上看,《赵世家》抄于《战国策》。但是,并不能因此而否定爵制未曾实行于黎民。《墨子·号令》谈到,男子守城有功,"爵人二级",战争期间贡献粮食者,战争结束后,"欲为吏者许之,不欲为吏,而欲以受赐,赏爵禄"。这虽不足证赵国有民爵,但可证山东之国有民爵。另外,山东之国"爵禄可以货得者,可亡也";"官爵可买则商工不卑也矣"④;"金玉货财商贾之人,不论志行而有爵禄","上卖官爵"⑤。爵位可以买卖,也是有民爵的证据之一。

战国等级制的一个重大发展是实行民爵。《盐铁论·险固》引《传》曰:"庶民之有爵禄,非升平之兴,盖自战国始也。"此说大体是不错的。

战国时期的爵制同财产分配有着密切的关系,爵位越高,得到的土地、资财和奴役的人越多。《管子·立政》说:"度爵而制服,量禄而用财。饮食有量,衣服有制,宫室有度,六畜人徒有数,舟车陈器有禁。修生则有轩冕服位谷禄田宅之分,死则有棺椁绞衾圹垄之度。"《管子·明法解》说:"其所任官者大,则爵尊而禄厚;其所任官者小,则爵卑而禄薄。"商鞅变法有一项就是按等级分配财产:"明尊卑爵秩等级,各以差次;名田宅臣妾衣服,以家次,有功者显荣,无功

① 《史记·白起列传》。

② 《韩非子·外储说右上》。

③ 《战国策·赵策一》。

④ 《韩非子·亡徵》《韩非子·五蠹》。

⑤ 《管子·八观》。

者虽富无所芬华。"①爵制不仅能规定人们的社会地位,还能控制人民的经济生活,所以许多人把爵禄权视为君主的主要权力之一和权威之所在,是君主治国的三大宝物之一,这三大宝物为"号令也、斧钺也、禄赏也"②;把"生之、杀之、富之、贫之、贵之、贱之"视为君主的"六柄",而六柄的中心就是爵禄的予夺之权。③爵禄之权只能由君主独操,"爵服赏庆以申重之"④。"仕人则与分其禄者,圣王之禁也","爵禄毋假,则下不乱其上"⑤。爵禄之权一旦丧失或用之不当,就可能导致身败国亡。韩非子把田氏代齐归之于田氏窃取了爵禄之权,"田常上请爵禄而行之群臣"⑥,于是夺民而盗国。《商君书·画策》认为"取爵禄者多涂",则国削。由于爵禄至关重要,又被视为政权的代称,孔子形容鲁公失权时说:"禄之去公室五世矣。"⑦

爵禄又是君主用臣、纳士、使民的基本凭借。臣与君主是什么关系?众多的人指出:爵禄是联系君主与臣下的基本纽带。《韩非子·八奸》说:"明主之为官职爵禄也,所以进贤材,劝有功也。"《管子·明法解》说:"爵禄者,人主之所以使吏治官也。"又说:"百官之奉法无奸者,非以爱主也,欲以爱爵禄而避罚也。"一些人还指出,君主只有用爵禄才能换取臣下尽忠效力。《管子·问》说:"爵授有德,则大臣兴义。"《韩非子·六反》说:"厚其爵禄以尽贤能。"《慎子·因循》说:"先王见不受禄者不臣,禄不厚者不与入难。"

春秋战国争取士人是许多当政者的基本政策之一,而争取士人的主要手段是爵禄。墨子是鼓吹尚贤最激烈的人物之一。他提出"必为置三本"。"何谓三本?曰:'爵位不高,则民不敬也;蓄禄不厚,则民不信也;政令不断,则民不畏也。'"⑧战国时的君主普遍把高爵厚禄作为招贤纳士的基本手段。燕昭王筑黄金台即是典型一例。

战国时期由于实行民爵,爵禄便成为君主调动民的积极性的主要钓饵。

---

① 《史记·商君列传》。
② 《管子·重令》。
③ 《管子·任法》。
④ 《荀子·王霸》。
⑤ 《管子·法禁》。
⑥ 《韩非子·二柄》。
⑦ 《论语·季氏》。
⑧ 《墨子·尚贤中》。

当时许多人把追求爵禄视为人的本性。《商君书·错法》说:"夫人情好爵禄,而恶刑罚。"荀子也认为追逐名利、求荣尊显是人的本性,"夫贵为天子,富有天下,是人情之所同欲也"①。连主张人性善的孟子,也把"热中"于当官看成是人的一种本性。②基于这种认识,许多人把爵禄视为治民、使民、治国的基本凭借。《韩非子·八经》说:"……使其宠必在爵……使其利必在禄,故民尊爵而重禄。爵禄所以赏也,民重所以赏也,则国治。"《管子·明法解》说,"明主之治也,县爵禄以劝其民,又说,"明主之道,立民所欲,以求其功,故为爵禄以劝之"。《商君书·农战》:"凡人主之所以劝民者,官爵也。"有的人更指出,设爵禄的目的就是换取民的力量及至生命。"夫上所以陈良田大宅、设爵禄,所以易民死命也。"③为了控制民,不仅需要以爵禄利诱,还应制造使民仰君之爵禄而生的条件,这个条件就是不要使民富,因为"民富则不可以禄使也"④。如果使民处于贫穷状况,那么,民"皆以其事业望君之禄也"⑤。

战争频繁乃是战国时期的特点之一。如何调动百姓征战的积极性,乃至不畏苦惧死呢? 政治家和思想家们大都认为关键在于行爵禄。《商君书·君臣》说:"凡民之所疾战不避死者,以求爵禄也。"《管子·立政九败解》指出:"射御勇力之士不厚禄,覆军杀将之臣不贵爵",必然外流而去他国。《荀子·君道》也指出,只有"县贵爵重赏",才能招纳善射、善驭之士。如果有人根本不把爵禄视为宝物,甚至相反,视为粪土,那就是危险人物。《管子·立政九败解》指出:"轻爵禄而贱有司"者为不牧之民。《商君书·靳令》指出:"有饥寒死亡,不为利禄之故战,此亡国之俗也。"《韩非子·难一》说:"吾闻布衣之士不轻爵禄,无以易(轻也)万乘之主。"在这些人看来,把爵禄抛在一边,也就等于把统治者抛在一边,脱离了封建政权的控制。因此,必须对这些人施以刑罚,直至灭身。

由此可见,春秋战国时期的等级制席卷了整个社会。居民的绝大多数都由等级制度牵动或成为等级制中的成员。等级制是由政治直接规定的,所以在等级制的桎梏中,人们的经济关系从属于政治关系,不具有独立的意义,随

①《荀子·荣辱》。

②《孟子·万章上》。

③《韩非子·显学》。

④《管子·国蓄》。

⑤《管子·轻重乙》。

时可能被政治改变。

从整个中国封建社会看，并不是说等级制之外不存在具有相对独立意义的财产占有者。秦汉以后，政治与经济有分途发展的趋势。但在春秋战国，从主流看，等级制度制约着经济关系，除了少数的商人先富后贵，即先拥有财富，然后用钱买爵外，绝大多数拥有财产的人都是先贵而后富，即凭借官爵而获得财富。财产(包括土地在内)的集散，没有摆脱政治的羁绊，没有形成一种独立的运动，财产占有状况多半随政治沉浮而升降。当财产关系还充当等级制的从属物时，就不可能有独立的经济运动和自由的土地买卖。在这种社会条件下，把土地买卖说成是封建主发家的主要途径，是与当时社会环境相悖的。

3.从政治支配产品分配看封建地主的形成

社会产品的分配是一个极为复杂的问题，就春秋战国时期的情况看，在分配中具有决定意义的是国家的租税、徭役和财政开支。

前面我们论述了直到战国中叶以前，土地基本上属于国有，农民主要是国家授田制下的依附农，这种情况决定了国家的徭役和租税在分配中占有决定性的地位。对国家直接控制的农民来说，地租和赋税是合二为一的，赋税是第一次分配，而不是再分配。由于地租和赋税尚未分离，所以租、税、籍、征、敛等概念是混用的。除了土地税外，还有户口税、房屋税和牲畜税等。赋税征收多少，在理论上有一定的数量，但实际上完全是任意的。赵简子派人去收税，吏问收多少，简子回答道："勿轻勿重，重则利入于上，若轻则利归于民。"[1]墨子讲："以其常征，收其租税，则民费而不病。民所苦者非此也，苦于厚作敛于百姓。"[2]孟子形容征敛无度犹如强盗："今之诸侯取之于民也，犹御也。"[3]由于"人君之欲无穷"，所以盘剥也是无限制的；如果说有限制的话，仅在于"地之生财有时，民之用力有倦"[4]。因此，先秦众多的思想家提出要把征收赋税徭役之多少作为施政的基本手段，用以调节君与民的关系。由此可见，以租税徭役表现出来的分配方式，它的基本属性不是经济，而是政治。

有人可能会提出，难道当时没有私人封建地主吗？我的回答是：有。私人封建地主大体可分为两类：一类是食邑主，一类是私人地主。在这两类中，前

---

① 《韩非子·外储说右下》。

② 《墨子·辞过》。

③ 《孟子·万章下》。

④ 《管子·权修》。

一类居多数,后一类还处于萌生状态。食邑主在封邑内所征收的是租税和徭役。这种租税和徭役是国家转让给他们的,在本质上与国家征收地租和赋税没有什么差别。

如果说赋税是第一次分配的主要形式,那么国家开支、君主私养和官吏的俸禄则是再分配的主要内容。众所周知,国家开支和君主私养由政治支配,官吏的俸禄与对官吏的赏赐同样也是由政治决定的。俸禄是给官吏的报酬,赏赐是俸禄之外的赠品。两者虽有区分,但又常常混而为一,有些赏赐就是俸禄。如魏王对公叔痤,"赏田百万,禄之"①。战国时期,禄赏物主要有三类:一是食邑,在当时是普遍的;二是谷物;三是货币。另外还有珍宝服饰等。战国时期的俸禄和赏赐造就了一大批封建地主。

官吏的贪污受贿,可视为一种特殊的再分配的方式。从外观上看,它并不合法,但却是一个普遍存在的事实。史籍中关于官吏贪污受贿的记载比比皆是。这里仅举数例:"今人君之左右,出则为势重而收利于民……外内为重,诸臣百吏以为富。"②百吏"乃以贪污之心枉法以取私利"。"行财货以事贵重之臣者,身尊家富,父子被其泽。"③"群臣处官位,受厚禄,莫务治国者,期于管国之重而擅其利,牧渔其民以富其家。"④"上好贪利,则臣下百吏乘是而后丰取刻与,以无度取于民。"⑤另外贿赂公行,动辄数百金。这类贪污受贿不只是个别人的道德堕落问题,而是政治特权支配财产分配的一种特殊方式,是官僚封建地主借以扩大财产的一条重要途径。

为了进一步说明政治权力在分配中的作用,这里需要再讨论一下富与贵的关系。春秋以前富与贵是紧密相关的,贵是富的前提。从春秋中后期开始,除了因贵而富之外,还出现了贵与富的分流,贵者一般是富者,但未必都富;富者一般是贵者,但也有富而不贵者。到了战国,贵、富分流又进一步发展,《商君书·画策》载:"无爵而尊,无禄而富,无官而长,此之谓奸民。"尽管作者认为无贵而富者属于"奸民",应加以裁抑,但说明了无尊爵而富者的存在。《管子·立政》说:"毋其爵,不敢服其服;虽有富家多资,毋其禄,不敢用其财。"《管子·法禁》说:"守委闲居,博分以致众,勤身遂行,说人以货财,济人以买

①《战国策·魏策一》。

②《韩非子·外储说右上》。

③《韩非子·奸劫弑臣》。

④《管子·明法解》。

⑤《荀子·君道》。

誉,其身甚静,而使人求者,圣王之禁也。"这两段记载从禁的方面说明了有无爵而富者。荀子做过一个假设,说明富与贵的分离:"今有人于此,屑然藏千溢(镒)之宝,虽行貣(讨饭)而食,人谓之富矣。"①《韩非子·五蠹》说:"无爵而显荣",也说明了贵富的分途。

但是,这里有两个问题需要进一步讨论:第一,无贵而富者是不是靠经济方式发家的?第二,各种求富道路的关系怎样?

从战国看,无贵而富者不完全是凭借经济方式发家的,有相当一部分仍是政治权力的孳生物。《管子·立政九败解》讲到的"请谒任举"之辈、"无爵而贵""无禄而富",便属于政治的产儿。许多官僚的后裔虽然失掉了官爵,但却拥有丰厚的财产,正如韩非所指出的,"今之县令,一日身死,子孙累世絜驾"②。"絜驾",陈奇猷《韩非子集释》云:"谓絜举轩驾而乘之。"像县令后代这类富者,从根本上说,是政治权力的孳生物。战国时期获富的具体道路有多条,约略而言,不外工商、力农和仕途。由从事工商而成巨富者史书有载,毋庸举证,经营农业者也有成富的,《韩非子·五蠹》说:民勤耕"可得以富"。《管子·侈靡》说:"慈种而民富。"《墨子·非命下》中讲到强力耕作"必富"。

关于致富道路之比较,太史公曾引一句谚语作说明:"用贫求富,农不如工,工不如商,刺绣文不如倚市门。"③其实还应加一句:倚市门不如走仕途。如下材料很能说明问题:吕不韦问他父亲:"耕田之利几倍?"曰:"十倍。""珠玉之赢几倍?"曰:"百倍。""立国家之主赢几倍?"曰:"无数。"曰:"今力田疾作,不得煖衣余食;今建国立君,泽可以遗世。"④魏公子牟对穰侯曰:"君知夫:官不与势期而势自至乎,势不与富期而富自至乎,富不与贵期而贵自至乎。"⑤苏秦说:"夫权藉者,万物之率也。"⑥第一条材料说明从政治中得到的利益是不能用经济方式计算的。第二条说明有了权,财富便不期而至。第三条说明权是统帅,有权自然就有财富。这都说明了一个共同的问题,即仕途是获取资财的最主要途径。

---

① 《荀子·儒效》。

② 《韩非子·五蠹》。

③ 《史记·货殖列传》。

④ 《战国策·秦策五》。

⑤ 《说苑·敬慎》。

⑥ 《战国策·齐策五》。

当时的诸侯国家是最富有的,不仅拥有土地的最高所有权,而且不受任何限制,可以任意征收租税和征发徭役。诸侯国家是财富的渊薮,谁要想从中攫取利益,谁就必须加入官僚行列。正如范雎所说:"臣闻善厚家者,取之于国。"①苏秦也说:"破公家而成私门。"②韩非子则指出:"诸夫饰智故以至于伤国者,其私家必富。"③当官而后富家,说明政治权力在个人财富积累中具有决定性的作用。

买卖官爵除了说明政治上的腐败之外,还说明官爵确实是一个更为有利可图的生财之路。战国时期买卖官爵情况比较严重,不仅国家做卖主,还有转卖现象,如韩非子说:"父兄大臣上请爵禄于上,而下卖之以收财利及以树私党。"④买官爵者,有的是为了提高自己的社会地位,但更多的是要借官爵来扩大资财,买官爵只不过是一种特殊的投资。所以,一些政治思想家极力主张让人们从爵禄中获取财富。韩非提出:"令臣不得不利君之禄,不得无服上之名。"⑤荀子说:"百姓晓然皆知夫为善于家而取赏于朝也"⑥,使天下人都知道自己所追求和渴望的财富全在国君的控制之下,因此,要设法把人们的欲望都引到追求"高爵丰禄"上来。如何取得高爵丰禄,自然要有一套规定,如秦就规定"使天下之民所以要利于上者,非斗无由也"⑦。《管子·版法解》提出,要用"富禄有功以劝之,爵贵有名以休之",来鼓励人们追求爵禄。这对维护君主统治说来是有利的。

从当时的情况看,官爵与财富几乎是同义语。荀子说:"使有贵贱之等……然后使悫禄(谷禄)多少厚薄之称。"又说:"乡也,胥靡之人,俄而治天下之大器举在此,岂不贫而富矣哉!"⑧只要一朝为官,贫贱之人可立刻变为富翁《管子·君臣上》说:"有善者,赏之以列爵之尊,田地之厚。"《韩非子·六反》说:"功伐可立而爵禄可致,爵禄致而富贵之业成矣。富贵者,人臣之大利也。"

①《战国策·秦策三》。

②《史记·苏秦列传》。

③《韩非子·解老》。

④《韩非子·八奸》。

⑤《韩非子·外储说右上》。

⑥《荀子·王制》。

⑦《荀子·议兵》。

⑧《荀子·荣辱》《荀子·儒效》。

不要说有权可以发财,甚至与有权者多谈几次话,财富也会跟踪而至。"靖郭君相齐,与故人久语,则故人富……况于吏势乎?"①可谓入木三分的揭露。

有权而致富,也常常失权而失富,此类事例比比皆是,这里仅举吕不韦对秦阳泉君的一段话。阳泉君为秦孝文王华阳夫人之弟,家巨富,与太子有隙。吕不韦对阳泉君说:"君之门下无不居高尊位,太子门下无贵者。君之府藏珍珠宝玉……王之春秋高,一日山陵崩,太子用事,君危于累卵,而不寿于朝生……子傒(太子)立,士仓用事,王后之门必生蓬蒿。"②可见财产随权力转移是具有普遍意义的。

总之,这个时期,在社会财产的分配和再分配中,经济原则不占主导地位,通过经济的方式上升为封建地主的虽不能说绝对没有,但并不像一些史家所说的,是一条主要的道路。

4.从封建地主各阶层的发迹看政治的作用

以上三节,从社会总体上分析了政治支配经济的历史环境。本节再考察一下封建地主各阶层的发迹道路。就战国时期而言,哪些人是封建地主呢?从当时的称呼看,不外是"诸侯""封君""高爵""大家""大夫之家""豪家""豪杰""士""富人""世家""长家",等等。

在所有封建地主中,首先,诸侯是最大的封建地主,其资财几乎完全是靠政治、军事手段攫取的。

其次是封君。战国时期的封君见于记载的一百有余。封君是封建地主中的一个特殊阶层。秦的封君即二十等爵中的最高爵——"列侯","列侯"与"君"可以通用。在东方诸国,"君"是一种超级爵号,比正常规定的爵制要高一级。楚国最高爵号为"执珪",君比"执珪"还要殊荣。如庄辛助楚襄王图治有功,襄王除爵以"执珪"外,又封为"阳陵君","与淮北之地也"③。三晋、齐、燕爵秩中最高一级为"上卿",但封君比上卿还要尊荣。如赵先封廉颇为上卿,后因功又封为"信平君"。乐毅在燕为亚卿,后为上将军,拜为相国,又因伐齐有功而被封为"昌国君"。封君中有的是虚封,但多数享有封地。计封的单位有"户""邑""都""城""县""郡"等。封邑大小似无定制,一般在千户与万户

---

① 《韩非子·内储说下》。

② 《战国策·秦策五》。

③ 《战国策·楚策四》。

之间,所以"万户侯"已成为习惯用语。万户与一个县大体相当,更多者则跨县连郡,如吕不韦的封地有蓝田十二县,河南洛阳十万户,河间十五城;齐田婴的封地方百里。封君在各自封地内有相对独立的统治权。受封者是封邑内最高的统治者,其下有一套行政设施和官吏,这些官吏通称为"舍人"或"用事者"。受封者可以在封邑筑城,另外还有"邑兵"等。由于封君具有相对独立性,所以常常私相外交,有时还接受他国之封。如赵以灵丘封楚春申君。魏国的山阳君,秦封之以山阳,齐又封之以莒,楚又欲封之。①

战国时期的封君是一个不可忽视的特殊阶层。他们是诸侯之外最高的一层封建主,其发迹靠的是政治,对邑内进行剥削主要也是靠政治,所谓"邑入"就是"收其国之租税"②。当然,除了靠政治手段征收租税之外,还靠放高利贷和商业等经济方式进行盘剥。但两者相较,前者是主要的。③

再次,关于高爵高官和其他受封者。除了封君享有封邑之外,战国时期对于高官、高爵和受到国王青睐的人,也给予一定数量的食邑,或作俸禄,或作赏品。秦国实行二十等爵,据《商君书·境内》,到第九级"五大夫","则税邑三百家"。"大庶长"以上至"大良造","皆有赐邑三百家","有赐税三百家"。但《境内》的说法只是一种设计,实际情况如何,于史有阙。从一些零星的记载看,高官高爵的封邑数相当可观。如秦将樊於期投敌,秦王设悬格,得樊於期之首者赏"金千斤,邑万家";姚贾谋划有功,"秦王大悦,贾封千户,以为上卿";"周佼以西周善于秦,而封于梗阳。周启以东周善于秦,而封于平原"。④

山东诸国封君以下被赏赐食邑的,《史记》中多有记述:虞卿有功于赵,拜为上卿,封万户侯;赵简子赐扁鹊田四万亩;赵烈侯喜爱音乐,赏歌手枪、石二人各田万亩。此外,在《韩非子·外储说右上》《墨子·鲁问》《战国策·燕策三》《管子·轻重甲》中也有关于这方面的记载。

除上述食封之外,还有官吏的"禄田"。如齐国,官吏去职,"遂收其田里"⑤。《商君书·赏刑》说,凡告发官吏违法者,告发者"尸(代替)袭其官长之官爵

---

① 参见《战国策·韩策三》《战国策·楚策一》。

② 《史记·孟尝君列传》。

③ 关于战国封君的详细情况,可参见拙作《战国时期的食邑与封君述考》,载《北京师范学院学报》,1982 年第 3 期。

④ 参见《战国策·燕策三》《战国策·秦策五》《战国策·韩策三》。

⑤ 《孟子·离娄下》。

田禄"。《荀子·荣辱》说:"志行修,临官治,上则能顺上,下则能保其职,是士大夫之所以取田邑也。"

战国时期的官僚队伍很庞大,其中相当一部分靠食邑、禄田收入为生,他们无疑是封建主。显然,这些人的财产都是靠政治权力来维系的。

第四,关于官宦后裔为封建地主的问题。战国时期封赏给臣下的土地,除了政治剥夺之外是可以传世的。吴起在楚变法规定:"三世而收爵禄"①,说明可以传至二、三世。但也有久传的,楚孙叔敖临终嘱咐儿子道:"王数封我矣,吾不受也。为我死,王则封汝,必无受利地。楚、越之间有寝之丘者,此其地不利,而名甚恶。荆人畏鬼,而越人信机。可长有者,其唯此也。"②据《史记·滑稽列传》,楚王封孙叔敖子"寝丘四百户,以奉其祀,后十世不绝"。楚项氏世世为将,封于项,故姓项氏,说明其地为子孙承继。③乐羊为魏文侯将,有功封于灵寿,"其后子孙因家焉"④。赵封赵奢于马服为马服君,其子赵括又称马服君,承继了赵奢之封。《管子·轻重乙》载,齐桓公问于管子曰:"崇弟、蒋弟、丁、惠之功世吾岁罔,寡人不得籍斗升焉。"这里假管子之语,实际上是指战国的情况。此句不可尽解,但大意是清楚的,即崇氏、蒋氏、丁氏、惠氏因世功享有封地之收入,国家得不到一升一斗之税。当时的封君们有"定身封"和"世世称孤""世世为侯"之说,说明封地可以传诸子孙。韩非子说:"国利未立,封土厚禄至矣……国地虽削,私家富矣。事成则以权长重,事败则以富退处。"⑤这里所说的"国地削"指把土地分封给臣下。文中说的臣"以富退处"虽未指明土地,但不能排除继续占有这些土地。

第五,关于"士"中的封建地主。战国时期士的组成极为繁杂,这里不能细论,但有一点可以肯定,有一部分士拥有一定数量的土地。《管子·问》载:"士之有田而不使者几何人?""士之有田而不耕者几何人?""士之有田宅身在陈列者几何人?"《庄子·让王》载,颜回"有郭外之田五十亩,足以给饘粥;郭内之田十亩,足以为丝麻"。可见士中有一部分经济上比较宽裕,属于封建地主之列。比如齐之处士钟离子和叶阴子,他们经济条件相当优裕,乐善好施,钟离

---

① 《韩非子·和氏》。

② 《吕氏春秋·异宝》。

③ 参见《史记·项羽本纪》。

④ 《史记·乐毅列传》。

⑤ 《韩非子·五蠹》。

子竟能做到"有粮食亦食,无粮者亦食;有衣者亦衣,无衣者亦衣"①。文中虽未指出有土地,但可以推想,如果没有土地是很难做到这一点的。在士中有些人充任老师,广收弟子。有些弟子一边学习,一边为老师服役、耕稼等,这些士人也可视为封建地主的一个组成部分。士这个阶层,一部分是从庶人升上来的,人数较少;大部分是从贵族降下来的,他们的土地可能是从先人继承过来的,因此他们作为封建地主,仍是政治权力的孽生物。另外,从士的前途看,他们中的多数人追逐的是仕途,即《论语·为政》所谓的"学干禄"。苏秦把问题说得更清楚,苦读的目的就是"取卿相之尊"。范雎也说,士人所求"欲富贵耳"②。以仕途作为追求富贵的主要手段,正说明政治权力对经济的支配。③

第六,在先秦典籍《管子》《孟子》《战国策》《韩非子》《墨子》《庄子》等书中,还有如下一些表明富有的称呼:"大家""巨家""委赀家""世家""豪家""十乘之家""百乘之家""千乘之家""良家""长家""富人""豪杰""卖(当为买)庸而播耕者""大族""百钟之家""千钟之家""兼并之家""千金之家""家主""私门""私家""大夫之家",等等。这些人都是剥削者,是封建地主。其中有些人是靠政治发家的,有些一时还说不清楚。我们不排除有靠经济途径发家者,但目前尚未获得确证,只有俟来日再研究。

在考察了战国时期封建地主各阶层和各种成员的形成之后,可以得出如下结论:中国历史上第一代封建地主的成员主要是通过政治方式发展起来的。通过土地买卖途径而形成的地主,从春秋战国的历史看,这条道路尚未被开辟,即使有,在第一代封建地主的形成过程中也不占重要地位。土地买卖成为封建地主形成的途径之一,那是秦汉以后的事。赵括买田虽然说明战国后期有了土地买卖,但值得注意的是,他买田的资金并不是靠地租的积累,而是赵王的赏赐。仅从市场一角看,资金从哪里来无关紧要,但是从社会经济关系的全过程考察,就另当别论了。它与地租地产化和商业利润、高利贷利息地产化有着完全不同的性质,是政治特权与买卖相结合的混合物。在中国历史上第一个标明土地买卖的记录,竟是一种在政治特权支持下的买卖,这实际上是整个封建社会中土地买卖普遍存在的现象,由它作为这个记录的开始,再恰当不过了。超经济的方式造就了第一代封建地

---

① 《战国策·齐策四》。

② 《战国策·秦策一》《战国策·秦策二》。

③ 关于战国时期的士,请参阅拙作《战国时期的"士"》,《历史研究》1987 年第 4 期。

主,这就是中国历史上的真实情况。

三、专制王权支配社会(二):政治权力的再分配与封建地主的再生之路

前一节我们论述了中国历史上第一代封建地主的主要阶层与成员是由政治方式造就的。那么其后的封建地主主要阶层与成员的再生之路又是怎样的呢?

1.政治特权与权力的再分配是封建地主再生的主要途径

从秦汉到清,封建地主阶级稳定地存在了两千多年,但封建地主的成员并不那么稳定,有时简直像走马灯一样转换不已。宋以后有所谓"千年田,八百主""十年财东轮流坐"之说,那么封建地主成员是沿着什么样的道路升降沉浮呢? 概括起来有如下三种方式:

(1)暴力和政治的方式

暴力和政治虽然不能创造出封建经济,但在封建经济关系基础上,它可以在很大程度上影响乃至决定封建地主成员的命运及其存在形式。

谈到暴力,首先值得注意的是战争,战争能使封建地主的成员进行大幅度的调整和更换。对封建地主存在的形态也有重大的作用。这里所说的战争包括农民战争、民族战争和封建地主内部不同集团之间的战争。农民战争的重要作用之一是引起了封建地主成员的大换班,并使封建地主的形态发生了程度不同的变化。这是人所共知的事实。东汉以后发生了长期的战乱,在战争的推动下出现了坞壁地主。离开军事和战乱难以说明坞壁地主的产生。一些少数民族入主中原之后,出现了一批别具特色的封建地主。毫无疑问,其中有经济的原因,但离开政治的作用也决不能把问题说清楚,应该说这些别具特色的封建地主是在一定的经济基础上,用剑戈塑造出来的。有人可能会说,这些不是封建地主的常态,也不是其自身发展的必然环节。的确,如果仅从经济观点考察问题,事情或许是这样。不过在事实上,封建地主成员中的很大一部分从来不是纯经济的产物。因此怎么能用纯经济观点去说明问题呢? 另外,在中国历史上各式各样的战争是相当频繁的。战争既然无法避免,那么战争引起封建地主成员更新和形态的变化,也应视为不可避免的事实。总之,在上述情况下,大刀扮演了主要角色,土地买卖是没有用场的。

除了战争之外,通过合法的政治途径也造就了一大批各种不同形态的封建地主。所谓合法的政治途径是指根据皇帝或政府的命令与有关规定直接造

就的;所谓各种形态,指的是封建地主的政治身份不同,对土地和劳动者占有的情况也不同。在各类不同的封建地主中,首先应注意的是封建国家地主。封建国家不只是单纯的上层建筑和政治机构,它同时是一种经济实体,是生产关系的一种主体形式。封建国家的主权有至高无上的权威。它不仅可以不受任何经济规律制约直接干预经济中的所有权,同时它又直接控制着大量的土地和农民。封建国家的官田除了荒地山林池泽之外,还有为数相当可观的投入生产的土地。如汉代的公田,有的出租,即"假与贫民"①,"与人分种"②;有的由政府直接经营,"水衡、少府、大农、太仆各置农官,往往即郡县比没入田田之"③;有的则利用士兵屯种。西汉以后各代的公田的使用情况大体不外这几种方式。封建国家地主形成主要凭借政治权力,例如汉武帝一道告缗令,国家就从私人手中没收了大量土地,"大县数百顷,小县百余顷"④。各种形式的籍没是历朝历代都有的。虽然也有买卖的事例,如汉成帝时红阳侯王立卖给公家田数百顷,南宋贾似道当权时曾用买卖方式置公田。但这类的买卖在公田的形成中不占什么地位,与政治权力的作用无法相比。封建国家直接掌握的土地各朝各代不尽相同,有的朝代较多,有的较少,但它们的作用却不可忽视。它不仅是封建国家的经济支柱之一,而且是国家手中一项重要的调节器,国家常通过土地吞吐来调整统治者内部和统治者与被统治者之间的矛盾。

封建社会的政治权力分配过程同时也是造就大大小小封建地主的过程。按照官爵等级分配土地和人口是历朝历代普遍存在的事实。等级制是封建社会的基本特征之一,中国的封建社会也不例外。当然中国的等级制有其特点,这就是多元性和成员的流动性。多元性表现在同时存在几种不同的等级系统,如爵制、官品、门第、职业的贵贱及民族的等差等。中国的等级制对于个人来讲不是绝对不变的,在许多情况下有升降之变和贵贱转换,这就是流动性。中国的等级制与财产占有虽不是完全对应关系,不过大体说来,有特权的贵者一般都是富者或因特权而扩大了财产占有。商鞅变法规定:"明尊卑爵秩等级,各以差次;名田宅臣妾衣服,以家次。"⑤战国盛

---

① 《汉书·元帝纪》。

② 《后汉书·黄香传》。

③ 《史记·平准书》。

④ 《汉书·食货志》。

⑤ 《史记·商君列传》。

行按官爵分封和赏赐食邑。两汉时期的领户制基本上也是按照等级特权进行分配的。西晋规定官吏按品级占田："品第一者占五十顷，第二品四十五顷，第三品四十顷，第四品三十五顷，第五品三十顷，第六品二十五顷，第七品二十顷，第八品十五顷，第九品十顷。"①另外还规定占佃客，并荫衣食客和亲属的数量。北魏时期规定："刺史十五顷，太守十顷，治中别驾各八顷，县令、郡丞六顷。"②隋朝的均田制明文规定按等级占有："自诸王以下至于都督，皆给永业田，各有差。多者至一百顷，少者至四十亩。"③唐承隋制，略有变通。宋以后情况有较大变化，但按官爵封赏土地和人口的现象仍然不少。封建社会除按等级封赏土地人口之外，皇帝还经常任意赏赐。总之，通过合法的政治手段造就了一大批封建地主。

与合法的政治分配方式相并行的，还有非法的侵占。非法的暴力兼并虽不是封建地主的起点，但在扩大地产中是主要手段之一。这类的暴力侵夺史不绝书。淮南王的亲属，"得爱幸王，擅国权，侵夺民田宅"，衡山王"数侵夺人田，坏人冢以为田"④。田蚡强夺窦婴之田。⑤官宦之间尚且强夺，官对民的侵夺更不待言了。南朝时期官宦大家"兼岭而占"，"占山封水，渐染复滋，更相因仍，便成先业"⑥。"会稽多诸豪右，不遵王宪。又幸臣近习，参半宫省，封略山湖，妨民害治。"⑦唐朝初年虽有均田令，但仍有不少人越制强占。高士廉贞观元年出官益州，言："至今地居水侧者，顷值千金，富强之家，多相侵夺。"⑧贞观以后强取豪夺的现象更多。永徽年间，贾敦颐任洛州刺史，他从豪富之家"括获三千余顷"土地。⑨宋代土地买卖现象比以前有了明显的发展，但靠暴力侵夺的现象仍每每发生。王蒙正恃章献太后势，在嘉州"多占田"⑩。杭州钱塘湖

①《晋书·食货志》。

②《魏书·食货志》。

③《隋书·食货志》。

④《史记·淮南衡山王列传》。

⑤《史记·魏其武安侯列传》。

⑥《宋书·羊玄保传》。

⑦《宋书·蔡廓附子兴宗传》。

⑧《旧唐书·高士廉传》。

⑨《旧唐书·贾敦颐传》。

⑩《宋史·高觌传》。

"溉民田数十顷"，"为豪族僧坊所占冒"①。越州溉田八千顷，"多为豪右所侵"②。孙梦观说："迩来乘富贵之资力者，或夺人之田以为己物，阡陌绳联，弥望千里。"③王迈说："权贵之夺民田，有至数千万亩，或绵亘数百里者。"④明代盛行的投献，实际上是一种变相的暴力兼并，正如赵翼所说："有田产者，为奸民籍而献诸势要，则悉为势家所有。"⑤这类的暴力兼并与买卖原则迥然不同。马端临在总结土地兼并方式时曾作了如下的概括："富者有资可以买田，贵者有力可以占田。"⑥过去学界对土地买卖比较重视，揭发和研究也比较深入，但对有力者可以占田则注重不够，甚至把强力兼并也归入买卖之列，这是一个严重的疏忽。

以上谈到的，不论是战争的方式、非法暴力侵占，抑或合法的政治分配，都是政治支配着经济。在这些过程中，基本上不是地租地产化，而是暴力与特权地产化。

(2)政治暴力与买卖相结合的方式

这种方式同凭借政治手段占有地产不同，它借助了买卖的形式。然而这种买卖又不是建立在市场平等交易的基础上，是刺刀逼迫下的买卖，历史上称之为"强买"。强买是典型的超经济的买卖，是官僚权贵扩大地产的主要方式之一。萧何以"贱强买民田宅数千万"⑦。窦宪"以贱直请夺沁水公主园田"⑧。对公主的田地尚且贱买强买，对一般人更可想而知了。南朝时期的颜延之"买人田，不肯还直"⑨。唐初"褚遂良贱市中书译语人地，思谦奏劾其事"⑩。武则天时期张昌宗"强市人田"⑪。唐玄宗天宝十一年诏中谈到王公百官及富豪之家

①《宋史·郑戬传》。

②《宋史·蒋堂传》。

③《雪窗集》卷二。

④《臞轩集》卷一。

⑤《廿二史劄记》卷三四《明乡官虐民之害》。

⑥《文献通考·田赋考二》。

⑦《史记·萧相国世家》。

⑧《后汉书·窦宪传》。

⑨《宋书·颜延之传》。

⑩《旧唐书·韦思谦传》。

⑪《资治通鉴》卷二〇七。

"违法卖买,或改籍书,或云典贴,致令百姓无处安置"①。可见当时强买现象十分严重。五代时期,赵光胤曾谈道:"先是,条制:'权豪强买人田宅,或陷害籍没,显有屈塞者,许人自理。'"②说明当时强买现象很多。明代大官僚霍韬子弟强以"减价买田"③。大官僚杨廷和与陈士杰都用"减价"或"半价"方式强买人田。④明魏大中对强买之事曾作如下记述:"长兴有乡民王某者,素狡而横,武断乡曲,每设计买人田既成券,仅偿半价。放债则揩其原契,既远复索,习以为常,人畏其横,莫敢与争,惟饮恨而已。"⑤强买这种方式可以还原为强占和买卖。于是给人一种感觉,分析了强占和买卖两种方式之后,强占这种现象就无须给予更多的重视了。其实,这是不正确的。强买并不是强占与买卖简单的合成物,它是一定历史阶段和一定历史条件下的一种特有现象,只有在前资本主义时期才有它存在的社会条件。强买不是在自由买卖的身上附加了一点儿暴力,而是暴力的掠夺在商品交换有了一定发展的情况下采取了自我遮掩的方式。从历史进程考察,强买表明政治暴力不得不向经济靠拢,然而它的存在又说明买卖本身还不是自由的,同时说明卖方的人身及其所有权也还不是自主的和完整的。在强买这种形式中,土地还缺乏商品的性质,地价多半只有象征性的意义。在许多情况下与其说是买卖,毋宁说是买卖形式掩盖下的掠夺。在这个过程中政治暴力居于支配地位。

(3)政治控制大背景下的买卖方式

除了前边讲的政治暴力掠夺和强买之外,也还有经济规律支配下的土地买卖,比如无权无势者必须受经济规律的制约。在有关土地买卖的记载中,确实有一些平等的买卖。很多人对此已作了详尽的论述,这里不再重复。不过这中间有一个问题需要讨论,即在封建时代有没有普遍实行两造平等买卖土地的社会条件? 我认为在封建社会是缺乏这种社会条件的。侯外庐对封建社会土地买卖实质的分析,是值得重视的,他说:"在封建社会,有土地买卖。在资产阶级社会,也有土地买卖。其买卖的形式都体现着法权的形式。前者以形

---

① 《全唐文》卷三三。

② 《旧五代史·赵光胤传》。

③ 《霍文敏公全集》卷五。

④ 《西园闻见录》卷二四《田宅》。

⑤ 《最乐编》卷五。

式的不平等(超经济的)为依据;后者以形式的平等(商品形态)为依据。"①在整个封建社会里,有的土地以商品的形式出现在市场,有的土地则与商品不沾边,随权力运转。这种情况大大限制了土地商品化的程度。强买方式的普遍存在,也使土地失去商品的品格。另外还应看到,在封建社会里的土地买卖是在超经济强制笼罩的环境中进行的,很大部分的买卖在进行之前已被超经济的力量所控制。这表现在如下几个方面。

首先,土地买卖并不是在任何情况下都是自由的,在许多时候程度不同地受到政治权力的干预和限制。西汉时期有关田制的规定虽不甚清楚,但政治上可以干预土地的买卖和兼并,部刺史"六条问事"中的第一条就是禁止"田宅逾制"②。王莽实行王田时,规定土地不准买卖。东汉后期荀悦提出限田议,其中谈到"限民得耕种,不得买卖"③。荀悦的限田议虽未实行,但它反映了对土地买卖的强力干预。从北魏到隋唐的均田制都有限制土地买卖的规定。

超经济的人身依附关系是土地商品化的极大障碍。当农业生产者人身还是不自由的时候,这些不自由的人占用的土地是不可能自由地流入市场的,土地不可能比不自由的人更自由。

其次,封建社会的宗族制度和族权对土地买卖也起着超经济的控制作用。宗族长可以利用宗法特权限制族人的土地买卖,或以优先权强买族人的田产。族长还可以通过各种方式侵吞族内的绝产。无锡郑氏宗约规定:"族人有不得已事欲弃祖父所遗之田宅者,必先告于族长及新房长辈,果无设法方许变卖。"④有些卖地契特别标明,如有亲族事后干预,概由卖主承担责任。这都说明了族权在土地买卖中具有超经济的作用。

有些土地在买卖时看来是两造平等的,但是深察一下就会发现,造成土地买卖的原因不是经济的自然成果,而是政治暴力促成的。史籍中大量记载表明,许多出卖土地者是因为政府强征暴敛和繁重的差役把他们逼到了破产的境地,不得不出卖土地。《管子》中有一段描述很具体:"今人君籍求于民,令

---

① 侯外庐:《中国思想通史》(第四卷上册),人民出版社,1959 年,第 17 页。

②《汉书·百官公卿表上》颜注。

③《汉纪》卷八。

④《荥阳郑氏大统宗谱》卷三《宗约》。

曰十日而具,则财物之贾什去一。令曰八日而具,则财物之贾什去二。令曰五日而具,则财物之贾什去半。朝令而夕具,则财物之贾什去九。"①关于《国蓄》篇的制作时间,学界有争论,但至迟也不会晚于汉代。文中虽没有具体列出土地,但如果土地能买卖,毫无疑问也应包括在其中。从这里看到,一纸令文就把价值规律打得凌乱不堪。武则天时期由于"近缘军机,调发伤重,家道悉破,或至逃亡,剔(贴)屋卖田,人不为售"②。唐德宗时由于"租税皆不免,人穷无告,乃彻屋瓦木,卖麦苗以供赋敛"③。宋绍兴六年(1136 年)知平江府章谊奏曰:"民所甚苦者,催科无法,税役不均,强宗巨室阡陌相望,而多无税之田,使下户为之破产。"④顾炎武在叙述明代力役时指出:"往昔田粮未均,一条鞭未行之时,有力差一事,往往破人之家,人皆以田为大累,故富室不肯买田,以致田地荒芜,人民逃窜。"⑤这是讲差役之祸。明代赋税也同样造成了大批人破产。黄宗羲云:"田土之价不当异时之十一,岂其壤瘠与?曰:否,不能为赋税也。"⑥清代这类情况也很严重。康熙初年"差役四出,一签赋长,立刻破家……中产不值一文,最美之业,每亩所值不过三钱、五钱而已"⑦。清代任源祥也说过"征愈急则银愈贵,银愈贵则谷愈贱,谷愈贱则农愈困,农愈困则田愈轻"⑧。单从市场看,这类买卖或许是自由的,甚至还有乞买的现象。停留在这一点显然未能触及问题的本质。因为这种买卖的背后真正起决定性作用的是政治暴力。封建时代的徭役和赋税是以超经济的权力支配为基础的,它可以不遵循任何经济规律,任意地进行征发。正如《淮南子》所说:"末世之政,田渔重税,关市急征,泽梁毕禁,网罟无所布,耒耜无所设,民力竭于徭役,财用殚于会赋,居者无食,行者无粮,老者不养,死者不葬,赘妻鬻子,以给上求,犹弗能澹。"⑨"上好取而无量,下贪狼而无让。"⑩当政治暴力把农民推到了破产死亡之境而

---

① 《管子·国蓄》。

② 《旧唐书·狄仁杰传》。

③ 《旧唐书·李实传》。

④ 《宋史·食货志一上》。

⑤ 《天下郡国利病书》。

⑥ 《明夷待访录·财计一》。

⑦ 《阅世编·田产》。

⑧ 《皇朝经世文编》卷二九《赋役后议》。

⑨ 《淮南子·本经训》。

⑩ 《淮南子·主术训》。

出现的土地买卖,很显然,这种买卖与不能补偿成本而造成的破产或为了某种经济利益而出卖土地,是完全不同的两回事。在这里,政治起着决定作用,正如清人黄印叙述了赋税制约地价起伏之后所说:"转移之机,盖在朝廷。"①

在考察土地买卖时,还应注意买卖资金的来源。官僚们购买土地的资金绝大部分是靠政治特权获得的。如汉朝张禹前后受天子之赐达数千万,于是"多买田至四百顷,皆泾、渭溉灌,极膏腴上贾"②。唐朝庐垣说:"凡居官廉,虽大臣无厚畜,其能积财者必剥下以致之。"③赵匡胤厚赏石守信等人,石守信择便好田宅市之,为子孙立永久之业。这类记载,不胜枚举。单从市场角度看,资金的来源并不影响买卖的性质。不过当这种现象很普遍时,就应另眼看待了。这种买卖与地租地产化和商业利润、高利贷利息地产化有着完全不同的性质。它的资本是靠政治特权获取的。

我们罗列上述种种现象,旨在说明,在封建制度下,自由地沿着一定经济规律的土地买卖不会成为普遍的现象。大部分的买卖在进行之前早已被超经济的特权限制了。这正是封建时代土地买卖与资本主义时代所不同的地方。就买卖本身的性质来说,它排斥一切超经济因素的干涉。但是买卖本身也是一个历史的范畴,因此又应该历史地对待。离开历史条件,把土地买卖抽象化,是难以说清复杂的历史事实的。

我们还应看到,封建社会的经济发展水平与产业结构也决定了不可能形成一个土地自由买卖的市场。土地商品化不仅需要商品生产有足够的发展,而且还必须有新的产业部门作为条件。当资本可以在不同产业之间自由流动时,土地才能真正走上商品化道路。一般地说,只有资本主义有了相当的发展,才可能有这种社会条件。封建社会的主要产业部门是农业。手工业虽然有相当的发展,但远不能与农业相抗衡。在农业中,土地是最基本的生产资料和借以进行剥削他人劳动的主要手段。在自然经济占统治地位的社会里,没有任何一条经济规律能驱使土地走上商品化的道路,从经济运动过程来察,出卖土地是没有出路的,因为得到的资金无法向其他产业转移。事实上土地所有者谁也不愿意出卖土地。广占土地的私人地主在正常情况下是不

---

①《锡金识小录》卷一《月俗变迁》。

②《汉书·张禹传》。

③《新唐书·庐垣传》。

会主动出卖土地的。地主们清楚地认识到，"土田，衣食之源"①，是长久的"自然之利"。清人张英说："守田者不饥。"②他们得出了一个共同的认识，即土地只可设法扩大，决不可轻易出卖或转手。所以人们向来把出卖土地视为败家子行为。对地主来说没有任何一种经济规律能诱使他们进行土地买卖。拥有一小块土地的小农以土地为生命之根，他们做梦都希望有一块土地，这一点连剥削阶级也看得十分清楚。早在战国时孟子就说过，民迫切希望有"恒产"，即土地，他认为民有恒产而有恒心，"无恒产，因无恒心"③。《商君书》的作者说得也很清楚："意民之情，其所欲者田宅也。"④农民以土地为生，因此不到山穷水尽的境地绝不会出卖土地，有时卖儿鬻女，也不轻易出售土地。小农经济的基本特点是简单再生产，维持简单再生产的条件容易满足，在当时以人力为主要力源的情况下，只要有一个劳动力就能使生产得以继续。简单再生产的规律一方面使小农缺乏周旋的能力，容易走向破产，另一方面也有使其顽强存在的作用。无论从封建地主方面看，还是从拥有一小块土地的农民方面看，人们都想牢固地占有土地和进一步扩大地产，谁也不愿意出卖土地，因为无论对封建地主抑或农民，出卖土地都是没有出路的。这样一来，在土地买卖中，人们都不愿意充当卖方。出卖土地者不是为了追求更多的经济利益而主动地把土地投到市场，从而给土地市场增加活力。相反，出卖土地差不多都是破产的结果，所以在这种情况下的土地买卖，只能是畸形的。在讲到土地买卖时，有人很强调商品交换的作用。毫无疑问，商品交换是促使土地商品化的强大力量，但是商品交换还不同于商品生产，真正促使土地商品化的是商品生产。可是在封建社会商品生产还没有占主要的地位。

虽然封建社会没有任何一条经济规律能造就一个自由的土地市场，但在实际上，中国封建社会的土地买卖还是比较发达的。那么是什么力量把土地抛到了市场上？依我看，主要有如下三方面的原因：第一是自然原因。天灾人祸是小农的天敌，一场恶风暴雨就可能造成生产中断，逼迫他们不得不出卖土地。有关这方面的记载史不绝书。西汉汲黯谈到武帝初河南水旱情况时

---

① 《隆平集》卷七。

② 《皇朝经世文编》卷三六《恒产琐言》。

③ 《孟子·梁惠王上》。

④ 《商君书·徕民》。

说:"人伤水旱万余家,或父子相食。"①淮南王刘安都说:"间者(武帝建元之间),数年岁比不登,民待卖爵赘子以接衣食。"②在这种情况下民不会不卖土地。康熙三十六年闹饥荒,"赈所不及者持田契求售"③。第二,暴力侵逼,苛征暴敛,引起破产,不得不出卖土地。第三,有些地主消费过奢,入不敷出,不得不出卖土地。很明显,出卖土地不是商品生产、商品交换和产业运动的结果。出卖土地既然主要不是由经济原因引起的,因此土地买卖也就不可能是一种正常的经济运动。

出卖土地是被迫的或被动的,市场是狭隘的,但是一些人对土地的追求却是无限量的,于是暴力走到了前台。封建社会的土地运动缺乏经济的根据,可是权势支配土地却有相应的社会条件。众所周知,超经济强制是封建制度的基础,当人本身还是附属物和不自由的时候,他们的财产决不会比他们本人有保障。另外,小农的简单再生产固然必须首先与土地相结合,但结合的形式是多种多样的。土地所有权问题并不是小农经济的前提,在许多情况下,剥夺了农民的土地所有权并不意味着简单再生产的中断。小农经济的这种特点,为暴力侵夺土地提供了可能。还有,一家一户的小农犹如一个一个马铃薯,他们之间的经济联系较少,每一家可以在极其悬殊的条件下进行简单再生产,所以在一般的情况下各自为政、形不成统一的力量。于是有权有势者就可以像用刀切马铃薯那样,一个一个地对他们施以暴力,侵占他们的土地。小农总希望好皇帝、清官老爷拯救他们,可见他们总也逃不脱贪官污吏、有权有势者对他们的暴力剥夺。这是无法避免的历史悲剧。

为了进一步说明政治特权和暴力在封建地主成员再生产中的作用,我们再做一点量的估计。

中国历史上的第一代封建地主主要是通过暴力和政治的方式形成的。第一代封建地主的生成方式有它的历史条件,不可当成固定不变的模式,但它对后世的影响无疑是巨大的。只要产生这种方式的社会条件不发生重大变化,这种方式也就不会过时,仍将继续被采用。

从中国封建社会的全过程看,唐以前恐怕主要是暴力和政治方式起作

① 《史记·汲黯传》。
② 《汉书·严助传》。
③ 《荟蕞编》卷一一《张瑛》。

用。土地买卖在某些时候尽管有迅猛的发展，由于以下几个条件使它不可能上升为主要角色。第一，中国历史上的土地多级所有中，国有成分与私有成分犹如两个对向的楔子，唐以前许多时候土地国有居于主要地位，如战国、王莽时期、两晋占田时期及北魏以后实行均田制时期。另外由于土地国有观念影响很深，封建国家总是设法表明自己是一切土地的最高所有者，对于发展起来的私有土地常常施以种种限制，一再命令不准逾制等。第二，中国历史上几个著名的国有土地法规都产生于这个时期。第三，商品经济还不大发展，有时货币几近废弃，在这种情况下土地是难于商品化的。这个时期记载的土地兼并的资料虽然不少，但标明买卖的并不多，多数的材料讲的是强占和侵夺。

从每个朝代看，每朝的初期封建地主的更新，主要依靠暴力和政治手段。比如两汉初年，刘邦下令："其有功者，上致之王，次为列侯，下乃食邑。"①这一道命令造就了一大批封建主。刘邦册封列侯达一百四十七人，每个侯的食户多至上万，少的也有五六百。据《汉书》载明封户的侯有百余人，食户总数达二十三万多户。这一百多个家族一跃而为大封建主。侯以下八级以上的高爵也都有不等的封邑，形成中小封建主。各级官吏也乘机广占田宅，刘邦五年诏令中透露了这一事实："今小吏未尝从军者多满。"②所谓"多满"就是指广占田宅。刘邦九年下令迁豪，涉及山东诸豪十万口，诸豪原占有的土地是用政治手段剥夺的；迁到关中之后受到优遇，赏赐给一定数量的土地，也同样依靠政治权力。迁豪显然是用政治手段对封建地主进行了一次调整。中国历史上发生过多次农民战争和改朝换代。每次农民战争和改朝换代可以说都是一次封建地主成员的大改组。每个封建王朝初期及其以后一段时间，封建地主的核心部分几乎都是在这种暴力的和政治的改组中形成的。

从封建地主组成的各层次看，中上层封建地主主要靠政治途径形成。从明代情况看，皇帝、诸王、公主、功臣、外戚、大宦官、缙绅构成了封建地主的中上层。皇帝、诸王、功臣、外戚、宦官的庄田和役使的农户几乎全部凭借法律规定、赏赐或霸占而来，与买卖很少有关系。缙绅的情况比较复杂，他们发家初期不一定靠政治特权，但跻身于缙绅之后，特权在扩大地产中就起了重要作用，乃至决定性的作用。谢肇淛说："仕官富室，相竞畜田，贪官势族，有畛隰遍

---

① ② 《汉书·高帝纪》。

于邻境者。至于连疆之产,罗而取之,无主之业,嘱而丐之,寺观香火之奉,强而寇之。"①"取""丐""寇"说明畜田的途径靠的是政治特权。海瑞巡历松江时,小民"告乡官夺产者几万人"②。这不会是松江一个地区的现象,恐怕是缙绅地主的共同性格。

如果以上估计离实际不太远,那么我们至少可以说,封建地主的中上层的形成主要是通过政治方式达到的。中上层的人数虽然不多,由于他们是封建地主阶级的核心部分,封建主的性格基本正是由他们决定的。在他们形成过程可以看到政治特权比经济手段更有权威。

2.封建地主的生态特点:士人-官僚-地主循环圈

暴力和政治特权是封建地主,特别是中上层封建地主形成的主要途径。在中国封建社会里,政治权力掌握在皇帝与官僚手中。皇帝的宝座由一个家族独占,官僚则具有流动性。在这种情况下,谁要想广占土地和劳动者,最有效的办法是设法步入官僚行列。"升官发财""争权夺利"这类口头禅比许多理论的概括更直截了当地揭破了权与利的关系。这里我们不妨引几段古老的议论来说明这个问题。

吕不韦结识了为质于赵的秦公子异人,并谋求异人回秦继承王位。为这件事吕不韦与他父亲有一段对话。吕不韦问他父亲:"耕田之利几倍?"曰:"十倍。""珠玉之赢几倍?"曰:"百倍。""立国家之主赢几倍?"曰:"无数。"曰:"今力田疾作,不得煖衣余食;今建国立君,泽可以遗世。愿往事之。"③

魏公子牟对穰侯曰:"君知夫,官不与势期而势自至乎!势不与富期而富自至乎!富不与贵期而贵自至乎!"④

韩非子把古代的天子和当时的县令做了一个比较,他说古时天子事事带头,无利可图。今日的县令却大不一样。"一日身死,子孙累世絜驾。"由此他得出一个结论:"轻辞古之天子,难去今之县令。"⑤

---

① 《五杂俎》卷四。

② 《海瑞集·被论自陈不职疏》。

③ 《战国策·秦策五》。

④ 《说苑·敬慎》。

⑤ 《韩非子·五蠹》。

宋翔凤说:"三代以下,未有不仕而能富者,故官愈尊,则禄愈厚。"①

这几段议论生动说明了权是利的渊薮。在封建社会,权与利之间的关系同土地与地租、商业资本与利润之间的关系全然不同。后者总要受一定经济规律的制约,因此有一定的数量界限。权在求利时却不受任何经济规律的限制,能捞多少就是多少。如果说权与利之间有什么轨迹可循的话,只能说权越大,获利越多,身为天子则富有天下。正如《吕氏春秋·为欲》篇所说:"天子至贵也,天下至富也。"秦始皇在统一前夕便有人指出:"秦帝,即以天下恭养。"②统一之后,秦始皇立即宣布,"六合之内,皇帝之土";"人迹所至,无不臣者"③。刘邦身为庶民之时,不事生产,他父亲骂他不能治产业,当他登上皇帝宝座之后,惬意地对他父亲说:"始大人常以臣无赖,不能治产业,不如仲力。今某之业所就孰与仲多?"④诚如《庄子》所云:"万乘之主,以苦一国之民以养耳目鼻口。"⑤黄宗羲也说过,人君"视天下为莫大之产业"⑥。皇帝凭借权力把天下视为自己的产业,官僚同样凭借权力侵占和扩充自己的资财。地租地产化无疑是封建地主扩大地产的途径之一,官僚凭权力地产化比前者要更为有力。

官僚凭政治权力地产化可以是直接的,如根据有关法律的规定和赏赐,其间不受任何经济规律的制约,官僚依仗权势的侵夺也不必经过经济的媒介。除此以外,还有间接的方式,即先用政治权力获取大量的货币,然后再通过买卖方式购置土地。官僚积累货币的办法,一种是来自官俸。官俸与资本主义社会的工资不同。工资是由一定的经济规律决定的。官俸是由政治权力决定的,与社会的经济规律关系较小。另一种办法是贪污、私求和中饱。这是普遍现象。大小官吏无不如此。贪污受贿之所以公行,根源在于特权支配着经济。贪污是封建特权的经济表现之一。这个问题下节专门论述。

中国封建社会官僚的来路很多。在和平时期主要来自文人。所以学而优则仕与官僚制是孪生子。官僚制形成于春秋战国。与之相适应,学习之风也开创了历史的新局面,能者为师,广招生徒。为了学习,许多人含辛茹苦,屈身就

---

① 转引《论语正义·述而》。
② 《战国策·秦策四》。
③ 《史记·秦始皇本纪》。
④ 《史记·高祖本纪》。
⑤ 《庄子·徐无鬼》。
⑥ 《明夷待访录·原君》。

学，如同仆隶。例如墨子的高足禽滑釐"事子墨子三年，手足胼胝，面目黧黑，役身给使，不敢问欲"①。有的人为了读书把家产都变卖了。"王登一日而见二中大夫，予之田宅，中牟之人弃其田耘、卖宅圃，而随文学者邑之半。"②最令人惊叹的要属苏秦刺股苦读了。推动这场学习运动的原因很多，其中主要的刺激因素是学而能仕。西汉以后士人参政逐渐制度化，相继出现了察举、征辟、对策等制度。汉武帝罢黜百家，独尊儒术，设太学，置"五经"博士，招收弟子，作为官吏的候补者，"自此以来，则公卿大夫士吏斌斌多文学之士矣"③。隋唐以后开科取士，为文人参政开辟了更宽广的道路。汉代夏侯胜说："士病不明经术；经术苟明，其取青紫如俯拾地芥耳。"④"满朝赤紫贵，尽是读书人"，基本上符合历史事实。帝王为了维护自己的统治也需要把有知识有才干的士人吸收到官僚行列中来，正如叶适所说："化天下之人为士，尽以入官。"⑤

读书为了当官，当官则为了捞取资财名位。正如范雎所说，士所追求的目标即"以己欲富贵耳"⑥。吕祖谦明白地指出，科场考试"以一日之长决取终生之富贵"⑦。李贽也说过："读书而求科第，居官而求尊显。"⑧"读、读、读，书中自有黄金屋。读、读、读，书中自有千钟粟。"事实上也正是这样。正如《西园闻见录·谱系》中所云："士大夫一旦得志，其精神日趋于求田问舍。"由文人而官僚，由官僚而为地主，这是相当一部分地主，特别是大地主形成的基本道路之一。公孙弘是这条道路上一个极为典型的人物。他直到四十岁时，还是个穷光蛋，"家贫，牧豕海上"。四十以后努力从学，"乃学《春秋》杂说"。经过近二十年的刻苦攻读，到了六十岁时，"以贤良征为博士"，以后屡升，位在三公，封为平津侯，成为一个大封建主。⑨匡衡与公孙弘的情况近似，"父世农夫，至衡好学，

---

①《墨子·备梯》。

②《韩非子·外储说左上》。

③《史记·儒林列传》。

④《汉书·夏侯胜传》。

⑤《水心集》卷三《科举》。

⑥《战国策·秦策三》。

⑦《历代制度详说·科目详说》。

⑧《焚书》卷一。

⑨《汉书·公孙弘传》。

家贫，庸作以供资用"。匡衡加入官僚行列之后，步步高升，官至丞相，封乐安侯，也成为大封建主。①实行科举之后，无立锥之地的书生，通过科场而为官僚，由官僚而为田连阡陌的大地主的现象更为普遍。明末陈启新作了如下形容："尝见青衿子朝不谋夕，一叨乡荐，便无穷。举人及登甲科，遂钟鸣鼎食，肥马轻裘，非数百万则数十万。"②沿着这条道路而为地主的究竟占多少，我们还说不清楚。不过明代《醉醒石》中有段描述颇可注意，作者说："大凡大家，出于祖父，以这支笔取功名。子孙承他这些荫籍，高堂大厦，衣轻食肥，美姬媚妾，这样的十之七。出于祖父，以这锄头柄博豪富，子孙承他这些基业，也良田腴地，丰衣足食，呼奴使婢，这样的十之三。"③这是小说家的语言，未必可信。但以笔杆而官僚而地主的道路恐怕是地主形成的基本方式之一。

　　总之，要想成为地主或进一步扩大产业，最有效的办法是当官。为了当官首先必须读书。这样一来，文人-官僚-地主三者之间形成一个生态循环圈。这个生态循环圈把社会的经济、政治、文化贯穿为一体。文化可以直接转化为政治，政治权力又可以直接转化为经济。封建社会的许多现象都与这个生态循环圈有极为密切的关系。这里只说几点。

　　这个生态圈造成了中国封建社会官僚地主的兴旺和发达。实行官僚制度以后，官职一般说来既不能世袭，也很少终身，多半是你方唱罢我登场。一个官位就像一个铸模，铸出了一个又一个的封建地主。南齐时有人这样形容广州刺史这块肥缺："广州刺史，但经城门一过，便得三千万。"唐时代仆射、尚书、侍郎的职位有限，可是任过职的人很多，据《唐仆尚丞郎表》统计，有唐一代累计任过职的人数达一千一百多人。且不说尚书，当个侍郎就不得了。李憕和李彭年在任侍郎期间都大发横财，"憕丰于产业，伊川膏腴，水陆上田，修竹茂树，自城及阙口，别业相望。与吏部侍郎李彭年皆有地癖"④。为官者未必尽如二李，但因官僚而为大地主者决非少数，正如张嘉贞所言："比见朝士，广占良田。"⑤隋唐以后实行科举取士，累计在一起的官僚数量相当可观。如明清两代中进士的就达五万三千多人。这些人中的多数在中举之前虽已是地主，但由于他们充任了中上层官吏，又获得了特权，从而迅速地扩大了

　　①《汉书·匡衡传》。

　　②《明季北略》卷一二。

　　③《醉醒石》第八回。

　　④《旧唐书·李憕传》。

　　⑤《旧唐书·张嘉贞传》。

地产,上升为更大的地主。另外,历朝的官僚机构大都是沿着由简而繁的道路运转。随着机构的增加,官僚越来越冗滥。例如西汉初年官僚机构比较简练,官吏人数相应也比较少, 到了武帝时期机构和官员大增,"无用之官……无功而食县官者众"①。到了哀帝时"吏员自佐史至丞相,十二万二百八十五人"②。赵翼《廿二史劄记》卷二五《宋冗官冗费》条云:"宋开国时,设官分职,尚有定数。其后荐辟之广,恩荫之滥,杂流之猥,祠禄之多,日增月益,遂至不可纪极。"明初的官员仅八千,到了中叶增至两万。官僚机构的增加和官员的不断增多,同时也意味着官僚地主的增长。从史籍看,沿着经济轨道而上升为地主,乃至大地主的虽不乏其例,但是更多的地主与官吏有内在的牵连,特别是中上层地主,主要是凭借权势形成的。大官僚而为大地主的事例比比皆是,中下层官吏借盘剥而为大地主的也多有记载,南朝时期的阮佃夫身为小吏,而他的"宅舍园池,诸王邸第莫及"③。唐懿宗时许州长葛令严郚罢任回乡,置"良田万顷"④。一个不大的县令竟能吞噬这么多的资财,成为这么大的地主,在唐代虽是不多见的,但也确实惊人。

有的人认为,在中国封建社会,非身份性的庶民地主是地主阶级的主体。如果从人数上考察问题,这种说法是可以成立的,但这没有多大意义。如果从政治经济实力等方面考察, 我们认为勋贵官僚地主才是地主阶级的主体,因为勋贵官僚地主是地主阶级的中坚。

勋贵官僚地主在政治上是地主阶级中的当权派。他们除了用权势扩充财产外,还享有许多非身份性地主所没有的特权,如免除徭役、赋税等,社会地位也高人一头。

勋贵官僚地主的人数虽少, 但他们拥有的经济实力远在一般地主之上。西汉民户约有一千二百多万,仅宗室王侯与勋贵、外戚封侯者受封食户,累计即达三百六十多万。再加其他官僚所占土地人数,其总数不会少于全国土地与人口总数的一半。宋代垦田八百万顷上下,北宋末人口在一亿左右。占全国人口不过百分之六七的地主阶级,占有全部土地百分之六七十,而其中占人口不过千分之二三的大地主,主要是大官僚和一部分大商人,则占全部土地的

---

①《盐铁论·园池》。

②《汉书·百官公卿表上》。

③《宋书》卷九四《阮佃夫传》。

④《三水小牍》。

百分之五十上下。①像朱勔那样的贪官竟有"田至三十万亩"②。

官僚地主是一般地主追逐的目标。非身份性的地主总是想方设法加入官僚地主行列。有的通过科举,有的通过捐纳,有的通过投靠,方式不一。非身份性地主设法向官僚地主迈进,说明官僚地主是地主阶级中最能图利的一个阶层。

勋贵官僚地主又是许多中小地主或非身份性地主的母体。有许多官僚由于种种原因失去了权力和地位而变成非身份性的地主。还有更多的官僚地主在本人死亡后,经过诸子析产而转化为中小地主。陆贾晚年便将家产分给五个儿子,每子二百金。陆贾死后,他儿子的情况未见史籍,显然在政治上衰落了。陆贾这样一个大官僚地主就分成五个一般地主。当时中产之家不过十金,他的儿子们无疑还都是大家。到了孙子辈,肯定会有变为中小地主的。③我们可以说,勋贵官僚大地主的财产多半不是沿着地租地产化的道路由小地主积累而成的,但是许多中小地主却是官僚大地主分衍出来的。

官僚地主是地主阶级的主体,由此我们还可以说,封建社会的土地兼并并不只是一种经济现象,应该说主要的是政治支配作用在经济中的一种表现。兼并的主体不是非身份性的有资者,而是贵戚官僚和有权有势者。关于这种事实,历代都有总体性的描述。西汉初萧何凭借权势兼并土地,但为了长久之计,他避富饶之地,以避免身后"为势家所夺"④。他说的势家即官宦。在西汉盐铁会议上,文学之士指出,"权家"是兼并的主要人物⑤,所谓"权家"即官僚权势之家。成帝在永始四年诏中说:"方今世俗奢僭罔极,靡有厌足。公卿列侯,亲属近臣,四方所则,未闻修身遵礼,同心忧国者也。或乃奢侈逸豫,务广第宅,治园池,多畜奴婢,被服绮縠,设钟鼓,备女乐。车服嫁娶葬埋过制。吏民慕效,浸以成俗。"⑥这里指得很清楚,官僚权贵是兼并的带头人和主体。宋代孝宗以后"大抵田产皆归官户"⑦。谢肇淛在讲到明代福州土地兼并情况时说:

---

① 参见漆侠:《求实集》,第32页。

② 《宋史·朱勔传》。

③ 参见《史记·陆贾传》。

④ 《史记·萧相国世家》。

⑤ 参见《盐铁论·刺权》。

⑥ 《汉书·成帝纪》。

⑦ 《宋会要辑稿·食货五》。

"郡多士大夫，其士大夫又多田产，民有产者无几耳。"①明末陈启新也说，全国资财"今何不幸而尽夺于中之缙绅乎"②。陈启新视为不幸，其实这是封建社会中的必然现象。官僚权贵所进行的兼并，不管是直接的暴力侵占，还是披上一层买卖外衣的侵占，内在起决定作用的都是政治强权。

勋贵官僚地主的发展既加强了封建政权，又壮大了封建地主的势力。当然从另一方面讲，又加剧了与农民之间的矛盾。

封建地主成员的升降沉浮与这个生态圈有极为密切的关系。一方面，这个生态圈是大部分封建地主，特别是中上层封建地主的生命圈；另一方面这个生态循环又打破了身份性封建地主与非身份性地主之间的严格界线，还打开了贫贱与权贵之间互相转化的渠道。许多出身低贱的人，通过学文，步入官僚行列进而成为大地主。战国时期出现了许多布衣卿相，封建地主要想长期维持自己的地位，单靠经济是不行的，必须依靠这个生态圈。只有能长久地保持这个生态圈的正常运转，才能牢固地保持住封建地主的地位。东汉以后一些世家大族之所以能长久不衰，最重要的原因是保持住了这个生态圈的良性循环。众所周知，汉武帝实行独尊儒术，为儒生进仕开辟了广阔的道路。人们为了挤进官僚行列，必须学儒，于是儒学更为昌盛。班固对此看得很清楚，他指出造成这种局面的原因"盖禄利之路然也"③。当时儒学的传授有一定的规范，"各以家法教授"④。于是逐渐形成了儒宗、官僚和封建地主三位一体的格局，弘农杨氏、汝南袁氏就是其典型。从整个封建社会的历史看，一个家族要想长期保持这个生态的良性循环是件不容易的事。在这个循环圈中，官职是一个最不稳定的因素。且不说其他原因，单是官场的角争就能引起很多人暴起暴落。胜利者青云直上，一夜之间可以变为大地主，失败者可能顷刻之间家破人亡。政治上的沉浮是引起许多地主身份变化的直接原因。在这个循环圈中，文化因素也很不稳定。土地可以垄断和遗传，由智能和知识构成的文化既不能垄断，更不能遗传。没有相当的智能和知识很难久居官位。失去官职，地主的地位也就失去了保障。所以，教子读书，以诗书传家成为许多人的信条、家规。汉代已出现这样的谣谚："遗子黄

---

① 《五杂俎》卷四。
② 《明季北略》卷一二。
③ 《汉书·儒林传》。
④ 《后汉书·儒林列传》。

金满籝，不如一经。"①明代的缙绅地主大起大落的现象很普遍，造成这种情况的原因无疑是多方面的。明人王士性有一种说法，很值得注意，他认为："缙绅家非奕叶科第，富贵难于长守。"②也就是说，缙绅地主的子弟文化知识衰落了，无法进入科场，因此也再难于跻身权贵之列。缙绅是靠权贵发家的，失去权贵也就失去了持家的凭借，门第败落就成为不可避免的了。在以往的许多著作中，对封建地主的起落比较多地着眼于经济因素的分析，如消费、析产等，这无疑是必要的。不过只注重经济是不够的。我们认为从生态循环上进行考察更为重要。从决定论角度考察问题，社会的政治、文化只能是社会经济的结果。但在封建地主生态循环中，政治和文化对封建地主的经济作用更多地表现为原因，对中上层地主的影响尤其明显。

这个生态循环带来的另一个结果，是大大促进了封建文化的发展。为了步入官僚行列，一般说来，须先成为文化人。文化人的增多和文化人之间开展的智能竞争又促进了封建文化的发展。由于当时学文化是为了当官，文化从属于官场的需要，于是政治伦理文化极为发达，构成了中国古代文化的主流。先秦诸子为中国古代文化奠定了基础，并提供了基本的思维模式。先秦诸子中除了"庄学"之外，其他诸子几乎都是为了"干世主"③而作的。司马谈的《论六家要旨》把各派在政治上的作用基本上勾画出来，指出各派都是统治者维护统治所不可缺少的："阴阳、儒、墨、名、法、道德，此务为治者也，直所从言之异路，有省不省耳。"④四部中收录的书籍是中国古代文化的记录和集中反映。占首位的经学除小学外，几乎全部是政治伦理学。史部的著作绝大部分是政治史，多数的著作可以说是以历史为题材的政治伦理学。子部和集部的情况要复杂些。由于儒家思想的指导，大部分著作也都渗透了封建的政治伦理内容。中国古代高度发展的政治伦理文化对维护封建统治起了极大的作用。在这种文化中虽然也不乏民主的精华和精深的认识，但从历史进程考察，政治伦理文化的局限性是比较大的。它的功能主要是维护封建统治，其中缺少普遍的认识价值，缺乏真理性的命题和认识。所以当历史向更高阶段迈进时，这种文化的阻力作用显得格外地顽强，中

---

①《汉书·韦贤传》。

②《广志绎》卷四。

③《史记·孟子荀卿列传》。

④《史记·太史公自序》。

国近代的历史完全证明了这一点。

由于封建官僚绝大部分是读书人,官僚队伍的文化构成是当时整个社会中最高的。再加上官僚队伍的不断更新和政治思想的竞争,使中国古代的政治生活具有许多特点,其中最显著的特点是富有理性。天帝皇神虽然一直受尊于庙堂,但重大的政治决策很少用神明做支柱,多半诉诸理论的论证。在处理重大政务活动时,差不多都贯穿着智谋竞赛,对于一件事情,常常会提出几种不同的方案,以供比较和选择。这对加强封建统治起了重要的作用。另一个值得注意的特点是,中国古代封建政治的应变能力比较强。官僚制度具有一定的灵活性,人员的更换为政策的变通提供了可能。在官僚政治中还有一个特别值得注意的地方,官僚们为了争权夺利施尽了阴谋诡计,官场中充满了尔虞我诈,与此相伴的是引朋结党, 所以一部官僚政治史同时又是一部朋党斗争史。在朋党之争中不乏是非之分,但更多的是混沌。因为煮豆燃豆萁,本是同根生!

这个生态循环还使封建地主,特别是官僚地主具有阴阳两面性格。正如李贽所说:"阳为道学,阴为富贵。"①表面看去,都举着孔孟的旗帜,高唱着仁义道德,和平爱人,克己奉公,为民父母,等等。翻开另一面则完全是另一派景象,到处是假公济私,贪污受贿,广占田宅,仗势欺人。这种阴阳两面性格不是中国封建官僚地主所特有的,一切剥削阶级都具有这种性格。但相比之下,中国的官僚地主们表现得格外突出,娴熟无隙。

末了,我们对这个生态循环的主线再做一点说明。地主的目的是收取地租和役使劳动者。当官的任务主要是征收赋税和治安,对个人则是凭借权力掠夺土地和资财。文化的主流是官僚文化,维护王权。因此在这个生态循环中,封建政治是主体,社会经济处于从属地位。经济只有服务于封建政治时才有存在的价值,否则便是多余的。在涉及经济的地方,关心的是分配,生产又处于从属的地位。这种生态循环造就了一支庞大的封建官僚队伍,创造出了发达的封建官僚文化,培植了大批的封建官僚地主。这个生态循环把人们的聪明才智几乎全吸引到官场。这个生态圈对维护封建统治十分有用,对社会经济的发展则很少积极意义,是造成中国封建社会经济长期停滞的基本原因之一。

最后说明一点,上边讲的生态循环不能包括封建地主生活的全部过程,而

---

① 《续焚书》卷二。

且封建地主也不止这一个生态圈,比如还有商人、高利贷者与地主的循环,官僚、地主、商人之间的循环等。不过我们认为文人、官僚、地主这个生态圈是主要的,可以把封建地主中上层的主要生活过程包纳进去,而中上层封建地主在整个封建地主的生活中起着主导作用。

四、专制王权支配社会(三):政治因素在第一代小农形成中的决定作用

封建社会的两大主要阶级是地主阶级和农民阶级,但是封建社会的阶级是等级的阶级,所以这两大阶级的具体组成又很复杂,特别是战国时期更是如此。

就战国时期的农民阶级而言,史籍上称呼他们的概念十分繁杂。但从他们的政治、经济地位看,大体可分为四类:一是依附于封建国家的农奴,当时称之为"公民"[1],我称之为编户小农;二是依附于私人地主的农民,这些人与"公民"相对,称为"私人"[2];三是拥有一小块土地的自耕农;四是庸夫,即雇农。本文所要讨论的是依附于封建国家的"公民"。

1.战国"授田"制与编户小农

西周土地的最高所有权名义上属周天子,实际上是由周天子、诸侯、大夫等不同等级多级占有。一入东周,周天子地位一落千丈,诸侯不再买他的账,诸侯把自己所占有的土地归己所有;到春秋后期,一些诸侯国的大夫,势力超过了诸侯,再也不把诸侯放在眼里,他们所占的土地也归自己所有了。再往下,一部分士也占有一部分土地,但为数不多。所以,当时土地私有的主体是诸侯和大夫。

战国时期各封建诸侯国的君主,一部分是春秋时的诸侯蝉联而来的,如楚、秦、燕等;另一部分是春秋时的大夫经过夺权而形成的,如齐、韩、赵、魏等。但无论前者或后者,都继承春秋既有的地位而拥有大量的土地。由于这些诸侯是封建政权的主脑和中心,他们所占有的土地同时也就是封建国家的土地,韩非称之为"国地"[3]。我们可称之为封建国有制,或王有制。

除封建国有土地外,也有一部分土地落入了私人手中,不过在整个战国时期,封建诸侯一直拥有最大数量的土地。这可从如下几方面得到证明:

---

[1][2]《韩非子·五蠹》。
[3]《韩非子·孤愤》。

(1)从赏赐臣属巨额土地看：

赵简子"赐扁鹊田四万亩"①。

赵烈侯喜爱音乐，要赏给著名歌手枪、石二人各"万亩"②。

魏国的公叔痤打了胜仗，魏惠王论功行赏，一次赏赐土地总和达一百八十万亩。③

卫嗣君为留薄疑仕卫，爵薄疑为上卿，并"进田万顷"④。

王翦领兵出征前，向秦王政请求田宅，为子孙留作产业。⑤

《韩非子·诡使》篇记载韩国政治腐败，赏罚无法，出现了"女妹有色、大臣左右无功者，择宅而受，择田而食"的情况，说明韩国君主手中有大量田宅可供这些人选择。

(2)从以田作为臣属的俸禄看：

"楚邦之法，禄臣再世而收地。"⑥

齐国也有禄田，官僚"去之日，遂收其田里"⑦。

"武阳君郑安平死，收其地。"⑧

甘罗出使有功，秦王"复以始甘茂(甘罗的祖父)田宅赐之"⑨。

"禄田"有授有收，战国时期官僚队伍很庞大，"禄田"不会很少。

(3)从用田宅赏赐军功看：

魏实行选兵制，"中试则复其户，利其田宅"⑩。

吴起任魏西河守，不经君主批准可以用田宅明法赏功，证明这些田宅属封建国家所有。⑪

秦规定，能得敌"甲首一者，赏爵一级，益田一顷，益宅九亩"⑫。

---

①②《史记·赵世家》。

③ 参见《战国策·魏策》。

④《韩非子·外储说右上》。

⑤ 参见《史记·王翦列传》。

⑥《韩非子·喻老》。

⑦《孟子·离娄下》。

⑧《史记·赵世家》。

⑨《史记·甘茂列传》。

⑩《荀子·议兵》。

⑪ 参见《韩非子·内储说上》。

⑫《商君书·境内》。

当时各国都备有大量田宅用来作赏赐品。韩非子说："夫陈善田利宅,所以战士卒也。"①"夫上所以陈良田大宅,设爵禄,所以易民死命也。"②

《管子·八观》中也说:"良田不在战士,三年而兵弱。"

封建国家用来赏赐军功的土地有授也有收,《韩非子·诡使》中讲,战士"身死田夺"。

(4)从用田宅招徕他国之民和鼓励增殖人口看:

《商君书·徕民》中提出,用分给田宅的办法,招三晋之民来秦。

梁惠王说:"寡人之于国也,尽心焉耳矣。河内凶,则移其民于河东,移其粟于河内。河东凶亦然。察邻国之政,无如寡人之用心者。邻国之民不加少,寡人之民不加多,何也?"梁惠王话中虽未涉及土地,但从中可分析出:第一,他来回移民,手中无田宅是难于实行的;第二,他希望邻国之民逃到他这里来,肯定得有土地进行安置。因此,不妨认为,梁惠王手中握有田宅是他讲这段话的前提。

《管子·入国》篇提出:"取鳏寡而合和之,予田宅而家室之。"这是主张用田宅鼓励鳏寡结婚以增殖人口。

以上事实足以证明封建国家占有巨量土地。封建国家的土地用作赏赐的只是一部分,更多的土地是用来授予农民,以资进行剥削。

封建国家把土地分给农民,当时叫作"授田"("受田")"行田""分地""均地""辕田"等,我们可总称之为"授田"制。受田的农民叫"公民"。

"授田"是在封建生产关系萌芽过程中出现的,春秋后期战国前期普遍实行。"授田"是从统治者方面说的,"受田"是从农民方面说的。从文献看,最早讲"授田"的是《周礼》。另外,《汉书·食货志》《公羊传》《韩诗外传》等,也有授田的记述。这些书的作者都认为"授田"制实行于周代。许多史学工作者引用上述材料也多用来作为周代存在农村公社,进行平均分配土地的证据。至于战国封建国家是否实行过"授田"制,尚未见有人具体论述。

战国是否有"授田"制呢? 1975 年湖北江陵出土的秦简中,有"受(授)田"二字。该段文字是:"入顷刍、稾,以其受(授)田之数。"③这批秦简反映的主要是秦统一前的事。这一记载极为重要,它无可争辩地证明了在战国时期,秦实行过"授田"制。

---

① 《韩非子·诡使》。

② 《韩非子·显学》。

③ 《田律》。

魏国的"行田"也是"授田"。《吕氏春秋·乐成》引魏襄王的名臣史起的话："魏氏之行田也以百亩，邺独二百亩，是田恶也。""行田"就是分给土地的意思。《汉书·高帝纪》："法以有功劳行田宅。"苏林注："行……犹付与也。"根据《乐成》的记载，魏国是普遍实行过"行田"的，它应是李悝"尽地力之教"的主要内容。如果把"行田"同前边引述过的梁惠王关于凶年移民之事一并加以考察，我认为，说梁惠王(即魏惠王)的移民以"行田"为基础是并不勉强的。

孟轲到齐国，对齐宣王讲的关于"制民之产"一段话也很耐人寻味。"制"即制定、规定之意。"产"指什么？即文中所讲的"恒产"——"百亩之宅""百亩之田"。"制"的主体是谁呢？文中已点清楚是君主。民产由君主规定，那么把它解释为类似秦的"授田"、魏的"行田"，我想是可以说得通的。①

《汉书·地理志》中记载秦商鞅变法有一项是"制辕田"。再早，晋在春秋时曾"作爰田"②。辕与爰通用。关于"爰田"历来有不同解释。孟康的注是，把土地分成上、中、下三等授给农民，上田每户百亩，中田二百亩，下田三百亩。根据孟康的注，"制辕田"也就是"授田"，同秦简中的"受(授)田"是吻合的。

另外，《管子·国蓄》中讲的"分地"，《管子·臣乘马》中讲的"均地"，《商君书·算地》中讲的"分田"，我认为都是"授田"的别称。

关于战国存在"授田"制的事实，还可从许行到滕受廛一事得到旁证。农家学派的许行自楚到滕，对滕文公说："愿受一廛而为氓。"③滕文公给了他"廛"。廛是住宅，属封建国家。许行受没受田，种不种地呢？文中没有明讲，但在孟轲与陈相的对话中，谈到了许行之徒是从事耕种的。许行等耕种的土地从哪里来的？同廛一样，一定也是从滕文公那里领受的。

一个农民授予多少土地呢？大体是一百亩(约合今三十一亩多)。在当时，这同一个农民的劳动力是适应的。《管子·臣乘马》说："一农之量，壤百亩也。"《管子·山权数》说："地量百亩，一夫之力也。"先秦文献中关于一夫百亩的记载很多：

"一农之事，终岁耕百亩。"④

---

① 参见《孟子·梁惠王上》。

②《左传》僖公十五年。

③《孟子·滕文公上》。

④《管子·轻重甲》。

"百亩之田,勿夺其食,数口之家可以无饥矣。"①

"家五亩宅,百亩田,务其业而勿夺其时,所以富之也。"②

《汉书·食货志》记述魏李悝变法,实行尽地力之教,也是按一夫治田百亩计算。

授田百亩是当时的惯例,所以又有"分地若一"之说。③

先秦文献普遍讲一夫百亩绝不是偶然的,它是当时实行"授田"制的反映。

"百亩"是指标准亩。土地有好有坏,具体实行时会五花八门。如前所引,魏一般分给百亩,邺这个地方土质不好便分配二百亩。另外,各地亩大小也不一致,《商君书·算地》记载:"故为国分田,数小亩五百。"江陵出土秦简中的"受(授)田",则是按顷计算。

受田的农民有没有土地所有权,能不能私自转送或买卖呢?关于这一点无明文记载,但以下材料从侧面说明没有土地所有权。

(1)"王登一日而见二中大夫,予之田宅,中牟之人弃其田耘、卖宅圃而随文学者,邑之半。"④这里对田用的是"弃",对宅圃(宅旁园地)用的是"卖",从侧面说明土地不能卖。

(2)《管子·小称》记载,民恶其上,"捐其地而走"。"捐"是放弃的意思,与前一条材料意思相同。

(3)"士之仕也,犹农夫之耕也;农夫岂为出疆舍其耒耜哉?"⑤照理土地比农具更为重要,如果土地属农夫,决不会不卖土地,扛上农具就到他国去。显然,农具属农夫所有,土地不属农夫。

(4)战国文献有多处讲到民无法生活时嫁妻卖子,但没有一条言及卖土地。这同汉以后多把卖田同嫁妻鬻子连在一起,有明显的不同。如果拥有土地所有权,通常总是先卖土地而后卖子女。战国时的材料只讲民嫁妻卖子,说明民不能卖土地。

(5)《庄子·徐无鬼》篇讲:"夫民,不难聚也;爱之则亲,利之则至,誉之则劝,致其所恶则散。"这段文字形容民之来去未免太自由了。但在当时民逃来逃去的现象的确很普遍,这些逃亡之民被称之为"氓"。造成这种现象的原因很多,我

---

① 《孟子·梁惠王上》。

② 《荀子·大略》。

③ 《管子·国蓄》。

④ 《韩非子·外储说左上》。

⑤ 《孟子·滕文公下》。

认为,民无土地所有权是重要的原因之一。这些逃亡之民只要不被原主人捉住,便可在新主人那里领受一小块土地。民大量的逃亡,使统治者很头痛。为了把民固着于土地,一些地主阶级代表人物,除提出加强行政管理外,在经济上还提出了种种方案。孟轲提出要使民有"恒产",有了"恒产"才能有"恒心"。《吕氏春秋·上农》篇提出:"民农则其产复(即富),其产复则重徙,重徙则死其处而无二虑。"大约到了战国后期,农民对所受之田有了较稳定的占有权。

总之,终战国之世,由封建国家控制的"公民"不能买卖所受的土地。有关战国买卖土地的记载,我认为只限于私人地主和为数不多的自耕农。战国时文献明确记载卖地者有一处,见于《战国策·赵策一》。情况是这样的:秦要攻韩之上党,韩自感无力抵抗,应承把上党献给秦。上党郡守冯亭不奉命,私自献上党于赵。赵为奖励冯亭,要赏给他三万户。这时冯亭说了一句"卖主之地而食之"。显然,这并不是真正的买卖,不过它也说明了两个问题:一是上党之地原属韩国君主;二是反映了有买卖土地的现象,所以冯亭才用了"卖主之地"这句话。另外记载战国土地买卖的还有两条,一是《史记·廉颇蔺相如列传》记载赵将赵括"日视便利田宅可买者买之"。由于文字简约,不能证明"公民"可卖土地;二是《汉书·食货志》说商鞅变法之后,土地"民得买卖"。可是秦简中明文记载秦有"授田"制,《汉书》的记载显然把事情夸大了。依据这两条材料,还不足以证明当时的农民普遍有土地所有权。

2.编户小农人身隶属于封建国家

封建国家通过"授田"把农民控制起来,以进行剥削和奴役。这些受田的"公民"与受私人地主,特别是那些"有威之门"所控制的农民,所承担的义务是不一样的。其区别表现在:第一,有威之门控制的农民不服国家徭役赋税;[①]第二,有威之门的民不服兵役;[②]第三,对权势之门控制的民,封建国家有时失去行政管理权。

这里概述一下"公民"与私人地主控制的农民的区别,是为了说明封建国家的赋税、徭役主要是由"公民"承担。由于"公民"是封建国家赋税、徭役和兵役的源泉,所以封建国家对"公民"的控制是非常严的。郡县制的基层组织——户籍制,便是控制和管理"公民"的一项主要制度。

对各户人口、劳力状况、财产,"户籍"均有详细登记:

---

① 参见《韩非子·诡使》《韩非子·备内》。

② 参见《韩非子·五蠹》。

"四境之内，丈夫女子皆有名于上，生者著，死者削。"①

"常以秋岁末之时阅其民，案家人比地，定什伍口数，别男女大小。其不为用者辄免之，有锢病不可作者疾之，可省作者半事之。并行以定甲士，当被兵之数，上其都。"②

"皮革筋角，羽毛竹箭，器械财物，苟合于国器君用者，皆有矩券于上，君实乡州藏焉。"③

"户籍田结者，所以知贫富之不訾也。"④

地方官吏的一项主要任务便是核查、核对户籍，《管子·立政》中提出要"三月一复，六月一计，十二月一著"。农民不准自由迁徙，《商君书·垦令》中提出："民不得擅徙。"《管子·禁藏》中提出："伍无非其人，人无非其里，里无非其家。故奔亡者无所匿，迁徙者无所容。"逃亡者被捉住要给以严厉的惩处，"逃徙者刑"⑤。魏设有《奔命律》，便是专门惩治逃亡的法律。江陵出土的秦律中有一条规定："有为故秦人出，削籍，上造以上为鬼薪，公士以下刑为城旦。"⑥这条的大意是：秦国原来的人（以别外来户）逃亡被捉住，上造（军爵中的第二级）以上罚服三年砍柴苦役，公士（第一级，最低的）及以下之民，要罚服四至五年筑城的苦役。惩罚多么严酷！

民出入邑里，都有有司、里正、伍老之类的小吏监督。《管子·立政》有如下的描述：邑里"筑障塞匿，一道路，博出入。审闾闬，慎管键，管藏于里尉。置闾有司，以时开闭。闾有司观出入者，以复于里尉，凡出入不时，衣服不中，圈属群徒，不顺于常者，闾有司见之，复无时"。看，多么严格啊！

对农民的生产劳动也有严格的监督。文献中多有记述，择其要者抄录于下：

"贤者之治邑也，早出暮入，耕稼树艺聚菽粟……"⑦

"行乡里、视宫室、观树艺、简六畜、以时均修焉。劝勉百姓，使力作勿偷，怀乐家室，重去乡里，乡师之事也。"⑧

---

①《商君书·境内》。

②《管子·度地》。

③《管子·山至数》。

④《管子·禁藏》。

⑤《管子·治国》。

⑥《秦律杂抄·游士律》。

⑦《墨子·尚贤中》。

⑧《管子·立政》。

"相高下，视肥硗，序五种，省农功，谨蓄藏，以时修顺，使农夫朴力而寡能，治田之事也。"①

《吕氏春秋》和《礼记·月令》按季、按月提出对农民生产进行监督。《吕氏春秋》中还具体地提出，春天令"耕者少舍"，夏天"命农勉作，无伏于都"，即一律搬到田野庐舍中去住。秦律中规定："百姓居田舍者毋敢酟(酤)酉(酒)。田啬夫、部佐谨御之，有不从者皋(罪)。"②监督是何等的严啊！

为了保证国家税收有源头，农民必须有收成。《吕氏春秋·孟春》中主张，开春要"先定准直"，即规定产量，李悝实行"尽地力之教"，也规定了每亩的标准产量。各国还有专门法律规定惩罚不勤力耕种者。《管子·大匡》中提出耕者"用力不农(义为勉)"，"有罪无赦"。《吕氏春秋·上农》中说"民不力田，墨(没收)几家畜"。更有甚者，商鞅变法中规定"怠而贫者，举以为收孥"。③"公民"还常常作为君主的赏品，赐给功臣权贵宠幸。这中间又可以分为几种不同情况：

一是连同土地和部分行政权一同赏赐，这叫"赐邑"。

二是把"公民"向国家交纳的租税赐给受赏者，这叫"赐税"。

三是作为受赏者的"隶家"。秦规定军士斩敌"五甲首而隶五家"④。这种"隶家"并不是奴隶，而类似《商君书·境内》篇中讲的庶子。庶子每月无偿地服役六天。

总之，"公民"没有人身自由，完全依附于封建国家。

3. 封建国家对编户小农的超经济剥夺

封建国家向"公民"征收的赋税是很重的。秦汉以后租与税逐渐区分开来，租指向地主交纳的田租，税指国家的征敛。但对战国时期的"公民"来说，租、税是一个东西。另外又称之为"籍""征""赋""敛"等。

封建国家对"公民"征敛的种类很多，计有：

(1) 田租

秦简公七年，"初租禾"⑤。"广辟土地，著税伪材。"⑥"著"，孙诒让认为是"籍"

---

① 《荀子·王制》。

② 《秦律·田律》。

③ 《史记·商君列传》。

④ 《荀子·议兵》。

⑤ 《史记·六国年表》。

⑥ 《墨子·公孟》。

字之误。"伪",毕沅认为是贿(古"货"字)之误。"今农夫入其税于大人……"①
"易其田畴,薄其税敛,民可使富也。"②"以田亩籍。"③"布法出宪……一亩之
赋,尽可知也。"④"吏之所税,耕者也。"⑤

凡此等等,都是指向农民征收土地税。

(2)户口税

户口税起源于何时,还有待深入研究,但决非起自秦汉,在战国已有了。《史
记·商君列传》记载商鞅变法令:"民有二男以上不分异者,倍其赋。"这里征赋的
对象显然不是土地,而是男丁。《史记·秦本纪》又载,秦"孝公十四年,初为赋"。孝
公十三年起用商鞅变法,十四年的"初为赋"当是变法内容之一。"初为赋"之"赋"
与"倍其赋"之"赋"应是一回事,都是征户口税。《汉书·食货志》载:"秦时,田租、
口赋,二十倍于古。"晁错讲到秦军士时,"死事之后,不得一算之复"⑥。晁错说的
"算"便是人口税。秦的人头税至晚从商鞅变法时就有了。

《管子》一书中有许多篇,如《海王》《国蓄》《轻重乙》《山至数》等,对户口税
均有具体的记载。

除按人头征税外,还有按户征的,《管子·国蓄》中讲的"正户籍"即是。孟轲
说:"有布缕之征,粟米之征,力役之征。"⑦粟米、力役自不待言,征布缕的对象
是谁? 似应是户口。

孟轲曾建议:"廛,无夫里之布。"⑧所谓"夫布"就是按人头征的税。

荀子说:"厚刀布之敛,以夺之财;重田野之税,以夺之食。"⑨"刀布之敛"与
"田野之税"相对,"刀布之敛"当属户口税之类。

(3)山林池泽之税

山林池泽属封建国家,打柴采木、捕鱼都要纳税。"贤者之长官也,夜寝夙

---

①《墨子·贵义》。

②《孟子·尽心上》。

③《管子·国蓄》。

④《管子·君臣下》。

⑤《韩非子·显学》。

⑥《汉书·晁错传》。

⑦《孟子·尽心下》。

⑧《孟子·公孙丑上》。

⑨《荀子·富国》。

兴,收敛关市山林泽梁之利,以实官府。"①"命水虞渔师,收水泉池泽之赋。"②

(4)房屋税

《孟子·公孙丑上》所谈"里布"即住宅税。《管子》中《山国轨》《国蓄》也讲到征收房屋税。

(5)桑蚕税

"蚕事既毕,后妃献茧。乃收茧税,以桑为均。"③《管子·轻重乙》中也讲到有纺织丝缠之税。

(6)牲畜税

"六畜有征。"④《管子·国蓄》篇的作者不赞成征牲畜税,认为"以六畜籍,谓之止生"。

以上是列出名目者,此外还有无穷无尽的暴敛。如邺一带贪官污吏借河伯娶妻大搞搜刮。李悝为民算的收支账中,有祭祀征敛一项。《韩非子·外储说右下》记载秦襄王患病,百姓为他祷告,并"訾其里正与伍老屯(疑为"出"之误)二甲"。总之"民士竭力于家,百官精克于上"⑤。

关于地租形式,主要是实物地租,但也有劳役地租。《吕氏春秋·审分》所载:"今以众地者,公作则迟,有所匿其力也;分地则速,无所匿迟也。"又《商君书·垦令》中所述:"农民不饥,行不饰,则公作必疾而私作不荒,则农事必胜。"两处所谈"公作"便是劳役地租。不过地主阶级从实际经验中已认识到实物地租更为有利。正如《管子·乘马》篇所总结的,实行"与民分货",不必监督,农民会全家出动起早贪黑地干。

抽取租税的办法有两种:一是按土地好坏抽租,叫"案田而税"⑥,"相地而衰征"⑦;另一种是按收成好坏,即"訾(义为'量、计算')粟而税"⑧。

关于税额,文献有不同记载,计有:

---

① 《墨子·尚贤中》。
② 《吕氏春秋·孟冬》。
③ 《吕氏春秋·孟夏》。
④ 《管子·八观》。
⑤ 《韩非子·难三》。
⑥ 《管子·大匡》。
⑦ 《荀子·王制》。
⑧ 《商君书·垦令》。

二十税一:"田租百取五"①;白圭曾主张"二十而取一"②。

什一税:文献中多处谈到,不一一征引。

什五:"民食什伍之谷。"③

另外,《管子·大匡》篇提出根据年成好坏抽税:"上年什取三,中年什取二,下年什取一,岁饥不税。"

这些定额实际是虚设,征多少任主人之意。赵简子派人去收税,吏问收多少,简子说:"勿轻勿重。重则利入于上,若轻则利归于民。"④《墨子·辞过》篇说:"以其常征,收其租税,则民费而不病。民所苦者非此也,苦于厚作敛于百姓。"总之,不把农民的脂膏榨净决不会罢休的,其方式如强盗:"今之诸侯,取之于民也,犹御也。"⑤"君之衡籍而无止,民食什伍之谷,则君已籍九矣。"⑥农民血汗所得十分之九被剥夺去。

征收的东西无所不包。粮食、布缕、刀布、牲畜;另外,薪柴⑦、蔬菜⑧,牛皮筋角也在征收之列,这是做甲盾弓箭不可缺少的。

各种赋敛剥夺了农民的劳动成果,徭役则直接榨取了农民的劳动力。当时徭役与兵役混杂在一起,总称"力役之征"。征役的对象,有的按年岁,如秦、赵长平之战,秦把河内之民,凡十五岁以上的都征发来投入战争;有的按身高,如楚、齐对峙,楚大司马照常驻守楚东地,他对齐使臣说:"我典主东地,且与死生,悉五尺至六十,三十余万弊甲钝兵,愿承下尘。"⑨妇女也在征发之列。

征役的时间,许多人提出不要伤农事,实际却征发无时。如《墨子·节用上》所说的:"久者终年,速者数月,男女久不相见。"齐宣王"为大室,其大益百亩,堂上三百户。以齐国之大,具之三年而弗能成"⑩这该有多少农民

---

① 《管子·幼官》。

② 《孟子·告子下》。

③ 《管子·臣乘马》。

④ 《韩非子·外储说右下》。

⑤ 《孟子·万章下》。

⑥ 《管子·臣乘马》

⑦ 参见《吕氏春秋·季冬》。

⑧ 参见《管子·轻重乙》《吕氏春秋·仲秋》。

⑨ 《战国策·楚策二》。

⑩ 《吕氏春秋·骄恣》。

服役啊！"起一人之繇（徭），百亩不举，起十人之繇，千亩不举。"①成千上万的农民被征召，造成了无穷无尽的灾难！

赋税、徭役一齐落在农民头上，农民怎能承受？孟轲形容过当时农民的悲惨境遇："有布缕之征，粟米之征，力役之征。君子用其一，缓其二。用其二而民有殍，用其三而父子离。"②用其一的"君子"是没有的，用其二、三的比比皆是。农民生活在水深火热之中！

4.余论

秦汉以后两千年国家编户小农的状况有这样和那样的变化，但就大体而论，基本上没有突破战国"公民"的形态。

国家的户籍制度始终如一，极为严密。户籍的性质一直是国家实现控制人身的组织，是实现国家对小农人身支配和占有的机构。编户小农实际上是国家的农奴。

编户小农虽然占有一小块土地，甚至还可以进行买卖，但在观念上土地最高所有权一直属于皇帝，诚如唐代陆贽所说："土地，王者之所有；耕稼，农人之所为。"③当编户小农人身还是被占有的时候，他们的土地占有权的意义是不会超过他们的人身的意义的。

较之土地占有权，更重要的是分配权。名义上各朝各代对编户小农的税收和徭役都有定数，但实际上没有一个朝代按定数实行，几乎无例外的都实行横征暴敛，《礼记》中的《苛政猛于虎》和柳宗元的《捕蛇者说》把苛征暴敛最形象地表达出来了，无须再置一词。

封建国家与编户小农之间既不存在法定关系，更没有契约关系，其间只有支配和被支配、占有和被占有关系。在这种关系下，编户小农一直处于生死线上，几乎没有什么发展。用纯经济的方法根本无法说明国家与编户小农的关系，只有用"超经济强制"才能揭示其间的关系。

---

① 《管子·臣乘马》。

② 《孟子·尽心上》。

③ 《陆宣公集》卷二《均节赋税恤百姓》。

五、贪污:权力侵占与分配社会财富的一种特殊方式

考察中国古代的社会分配问题,有必要同时研究一下当时贪污受贿与社会分配的关系。它可与国家的赋税、徭役,地主的地租,并列为三大分配方式。所谓贪污,是指官员们利用职务上的便利及手中的政治权力强索他人财物、收受贿赂、侵吞国家财产、假公济私、违法谋取经济利益的行为。在古代中国社会,官僚的贪污可以被视为一种特殊的社会财富再分配方式,也是财富集中的基本方式之一。它是贵族官僚集团赖以生存的命脉之一,是剥削社会最野蛮的手段之一。它对社会关系有着极大的作用。以往我们把贪污视为社会的变态,本人从另一个角度看,认为它不是变态,而是一种有特殊性的"正态"。因此,我不仅仅将它视为是反道德的,而且将它视为传统社会一种强力性的社会财富分配方式而予以正视。

1.贪污的普遍性

我们所要讨论的"贪污",主要是指官员们利用职务上的便利及手中的政治权力强索他人财物、收受贿赂、侵吞国家财产、假公济私、违法谋取经济利益的行为。贪污这种社会现象,在中国可谓"古已有之"。

西周时已有贪污受贿的记载,《尚书·吕刑》中所谓"五过之疵"中的"惟货",即指官员接受贿赂。春秋时期官员们在政治活动中行贿受贿之事《左传》多有记录。[①]战国时代,贪污现象更为普遍,韩非就说过:"为奸利以弊人主,行财货以事贵重之臣者,身尊家富,父子被其泽。"[②]至秦汉,君主专制的中央集权政体确立后,贪污亦愈演愈烈。后汉人左雄谓当时"乡官部吏……廉者取足,贪者充家"[③]。它准确地概括了秦汉时代官僚们在这方面的表现。魏晋南北朝时期官吏们也同样"潜受贿赂、阴为威惠","求纳财贿,不知纪极;生官死赠,非货不行"[④]。在宋代,官僚中"黩货暴政,十有六七"[⑤],明清时代贪污愈发厉害。明朝的邹缉在永乐十九年上疏皇帝谓当时"贪官污吏遍布内外,剥削及于骨髓"[⑥]。张居正亦说:"自嘉靖以来,当国者政以贿

---

① 例如《左传》襄公二年载:"齐侯伐莱,莱人使正舆子赂夙沙卫以索马牛,皆百匹,齐师乃还。"

②《韩非子·奸劫弑臣》。

③《后汉书·左雄传》。

④《册府元龟·卿监部·贪冒》。

⑤《包拯集编年校补·请先用举到官》。

⑥《明史》卷一六四。

成,吏朘民膏,以媚权门。"当时有一首讽刺贪官的打油诗:"来时萧索去时丰,官帑民财一扫空;只有江山移不出,临行写入画图中。"把明朝官僚贪赃形象勾画得淋漓尽致。清代官吏贪墨之风更甚。乾隆盛世时的军机大臣和珅通过贪污受贿,据说竟积累了约十亿两银子的财富。在他当政的几十年里,文武大臣竞相受贿,被揭发的大贪污案屡屡出现,至于嘉庆道光以后的吏治,更是每况愈下了。

贪污在古代中国不仅存在的"时间长",而且还"范围广",它渗透于古代政治生活中上上下下一切领域:在地方行政机构的下层官吏中贪污成风,诚如汉人贡禹所说:"乡部私求,不可胜供。"①在中央机构中,贪污也极为严重。以明代中央的官僚情况为例。明代官俸很微薄,京城之中的高级官员的豪华生活,主要是靠接受各省地方官以礼仪为名所送的馈赠——贿金来维持的。如明代各部尚书的官阶为正二品,全年的俸银只有152两,而各省的总督、巡抚所送的礼金或礼品,往往一次即可相当于10倍的年俸。②在考核地方官的那一年,京官受贿数是最多的,当时即有人谓"朝觐年为京官收租之年"。③在主管考选官吏的人事部门中贪污尤甚。如北魏元晖于宣武时当吏部尚书,他纳货卖官皆有定价,大郡要2000匹,次郡1000匹,下郡500匹。其余所授职官亦各有差价,所以当时天下人都称他为"市曹"。④主管监察工作的御史、巡按其本身重要的职责之一即清查贪污,但实际上他们自己往往就是贪污的能手。史载明代"巡按查盘、访缉、馈遗、谢荐多者至二三万金,合天下计之,国家遣一番巡方,天下加派百余万"⑤。管理刑事诉讼的司法官员并不能成为法律的化身,他们往往执法犯法,借法行贪,比如"晋李彦珣为坊州刺史……宜君县民唐璘与李妇争田,彦珣纳贿数十万,曲断其事"⑥。在这场官吏贪污竞赛之中,一般地说官越大,就越能贪得多。

贪官确实都有,那么,有没有不贪污的清官廉吏呢?在"洪洞县"里,当真就没好人吗?那倒未必。如果认真找找的话,每朝每代总是能挑出一个半个好官来的。不过总的来讲,清官在中国封建社会实在是凤毛麟角,而贪官的数量却要远远多得多!在整个古代社会中,贪官在官场上完全占据了压倒性的优势,对少得可怜的几

---

① 《汉书·贡禹传》。

② 参见《春明梦余录》卷二七。

③ 参见《海瑞集·兴革条例·吏属·朝觐条》。

④ 参见《册府元龟·铨选部·贪贿》。

⑤ 《明史》卷二五七《梁廷栋传》。

⑥ 《册府元龟·牧守部·贪赎》。

个清官,或想当清官的人形成一种有形无形的压力,使他们感到面对这大趋势无能为力、无可奈何,只能随波逐流。魏晋时代的山涛和宋代的包拯的遭遇,都是很能说明这一问题的例子。史谓"袁毅为政贪浊,馈遗朝廷以营虚誉。尝遗山涛丝百斤。涛不欲异众,受之,命悬之梁。后毅事露案验众官吏。至涛,于梁上得丝,已数年尘埃,封印如初"①。分析这个故事我们可发现:首先,当时官员之中接受袁之贿赂的非常普遍;政治眼光敏锐的山涛意识到袁以后会犯案,本不愿接受他的贿赂,但是当时大家都接受了,为了"不欲异众",还是不得不接受下来了。可见其清官难当。

包拯的例子也很有意思。包拯为宋仁宗时的官吏,时地方官对上司迎来送往问题严重。包拯曾指出,地方官做此事是为了"交结权幸,以为身计","以公用酒食及匹帛之类往来相馈遗"。②而过往上司"呼索之物,仍不在数"③,这实际上是当时官场上一种行贿和索贿的陋规。可是当包拯在知瀛州时,竟对此亦无能为力。他在给仁宗的奏折中说,瀛州"路当冲要,使介相望,迎劳供费之繁,因循浸久,臣方欲损一二,而议者亦已云云……臣以无状,猥叨擢用,公家之事不敢顾避,然饰厨传,称过客,上下承习,为日持久,所积未及毫末,议者已骇闻听"④。由此可知,想不与其他官员同流合污、不欲"以为身计"的包拯,在当了知州后,仅仅打算对辖区内这种积弊裁损一二,并且实际所做还"未及毫末",议者就已经大哗了。在此情况下,包大人还能去做些什么呢?

日本学者衣川强曾经对中国古代官僚和他们的俸给进行了相当深入的研究。他以宋代为例,在计算了当时主要谷物及米价与消费量、官僚家属集团之规模后得出这样一个结论:即"能够全赖俸给生活的官僚,是不存在的;也就是说,纯靠俸给生活的官僚是不可能有的",必须靠贪污受贿为生。这一判断与我们的估计基本是一致的。其实,明白点的皇帝对这一点也看得十分清楚。康熙就说过:"人当做秀才时,负笈徒步,及登仕版,从者数人,乘马肩舆而行,岂将一一问其所从来哉?"我们可以这么说,历来所谓"无官不贪"之说或许有点绝对化,但大体上是符合中国古代社会实际的。

---

① 参见《太平御览·人事部·贪》。
② 参见《包拯集编年校补·请罢天下公用回易等》。
③《包拯集编年校补·请止绝三番取索》。
④《包拯集编年校补·论瀛州公用》。

2.官吏们是怎样进行贪污的

在中国封建社会,官僚贪污的方法门道甚多,主要有以下几种类别:

(1)利用手中的权力强占勒索

以这种方式贪污的主要是地方官吏。他们"为民父母",很自然就取得了这种取利的特权。用这类方式进行贪污的官僚中,最有代表性的是后汉时的官僚元诞。史称他为齐州刺史之时,"在州贪暴,大为民患,马牛无不逼夺"。当有人把民间对他不满告诉他,说他"贪"时,他竟大言不惭地说:"齐州七万家,吾每家未得三十钱,何得言贪?"①寥寥数笔,生动地为我们勾画出一个疯狂搜刮民财的贪官的嘴脸来。这个既贪婪又无教养的家伙,可算作第一类贪污的典型了。

(2)利用国家财政收入之机以贪污

前已说过,在中国古代社会,封建国家政府要向人民征收钱粮赋税。而正是在这一过程中,各级官吏上下其手,贪污攫取了大量的财富。明代崇祯年间,福建道试御史孙徵兰对官吏的这种贪污作了如下的形容:"有司高坐公堂,尊如神、威如虎。一纸之出,四野魂惊……或已有而重派,或私事而公派,或小事而大派,或暂时而久派。"②清代这种形式的贪污也很厉害,比如在湖南,人民应输纳赋税交官者应为一,"而下之所出者,不至于二三不止"③。这些都应归属于第二类贪污。

(3)利用国家财政支出之机以贪污

封建国家政府各种官方工程项目的修建,常常为负责这些修建的官员贪污提供了可乘之机。比如汉代的大司农田延年就曾利用国家出资雇百姓牛车之机,多报车数以骗取国家的佣金④;又如清代主持治河的官员"皆利水患充斥,借以侵吞蚀国帑。而朝中诸贵要,无不视河帅为外府。至竭天下府库之力,尚不足充其用"⑤。清人薛福成在其《庸盦笔记》中披露了当时治河官员侵吞国家资财的情况,谓"南河河道总督,驻扎清江浦,道员及厅汛各官,环峙而居,物力丰厚,每岁经费银数百万两,实用之工程者,十不及一,其余以供文武员弁之挥霍,大小衙门之酬应,过客游士之余润,凡饮食衣服车马玩好之数,莫

---

① 参见《太平御览》卷四九二《人事部·贪》。

② 《明实录附录·崇祯长编》卷三六。

③ 参见《赵恭毅公剩稿》卷六。

④ 《汉书·酷吏传》载:"大司农取民牛车三万两为僦,载沙便桥下,送致方上,车直千钱。延年上簿诈增僦直车二千,凡六千万。盗取其半。"

⑤ 《啸亭杂录》卷七。

67

不斗奇竞巧,务极奢侈"①。其假公济私及贪污的疯狂程度确实令人瞠目。

(4)利用管理国库的机会监守自盗

如《册府元龟》记载的"被用官库钱物"的寿州刺史唐庆②;《隋书·郑泽传》载刺史郑泽"擅取官财,自营私第";《魏志·鲍勋传》记载的曲周县吏"断盗官布"等等都是属于这类性质的贪污。唐代的曹邺曾写诗谓:"官仓老鼠大如斗,见人开仓亦不走,健儿无粮百姓饥,谁遣朝朝入君口?"诗人在这里所讽刺的,也正是以此种方式进行贪污的官僚。

(5)收受贿赂

在中国封建社会,高级官员一般没有直接搜刮百姓或具体经手国家钱粮资财的机会。然而,他们却有着一种更便利的进财之道,那就是收受贿赂。明代钱一本说:"以远臣为近臣府库,又合远近之臣为内阁府库。"③说的就是这么回事。明代兵部尚书梁廷栋曾说:当时知府知县等地方官每一次朝觐、考备、考选、考升,每人在京师至少要花五六千金行贿才成。④当时知府知县向中央官吏行贿,最普遍的是在各衙门内直接进行,彼此"袖手接受";关系稍近些的是列柬投递,假托赠送书籍的名义亲自送上门,时人称之为"书帕";关系再密一些的,遇有上级的生辰有贺仪,每逢节期有馈赠,升任时对上级的"谢荐礼"更格外丰富。⑤这些行贿的钱财无疑都进了高级官员的腰包。官僚们收受贿赂时一般都很机警,很多官员虽广纳贿赂,但自己并不出头,而是派子弟或亲戚家人出面接受,以留后路。比如清代康熙年间那个"以官职为生理,公然收贿"的大学士徐元文,收受贿赂就从未自己出过头,每一次不是由他的儿子徐树本,就是由其侄徐树屏、徐树敏"亲收"。这些公子恶少在其老子的默许及暗中鼓励、纵容下,肆无忌惮地敲诈、受贿、巧取、豪夺。⑥大量财富就这样滚滚流进了他们的私囊。

由此人们不难发现,贪污的确是个神奇的大聚宝盆,而中国的封建官僚在使用这个聚宝盆时,也确实达到了出神入化的水平。中国的封建官僚办事

① 《庸盦笔记》卷三。

② 参见《册府元龟·牧守部·贪黩》。

③ 《明史》卷二三一《钱一本传》。

④ 参见《明史》卷二五七《梁廷栋传》。

⑤ 参见李文治:《晚明官僚的一笔贪污账》,《历史教学》,1952 年第 7 期。

⑥ 参见《东华录》卷一五。

效率是极低的,但是贪污时效率却很高,他们在贪污时表现出的主动性、高效率和聪明才智确实是令人惊叹的。

3.贪污在社会经济运动中的作用

中国封建社会有一个重要的现象值得注意:那就是,经济活动不仅仅是一种经济行为,经济运动不仅仅是个经济过程,它与政治、与权力、与超经济强制有着密切关系。在许多情况下,政治、权力在社会的经济生活中起着主导的作用。贪污就是当时社会经济运动中的一个重要环节。

人们不难发现贪污是敛财的最有效的一种手段,是当时任何行业都难与之相比的积聚资产之途径。

有一个值得注意的历史现象,那就是许许多多想发财的人既不想从事农业,又不想经营商业、手工业,而是梦想通过"学而优则仕"的道路,达到发家致富的目的。所谓"书中自有黄金屋,书中自有千钟粟,书中自有颜如玉",路人皆知。按理说,官吏法定的俸给数目是很有限的,然而由于为官可以贪污,能得到无数额外的好处,所以整个社会实际上都认识到做官是一种发财的机会。俗话说:"三年清知府,十万雪花银。"就古代中国社会的实际情况看,靠贪污发财致富的官僚比比皆是。如南北朝时期"南齐吕文显为中书通事舍人……四方守宰饷遗,一岁咸数百万"[1];明代太监李广广收贿赂,家有纳贿簿,记载得黄米(黄金)、白米(白银)各千万石。[2]古代高利贷者们极乐意放债给为官或将要为官的人。《明实录》曾记载当时北京一些放债者专门借钱给可能外放任官的人,一俟后者派任地方官,便跟着"同到任所,以一取十"。为官可以快赚钱、赚大钱,这就是高利贷者所以青睐这些人的原因。可以这么说:在封建社会的经济活动中,当官贪污发财比其他任何产业都容易得多。

贪污积聚的巨额资产,在封建社会主要转投于三个方向。

第一,政治性投资——行贿。贪污既然是最有力的赚钱手段,那么保住官位,对贪污者来说就是至关重要的事。在封建社会保官的特效办法就是行贿。明代天启年间霍丘知县郑延祚的做法就是最好的证明。《明史》记载,郑贪污之事为巡按当地的御史所发现,准备对其弹劾,但郑氏却"以千金贿免"。以

---

① 《册府元龟》。
② 《明史》卷三〇四。

后,郑氏"再行千金,即荐之"①。由于行贿,郑延祚非但没受惩处,反倒升了官。

行贿的方式方法多种多样。行贿保官是贪污资财的第一重要的投资方向。

第二,经济性投资。即用贪污来的资财购买土地、经商及放高利贷。在一个以农业为主要生产部门的社会里,土地是最重要的生产资料,土地既可出租生息,同时又是不动产,是财富的一种最稳妥的存在形态。因此,所有封建统治者都对土地有一种本能的占有欲,土地自然成了官僚贪污资财的又一主要投资对象。宋代著名大贪官朱勔在苏州,"百姓田园号为膏腴者,必竭力攘取"②,以至"田产跨连郡邑,岁收租课十余万石,甲第名园几遍吴郡"③;明代严嵩"广市良田,遍于江西数郡",又"广置良田美宅于南京、扬州"④;清代高士奇依靠贪污成为暴发户后也"于本乡平湖县置田产千顷"⑤。

贪污资财除了用于购买土地外,有的官僚还用它来经商或放高利贷。如前述高士奇就与其亲家陈元师等合谋开设缎号,寄顿各处贿银,资本约四十余万⑥;"徐树声、徐树本等将伊银米自六月放出于十月交起,息银每两五六钱,米每石五六斗"⑦;和珅则开有当铺七十五座,银号四十二座。经济类投资是贪污资财的另一重要流向。

第三,官僚们为满足穷奢极欲生活而将贪污所得恣意挥霍。由于贪污在封建社会也是不合法的,官僚在贪污以后始终存在一种犯罪感、恐惧感,怕一旦被国家追究会一下子失去一切。因而,在消费时他们带有一种及时行乐的病态心理,疯狂地进行挥霍。西晋的大官僚何曾每天饭费达一万钱,竟然还说"无下箸处";隋代杨素"贪冒财货,营求产业,东西两京居宅侈丽,朝毁夕复,营缮无已"⑧;清代湖南布政司郑源涛"外养戏班两班,争奇斗巧,昼夜不息"⑨。此类例子举不胜举。这就是贪污资财的第三个重要流向。

总之,贪污在中国封建社会的经济运动中,正像一个巨大的集散器,它把社会的财富飞速地集中起来、转移出去,在这种资财的高速流动中,整个社会

---

① 《明史》卷三〇六《崔呈秀传》。

② 《宋史》卷四七〇。

③ 《玉照新志》卷三。

④ 《明史》卷二一〇。

⑤⑥⑦ 《东华录》卷一五。

⑧ 《册府元龟》。

⑨ 《竹叶亭杂记》卷二。

都感受到了它的巨大影响。

　　贪污对国家财政，以至公共工程等事业都带来危害。官员们的贪污，往往造成财政的亏空。如清代康熙年间湖北沔阳州积欠田赋达8万两之多，而其中"民欠仅十之二"，其余则为官僚缙绅所侵吞①；康熙六十一年户部存银800万两，而堂司官员侵渔就达250万两之巨。②贪污正是造成封建国家财政失控的一个重要因素。再加上历代的治河工程，由于治河官员的贪污，结果是"国家岁糜巨帑以治河，而曩者频年河决"③。贪污的影响还不止于此，实际上它给当时整个社会的稳定与均衡都带来了巨大的危害。

　　在封建社会，封建制度的基本经济规律是以保证封建主经济的存在和正常运转为核心的，没有它也就没有封建制度；然而，封建主经济的存在，又以农民经济的存在为条件。因而要保证封建主经济再生产过程的顺利进行，首先就不能把农民经济的再生产过程打断。因此虽然封建国家政权也想尽可能多地压榨盘剥百姓大众，但客观经济规律却要求它把剥削限制在一定的界限内，最起码要使农民简单再生产过程能够延续，以保证封建主经济的稳定。可是，官僚的贪污却往往使社会的这种稳定状态遭到破坏。

　　官僚贪污虽有种种不同的方法与途径，但最终还是攫取于老百姓。贪官们在搜刮时从不顾忌农民经济能否稳定，而是能多捞就不少捞，完全是杀鸡取卵式的疯狂掠夺。小农经济一般是比较脆弱的，"只要死一头母牛，他就不能按原有的规模来重新开始他的再生产"④。官僚这种额外的掠夺加上本来已很沉重的封建国家所征赋税，势必打断小农们的再生产过程。明朝人梁廷栋曾说："今日民穷之故，惟在官贪。使贪风不除，即不加派，民愁苦自若；使贪风一息，即再加派，民欢忻亦自若。"⑤赵南星亦谓："贪则多酷，即朘其脂膏，又加毒痛，民安得不乱?！"⑥

　　历史上因官僚贪污引起民众反抗的事例很多：如清代康熙年间，"河

---

　　①《雍正上谕内阁》七年十二月。
　　②《雍正上谕内阁》二年十一月。
　　③《庸盦笔记》卷三。
　　④《资本论》(卷3)，第678页。
　　⑤《明史》卷二五七。
　　⑥《明经世文编》卷四五九。

南宜阳知县张育征加征火耗虐民"，导致亢珽起义，阌乡王更一"亦藉知县自澄豫征钱粮，啸聚县城"，以致巡抚派兵镇压都不能平。[1]甚至于以推翻封建王朝为目的的农民大起义，官僚贪污也往往是导致其起义的重要原因之一。如宋代方腊在其动员民众起义时就曾以"当轴者，皆龌龊邪佞之徒⋯⋯在外监司牧守，亦皆贪鄙成风"作为理由，指出如不起义将"徒死于贪吏耳"，起义时亦以"诛朱勔为名"。[2]由此可见，官僚贪污确是招致农民造反的一个重要因素。

纵观中国封建社会的历史，一次次周期性政治危机的爆发，一顶顶王冠的落地，无不与官僚机构的贪污腐化有关。当然，我们并不是说官僚的贪污问题一定就是造成这种危机的根本原因；但不容否认的是，它确实激化了社会结构中阶级间的矛盾，破坏了社会的整合状态，从而使社会的稳定与均衡成为不可能，实际上起了导致王朝毁灭的"催化剂"作用。这一点正是贪污给古代中国社会经济运动带来的最重要的影响。

4.贪污横行的原因：权力超越和支配经济

在中国古代社会，官僚的贪污同样不符合封建国家及专制君主的利益，因此历代的封建政府与贪污现象作了许多斗争，他们千方百计试图杜绝这一丑恶。我国历史上第一部有可靠记载的封建法典，战国时代魏李悝制定的《法经》中，就有惩治官吏盗窃受贿的内容。[3]在秦代，秦律中规定对于"不廉挈"的"恶吏"，"不可不为罚"。[4]汉武帝为了加强对地方官吏的考课，分全国为十三部(州)，每部由皇帝直接指派一名刺史，并给了他们"六条问事"的职权，对地方官吏进行监督。所谓"六条问事"，除第一条是裁抑豪强外，其他五条都是以二千石官吏为对象的。[5]很明显，这种考察的一个十分重要的目的，就是要防止地方官吏的徇私贪污的活动。到了唐代，官吏的贪污、受贿和盗窃罪在《唐律》中的"职制""贼盗""杂律"等篇中，都有比较完备的惩处条文。在宋代，为了有效地与政府官吏的

---

① 参见《清史稿·张廷枢传》。

② 参见《青溪寇轨》。

③《法经》共 6 篇，除第一篇"盗法"外，第五篇"杂法"中亦有所谓"六禁"。其中"金禁"的内容为"丞相受金，左右伏诛，犀首以下受金则诛。金自镒以下罚，不诛也。曰'金禁'。"(参见董说《七国考》引桓谭《新论》)

④ 参见睡虎地秦墓竹简小组编：《睡虎地秦墓竹简》，文物出版社，1978 年，第 14 页。

⑤ 参见《汉书》卷一九《百官公卿表》颜师古注。

贪赃不法行为斗争,太祖、太宗制定了许多惩贪的法令。①明初朱元璋当政时期,对贪污的惩处更严厉了。他规定:地方官贪污钱财 60 两以上的,斩首示众不算,还得剥皮填草。朱元璋在府州县、卫、衙门的左面,特别建一座剥人皮的"皮场庙",在官府公座两旁各悬挂一个填满草的人皮袋,使为官者触目惊心,不敢贪污②,惩处贪污的措施可以说达到了登峰造极的地步。然而令人遗憾的是,这么做的效果并不理想,历代惩贪法令尽管严厉,但贪污现象却从来没有杜绝过。人们眼看和珅的家产被抄了,但和珅之后仍然有许多想当和珅第二的人;杀了一批贪官,立刻又会出来更多的贪官。即便是在杀贪官如麻的洪武年间,贪污枉法之行亦仍屡有发生。所谓"掌钱谷者盗钱谷,掌刑名者出入刑名"③。它说明,中国封建社会中的官僚们宁愿冒剥皮之刑的危险,也不肯打消贪污的念头。贪污确实成了古代中国难以治愈的一种痼疾。

古代中国为何贪污会如此猖獗? 为什么封建国家政府一再严厉打击贪官污吏,而贪污却屡禁不止呢? 这是一个很不容易回答的复杂问题。原因可能有很多。例如,古代中国社会公费开支用于什么项目,需要用多少钱,并没有严密的会计、审计制度加以考察,全凭当官的一句话。这实际就给为官者贪污提供了机会。比如明清地方官私征耗羡问题。应该承认,这笔钱中确有部分是用于衙门办公费用的;但是,就整个私征的耗羡而言,则既无花册报部题说明,也无由单载明份数,完全是一笔糊涂账。何谓重耗? 何谓轻耗? 这中间有多少是办公事开支掉了,多少入了自己的腰包,全凭州县父母官们扪心自问;究竟自己贪没贪污,只能靠官员们多年所受儒家抽象的道德觉悟去保证。这样一来,实际上就造成了一个可资贪污的巨大罅隙,为官员们贪污提供了可能的条件。道德觉悟是解决不了贪污问题的! 没有制度上、法律上的保证,只靠包拯、海瑞这么几个人,只靠儒家正统的为人做官的道德理想教育,只能造成一种巨大、强烈的反差:一方面是儒家尽善尽美的道德标准,另一方面则是从漏洞中不断涌出的财富的巨大诱惑。这除了造就两千年来中国官场上一大批两面派以外,再没有任何作用。可以说,没有独立、完善的财会制度,只凭权力说

---

① 如所颁《提、转、知、通案察赃吏诏》《诸路官吏有逾越害民,本路转运、提刑不曾觉察、并行朝典诏》,等等。

② 参见《廿二史劄记》卷三三,"重惩贪吏"条。

③ 参见《大诰·谕官毋作非为》第四三。

话,是导致贪污多的一个原因。

再如"上梁不正下梁歪"也是贪污猖獗的原因之一。明朝崇祯年间给事中韩一良在给皇帝上奏折时,曾这样抱怨过:现在大家都在指责地方守令不廉。然而守令们又怎么能够廉得了呢？俸薪就那么少,上司督取、过客"书仪"、考满、朝觐之费都得数千金。"此金非从天降,非从地出,而欲守令之廉,得乎？"①可见,在上级官员索贿受贿的情况下,地方官不能或者很难不贪。正如当时人所说的那样:"京师,四方之极,京官藉公费,无一衙门不趋辇毂下,贪又可禁乎？"②"开门受贿自执政始,而岁岁申馈遗之禁何为哉？"③

又如在上上下下的官僚中间关系网密布,亦使得贪污屡禁不止。在中国封建社会的官场宦海之中,通关节走后门之风盛行。据明代左副都御史邱橓讲,那时御史巡按地方,总有人来托关系、打招呼。人还未离开首都,递来的条子已经装满口袋。于是到下面考察官员政绩时,便"彼此结纳",互相包庇。被他们所弹劾的官员,大都是在官场上比较单寒软弱的人,至于有背景、有内援的,即所谓"百足之虫,傅翼之虎",即使"赃秽狼藉",依然能被推荐升官。就是其贪污之事万一真被人告发而受到追查,由于大家都不干净,所谓"豺狼见遗,狐狸是问",问案者生怕拔起萝卜带起泥,便"或阴纵之使去,或累逮而不行,或批驳以相延,或朦胧以幸免",实在躲不过了,也会重罪轻判,"苞苴或累万金,而赃止坐之铢黍;草菅或数十命,而罚不伤其毫厘"。④就这样草草了事。在此情况下,自然"无惑乎清白之吏不概见于天下也"。

上述这些,无疑都是导致贪污猖獗、屡禁不止的原因。不过必须指出,它们还是一些表面的东西,根据我们的研究,贪污,甚至于上述这些导致贪污原因的最根本的原因,还在于古代中国社会权力支配一切的特点和专制主义中央集权的官僚制度。

所谓贪污,就其实质而言是一种利用政治权力攫取经济利益的行为。前面讲过,在权力支配一切的古代中国社会,权力在社会分配中可以被看成最一般的等价物。只要有了权,一切东西都可以源源而来。明朝人赵南星讲:"夫

---

① 参见《明史》卷二五八《韩一良传》。

② 《国榷》卷七三,载海瑞语。

③ 《明史》卷二三一《钱一本传》,载钱一本语。

④ 参见《明史》卷二二六《邱橓传》。

天下之行私最便而得利最厚者,莫过于吏部。"①邹辑说:"朝廷每遣一人(指御史出巡),即是其人养活之计。"②并不是因为其工作能创造什么经济价值,而是因为他们掌握了大权,通过权,他们就能得到丰厚的经济利益。官僚之所以能够通过贪污而迅速地积聚资产致富,其原因也就在这里。

然而需要指出的是,官僚们的政治权力虽然很大,靠权力得利也很多,但这种能为其带来好处的权力却不是他们自己的,而是君主的。我们说过,在中央集权政体下的官僚只是君主统治人民的一种工具。他们完全依附于君主,毫无任何独立性可言。由于他们只是作为工具代人主去处理各种事务的,因此其政治地位及所拥有的巨大权力优势随时都可能化为乌有。官僚的经济地位是与其政治地位相联系的,官僚的政治地位不稳定,其经济地位必然同样不稳定,从理论上讲,官僚在经济上应靠俸禄为生,但俸禄是因"主卖官爵,臣卖智力"③换来的,用韩非的话讲就是"臣尽死力以与君市,君垂爵禄以与臣市,君臣之际非父子亲也,计数之所出也"④。因而君主可以卖爵禄给你,如感到不合意,随时可能转卖给别人。官僚的这种政治经济地位,就使其处于一种很微妙的境地:一方面他们的权力及优越的政治经济地位随时可能丧失,处于一种极不保险的境地;另一方面,在一个权力占支配地位的社会里面,他们手中暂时拥有的权力又可像聚宝盆一样把财富迅速积聚过来。所以,有权不用,过期作废,只要条件允许,他们必然乘还拥有这个聚宝盆时尽可能地多捞一把,疯狂贪占,以备身后之用。

在专制主义中央集权政体下的中国封建社会,最高统治者利用政治权力攫取经济利益,为其服务的各级官吏也同样要分一杯羹。从实质上讲,他们是一样的,区别只不过一个是大盗,一个是小盗,一个是合法,一个是非法的而已。只要君主要利用最高权力"以天下恭养",他就得利用官僚们来干事;而只要用官僚,那就一定还会有贪污这种特殊的再分配形式。这是个不可克服的矛盾,是这种政体的癌症!这也正是中国封建社会贪污之所以猖獗、屡禁不止的根本原因所在。

---

① 参见《明经世文编》卷四五九《再剖良心责己秉公疏》。

②《明史》卷一六四《邹辑传》。

③《韩非子·外储说右下》。

④《韩非子·难一》。

六、专制权力与封建社会的长期性与迟滞的关系

君主专权制，特别是秦汉以后的全国统一的君主集权制在社会经济活动中起了什么样的作用呢？相当多的学者在主流上持肯定看法，认为它有利于经济的发展，有利于商品的交流和流通，还可以兴建大规模的水利工程，能促进农业的发展，等等。当然，这些说法不是全然没有道理。但是，它仍不能解答人们对下面这些问题的疑惑：为什么恰恰是在统一的君主集权建立之后，中国的商品经济没有继续向前发展，甚至后退了呢？为什么中国的农业在以千为计的年代里一直踏步不前？为什么巨大的水利工程主要不是为了农业与商品交流的需要而是为了国家的漕运呢？为什么中国伟大的发明不能在中国的经济发展中很好地得到运用，反而在欧洲开花结果呢？一句话，为什么中国的封建社会到公元 1500 年以后迟滞不前？

于是，有人就把问题的症结归结到小农经济的头上。我们认为，这未必是问题的要害。为什么中国的小农经济总是那样单调、贫困，甚至常常濒临破产呢？如果没有强权政治的干预，难道中国的小农经济就不会在自身发展的前提下引起分化吗？难道农业就不会在与工商业的相互促进中给中国社会带来新的血液？

于是又有人把中国封建社会后期迟滞不前的原因归结为中国的经济结构先天不足，说地主经济压抑了经济发展的生机。我们认为，问题并不在这里。按理，地主经济，以及有相应的商业刺激和竞争，应当是促进经济发展的有利条件。问题是在中国的封建社会里有一种超经济的力量大大地抑制了这种竞争。

还有的人想用后移奴隶社会与封建社会界限的办法，来说明中国封建社会不长。这未免把问题简单化了，不能从根本上说明问题。

对于中国封建社会长期性和后期迟滞的原因，固然需要从多方面来探讨。但我们认为，认真分析封建君主专制国家对封建社会经济规律的干预和破坏，或许会找到一把打开这个迷宫的钥匙。

1.两个重要的经济规律

封建时代的经济规律，具体讲起来有许多，但从封建社会能否生存和发展这个根本点上来看，有两个最主要的规律：一是简单再生产的规律，一是价值规律。之所以说有两个主要规律，是因为简单再生产是封建社会生存和延续的基础；价值规律的实现和作用范围的扩大是推动扩大再生产和封建经济

发展的主要杠杆,是封建社会内部产生新因素的前提。从中国历史看,至迟从春秋开始,农民中的多数是以一家一户为单位进行生产的。这种生产表现为一种简单再生产。但这并不是说这种简单再生产是一成不变的,简单再生产包含着扩大再生产的因素。诸如农民扩大再生产的要求、生产工具的逐渐改善、生产经验的不断积累等,但这些因素能不能变为现实,能不能成为推动和瓦解小生产的力量,要看社会能否提供适宜的条件。

价值规律是与商品交换同时来到人世间的。但在春秋以前,由于商品交换与商品经济在整个社会经济中所占地位甚微,所以价值规律的作用范围也极其有限。春秋以后,情况就不同了,工商业有了突飞猛进的发展,商品经济和货币经济日益发达,交换在整个社会经济中占有重要地位。从社会分工看,春秋战国时期,各行各业已经泾渭分明,纯粹的自给自足的自然经济的概念已不能完全反映当时的社会面貌。基本上反映这一时期情况的《管子》一书,把士、农、工、商并列,称为四民。其中《管子·大匡》篇说:"凡仕者近宫,不仕与耕者近门,工贾近市。"①可见工商在社会上已赫然成势。社会分工已经发展到人们只有靠交换这条纽带连接起来才能生活下去的地步。《孟子·滕文公》篇所载陈相与孟子的对话,就是极好的佐证。对话是围绕着对滕文公的评价开始的。儒者陈相受了农家许行的影响,认为滕文公不与民并耕,不是贤君。孟子却认为这是社会分工不同,他反问陈相:许行是否必织布而后衣?自织冠而后冠?自制釜甑再做饭?自造铁器然后耕?陈相回答说都不是,都是"以粟易之"。何以如此?因为"百工之事,固不可耕且为也"②。其次,反映这个时期工商业繁荣状况的材料也相当多。《管子·国蓄》说:"万乘之国,有万金之贾;千乘之国,有千金之贾。"当时名扬千里的大商贾的确是相当多的。"且君引锱量用,耕田发草,土得其谷矣,民人所食。人有若干步亩之数,计本量委(积也)则足矣;然而民有饥饿不食者何也?谷有所藏也。今君铸钱立币,民庶之通施也,人有若干百千之数,然而人事不及,用不足者何也?利有所并藏也。然则人君非能散积聚,钧羡不足,分并财利而调民事也。则君虽强本趣耕,而自为铸币而无已,乃今使民下相役耳,恶能以为治乎?"③这里从商人的囤积居奇讲到

---

① 《管子·大匡》。

② 《孟子·滕文公》。

③ 《管子·国蓄》。

市场的流通量,并说明了市场调节与治国的关系。从《管子》所提供的材料中我们还可以看到当时货物比价,劳动生产率,粮食在流通中的情况等景象。"今为末作奇巧者,一日作而五日食。"①换言之,即当时一个手工业者的劳动可以养活五个人,这自然讲的是劳动生产率。能表明价值规律的社会作用的另一个证据,就是当时货币的大量发行和职能的增加。战国时期,各诸侯国不同形式的金属币不胫而走。"五谷食米,民之司命也;黄金刀币,民之通施也。"②当时,货币已不仅充当价值尺度、流通手段,而且还充当储藏、支付手段。"君有山,山有金,以立币,以币准谷而授禄。"又说:"人君操谷币金衡而天下可定也。"还说:"士受资以币,大夫受邑以币,人马受食以币,则一国之谷资(皆也)在上,币资在下。"③

以上事实说明,价值规律已成为春秋战国时期社会经济生活中的一条重要规律了。

我们认为,封建时代的商品经济和货币经济,就其主要方面来说,是一种进步的力量。它对自然经济的结构,对封建社会的经济基础,有着巨大的冲击力。商品经济的活跃与整个社会经济的发展进步成正比。这一点,连古人都有所认识。"方六里命之曰暴,五暴命之曰部,五部命之曰聚。聚者有市,无市则民乏。"又说:"市者,可以知治乱,可以知多寡。"④《管子》中还说:"市者,天地之财具也,而万人之所和而利也。"⑤

2.政治权力对两个规律的破坏

上述两个规律在社会经济的发展中起着不同作用。农民的简单再生产是社会赖以存在的基础,它本身虽然不能产生使社会变革的新因素,但随着生产的不断扩大,可以促进工商业的发展。工商业的进一步发展,价值规律的不断实现,必定会掀起社会的波澜,小农经济必定会被冲垮,封建经济决不会停滞在一个水平上,中国也一定会较早地出现资本主义的生产关系。

但是,秦汉以后的历史事实和我们的这种推论正相反,中国封建社会具有长期性和后期迟滞的特点。这个历史的罪责究竟应该由谁来承担呢?我们认

①《管子·治国》。

②《管子·国蓄》。

③《管子·山至数》。

④《管子·乘马》。

⑤《管子·问》。

为,这不应归咎于中国封建经济结构本身,而是由封建君主专制制度对以上两个经济规律的抑制和破坏造成的。

封建君主集权对简单再生产的破坏,主要表现在对农民征收繁重的赋税和征发沉重的徭役上。封建君主专制的整个国家机器像古代传说中那种贪食的凶兽饕餮一样,贪婪地吞食着赋税和徭役,而且越吃越多。这里应当注意的一点是:君主专制国家为满足他们无止境的挥霍享乐,常常连不在恩遇之内的和未能参政的普通地主,也作为搜刮的对象。君主专制国家从阶级本质上讲,无疑是代表地主阶级的,但在再分配问题上也常常侵犯许多地主的利益,以致在统治阶级内部出现一些异化现象。像在秦末、汉末及以后许多次大的农民起义中,往往有相当多的地主分子参加,除了政治原因外,其经济的原因就在于此。

当然,我们也不否认,在对待农民的简单再生产上,君主专制国家也有二重性。统治者为了能够长久地获取赋税和徭役,为了政权的稳定,不得不使劳动者得到奴隶般的生活条件,需要农民来维持简单再生产的进行。这不仅表现在赋税数量的调整上,甚至还提出了土地问题。前者如汉初的调整租税率,在一个短时期减免全国或部分地区的赋税,汉武帝在危机面前下罪己诏并调整赋税,以及在昭帝、宣帝时期的继续克制等。后者如汉代有时把一部分公田租给农民;另外从董仲舒开始,不断有人提出限制官僚、豪强兼并土地的主张,一直到后来出现了王莽的井田制的试验。春秋以降,许多政治家与思想家认为,赋税与徭役的轻重是农民能否进行正常生产的关键。他们所上的各种名目的治安之策,多数属于希冀君主减少赋税、徭役之类。一些思想家还提出了产品分配量与治国的关系问题。"地之生财有时,民之用力有倦,而人君之欲无穷。以有时与有倦养无穷之君,而度量不生于其间,则上下相疾也。是以臣有杀其君,子有杀其父者矣。故取于民有度,用之有止,国虽小必安;取于民无度,用之不止,国虽大必危。"①《管子·正世》篇把既不能使民陷于窘困之地,又不能让民富足的界限称之为"齐"。当然这"齐"中也包含了政治的统治内容。总之,一些人已经认识到,统治阶级的最大利益就是要民既不因窘迫而抗上,又不因富裕而生邪,永远在一种简单再生产的环境中生活。这种状况是君主专制国家最理想、最满意的。

但是,历史的事实是:即便是这样极为可怜的认识,也多半停留在理论

---

① 《管子·权修》。

上,认真执行的君主并不多。在实际的社会生活中,君主专制国家总是表现为更多的破坏简单再生产。战国时期,已经有许多思想家对当时繁重的赋税、徭役,进行过猛烈的批评。如荀子说当时是"重田野之税以夺之食",呼吁要"轻田野之税","罕兴力役"。[1]秦建立统一的君主专制帝国以后,其赋税、徭役之重是众所周知的,无须多说。秦朝是一个短命巨人。它之所以速亡,最主要的原因就是专制君主利用空前强大的权力对社会经济大砍大杀。它既然在全国范围内破坏了简单再生产,使整个社会无法生存下去,当然在它面前就只剩下灭亡这一条路了。

继起的西汉也是中央集权的帝国。西汉至新莽时期的经济形势,我们大体上可以把它分为五个时期:一、文景时期——经济恢复与发展;二、武帝时期——经济由发展转为危机;三、昭宣时期——经济的复苏;四、元成哀平时期——经济濒临崩溃;五、新莽时期——经济崩溃,政权垮台。我们知道,形成这五个时期经济特点的社会背景有很大差异,君主专制国家对经济的干预方式也不完全一样,但有一条线索是十分清楚的,即社会的经济形势是随着君主专制中央集权的号令和政策,主要是赋税、徭役的多寡而起伏的。君主专制国家征收大量的赋税、徭役是社会动荡不安的主要原因。当然,地主阶级对农民的压迫与剥削,无疑是导致农民起义的因素之一。但是,地主对农民的剥削不管怎样残酷,因为这种剥削关系是租佃制,农民可以转租,这种剥削大体上就得服从简单再生产的规律。在当时的社会条件下,农民只要能够维持简单再生产,社会就不至于发生大的动乱。中国历史上农民起义数量之多,堪称世界之最。具体每一次农民起义的原因,固然会有很大不同,但其中全国性的农民起义都不是由地主的剥削直接引起的。我们绝不是要在这里给地主阶级的剥削罪行开脱,我们只是说,地主阶级的剥削不可能普遍地破坏简单再生产的社会条件,它虽然孕育了农民反抗的火种,但促成熊熊火焰的却是君主专制国家的赋税和徭役。靠权力意志强行征用大量赋税、徭役,剥夺了农民进行简单再生产的条件,广大农民到了只有在生与死之间抉择的时候,当然就会铤而走险,拿起锄头来搏斗。我们不同意那种认为中国的地主比西欧的领主更坏,只会杀鸡取卵的观点,这种观点不符合中国历史实际。事实上,在中国封建社会中,常常发生国家编户民逃入地主之家的情况,以逃避国家的徭

---

①《荀子·富国》。

役赋税。

文景与昭宣时期，君主集权的国家鉴于前车之覆，注意实行与民休息的政策，赋税、徭役相对减轻，农民尚能大体上维持简单再生产的局面，所以社会经济便有所恢复和发展。武帝、成哀与新莽时期就不同了。特别是汉武帝和王莽时期，赋税、徭役繁重，君主专制中央集权的国家表现出了对经济规律的愚昧而凶残的干预，使广大农民失去了简单再生产的条件，所以社会危机四伏，最后不得不走向崩溃。人们可以用雄才大略来称颂汉武帝的文治武功，但从社会经济发展的观点来评价汉武帝，不能不说他是一个失败的人物。

或曰，中国的封建统治者是重农的，怎么说他们破坏了简单再生产的进行呢？不错，中国的封建统治者历来宣扬重农。但对此说必须进行具体的实质性的分析。从秦汉的历史看，重农充其量是使简单再生产得以维持；更多的是不能做到这一点，而使简单再生产不断陷入绝境。为什么会出现这种情况呢？我们认为有如下一些原因：

第一，君主集权制是在争夺对农民的直接赋税与徭役权的斗争中产生的，所以它的存在并不是像有的学者主张的那样，是为了保护小农经济，而是为了掠夺农民的财富。它有时也关心生产，但目的是为了能够多搜刮到一些东西。这正如《墨子》早就说过的："广辟土地，籍税伪财。"[1]

第二，君主专制国家的支柱是军队和官僚。从整个中国封建社会看，每个王朝的初期，军队和官僚相对地说要少些，其后几乎都是按几何级数增长。不要说其他因素的影响，单就这种不断猛增的军队与官僚，就足以置小农经济于死地。

第三，强大的君主专制集权与分散弱小的个体小农形成鲜明的对照。封建国家依靠军队和官僚可以任意向农民发动进攻，而农民却极缺乏抵御能力。这种力量对比悬殊的情况，必然在客观上助长封建统治者的暴虐性格，使统治者更加肆无忌惮地破坏简单再生产的正常进行。所以许多思想家、政治家视君主为握有能使民贫富、生死之权的人物，君主有生杀予夺之权。

第四，统治阶级内部的种种矛盾，造成了君主专制政体下官僚队伍的不稳定性。封建时代是一个以权力为中心的时代，有了权就有了一切。所以每一个官僚在他为政期间，无不拼命搜刮。搜刮来的民膏民脂，一部分自己挥

---

①《墨子·公孟》。

霍享受,一部分奉献朝廷,作为邀功请赏和拉关系的资本。有时又为争权夺利而互相厮杀,掀起政治风暴,给简单再生产以毁灭性的打击。

第五,由于君主专制中央集权的国家一贯压制和打击工商业,造成了商品经济的不发达。这就使简单再生产缺少了刺激扩大再生产的因素,造成了简单再生产社会条件下降的趋势。这就增加了简单再生产的脆弱性,使它更容易受到摧残。

第六,无限制的徭役使大量劳动力离开了土地,常常使简单再生产无法进行。我们知道,单个的劳动力,对于简单再生产来说,其重要性较之大工业生产要突出得多,所谓"一夫不耕,或受之饥;一女不织,或受之寒"[1]。集权制国家强加在农民头上的无补偿的徭役,无情地摧毁了劳动者队伍,口头上即便喊着重农的口号,也只能是一句空话。

基于以上种种理由,我们认为君主专制中央集权对简单再生产、对小农经济的破坏作用是主要的。君主专制国家经常的大量的赋税、徭役,使简单再生产常常遭到毁灭性打击,个体小农经常地处于绝对贫困甚至破产之中,社会经济当然不能发展,封建社会也就陷于长期的缓慢的痛苦的发展之中。

封建君主专制中央集权对价值规律的破坏主要表现在抑商政策及其行动上。商品生产与交换是历史发展的产物。在整个封建时代尽管自然经济是个汪洋大海,但任何人都必须同商品经济保持程度不同的联系,人人都离不开工商业。正因为如此,所以统治阶级中一部分人主张保护工商业,如我们所论述的这个时期中的孟轲、荀卿,以及盐铁会议上的文学之士,等等。孟轲主张对工商业实行免税,即所谓"关市讥而不征"[2];荀子疾呼要"平关市之征"[3];文学之士更是极力反对中央集权国家垄断工商业、压制工商业的政策。在实际经济活动中,有许多地主和部分官僚还去兼营工商业,被人们称之为工商地主或官僚工商地主。利之所在民逐之,地主们不是也身在其中吗?从战国秦汉的历史看,真正主张抑制和打击私人工商业的是君主专制国家及其维护者,其中最具有代表性的是法家。这些人不仅是君主专制理论的鼓吹者,而且也是抑商政策的制定者。李悝变法有平籴法一项,其用意在于抑制私商。商鞅变法的内容之一就

---

① 《汉书·食货志上》。

② 《孟子·梁惠王下》。

③ 《荀子·富国》。

是抑末，《商君书》曾对末业进行过全面攻击。《管子》中的法家一派也主张禁末，韩非更不例外。汉代的晁错、桑弘羊主张禁末的理论也相当激烈。这些人为什么这样仇视工商业呢？这必须从他们的政治主张说起。这些人在政治上有一个共同点，即主张君主专制与集权，把君主之利看得高于一切。他们正是从这一根本目的出发来抑制私人工商业的。他们对工商业的指控大体有如下一些方面：

一曰："民舍本事而事末作。舍本事而事末作，则田荒而国贫矣。"①

二曰：富商大贾"财或累万金，而不佐国家之急"②。

三曰：商人"因其富厚，交通王侯，力过吏势，以利相倾"③。"千金之家比一都之君，巨万者乃与王者同乐，岂所谓'素封'者邪？"④

四曰：民见工商之便利"则必避农，避农则民轻其居；轻其居，则必不为上守战也"⑤。

五曰："民舍本而事末则好智，好智则多诈，多诈则巧法令，以是为非，以非为是。"⑥

在他们看来，工商业的发展破坏了国家赋税、徭役来源的稳定性，私人工商业者通过市场利用经济手段与国家争利，货币的平等性破坏了专制君主的绝对权威，工商业的发展会使国家失掉农民这个最广大的兵源，商品经济的发展会使人变得聪明而有才智，不再像过去那样愚昧无知而被任意摆布。这一切，都是和君主专制制度不相容的。君主专制国家需要的是源源不断的赋税、徭役，需要的是君主的绝对权威，需要的是人们的愚昧无知，需要的是抢走了你的东西，你还得感恩戴德。你看，工商业发展所带来的东西既然与君主专制国家的要求正相反，专制国家怎么可能不去起劲儿地打击私人工商业呢？

封建君主专制国家对私人工商业的抑制起自李悝的平籴法。《商君书》也有不少抑末的具体主张。这些理论与措施是否变成了现实，未可证明。但从战国私人工商业的发展与繁荣景象看，抑末大概还多半停留在理论上。但秦统

---

① 《荀子·治国》。

② 《史记·平准书》。

③ 《汉书·食货志上》。

④ 《史记·货殖列传》

⑤ 《商君书·农战》。

⑥ 《吕氏春秋·上农》。

一中国后，秦汉的统治者可就采取了一系列打击私人工商业的实际措施。如秦的谪发贾人戍边，汉初不准商人乘马坐车、穿丝绸衣服，对商人以重税困之；汉武帝推行告缗令，实行盐铁专卖和手工业官营，以及哀帝时"贾人皆不得名田、为吏，犯者以律论"①，等等。

对官营手工业与专卖制，过去人们多予以肯定，认为它抑制了工商对小农经济的侵蚀，保护了农业生产，国家得到了工商之利。我们认为这种看法很值得商榷。工商业无论私营或国营，都说明它的存在是不可缺少的，其差别在于所有制不同。究竟用什么样的尺子去衡量这两种工商业的历史作用呢？我们认为应该从价值规律的实现程度来考察。也就是说，凡有利于价值规律实现的，就应予肯定；反之，就应否定。私人工商业的存在和发展，虽然不可避免地发生市场投机，但在当时它根本不可能垄断市场。所以不管这种投机多么激烈，商品的价格只能围着价值转动。商品与交换越发展，价格离价值的中轴线就越近。所以私人工商业的活跃，从总的趋势看是对价值规律的实现有利的。与此相比较，封建君主专制国家经营的工商业就不同了。这种工商业的兴办或为了制造器械用具，或为了赚钱，或为了重农抑末，或兼而有之，总之，不管出于何种目的，由于它是君主专制的从属物，所以它一开始就是脱离价值规律的。

官营手工业的产品主要是供统治者使用，供自己使用的这些产品，自然不存在实现价值的问题。这类生产不能自我维持，而是靠国家财政来维持，往往耗资很大。如贡禹说汉元帝时仅供皇室用的东西织室费"一岁费数巨万"②。这种花费，如同统治者建造宫殿、亭台、楼阁、苑囿、陵墓一样，是纯消耗性的。由于这种生产不参加社会生产的总循环过程，所以对国计民生非但无益，反而有害。人们常常赞美官营手工业产品的精美，却往往忽视它的消极的历史作用。有的官营工商业的产品也投入市场，如盐铁的生产与专卖。但由于专制国家靠权力来垄断生产与经营，排除了竞争，这样商品的价格就从市场的自然天地转到了官僚的手中，形成了垄断价格。垄断价格在某种意义上如同征收赋税一样，是一种暴力剥夺。这种剥夺往往完全置经济规律于不顾，任意提价。如汉武帝时盐铁价格就因专卖而大幅度上升，甚至成倍加价，出现了农民

①《汉书·哀帝纪》。
②《汉书·贡禹传》。

买不起盐,只好淡食;买不起农具,只好手耨的悲惨景象。

汉武帝与王莽所采取的均输平准措施,尽管宣传得娓娓动听,但实际上远不是那么回事。这只要看一看当时经济关系的混乱与社会危机的严重性就可以明白。事实证明,只要是君主专制国家以掠夺为目的,以超经济的权力为手段,不管它所采取的经济措施的最初设想是多么美妙,其实际效果只能是它的反面。《管子》中的"轻重"诸篇,就曾对这类国家经营所具有的掠夺本质进行过明确的表述。管子认为,国家只要把货币、粮食、盐铁等主要商品和市场控制在自己手中,社会财富就会源源不断地流入国库。这样做既掠夺了财富,又不像直接收税那样令人有切肤之痛。这是多么虚伪而凶残的掠夺术!

还应指出,封建君主专制国家的官营工商业不仅破坏了价值规律的正常运转,给社会带来了灾难,同时对农业生产也起着破坏作用。这是因为农民在不同程度上都同市场发生联系。君主专制国家对价值规律破坏得越严重,农民的损失就越大,也就越不利于生产。《管子·国蓄》篇曾说过,急令暴征,会使农民折本荡产。国家征收刀布,农民只好变卖家产。如果命令十天交齐,物品的价钱就会减去十分之一;命令八天交齐,就会减去十分之二;命令五天交齐,就会减去一半;如果朝令夕交,就会减去十分之九。

历来都有人说抑末是为了重农。其实从抑末的实际效果看,它不但没有促进农业生产的发展,反而使农业变得死板与僵化,长期不能越过简单再生产的界线。

从以上分析可以看出,封建君主专制中央集权对封建社会中两个经济规律的破坏是极其严重的。沉重的赋税、徭役、官吏的贪污以及其他形式的剥削,常常使简单再生产不能进行,社会难以生存。抑末的结果破坏了价值规律的正常运转,因而社会也就失去了发展变化的活力。这样,我国封建社会后期便长期处于迟滞状态。

第二章　政治思想是中国传统思想的主体

一、战国百家争鸣与王权主义理论的发展

一般地说,百家争鸣总是与思想自由和社会民主互相促进的。但是翻开战国一页,我们会发现一个令人瞠目的现象:争鸣的结果不是政治民主的发展与民主思想的活跃,相反,却极大地促进了君主专制主义理论的发展与完备。实际政治发展与思想的这种趋势相一致,各诸侯国君主专制制度不断强化最终汇合为秦朝高度的君主专制主义。

这是怎么一回事呢? 原来各家各派,除少数的人,如农家,曾悄悄地向君主制提出疑问和挑战外,几乎都把君主制度作为当然的理论前提来对待。几个主要派别热烈的争论不涉及要不要君主制, 以及用什么制度取代君主制,相反,他们争论的是如何巩固、强化、完善君主制。结果,越争就越促进君主专制主义理论的发展。为了叙述方便,下面分四个问题进行剖析。

1.宇宙的本根同君主相配合与合德论

根据张岱年先生的研究,中国古代只有"本根"这个概念,而无"本体"之说。本根有三义:第一,始义;第二,究竟所待义;第三,统摄义。[①]这里姑从张先生之说。

本根论探讨的中心是宇宙万物原始生成与存在的根据,这是哲学中的最高范畴。关于先秦的种种本根论不是本文讨论的课题,我们要思索的是本根论如何同君主发生联系,如何成为君主至上的证明。归纳起来,主要是沿着如下两条线进行的:

其一是对应关系。由于君主与本根相对应而使君主成为人间至高无上的

---

① 参见张岱年:《中国哲学大纲》,中国社会科学出版社,1982 年,第 8 页。

绝对权威。《荀子·王制》说：天地者，生之始也……君臣……与天地同理，与万世同久。"《管子·形势解》说："天覆万物，制寒暑，行日月，次星辰，天之常也；治之以理，终而复始，主牧万民，治天下，莅百官，主之常也。"

道与君主也有对应关系，《老子》说，天下有四大："道大、天大、地大、人亦大。"①四大并列，尊君昭然。《韩非子·扬权》说："道不同于万物，德不同于阴阳，衡不同于轻重，绳不同于出入，和不同于燥湿，君不同于群臣。凡此六者，道之出也。"君主既然是从道中直接产生出来的，君主超乎一切臣民是必然的。

有些思想家把气视为本根，气又寓于万物之中，圣人是气密集的结果。"凡物之精（气），此则为生，下生五谷，上为列星，流于天地之间，谓之鬼神；藏于胸中，谓之圣人。"②这里所说的圣人虽不是王的同义词，但圣人是王的最佳候选人。

《吕氏春秋·圜道》篇认为，"圜"是天道的特点，"方"是地道的特征。"圜"无所不包，"方"各执一隅。因此，与之相应，"主执圜，臣处方，方圜不易，其国乃昌"。

战国时期把神秘的天命作为宇宙之本的观念仍十分流行。与之相应，君权神授观念也还有很大的影响。

君主与宇宙本根相对应是一种简单的比附，在理论上缺乏、甚至没有内在的逻辑力量，但它对尊君却有着重要意义。君主因此而被置于人世之巅，成为人间的一种绝对权威。

其二是法天合德。儒家一贯持有此论。孔子说："巍巍乎，唯天为大，唯尧则之。"③荀子说："圣王之用也，上察于天，下错于地，塞备天地之间，加施万物之上。"④《易·系辞上》说："法象莫大乎天地。"《文言》讲："夫大人者，与天地合其德，与日月合其明，与四时合其序。"法家也有类似主张。《管子·君臣上》说："为人君者坐万物之原，而官诸生之职者也。"《管子·牧民》说："如月如日，唯君之节。"《管子·版法》说："法天合德，象法（当作'地'）无亲，参于日月，佐（当作'伍'）于四时。"《管子·形势解》说："明主法象天道。"墨子也讲："圣人之德盖总乎天地者也。"⑤道家派《老子》最先提出"法自然"，其后无一不遵循这一

①《老子·第二十五章》。
②《管子·内业》。
③《论语·泰伯》。
④《荀子·王制》。
⑤《墨子·尚贤中》。

原则。《经法·四度》明确提出圣人"与天同道"。《吕氏春秋·情欲》提出"治身与天下者,必法天地也"。阴阳家也主张法天合德,《管子·四时》说:"天曰信明,地曰信圣,四时曰正,其王信明圣,其臣乃正。"

法天合德教导帝王和一切人要与自然相合谐,从自然那里寻求人的行为规范和道德原则。比如,先秦思想家几乎都认为天是大公无私的,"天无私覆,地无私载,日月无私照"①,人也应该效法天地这种品格。道德源于自然说,从根本上说是无稽的,但在当时,这又是一种非常深刻的认识,它给道德找到了最有力的支柱。

无论从当时的农业社会,还是从人类的历史看,法天合德都具有深刻的道理。但是先秦思想家把这个富有深刻哲理而又光荣的使命全交给君主和圣人去体察和实现。这样一来,君主的绝对地位获得了最有力的证明。对于君主的极高要求又使君主扮演了人间最显赫的角色。由于天地的伟大品性,只有经过君主和圣人才能降临人世,因此君主就是人间的天地。

2.君主赞天地之化、成历史之变、握必然之理

先秦各派思想家承认人是自然界的一部分,是历史产物的同时,多数的人又认为,人在自然与社会面前不是简单的被动物,相反,肩负着人之为人的使命。于是在研讨"天人之际"和"古今之变"时,人扮演什么样的角色,遂成为思想家们关注的一个头等重要的课题。人作为一个"类",固然引起了思想家们的注意,但他们更侧重从"类"中之"等"的角度去考察问题。思想家对于人类之"等"有各式各样的分法,五花八门。要之,可分为两等:上等的是君主、圣人、君子、大人等,其中核心和中枢是君主;下等指广大的臣民。在"天人之际"与"古今之变"中,这两种人各自占有一定地位,并从理论上做了探讨,但他们论述最多的是上等人的作用与影响。上等人的作用与影响可概括为如下三句话,即赞天地之化,成历史之变,握必然之理。

天地化育万物首先是一个自然过程,但人为又可加入其间,人的这种活动称之为"参"或"赞"。在"参""赞"行列中虽不排斥一般人,不过最重要的是君主、圣人的使命。天地化育万物只有经过君主、圣人才能变为现实,并建立有条有理的秩序,各家各派从不同角度论证了这一问题。《中庸》说,圣人能"赞天地之化育"。荀子说:"天地生之,圣人成之。"②又说:"天能生物,不能辨

---

① 《礼记·孔子闲居》。
② 《荀子·富国》。

物也;地能载人,不能治人也;宇中万物、生人之属,待圣人然后分也。"①又说:"君子者,天地之参也,万物之总也,民之父母也。无君子则天地不理,礼义无统。"②《周易·颐卦·象传》:"天地养万物,圣人养贤以及万民。"道家中的《老子》还只是讲圣人法自然,到了后学,也大讲赞化,《管子·心术下》明确提出"圣人裁物,不为物使"。《管子·白心》说:"天行其所行,而万物被其利;圣人亦行其所行,而百姓被其利。"《管子》中的《势》是道家之作,文中讲:"天地刑(形)之,圣人成之,则与天同极。"《管子·宙合》说:"圣人参于天地。"属于黄老思想的马王堆帛书《称》中讲:"天制寒暑,地制高下,人制取予。"在道家这些论述中,圣人从法自然走到裁自然,制万物,他们不只是奉行"无为",同时还是"有为"的主帅。《管子》中的《君臣上》是法家的作品,文中讲:"天有常象,地有常形,人有常礼……人君之道也。"人君是贯通天、地、人的枢纽。《管子》中的《侈靡》篇是一篇奇特作品,主张高消费促治国,文中也讲王要参天地之化,其文曰:"天地若夫神之动化变者也,天地之极也。能与化起而王用。"《吕氏春秋·有始》讲圣人通察并类分万物,"天斟万物,圣人览焉,以观其类"。

赞化裁物表明君主、圣人不仅是天地的助手,简直可以说是天地第二。天地固然是化育万物之本,如果万物不经君主、圣人整治梳理,只能以散漫的形式存在,只有经过君主、圣人之功,万物,特别是人类,才能各得其所,井然有序。这就把君主、圣人抬到超人的地位。超人的人理所当然应该是支配人的人!这种理论为君主的绝对地位奠定了不可动摇的基石。

先秦思想家并没有把眼光局限在天人关系上,他们还从古今之变中寻求君主为超人的依据。历史是不是在变?对这一点思想家们没有原则的分歧,分歧是对变化趋势估计有不同,可谓五花八门。但其中有一个共同关心的问题,即在历史进或退中决定性的力量是什么?思想家们从不同角度出发,得出了一个大致相同的结论,即取决于君主的好坏。坏君主是人们鞭挞抨击的对象,抨击尽管很激烈,但都没有深究产生坏君主的社会原因,因此也没有导向探求政治制度的改进。抨击坏君主只不过是对明君圣主希冀的衬托,在对明君圣主的希冀中蕴含了历史观。先秦诸子有关的议论很多,这里只谈两点:一是社会秩序与君主、圣人的关系;二是君主、圣人在历史之变中的地位。

①《荀子·礼论》。
②《荀子·王制》。

89

思想家从不同角度出发论证了这样一个问题,即君主、圣人是社会秩序的体现和创造者。墨子认为人类最初没有政长,天下处于混乱之中,互相交争是人类历史的第一章。人类不能在交争中自我毁灭,于是由上天"选择天下贤良、圣知、辩慧之人,立为天子,使从事乎一同天下之义"①。天子把人类带到一个有秩序的时代。法家派也讲这个道理,慎到说:"天下无一贵,则理无由通。"②慎到所说的理即人们的行为规范与准则,"一贵"的天子是社会秩序的体现。《管子·君臣下》认为,人类最初无"君臣上下之别",天下"似力相征"。后来有贤者出,治平天下而立为君主。荀子对初民社会没有论述,但他认为人性恶会导致争与乱。于是有圣人出,"化性起伪","礼义法度者,是圣人之所生也",有了礼义法度而后才有秩序。《吕氏春秋·恃君》也认为最初天下混乱一片,"圣人深见此患也,故为天下长虑,莫如置天子也"。君主代表着秩序,在当时的历史条件下,是有相当充分理由的,但君主也因此而获得肯定。思想家们还竞相宣传圣君明主是历史进步的动力和文明的缔造者,实现历史进化的决定力量是圣主、明君。

探讨历史之变,无疑是一个深邃而富有哲理的课题,先秦思想家对这个问题所做的说明虽然不科学,但在当时却是认识所能达到的最高水平。这种认识在政治上最直接的后果便是对君主地位的肯定,君主不仅是必然的,也是合理的。

先秦思想家们在探讨天人关系与古今之变时,十分重视探讨内在的规律和必然,把这些称之为"道""必""然""理""性"等。这些规律和必然虽不以人的主观意志为转移,但君主、圣人与平民百姓在这些规律面前所处的地位迥然不同。君主、君子是坐而论道者,与之相反,"百姓日用而不知"③。思想家从各自的理论和不同角度出发,反复论证君主应该把了解、把握、实践规律与必然作为自己的首要任务;认识、实践规律与必然又是君主自我实现的必要条件之一。《老子》讲:"侯王得一以为天下贞(正)。"④"得一"即"得道"。《管子·白心》说:"论而用之(引者按,指道),可以为天下王。"马王堆《老子》乙本卷前古佚书《原道》讲:"圣人以神道设教,而天下服。"《管子·形势》说:"道之所言者一教也……有闻道而好为天下

---

①《墨子·尚同中》。

②《慎子·威德》。

③《易·系辞上》。

④《老子·第三十九章》。

者,天下之人也;有闻道而好定万物者,天下之配也。""天下之人""天下之配"指的都是最高统治者。《管子·宙合》说:"圣人博闻多见,畜道以待物。"法家在哲学上受道家影响最为明显,特别强调君主要知道、执道、体道,与道相契。《管子·君臣上》说:"道者,诚人之姓(性)也,非在人也。而圣王明君,善知而道之者也。""道也者,万物之要也。为人君者,执要而待之。"韩非反复强调君主要"体道",《解老》说:"夫能有其国保其身者,必且体道。"道不仅是自然规律,而且是人事的通则,君主只有切实"体道",而后才能统御万物。《主道》说:"道者,万物之始,是非之纪也。是以明君守始以知万物之源,治纪以知善败之端。"

"理"也是表示必然性的概念。马王堆《老子》乙本卷前古佚书对理作了详细的论述,有天地自然之理,有人与自然相契合之理,有人世之理等。作者反复强调君主要审察事理,并遵循事理。《商君书·画策》说:"圣人知必然之理,必为之时势。""始终"也是说的必然性,《管子·正世》说:"圣人者,明于治乱之道,习于人事之终始者也。"

"性"主要是表示本质的概念,有时也含有必然的意义。诸子认为君主要遵从事物之性。《商君书·弱民》说:"圣贤在体性也,不能以相易也。"《管子·宙合》说:"圣人明乎物之性者,必以其类来也。"《吕氏春秋·贵当》说:"性者万物之本也,不可长,不可短,因其固然而然之,此天地之数也。"

诸子百家一致强调君主要体察、把握、遵从必然之理,无疑是一个极富有理性的课题。它向君主指出,在大千世界中,有比君主更富有权威的东西,君主要顺从它。然而令人遗憾的是,思想家们把操握必然之理的权利只交给了君主、圣人,一般的平民百姓无能,也无权问津。这样一来,一个非常理性的命题却带来了一个反理性的结果,即君主、圣人独操和垄断理性。单凭借这一点,君主、圣人就应该君临所有臣民之上。

君主赞天地之化,成古今之变,握必然之理,是各家各派都赞同,并为之做了论证的。论证越深入,越全面,君主的地位就越突出,越巩固,越神圣。正如《管子·任法》所说"圣君所以为天下大仪也"。用理性支持反理性的东西,比用非理性支持反理性的东西要更为有力,更为牢固。

3.君主一人独裁论

君主专制制度的最基本特征,是君主一人独裁。先秦的思想家们尽管向君主提出了数不清的美妙要求,深切地希望君主虚心听谏,或者慷慨陈词怒斥暴君、昏君,乃至提出"革命",但对君主专制制度却无人怀疑,相反,对君主热切的希望和激烈的批评却汇成一股合力,促进并加强了君主专制制度。

各家各派从不同角度论证了君主是独一无二的。法家从矛盾的事物双方不能平衡并存的哲学高度论述了君主只能一,不能二,更不能多。慎到认为"两"与"杂"是乱之源,"两则争,杂则相伤"①。"两贵不相事,两贱不相使。"②要使事物获得稳定,只有一方压倒另一方,在权力结构中,只能有一个最高指挥。"多贤不可以多君,无贤不可以无君。"③《管子·霸言》讲:"使天下两天子,天下不可理也。"天子只能一,不能二。韩非子从各方面论述了势不两立,指出"一栖两雄""一家二贵""夫妻持政"④是祸乱之源,结论只能有一个君主。儒家向君主提出了许多要求,但在君主独一这一点上,与法家并无二致。孟子是批评君主最激烈的人物之一,但他非常赞成孔子"天无二日,民无二王"的说法。⑤荀子的看法与法家颇为接近,认为君主只能一,不能二。他说:"君者,国之隆也……隆一而治,二而乱。自古及今,未有二隆争重,而能长久者。"⑥他还提出,"天子无妻,告人无匹也。"⑦妻,齐。言天子至尊,无人可与之对等相齐。《吕氏春秋·执一》中也讲君主只能一,文中曰:"王者执一,而为万物正……国必有君,所以一之也;天下必有天子,所以一之也;天子必执一,所以抟之也。一则治,两则乱。"君主独一无二的观点几乎是所有理论家的一致看法,而这正是君主独裁的前提。

与君主独一无二论相伴行的是君主至尊论。人分尊卑贵贱是当时普遍存在的社会事实。在尊卑贵贱中,思想家们几乎一致认为君主是至尊至贵者。法家着重从君主有无限的权势来说明君主至尊。《管子·法法》说:"凡人君之所以为君者,势也。"《韩非子·备内》说:"人臣之于其君,非有骨肉之亲也,缚于势而不得不事也。"君主的权势不是上帝恩赐的,而是在智与力的争斗中集中和强化起来的。《商君书·开塞》讲:"民愚,则知可以王;世知,则力可以王。"《商君书·画策》讲:"不胜而王,不败而亡者,自古及今;未尝有也。"法家除以权势角度论述君主至尊外,还从强化等级差别上以突出君主。《管子·明法解》:"君臣之间明别,则主尊臣卑。"《韩非子·忠孝》说,"臣事君,子事父,妻事夫"乃"天下之常

---

① 《慎子·德立》。

②③ 《慎子·佚文》。

④ 《韩非子·扬权》。

⑤ 《孟子·万章上》。

⑥ 《荀子·致士》。

⑦ 《荀子·君子》。

道也"。儒家与法家的思路不尽相同,他们主要从等级贵贱和伦理道德关系上论述君主至尊。孔子思想的主旨之一是论君臣父子之别。孟子从亲亲、敬长而推演出尊君,"未有义而后其君者也"①。又说,人之罪,"莫大焉亡亲戚、君臣、上下"②。"无父无君,是禽兽也。"③荀子把问题讲得更透彻:"君臣、父子、兄弟、夫妇,始则终,终则始,与天地同理,与万世同久,夫是之谓大本。"④又说:天子"尊无上矣"⑤。墨子的"尚同"论详细论述了天子是人间的至尊。道家中的黄老派从君道相配的角度论述了君主的至尊。他们也大谈君臣父子之别,君主处于至尊和指挥一切的地位。《管子·心术上》讲:"心之在体,君之位也。"他们所主张的君佚臣劳论也是以君主至尊论为基础的。

君主是天下臣民和一切财富的最高所有者,是诸子宣扬的另一个支持君主独裁的理论。自从《诗经·北山》提出"普天之下,莫非王土;率土之滨,莫非王臣"之后,它几乎成为不易之论。在先秦诸子中除极个别人略有怀疑之外,多数思想家都进一步阐发了这一思想。法家说得直截了当,"国者,君之车也"⑥。"主者,人之所仰而生也。"⑦儒家讲得比较含蓄,他们非常热衷于宣传君主是民之父母,从外观上看十分温情,然而在当时,父母对儿女是一种占有与被占有的关系。荀子比较爽快,干脆宣布"贵可天子,富有天下"。这种把君主视为天下臣民和一切的最高所有者的说法,为君主支配一切奠定了理论基础。

权势独操是上述理论合乎逻辑的结论。法家在这方面宣传得最力,表达得也最为明快。《管子·七臣七主》说:"权势者,人主之所独守也。"《商君书·修权》说:"权者,君之所独制也。"权势这种东西不可须臾松手,一松手就会出现君臣颠倒的现象。正像慎到所指出的:"君臣之间,犹权衡也。权左轻则右重,右重则左轻。轻重迭相橛,天地之理也。"⑧儒家不像法家这样坦白,不过他们讲的君臣名分神圣不可侵犯,与法家的坦白之论并无原则区分。孔子提出礼、

---

①《孟子·梁惠王上》。

②《孟子·尽心上》。

③《孟子·滕文公下》。

④《荀子·王制》。

⑤《荀子·君子》。

⑥《韩非子·外储说右上》。

⑦《管子·形势解》。

⑧《慎子·佚文》。

乐、征伐自天子出。他又讲"唯器与名不可以假人"①。墨子宣传一切政令都要听命于天子，"上之所是，必亦是之；上之所非，必亦非之"②，充分反映了权力的集中。道家中的黄老派是道家与法家的结合，他们讲的君主无为和主佚臣劳之术正是以君主权力的集中为前提的。《吕氏春秋·用民》说："君，利势也。"范睢说："势者，王之神。"③君主的权力要贯通于社会生活一切领域，《管子·任法》概括为六柄："明王之所操者六：生之、杀之、富之、贫之、贵之、贱之。"总之，一切的权力都要集中于君主之手。

决事独断是诸子制造的君主专制的又一理论。独断是讲在行使权力过程中，君主是最高、最后的决断者。只有决事独断才能最终保证君主独裁。独断并不排斥兼听，《管子·明法解》论述了两者是统一的，并明确提出"兼听独断"。法家公开讲独断，其他派别虽不使用这一词，但谁也不怀疑君主应有最后决断权。当然，在儒家那里，有对君主权力进行限制的言论，如争、谏、辅、拂、矫君之过等。然而这些都必须以忠君为前提，正如孟子所言："有伊尹之志，则可；无伊尹之志，则篡也。"④忠臣在局部问题上可能有碍君主的独断，但其最终还是强化了君主的地位。

先秦诸子在君主理论上尽管有不少分歧，但在君主独一、至尊、拥有一切、独操权柄和决事独断五个方面，没有大的原则区分。相反，种种论述最后都汇集到这里，所以，越争君主专制就越强化。

4.道高于君、内圣外王与强化君权

"道"指什么，各家各派有着不同的内容和解释，概而言之，指宇宙本根、规律、理论原则和道德准则等。道和君主是什么样的关系呢？各家见解多有分歧，不过分歧之中又蕴藏着一个共同的趋势，即道高于君。道家是弘道的大本营，认为一切源于道，一切法道，君主也应以道为本。在道家那里，道高于君是一个普遍的原则。儒家讲的"道"与道家有别，重在讲理论原则和道德准则。孔子奠定了道义高于君主的认识基础，提出了"以道事君，不可则止"⑤的从政原

---

① 《左传》成公二年。
② 《墨子·尚同中》。
③ 《战国策·秦策三》。
④ 《孟子·尽心上》。
⑤ 《论语·先进》。

则。孟子高谈德行,并与权位相抗衡。他说:"天下有达尊三:爵一,齿一,德一。"①又说:"非其道;则一箪食不可受于人;如其道,则舜受尧之天下,不以为泰。"②荀子把问题表达得更为明快,直言不讳地讲:"道义重则轻王公"③,"从道不从君"④。法家主张君主独裁最烈,可是他们在理论上也认为法高于王,道德高于王。《管子·君臣上》讲:"明君之重道法而轻其国也。故君一国者,其道君之也;王天下者,其道王之也。"法家还倡导贵公、尚公精神,认为公高于君主个人。墨子把义看得比权力更高尚、更重要。

诸子从道义重于王公出发,纷纷高举着道义的旗帜对君主进行品评,有些批评极为尖锐,甚至导致对现存君主的全部否定,儒家这类言论尤多,无须征引。值得一提的是,在法家那里也有类似言论。如《商君书·修权》指出:"今乱世之君臣,区区然皆擅一国之利,而管一官之重,以便其私,此国之所以危也。"

道义重于王公的理论无疑有着强烈的批评精神。但是这种精神是不是对君主专制制度的否定呢?从总体考察,我认为不但没有否定君主专制,相反,倒起着维护和加强君权的作用。关于这一点,可以从两方面考察。

一方面,诸子所说的道义本身与君主专制制度不是矛盾的,而是统一的。关于这一点,只要分析一下所谓的"道义"有没有与君主专制制度相抗衡的另外的政治设计,问题就可以迎刃而解。对此可以断言,先秦思想家的可悲之处就在于,他们没有在君主专制制度外设计出一套与之抗衡的制度,而是从理想的、普遍的角度肯定了君主专制制度。

另一方面,对暴君、闇主的批评是对圣主、明君企求的衬托。这一点是诸子的共同思路。诸子对暴君、闇主的批评,无论言辞还是内容都十分激烈,甚而提出"革命"和取而代之。但这一切都没有导致对君主制度的否定和怀疑,由此而引出的是,希望圣主君临人间。暴君和圣主无疑有着明显的区别,这种区别有重要意义,会给国计民生带来不同的后果。但这种差别只有个性意义,在制度上并无原则的区分。在中国古代对圣君的希望与美化没有削弱君主专制,而是起了强化作用。

---

① 《孟子·公孙丑下》。

② 《孟子·滕文公下》。

③ 《荀子·修身》。

④ 《荀子·臣道》。

道高于君突出了原则,而道落实于人就与圣发生了关系。那么圣人与王又是什么关系呢?大体说来有两种不同情况:一是圣王并存,圣为王者之师。二是内圣而外王。这里只讨论第二种情况。具体说来,有如下两种含义:

一、先圣而后王,例如尧、舜,便是因圣而王的。《管子·乘马》说:"无为者帝,为而无以为者王。"《管子·兵法》说:"明一者皇,察道者帝,通德者王。"

二、圣王统一,王应该成为圣人,这样才能真正王天下。从诸子的言论看,这类论述是大量的。《庄子·天道》说:"明于天,通于圣,六通四辟于帝王之德者。"《天下》说:"圣有所生,王有所成,皆原于一。"《荀子·解蔽》:"圣也者,尽伦者也;王也者,尽制者也;两尽者,足以为天下极矣。故学者以圣王为师,案以圣王之制为法,法其法,以求其统类,以务象效其人。"总之,圣是对王的一种要求,王应该同时是圣。

内圣外王无疑对王提出了极高的要求,这种要求是对王的完善,而不是对王的否定;是对王进行道德改造,而不是进行制度制约。把王与圣结合起来,在理论上对巩固王权更为有利。

先秦诸子在众多问题上常呈现多方向、多线条的思维,一个问题常有数种不同见解,唯独在君主专制这个问题上,有百流归海之势,失去了一次可能进行多维思考的机会。当时有可能从君主专制范围内向外突破,就政治体制问题提出新的设计,但是诸子没能提出新的思想,这个机会一失,再也无法弥补。在后来高度的君主集权制及其淫威横施的条件下,更难以提出新设想了。

君主专制的历史事实昭然若揭,但关于这个问题的理论及其思维方式,还有待深入的揭示与研究。

二、秦始皇神圣至上的皇帝观念与代代相袭

皇帝制度的存在及其职能的实现,不仅仅依赖它自身所具有的物质力量,同时还需要社会成员的普遍认同。认同又可分为主动的、自为的维护和被动的、自在的接受两种不同情况。前者可称为主动意识,后者可称为盲从意识。这两者结合在一起,就会产生巨大的行为能量,就会演出轰轰烈烈的历史场面。

有一种看法,认为秦代是没有思想的时代,"历史文化传统对他们而言是没有真实意义的"①。如果我们认真分析一下秦代的文献,这种说法是极片面

---

① 余英时:《道统与政统之间》,于辛华、任菁编:《内在超越之路——余英时新儒学论著辑要》,中国广播电视出版社,1992 年,第 170 页。

的，也是不能成立的。"历史文化传统"是一种社会存在和环境，不是想抛弃就能抛弃掉的。

秦始皇虽然没有留下风雅的篇章，但在皇帝理论上，可称得上前所未有的大家。他与他的谋臣所编造的皇帝理论，不仅继往，而且开来。不管后来的帝王与想做帝王的人如何评价秦始皇，但都遵循着秦始皇奠定的皇帝理论。在这一点上，秦始皇可谓历代帝王的"祖师爷"。

春秋战国最杰出的哲人们共同培植了一棵难噬的酸菜——圣王救世和一统理论。秦始皇就是这个理论的人格化。这里，首先从秦始皇与"道"的关系讲起。

春秋战国的思想观念较之以前有一巨变，这一巨变的集中点表现在从崇"天"（上帝）向崇"道"的转变。"天"是神性（也包含一部分理性）的最高体现；"道"是理性（也含有一部分神性）的最高范畴。"道"字在甲骨文中尚未见，西周早期金文与文献中的"道"仅指道路。道路是人类开辟自然的标志。于是，人们借用"道"这个字，进行了空前的文化开拓，"道"的含义像"连续乘方"一样扩展它的内涵。在春秋战国的文化转型中，"道"上升为中华文化的核心和理论原点：

> 道是世界的本原或本体；
> 道是万物运行的规律、法则和必然；
> 道是事物内在的规定性、本质和自然；
> 道是人类社会最合理的准则与规范；
> 道是真理和最深邃的认识；
> 道是公正、善、高尚；
> 道是美，是艺术的真谛；
> 道是人们生存和取胜的依据；
> 道又包含了一定的神性。
> ……

我们可以做这样一个假定，如果把"道"抽去，那么传统的中华文化体系肯定会随之散架。

春秋战国所有的思想家，虽常常互相攻讦，但却从不同理论、不同价值取向、不同角度出发，高扬"道"的旗帜。凡属能"知道""得道""同道""备道""体道""修道"者,就是最聪明、最有知识、最有道德、最高尚的人,也就是圣人。当时有一股强大的"圣者为王"思潮,因此,有道者理所当然就应占有天下。"得道者多助,失道者寡助","得道者得天下,失道者失天下",成为社会的公理。"道"在观念上是至高无上的,它比"王"更具有权威,正如荀子所说:"道高于君","从道不从君"。

秦始皇空前的大胜利,无疑是军事的胜利。但秦始皇及其周围的谋士并不仅仅是一批铁血人物,他们有很高的文化修养。他们在总结自己的胜利时,同时认为自己的胜利也是文化的胜利。秦始皇继承了春秋战国新文化(相对三代而言)的最高、最核心的成果——"道"。他对自己的胜利讲过这样与那样的原因,如赖宗庙之神灵等,但核心是如下八个字:"体道行德""诛戮无道"①。

荀子对"体道"做了这样的论述:"知道察,知道行,体道者也。"②"知道察",讲的是认识,"知道行"指的是实践,只有把"道"之理与实践结合起来,才可称之为"体道",能"体道"者就是圣人。韩非子从治国、保身方面对"体道"做了进一步阐述:"夫能有其国、保其身者,必且体道。体道,则其智深;其智深,则其会远;其会远,众人莫能见其所极。"③"体道""智深""会远"是一体的,三者结合就能超众。

在先秦众多的思想家中,包括纵横捭阖的说客,除了把先王和理想中的"圣人"视为"体道"者外,尚未把这项殊荣桂冠戴到任何一位当时王者的头上。秦始皇毫不犹疑地宣布自己是"体道"者。秦朝一班大臣称秦始皇"原道至明"④。把"至明"基于"原道",正是先秦思想家们在认识论上收获的一个硕果。老子说:"知常曰明。"⑤"常"即规律,即道。汉初贾谊《新书·道术》概括得更清晰:"知道者谓之明。"秦始皇"原道至明"正是这一认识路线最杰出的实践者或人格化。

先秦思想家们把最高智慧用于张扬"道",制造了对"道"的崇拜,秦始皇毫不犹豫地撷取了这一文化硕果,豪迈地宣布:朕即道!秦始皇用"道"对自己的胜利做了最合理的论证。后来帝王无不用"道"来论证自己的合理性。

"道"是最高理性,圣人则是"道"的人格化。在春秋战国文化转型中,与崇道

---

①《史记·秦始皇本纪》。

②《荀子·解蔽》。

③《韩非子·解老》。

④《史记·秦始皇本纪》。

⑤《老子·第五十五章》。

并行和相辅相成的是造圣运动和对圣人的崇拜,圣人当王几乎成为共识,"圣王"这个词应时而兴。圣人有数不清的品德,最主要的是睿智的理性、无与伦比的创造性和完美的德性。简而言之,即"体道"和"至明"。由于圣人的这种品性,人们合乎逻辑地把人类和自身的命运托付给圣人和圣王。秦始皇是在社会呼唤新圣的文化环境中成长起来的,他追求的是圣业,伟大的胜利又把他置于历史之巅。秦始皇称圣是顺理成章的。他"临察四方""听万事""理群物"①,非圣而何?

他立的法是圣法:"大圣作治,建定法度,显箸纲纪。""圣法初兴,清理疆内,外诛暴强。""秦圣临国,始定刑名,显陈旧章。"②

他做的事是圣事:"皇帝躬圣,既平天下,不懈于治。""圣智仁义,显白道理。"③

他进行的教化是圣教:"宇县之中,承顺圣意","训经宣达,远近毕理,咸承圣志"④。

他把圣恩施及全国:"圣德广密,六合之中,被泽无疆。""皇帝哀众","振救黔首"⑤,解民于"倒悬",惠及牛马。

他的圣制要传之万世:"后嗣循业,长承圣治,群臣嘉德,祇圣烈。"⑥

秦始皇承继了春秋战国的"造圣"和"崇圣"的思想成果,同时又有新发展,这就是:朕即圣,即圣王。

春秋战国思想家,尤其是儒家以仁义为标号,在思想文化领域掀起巨澜,大多数思想家都认同仁义。秦始皇面对着这一巨大思潮,没有等闲视之。他在致力于刑名法术建设的同时,也高唱"仁义"。这在刻辞中比比皆是,无需征引。

秦始皇称"皇帝",同样承继了先秦思想家与政治家名号论与历史观的成果。这里先引议尊号一段文字:

> 廷尉斯等皆曰:"昔者五帝地方千里,其外侯服夷服,诸侯或朝或否,天子不能制。今陛下兴义兵,诛残贼,平定天下,海内为郡县,法令由一统,自上古以来未尝有,五帝所不及。臣等谨与博士议曰:'古有天皇、有地皇、有泰皇,泰皇最贵。'臣等昧死上尊号,王为'泰皇'。"⑦

秦始皇批曰:去"泰",著"皇",采上古"帝"位号,号曰"皇帝"。

---

①②③④⑤⑥⑦《史记·秦始皇本纪》。

李斯与诸博士是当时著名的通古今的学问大家,他们的议论承继着先秦的有关议论。"三皇""五帝"是先秦诸子们讨论的一个关系人类自我历史、理想与批判意识的重大课题。顾颉刚等先辈在《古史辨》第七册中,从历史的角度对此进行了全面的梳理,功彪史学。这里仅就思想文化的几层含义,条陈于下:

其一,三皇五帝是人们历史意识新发展的表现之一。人类文化越发展,历史意识就越强化。人们要认识自己,历史的考察是最为重要的一环。春秋时期人们已经开始讨论三代以前的历史,战国时期议论更多。在争论中,庄子给人们出了难题:历史的头在哪里?头还有没有头?为了把历史推向无限远,他编造出了一个比一个早的英雄人物。阴阳五行家们也是把历史推向遥远的专家。如果我们抛开具体的历史,这种穷追不舍的精神的确使人们大开眼界。历史的眼光越宽广、悠久,经验的价值就越有限,经验的东西越有限,就越需要求助于理性,求助于创造。

其二,三皇五帝都是伟大的创新者,开一个时代的圣人。《吕氏春秋·贵公》说:"天地大矣,生而弗子,成而弗有,万物皆被其泽,得其利,而莫知其所由始,此三皇五帝之德也。"《庄子·天运》说:故夫三皇五帝之礼义法度,不矜于同而矜于治。故譬三皇五帝之礼义法度,其犹柤梨橘柚邪!其味相反而皆可于口。"三皇五帝法度的精神是什么,无疑因人而异,如《吕氏春秋·孝行览》是鼓吹孝的,于是说:"夫孝,三皇五帝之本务而万世之纪也。"《庄子》诸篇非出自一人之手,对三皇五帝评价也不一,多数篇认为是凡俗之圣,"道"之罪人也。就大思潮而言,是主张以三皇五帝为榜样建立功业,弘扬自己。正像《吕氏春秋·禁塞》称:"上称三皇五帝之业以谕其意。"

其三,名号与哲学意义。名号是社会地位的规定和抽象。西周有五等爵号,"天子"是国王的专称,任何人不得僭越。春秋名号有所混乱,但诸侯们未有敢自称天子者。孔子有鉴于名号之乱与社会失序互相推动造成了严重后果,在他看来,政治的首要问题是"正名"。正名问题不限于儒,乃是诸子百家共同关心的问题。伴随着讨论"三皇""五帝"及"皇""帝"称号问题的兴起,人们从政治、哲学、历史的高度对其作了规定。《管子·兵法》说:"明一者皇,察道者帝,通德者王,谋得兵胜者霸。"《庄子·在宥》说:"得吾道者,上为皇而下为王。"《吕氏春秋·谕大》说:"昔舜欲旗古今而不成,既足以成帝矣;禹欲帝而不成,既足以正殊俗矣。"作者鼓吹事求其大,"故务在事,事在(疑"事在"二字衍)大"。"大"不成,求其次,亦有成也。《吕氏春秋·务大》重述了这一思想:"昔有舜欲服海外而不成,既足以成帝矣。禹欲帝而不成,既足以王海内矣。"

其四，"皇""帝"观念中程度不同地包含着神性。论证的材料很多，无需征引。

其五，理想与批判意义。诸子百家在论及三皇、五帝时，都注入了自己的理想，或是将自己的理想和理论人格化。比如，在马王堆《老子》乙本卷前古佚书中的黄帝反映的是道家黄老一派的理想与理论。凡属理论和理想，对现实总有程度不同的规范与批判意义。荀子说："诰誓不及五帝，盟诅不及三王，交质子不及五伯。"①很明显，他就是借古批判当时"交质子"的无信无义行为。《吕氏春秋·尊师》说："神农师悉诸，黄帝师大挠，帝颛顼师伯夷父，帝喾师伯招，帝尧师子州支父，帝舜师许由。"古帝都尊师，今王当如何？

现在我们把镜头再对准秦始皇。他号称"皇帝"，一方面表明他承继了先秦"三皇""五帝"的"皇""帝"观念中所蕴含的政治文化，另一方面又表明他对古代帝王的超越，比古代帝王更加受人尊崇。

先秦的思想家、政治家创造了一系列弘扬帝王的名号，对每一种名号都赋予哲学的、神圣的、历史的意义。名号一旦社会化，被社会接受，它就成为一种理所当然的事实，毋庸置疑的前提，变成拜物教，乃至宗教。秦始皇称"皇帝"完成了一项创时代的事，即把最尊崇的名号与最高权力结合为一体。

秦始皇称"皇帝"，是对历史的超越，但他又自认为是历史的继承者，他信奉"五德终始说"，既解决了继承的问题，又解决了革命问题，也为他的帝位找到了又一理论依据。"五德终始说"在当时是一股十分强大的思潮，战国后期的诸子百家不同程度地都参与了"五德终始"的再创造；阴阳家也吸取了诸子之说。秦始皇采纳"五德终始说"作为自己立国的重要理论依据，说明他继承了先秦思想文化的共同成果，也说明秦始皇是位文化杂家。

秦始皇称皇帝，同时又称"天子"。"皇帝"观中有神性，但突出的是理性、创造性和社会的至上性；"天子"称号中无疑更多的是神性。秦始皇对一般的神不那么敬重，他曾多次与神交，如湘君、海神等，但对天还是尊崇的。他把信宫改为极庙，"象天极"，为祭天之所；他接受了先秦一些思想家（主要是儒家）鼓吹的封禅说，是有史可考的第一位举行泰山封禅大礼的帝王；他又接受"天命"说而改正朔；秦始皇死后，秦二世与群臣议立庙，援引古时天子立庙制度。所不同的是，他们把秦始皇视为超级天子，秦始皇的庙为"极庙"，永世奉祭。"天子"观在秦朝并没有中断，而是起着承上启下的作用。

---

① 《荀子·大略》。

秦始皇十分尊祖，反复宣传祖庙的庇护是自己取得胜利的主要原因之一。他总结胜利时多次说道："寡人以眇眇之身，兴兵诛暴乱，赖宗庙之灵，六王咸伏其辜，天下大定"；"赖宗庙，天下初定"①，等等。在那个时代，祖宗崇拜是论证现实合理的重要理论之一，也是人们普遍接受的一种价值观念。秦始皇在这方面同样是一位能手。

中华民族很早就盛行龙崇拜，视龙为神物。到战国时人们开始把龙与帝王联系在一起，《易》《山海经》是比较早的以龙喻王的作品。从现存的文献看，秦始皇是第一位被人们称为"祖龙"的帝王，他也以被称为"祖龙"而得意。他说："祖龙，人之先也。"②《河图纬·河图天灵》有一段记载："赵王政（秦始皇）以白璧沉河，有一黑公从河出，谓政曰：'祖龙来，天宝开，中有二玉牒也。'"《尚书考灵曜》也有与此大同小异的记述。纬书晚出，但所记述的帝王神话在战国、秦汉之际已很风行，这同当时方术士走运无疑有直接的关联。纬书中有多处把秦始皇描述为奇人，《河图稽命征》载："秦距之帝，名政，虎口，日角，大目，隆鼻，长八尺六寸，大七围，手握□，执矢，名祖龙。"在纬书中，先帝王、圣人、孔子、刘邦等都是神奇之状。神化肉体是神化帝王的一种理论。

秦始皇是"体道"者，是"大圣"，是"皇帝"，是"天子"，又是"龙"，这些综合在一起，表现在社会历史作用上便是：功盖古今，恩赐天下。

秦始皇超越历史：

> 自上古以来未尝有，五帝所不及。
>
> 古之五帝三王，知教不同，法度不明，假威鬼神，以欺远方，实不称名，故不久长。其身未殁，诸侯倍叛，法令不行。今皇帝并一海内，以为郡县，天下和平。昭明宗庙，体道行德，尊号大成。
>
> 功盖五帝，泽及牛马。莫不受德，各安其宇。
>
> 圣德广密，六合之中，被泽无疆。
>
> 皇帝休烈，平一宇内，德惠修长。
>
> 惠论功劳，赏及牛马，恩肥土域。
>
> 忧恤黔首，朝夕不懈。③

---

① ②《史记·秦始皇本纪》。
③ 以上引文均见《史记·秦始皇本纪》。

以今天的眼光看,这些都可归入阿谀之列,如果回到那个时代,对秦始皇的这些称颂又是先秦思想成果的继续。我们不管翻开哪位著名思想家的著作,都会看到,他们在认真地、穷思竭虑地编造圣王万能的理论和神话。秦始皇所做的,是把这类理论与神话落实在自己身上。

功盖一切、恩赐天下与占有天下是相辅相成的,后者是前者的逻辑后果。于是秦始皇宣布:"六合之内,皇帝之土。""人迹所至,无不臣者。"先秦以来,"天下"这个概念同"宇宙""六合"大体同指,是一个空间无限的概念。这个概念同王权结合在一起,王权也成为无限的。秦始皇是中国历史上把这种权力观付诸实践的最有力的帝王之一。

综上所述,秦始皇的帝王专制主义理论集先秦思想文化之大成,并与权力相结合。秦始皇的帝王观是后世帝王观的范本。

先秦诸子的思想无疑是十分丰富的,但在政治思想上,他们的主调是呼唤圣王救世和一统的君主专制主义。秦始皇的出现,除了其他原因之外,还有上述文化因素。秦始皇既是这种思想文化的产儿,又是这种思想文化的集中者。

中国古代思想文化的核心是帝王至上观,从这点看,秦始皇是帝王理论大师!

三、王权主义的刚柔结构与政治意识 *

1.中国传统政治文化的总体特征

"政治文化"作为专门研究课题已近三十年,然而,关于政治文化的内涵,却人异其说,殊无定论。原因之一是各国学者多以本民族的历史、文化、政治环境和思维方式作依据来把握政治文化的含义,赋予特定的内容。例如,欧美学者理解的政治文化多以个人为本位,注重人的社会政治心理。台湾学者马起华在《政治学原理》一书中列举了西方学者的 14 种定义,就这些观点的共通之处作了归纳:"政治文化是个人对于政治系统及自我在系统中所任角色的心理取向……一般地和稍详细地说,政治文化乃是政治系统成员所内化的对于政治系统及自身在政治系统中所担任角色的信仰、感情、认知、评价、认同、观念、判断、兴趣和态度。"这样的认识显然不适于概括中国传统政治文化。在界定政治文化的多种思路中,我们倾向于如下认识:

---

* 本节与葛荃合作。

所谓"政治文化"是政治中的主观因素,是政治思想、政治信仰、政治观念、政治价值标准、政治意识和政治心理的总和。它的表现形式有理论形态、心理趋向和情感倾向等。以一定的社会环境为背景,它的形成可能源于个人,也可能源于某一阶级、阶层、集团、团体或全体社会成员。因之,政治文化本身兼具个人、阶级、社会等多重属性。政治文化与政治机构和制度互为因果,对于政治运行具有直接的影响。

从这样的认识出发,总览中国传统政治文化,可以发现两个显著的特点:一是中国传统政治文化的组成呈多层次性;二是在多层次结构中有一条主线起着主导作用。

所谓"多层次性",是说中国传统政治文化内容丰富,包罗甚广,主要可分为四大层次。

第一,王权主义。这是传统政治文化的核心,其特点是宣扬君权至上,君主是全社会的最高主宰,神圣不可侵犯。王权主义的形成是中国古代社会君主政治的需要;反过来,王权主义又巩固和强化了君主专制统治。在政治运行过程中,王权主义直接促进君主专制政治系统的建立和完善;是指导政治输入和输出体系,即政令法规的制定与实施的理论依据。王权主义的表现形式以理论形态为主,本质上是统治阶级的政治价值体系。在长期的社会政治实践中,王权主义通过多种社会化渠道,直接控制和影响着人们的政治意识。

第二,宗法观念。宗法观念是普遍存在的社会政治观念,其主要内容是父家长权威至上,严格的血缘宗亲观念,人伦等级意识,重男轻女意识和一系列相应的道德准则。宗法观念的形成有着深远的历史根源和社会基础。在中国传统社会,宗法观念为一系列社会和政治组织、机构的建立提供了广泛的文化-心理基础,并直接影响到国家法律和政令的制定与实施。宗法观念既有完整的理论体系,如儒家经典中有详尽的论述,"三礼"和《孝经》尤为集中;又形成了相对稳定的社会政治心理和情感倾向;同时,又有相应的法规(法规、乡规、族规等)强迫人人遵行。作为一种政治文化现象,宗法观念的社会性大于阶级性。

第三,清官思想。清官思想与其说是政治思想,不如说是一种政治理想的体现。对于不同社会阶层有不同的意义。对于政权系统成员而言,清官思想是个人在政治活动中的行为准则,表现为一种积极的政治参与意识;对于社会下层来说,对清官的向往和崇拜,体现着人们的政治期盼,其中又隐含着人们对于时政的评估。这种思想本身有着深刻的阶级性,却迎合了社会各阶层的不同需求。

第四，平均主义。平均主义主体上是一种社会政治理想，它的形成至少有三个渠道：一是某些政治思想家的社会政治理想，譬如儒家的"不患寡而患不均"和"大同"理想，墨家的"兼相爱，交相利"政治理想等。二是某些宗教思想中的"平等""平均"观念。如佛教的"众生平等"，道教的"太平"理想。三是小生产者基于社会贵贱贫富不均而凝成的生活向往。平均主义的基本内涵是主张社会地位和社会财富的平均化，即"等贵贱、均贫富"。作为一种政治文化现象，更多地体现了社会下层成员对于特权的极端不满和对抗心理。平均主义具有鲜明的阶级性，在一定社会范围内形成潜在的政治参与意识，在一定条件下有可能直接作用于政治的运行。

以上所列举的仅仅是构成中国传统政治文化最主要的内容。此四者皆自成体系，又紧密交融在一起，相互作用和影响，使中国传统政治文化呈现出十分复杂的局面。

所谓"多层次结构中有一条主线"，是说中国传统政治文化层次虽多，王权主义却是其主体，其他文化层次均为王权主义的从属、派生、支流或补充。

宗法观念虽有广泛的社会性，但它又是王权主义的从属。宗法观念的中心价值观是父家长崇拜，但与王权主义相比，父家长的权威要从属于王权。《礼记·大传》说："君有合族之道，族人不得以其戚，戚君位也。"宗法观念有内涵严格的血缘宗亲意识，但作为政治文化来看，血缘宗亲意识只能是君臣等级观念的基础。《礼记·昏义》说："男女有别，而后夫妇有义；夫妇有义，而后父子有亲，而后君臣有正。"其中，君臣等级高于血缘宗亲。《中庸》所讲的"五伦"以及后来的"三纲"，均以君臣关系列在榜首。宗法观念既受王权主义支配，又是王权主义的社会、心理基础。

清官思想是王权主义的派生。清官思想内涵的主要价值标准，如清廉不贪、执法公允、为民请命、爱护百姓、搏击豪强、惩治贪官等，均能在王权主义体系中找到其理论根源，本质上不过是传统的"仁政"思想和"君舟民水"说的人格化。清官思想既能满足社会下层求温饱、抗欺凌的政治期盼，又符合王权主义维护君主政治的总体要求，因之，这种文化层次是王权主义内在调节理论的派生。

平均主义在外观上与王权主义是对抗的。王权主义要求一切权力和利益归君主支配，与之相对，平均主义则要求社会财富的平均占有。但是，平均主义一般只是潜在的政治意识，非在特定条件下不会触及君主政治的运行。平均主义体现着小生产者的政治希求，这种希求的实现又寄希望于好皇帝。因而，平均主义的政治归宿是皈依于王权主义，作为君主政治运行的外部社会调节机制而发挥作用。

由此可知,王权主义是中国传统政治文化的主体与核心,认识传统政治文化必须从解剖王权主义始。

2.王权主义的刚柔结构

王权主义的体系庞大而完备,它的内在构成呈一种刚柔二元结构。刚是指王权主义的绝对性,柔指的是王权主义的内在调节机制。下面分别述之。

王权主义的主题是宣扬君权至上,围绕着这个主题,主要形成了三层认识。

(1)王是沟通天人的中枢

中国传统的思维方式之一是"一体化",就是把天地自然与人类社会看作一个统一体。人既是天地间一种特殊的类存在,所谓"天地之性人为贵,明于天性,知自贵于物"①,同时又与天地自然紧密相连。董仲舒说:"何谓本?曰:天、地、人,万物之本也。"②人与天地同是构成人类社会的基本要素。那么王处于什么样的位置呢?一言以蔽之,王是沟通天人的核心人物,处于把握自然、统属人类的特殊地位。如董仲舒所说:"古之造文者三画而连其中谓之王。三画者,天、地与人也。而连其中者,通其道也,取天、地与人之中以为贯而参通之,非王者孰能当是。"③传统思想关于圣人有多种解释,其中之一是把理想的王称作圣人。理想的王具备不同寻常的聪明才智,能通晓和把握自然与社会的运行变化规律,"圣人知必然之理,必为之时势"④。"明君守始以知万物之源,治纪以知善败之端。"⑤又能洞悉政治的治乱与兴衰,"明于治乱之道"⑥,"审于是非之实"⑦。因而,唯有王能驾驭自然:"人君,统治天地阴阳者也。"⑧也唯有王能代表普天下芸芸众生直接与天对话:"圣人参于天地,并于鬼神以治政也。"⑨王与天地结成三位一体,"作乐以配天,制礼以配地"⑩,化育天下万民。荀子说:"天下者,至重也,非至强莫之能任;至大

①《汉书·董仲舒传》。
②《春秋繁露·立元神》。
③《春秋繁露·王道通三》。
④《商君书·画策》。
⑤《韩非子·主道》。
⑥《管子·正世》。
⑦《韩非子·奸劫弑臣》。
⑧《徂徕石先生文集》十一《水旱责三公论》。
⑨《礼记·礼运》。
⑩《礼记·乐记》。

也，非至辨莫之能分；至众也，非至明莫之能和。此三至者，非圣人莫之能尽，故非圣人莫之能王。"①"夫君者，天下之治无不统主。"②

在传统思想中，常常把天视作王的上司。如：《春秋》之法，以人随君，以君随天"③，"唯天子受命于天"④，等等。神秘主义的权威基本被用作巩固君权、愚弄人民的手段，所谓"君子以为文，而百姓以为神"⑤。天与王相提并论的主要目的是神化君权，论证君权合理，"王者，天之所予也"⑥，从而突出了君主的地位。

在实际政治生活中，王的最高主宰地位主要体现在两个方面。其一，王处于社会政治等级的顶端。早在春秋时代就有"天有十日，人有十等"⑦的认识，后来经过思想家们不断完善，等级被视为社会的普遍规律，成为一种基本的政治价值观念。荀子说："少事长，贱事贵，不肖事贤，是天下之通义也。"⑧韩非也说，"臣事君，子事父，妻事夫"是"天下之常道也"⑨。任何人都能在遍及社会的等级中找到自己的位置，王则矗立在等级金字塔的宝顶之上。"天子无妻(齐)，告人无匹也。"⑩王的地位至高无上。越强调等级，君主的权位越牢固。君主实际上统属着整个等级系统，"人君者，所以管分之枢要也"⑪。其二，王是政治运行的中枢和主导力量。从总体上说，历史的运行并非个人意志可以逆转；可是在君主专制条件下，王的特殊地位和巨大权力使之成为举足轻重的人物。传统思想认为政治运行基本受王权支配，肯定王在政治生活中的决定作用。孔子认为君主能"一言而兴邦"，"一言而丧邦"⑫。荀子说："君不贤者其国乱。"⑬古佚书《经法·论约》说："无主之国，逆顺相功(攻)，伐本隳(隳)功，乱生国亡。"董仲舒讲得

---

① 《荀子·正论》。

② 《徂徕石先生文集》十一《水旱责三公论》。

③ 《春秋繁露·玉杯》。

④ 《礼记·表记》。

⑤ 《荀子·天论》。

⑥ 《春秋繁露·尧舜不擅移汤武不专杀》。

⑦ 《左传》昭公七年。

⑧ 《荀子·仲尼》。

⑨ 《韩非子·忠孝》

⑩ 《荀子·君子》。

⑪ 《荀子·富国》。

⑫ 《论语·子路》。

⑬ 《荀子·议兵》。

更明确:"君人者,国之元,发言动作万物之枢机。"①王是政治生活中的主导力量,治乱兴衰系于君主一身,"治天下者惟君,乱天下者惟君"②。"其人存则其政举,其人亡则其政息。"③君主既然决定着全部政治生活的运转,当然成为全社会的最高主宰。

(2)王拥有统属社会一切的巨大权力

王权主义肯定了君主的崇高地位,又赋予其巨大的权力。在理论上,君主拥有对全体社会成员的人身统属权。封建时代的政治集团往往是家庭或家族的扩大,"天子者,天下之父母也"④。"臣之于君也,下之于上也,若子之事父,弟之事兄。"⑤君主是全社会最大的父家长,"视天下人民为人君囊中之私物"⑥。君主有权随意处置他的臣民,喜怒之间便决定了人们的命运。

在观念上,君主是全国土地和财富的最高所有者,所谓"普天之下,莫非王土"⑦,"邦者,人君之辎重也"⑧。君主"视天下为莫大之产业,传之子孙,受享无穷"⑨。就实际历史过程来看,君主除了直接占有一部分土地,还拥有最高赋税征收权,通过超经济强制,实际享有全国最大的财富。

君主作为国家元首, 他所拥有的巨大权力又集中体现在政治权力方面,主要有如下几种。

君主拥有政治权力的独占权:古代许多思想家都论及这一原则。孔子早就提出"唯器与名,不可以假人,君之所司也"⑩。这里的"器与名"指的就是权力。其后,《商君书》指出:"权者,君之所独制也。"⑪《管子》说:"权势者,人主之所独守也。"⑫韩非讲得更全面,认为凡政令财务人事诸权"此人主之所以独擅也"⑬。君主独揽大

---

① 《春秋繁露·立元神》。

② 《潜书·鲜君》。

③ 《中庸·二十七章》。

④ 《盐铁论·备胡》。

⑤ 《荀子·议兵》。

⑥⑨ 《明夷待访录·原臣》。

⑦ 《诗经·北山》。

⑧ 《韩非子·喻老》。

⑩ 《左传》成公二年。

⑪ 《商君书·修权》。

⑫ 《管子·七臣七主》。

⑬ 《韩非子·主道》。

权是保持其绝对地位的重要前提，"主之所以尊者，权也"①，否则君将不君。

君主拥有最高决断权。如果把政治权力分解为参政、议政、决断、监督诸种，决断权无疑最重要。孟子在回答齐宣王如何鉴选贤才时，曾涉及决断权的归属问题。他认为，君主做重大决策时，要广泛听取劝诫，不可轻信左右或群臣。假如国人众口一词，君主还要亲自调查，情况属实，再作最后裁决，"如此，然后可以为民父母"②，最高决断权要始终操在君主手中。《管子·明法解》也说："明主者，兼听独断。"韩非讲得最清楚："人主不亲视听，而制断在下，托食于国者也。"③君主独揽最高决断权，就在政治决策中掌握了主动，其他人只能顺着君主的指挥棒行动。

君主拥有刑赏大权。这是君主维护其权威、控制臣民的重要手段。韩非把"杀戮"和"庆赏"作为君主控制臣下的工具，说："明主之所导制其臣者，二柄而已矣。"④《管子·任法》说："明王之所操者六：生之、杀之、富之、贫之、贵之、贱之。此六柄者，王之所操也。"《吕氏春秋》也说："赏罚之柄，此上之所以使也。"⑤孔孟儒家统以倡导"仁政""教化"为旗帜，却从未否定君主的刑杀之权，无论"教"或是"杀"，权力仍为君主所有。

君主拥有最高军事统辖权。传统社会里，"国之大事在祀与戎"。"君之所以卑尊，国之所以安危者，莫要于兵。"⑥因而传统思想强调君主要亲自把握军事大权。《管子·参患》说："主不积务于兵者，以其国予人也。"《管子·地图》篇明确规定："宿定所征伐之国，使群臣、大吏、父兄、便辟左右不能议成败，人主之任也。"荀子也说："凡受命于主而行三军。"⑦孔、孟虽不言阵战之事，但从总体上看，他们并没有否定君主的最高军事统辖权。

传统思想把一切权力都奉献给君主。

(3) 王是认识的最高权威和终极裁决者

在传统思想中，王是人们崇拜的对象，也是认识的对象。多数思想家曾就

---

① 《韩非子·有度》。

② 《孟子·梁惠王下》。

③ 《韩非子·八说》。

④ 《韩非子·二柄》。

⑤ 《吕氏春秋·义赏》。

⑥ 《管子·参患》。

⑦ 《荀子·议兵》。

君主的起源、地位、职责，以及君主与天地、臣、民的关系进行了广泛的讨论。有些思想家还依照自己的价值标准给君主分类，寄托了对理想君主的热切向往。对君主进行再认识意义重大，其中内含着社会一般成员与统治者之间某种心理上的对等。然而，另一方面，传统思想又确认王是认识的最高权威和终极裁决者。其中一个重要的理论依据是：人们认识和行为的最高准则——道，是由圣王制定的。

在传统思想中，道的内涵宽泛，其中之一是从具体的政策、法则和事理中抽象出一般理性原则，称为"道"，或"人道"。秦汉以后儒学被尊为官学，礼制和伦理道德准则就成为道的基本内涵："道也者何也？曰：礼义辞让忠信是也。"①"亲亲、尊尊、长长，男女之有别，人道之大者也。"②道用于规范人的行为和认识，成为人们必须遵行的最高准则，所谓"君子义以为质，礼以行之"③。"谁能出不由户，何莫由斯道也。"④传统思想认为道的产生源于圣王，《中庸》说："虽有其位，苟无其德，不敢作礼乐焉；虽有其德，苟无其位，亦不敢作礼乐焉。"⑤朱熹"集注"引郑氏曰："言作礼乐者，必圣人在天子之位。"荀子说："礼义者，圣人之所生也。"⑥张载也说："礼者，圣人之成法也。除了礼，天下更无道矣。"⑦王能定道，亦能主宰道，"圣人也者，道之管也"⑧。既然道是人们行为和认识的最高准则，那么道的主宰者——王就成为认识的最高权威和终极裁决者。正如董仲舒所说："圣人之所命，天下以为正。正朝夕者视北辰，正嫌疑者视圣人。"⑨

从历史过程来看，帝主的权威高于认识。秦始皇"禁绝百家，以吏为师"，运用权力裁决认识；汉武帝"罢黜百家，独崇儒术"，依靠行政钦定认识的统一标准。儒家学说之所以被列为经典，成为封建时代的政治指导思想，正是源于汉代

---

① 《荀子·强国》。

② 《礼记·丧服小记》。

③ 《论语·卫灵公》。

④ 《论语·雍也》。

⑤ 《中庸·二十八章》。

⑥ 《荀子·性恶》。

⑦ 《经学理窟·礼乐》。

⑧ 《荀子·儒效》。

⑨ 《春秋繁露·深察名号》。

及历代君主的确认。当思想界出现重大分歧，只有君主有权作最后裁决。汉代的石渠阁会议和白虎观会议就是典型的例证。就连编纂国史，注疏儒经多数也须由君主钦定。君主还可以随意指斥思想异端，判定思想罪。中国历史上文字狱比比皆是，恰恰说明帝王是认识的最高权威。

总结上述，我们看到传统思想从各个方面肯定了君主至高无上的权威，把王权推向绝对。可是在具体政治实践中，却往往出现另一种极端。君主在运用权力的过程中，常常受到个人才智、情欲等各种条件和因素的限制或影响，有时很难在个人意志和权力之间保持平衡。这不仅会造成政治混乱，在一定条件下还会招致亡国之患。夏桀、殷纣及秦二世亡国的事实令人触目惊心。为了防范王权走向极端而失控，思想家们又提出一系列调节王权的理论。兹择其要，列以下五种。

(1) 天谴说

传统思想中关于天的认识并不一致。有人强调天的神秘主义性质，有人把天解释为自然。但总起来看，天基本上是一种超人间的支配力量。天谴说认为天与人事有着必然的联系，因为"物固以类相召也"①。当君主的行为引起政治混乱，导致某种危机时，天就会通过灾异示警，"国家之失乃始萌芽，而先出灾异以谴告之"，继而"乃见怪异以惊骇之"；君主尚不知改过，"其殃咎乃至"②。君主见到"五行变至，当救之以德，施之天下，则咎除"③。天谴说利用超人的神秘权威制约君权，看来似乎荒诞不经。然而在君权至上的时代，直言不讳批评君主常常会大难临头，利用荒诞约束谬误在特定时期不失为一种可行的办法。

(2) 从道说

道作为一般理性原则用于政治领域，就成为确定和把握政治运行的一般准则，体现着统治阶级的普遍利益。"道也者，所由适于治之路也。"④"道也者，治之经理也。"⑤以孟、荀为代表，提出"从道不从君"⑥，运用理性原则调节王权。

"从道不从君"说允许臣采用某些激烈方式约束其君，为了"尊君安国"，

---

① 《春秋繁露·同类相动》。
② 《春秋繁露·必仁且智》。
③ 《春秋繁露·五行变救》。
④ 《汉书·董仲舒传》。
⑤ 《荀子·正名》。
⑥ 《荀子·臣道》。

臣可以"抗君之命","反君之事"。对个别失去君主资格的无道昏君,甚至可以废黜或杀掉,称作"有道伐无道"。具体方式有"易位""变置""诛一夫"等。这显然是调节王权的极端形式,只有在特殊条件下,只有具备大德或受天命者才能行其事。在具体历史过程中,"有道伐无道"表现为王朝更迭,"夏无道而殷代之,殷无道而周代之,周无道而秦代之,秦无道而汉代之"①。

从道说把具体的王放在道的准则面前进行衡量,臣以道作旗积,在一定条件下可以对君主政治的运行进行积极主动的调节。

(3)圣人和尊师说

传统思想中圣人的内涵极纷杂,最主要的一种认识是将圣人看作"人"的完美形象。圣人上通天地,"穷神知化,与天为一"②。下体万物,是大智大慧的化身和人伦道德的集中体现。"圣人,人伦之至也。"③圣人尽善尽美。在政治生活中,圣人是理想的统治者,肩负实现理想政治的重任,如孟子即期待着"圣人之治天下,而民焉有不仁者乎"④。实际上,圣人已成为各种理想政治准则的集合体。在君主专制时代,个人在崇高的王权面前十分渺小,于是批评时政者大多举出圣人的旗帜。这倒不只是为了壮胆,也是为了加强批评的说服力,使"乱世闇主高远其所从来,因而贵之"⑤。圣人是调节王权的理论工具。

比圣人低一级的是贤人君子。孔子说:"圣人,吾不得而见之矣。得见君子者,斯可矣。"⑥贤人君子是道的积极追求者,学习并掌握着道的原则。传统思想认为贤人君子与君主的关系不同寻常。在政治上,贤人君子是君的臣属,但在道德和知识方面又高出君主,应是君之师。孟子把这个问题讲得很清楚:"以位,则子,君也;我,臣也;何敢与君友也?以德,则子事我者也,奚可以与我友?"⑦师的职责是传道、授业、解惑,君主能从中学到不少治国之术,"是故古之圣王,未有不尊师者"⑧。贤人君子凭着这种特殊条件,能在一定条件下对王

---

① 《春秋繁露·尧舜不擅移汤武不专杀》。

② 《易·系辞下》。

③ 《孟子·离娄上》。

④ 《孟子·尽心上》。

⑤ 《淮南子·修务训》。

⑥ 《论语·述而》。

⑦ 《孟子·万章下》。

⑧ 《吕氏春秋·劝学》。

权有所调节。孟子说:"唯大人为能格君心之非"①;"务引其君以当道,志于仁而已"②。尊师说利用知识和道德约束权力,试图把王权纳入理性的轨道。

(4)社稷和尚公说

君主专制政治的特点是君主与国家权力合二而一。可是在实际政治运行过程中,君主的倒行逆施有时会导致政权倾覆,君与社稷即国家政权又不完全同一。有些思想家对这种现象进行甄别,提出社稷利益高于君主利益。晏子曾就臣、君和社稷的关系首发议论:"君为社稷死,则死之,为社稷亡,则亡之;若为己死而为己亡,非其私昵,谁敢任之?"③孟子也提出"民为贵,社稷次之,君为轻"④。社稷是统治阶级整体利益的体现,当君主利益与统治阶级整体利益发生冲突,人们便可以举出社稷约束君主,对君的行为进行调节。

与社稷说相近的是"尚公"。传统思想中的"公"有多种解释,或以君主利益为公,或以执法公平为公,也有以国家法规礼仪为公。这里说的"公"指最后种。"公"代表着国家和统治阶级的共同利益,君主个人利益则为私。公私相较,公高于私。《吕氏春秋》说:"昔先圣王之治天下也,必先公,公则天下平矣。"⑤君主运用权力须遵循"任公不任私"⑥的原则。"尚公"说要求君主接受公的检验,从而对君主个人的意志行为有所调节。

(5)纳谏说

思想家们在对君主进行再认识的过程中,觉察到君主本人并非十全十美,"物固莫不有长,莫不有短,人亦然"⑦。君主个人的才智、见闻均有限度。这种矛盾极易造成君主与整个社会之间形成某种隔阂或壅塞,下情难以上达。"主德不通,民欲不达"⑧,"则过无道闻"⑨,以至造成统治失灵,政治混乱。因而,君主必须依靠众人的才能智慧,"夫取于众,三皇五帝之所以大立功名也"⑩。

---

① 《孟子·离娄上》。

② 《孟子·告子下》。

③ 《左传》襄公二十五年。

④ 《孟子·尽心下》。

⑤ 《吕氏春秋·贵公》。

⑥ 《管子·任法》。

⑦⑩ 《吕氏春秋·用众》。

⑧ 《吕氏春秋·达郁》。

⑨ 《吕氏春秋·壅塞》。

"故天子立辅弼,设师保,所以举过也。"①历史上的圣王都曾广泛纳谏,如"尧有欲谏之鼓,舜有诽谤之木,汤有司过之士,武王有戒慎之鞀"②。纳谏说从君主自身认识的有限性,为调节王权提供了根据。

以上这些认识从不同角度论证了调节王权的必要性,提供了制约王权的理论依据。这些认识交互融贯,构成王权主义内在的理论调节机制。

王权主义的绝对化理论与调节理论有机地融为一体,呈现出一种刚柔互补状态。其中,维护君权至上的刚性原则是王权主义的主体,这些原则是坚定不移、不可动摇的。董仲舒说:"道之大原出于天,天不变,道亦不变。"③石介说,"圣人之作,皆有制也,非特救一时之乱,必将垂万代之法","皆为万世常行不可易之道也"④。王权主义的基本原则是永恒的。调节王权理论本质上是对王权绝对性的理论补充,其立论的前提无一不是对君权的肯定。道所内含的等级伦理规范就是王权赖以生存的制度保障,天又是道的本原,"故圣人法天而立道"⑤。圣人则是道的最高体现。天、道、圣人对王权的调节并不触犯君主政治制度本身,调节的对象是那些倒行逆施、背离原则、有损于统治阶级整体利益的昏君闇主。王权调节理论的出发点和归结点只能是使君主政治体制更加巩固。

政治的运行有其内在规律,政治现象本身却是千变万化的。王权主义的刚柔二元结构使之具有较强的应变性和调节性。刚性原则决定着君主政治的基本方向,柔性理论则根据具体情况不断地积极地进行自我调节,以保证君主政治正常运行,减少政治失误。刚柔二元结构使王权主义本身具有顽强的生存能力。

3.王权主义刚柔结构下的政治意识

王权主义作为中国传统政治文化的主体,对于人们政治意识的形成有着深刻的影响,直接关系到人们与政治系统的关系,及其在政治生活中的地位和作用。由于王权主义内在结构的作用,人们的政治意识分成不同类型,下面略作分析。

---

①②《吕氏春秋·自知》。
③《汉书·董仲舒传》。
④《徂徕石先生文集·六·复古制》。
⑤《汉书·董仲舒传》。

114

（1）非参与意识

现代"政治参与意识"指的是人们对于自身在政治生活中的主体地位有着高度的自觉，对于自己与政治运行、政治输入与输出的关系，有着高度的认识。形成现代政治参与意识的前提之一是个人具有独立人格和独立意识。王权主义控制下的中国传统社会，人们畏惧王权，又崇拜王权。对于广大社会下层和一般民众来说，只能伏在君主脚下做顺民。在王权主义束缚下，个人没有独立的人格和意识，没有对于自身权利的自觉。人们对于自己在政治生活中的地位和作用的认识只限于服从政令法规，即对于政治输出有所认知；至于个人与政令法规的制定，即政治输入的关系则毫无知觉，所谓"民日迁善而不知为之者"①。因此，安分守己是普遍的美德，人们的义务是完粮纳税，应役当差。至于国家政治，决非细民百姓可以干预的，国家兴亡，自有"肉食者谋之"。

在王权主义束缚下，除了入仕为臣，没有其他参政途径可供选择。人们的政治期盼是世事太平，风调雨顺，"仰足以事父母，俯足以畜妻子，乐岁终身饱，凶年免于死亡"②。对王权的服从和崇拜，在人们的政治意识中形成高度的"强制因素"。易言之，人们从顺从王权，而至于对所有的权威都选择服从崇拜的态度，下至家长、族长、地方三老乡官，州府县各级官长，无一不对其畏惧而顺从，由此而形成遍及社会的权威人格。他们把自己的利益寄托在各级权威身上，这就必然形成对好皇帝和清官的向往。好皇帝能带来"太平盛世"，清官能"为民请命"。

非参与意识一般形成于文化层次较低的阶层，人们知识的获取主要来源于习惯，家长（族长）的训诫和政府法令。不过非参与意识不只限于低文化层次，高知识阶层中也有可能形成。还有，某些人出于种种原因隐姓埋名，归隐山林，他们的政治期盼是自然主义的田园生活，对于政治运行采取不闻不问的逃避态度。

总起来看，非参与意识是王权主义绝对化影响的结果。这种意识的长期存在，又为君主专制政治提供了广泛的社会心理基础。

（2）无主体性参与意识

无主体性参与意识表现为：有积极进入政权系统的愿望，对于自己在政治输出过程中的地位和作用有一定的自觉，对于政治运行的全过程，特别是

---

① 《孟子·尽心上》。

② 《孟子·梁惠王上》。

对于政治输入即政令法规的制定过程则采取消极的顺从态度。

无主体参与意识的形成一般限于政权系统内部,其来源主要有二途。其一是以财谋官的有产者。在权力至上的社会政治环境里,占有权力是进而占有更多财富的捷径。有产者为攫取更多的财富便交通王侯,捐买官爵,进入政权系统。其二是以道谋官的儒生。儒家文化自始至终走着与政权相结合的道路,依附王权不仅能提高社会地位,还能带来高官厚禄。"学而优则仕"为谋富贵的儒生指明了方向,儒生们纷纷通过科举,"以一日之长决取终生之富贵"①,进入政权系统。这两种人进入政权系统,他们真正的兴趣和目的是求富贵,捞利禄,"趣于求田问舍"②。由于他们的政治期盼是取得君主宠幸,以谋高官厚禄,封妻荫子,永沐皇恩,因此,他们一进入政权系统便紧紧依附在王权周围,对于君命或是上司之命多采取迎合态度,缺乏政治主动性。例如汉代以布衣拜相封侯的公孙弘便是典型。他"每朝会议,开陈其端,使人主自择,不肯面折庭辩。"③由此得到君主赏识,一岁数迁。

无主体性参与意识是王权主义绝对化的产物。

(3)有限主体性参与意识

有限主体性参与意识一般产生于较高文化层次,表现为对于政治运行的全过程均持有积极参与的态度,对于自己在政治系统中的地位和作用具有较为清晰的认知,自信"任重而道远"④。他们的政治期盼是理想政治的实现,如"仁政""有道之世"等。即使被排除在政权系统之外,他们也不会对政治运行抱漠视态度,反而横议时政,臧否人物,所谓"不任职而论国事"⑤。一旦进入政权系统,这些人在一定时期和一定范围内能坚持原则,忠于职守,敢于直言进谏,"当理不避其难,临患忘利,遗生行义,视死如归"⑥。对君主个人的意志和行为敢于表示异议,甚至对抗。历史上的忠臣、循吏大多属于这种参与意识的体现者。

有限主体性参与意识是王权主义内在调节机制的产物,这种意识在实际政治运行中,从根本上起着维护王权、提高君主政治安全系数的作用。

这些为实现道而积极参与的人仍然处在王权主义的覆盖之下。他们的参

---

① 《历代制度详说·举目详说》。

② 《西园闻见录·谱系》。

③ 《汉书·公孙弘传》。

④ 《论语·泰伯》。

⑤ 《盐铁论·论儒》。

⑥ 《吕氏春秋·士节》。

与意识本身并不内含人的个体独立人格和意识,因而不能与现代民主政治的参与意识同日而语。

(4)特殊的参与意识

特殊的参与意识曰"革命"。当统治者难以继续推动政治系统正常运转,社会的对立与冲突日益激化,便会有人呼出"替天行道"的口号,以期推翻现政权。

"替天行道"体现着一种积极的政治参与意识。这种意识的形成很复杂,它可以源于王权调节理论中的"有道伐无道",也可能是源于平均主义而形成的潜在参与意识的突然爆发,还可能源于因王权主义的极端化而形成的政治逆反心理,等等。

这种参与意识具有鲜明的指向性和短暂性,一旦阻碍政治系统正常运转的障碍被铲除,参与的势头会迅速减弱。因为"替天行道"的目的就是重建理想的君主政治,平均主义在当时条件下只能达到"反皇帝不反皇权",冲击个别地主而不反地主阶级。所以究其实质,"替天行道"不过是通过极端形式对君主政治的运行进行调整,所表现的参与意识仍在王权主义的束缚和影响之下,其最终结果仍是重建王权体系。

王权主义对于中国传统政治意识的形成作用至深,政治成为极少数人的事,绝大多数人受非参与意识支配,甘心做王权统治下的顺民。这样的政治文化土壤只能结出君主专制政治之果。近代民主政治成长的前提是必须更新这种土壤,新的政治文化只能在批判旧的政治文化中发展起来。

四、中国传统政治文化导论 *

1.政治价值取向的普遍性

政治文化是现代政治学研究领域之一,它的定义迄今众说纷纭。一般认为,所谓"政治文化"指的是政治系统赖以生成的文化条件或背景,亦即一个民族在特定时期流行的一套政治态度、信仰和情感的集合,主要表现为个人对于政治系统及自我在政治系统中所担角色的心理取向。政治文化与政治系统互为因果,是个人政治行为和选择的主观的决定性因素,并对政治运行施以影响。现代政治文化研究一般以现时的个人心理为主要对象。

---

* 本节与葛荃、刘刚合作。

我们所说的"中国传统政治文化"与传统的"政治系统"相对,即中国古代君主政治赖以生成、运转和发展的文化条件和背景。

研究中国传统政治文化不同于研究现代政治文化。现代政治文化研究以现实人的政治心态为主,可以通过抽样调查、行为测量、心理分析、统计等方法进行。传统政治文化的主体已消失,它蕴藏在历史的残骸之中,要通过分析历史文物和文献资料展现出历史人的政治心理、情感和意识。在这里,依据材料的分析、实证与揣摩将得到广泛的运用。

在古代中国,政治具有极强的弥散性,几乎渗入整个社会文化,使之呈现出鲜明的总体性政治价值取向。也就是说,不仅直接与政治系统密切相连的文化显现出政治性价值取向,同时在宗教、教育、伦理,甚至社会物质文化等方面,均无一例外地显示出明显的政治性价值取向,由此形成中国传统文化所特有的政治文化化与文化政治化过程。因此,假使我们像研究现代西方政治文化那样,仅仅以政治系统为轴心来界定中国传统政治文化的研究对象和范围,无疑过于狭小,很难把握其基本脉络,也难以窥其全豹。鉴于此,我们研究中国传统政治文化除了借鉴现代政治文化的研究主题,譬如权威类型及其合法性、政治一体化、政治参与、政治社会化等,还必须在研究主题和范围方面做必要的开拓工作。中国传统政治文化的领域极其宽泛,表现形式除了心理、情感、意识,还包括政治理论思想形态。

基于上述情况,在研究传统政治文化时,我们不能简单引用现代政治文化研究方法,必须根据对象特点进行改造和创新,以展现"历史人"的政治价值取向、政治心理和意识。在进行历史的描绘时,尽管有些细节可能会模糊不清,但并不会影响总体认识的清晰度。

2.政治价值系统与政治化过程和政治一体化

中国传统政治文化内涵宽泛,问题繁多。但若提纲挈领,下面三方面的研究是必不可少的。

第一,研究中国传统政治文化的价值系统。价值系统是政治文化的基本构成。中国传统政治文化的价值系统是一个以王权主义为核心,以宗法观念、清官思想、平均主义为补充的"刚柔结构"体系。研究中国传统政治文化必须从解剖这个价值系统入手。

王权主义的主要内涵是王权至上和王权崇拜。王权主义作为传统政治价值系统的核心,决定着传统政治文化的特质,制约着其他价值构成,并通过多种社会化渠道,对人们的政治意识和政治选择施以强烈的影响。宗法观念的基本点是父家长权威至上和父权崇拜。父权是王权的原型和权力基础,王权则是父权的最高代表。父权崇拜为君主政治提供了广泛的社会心理基础,并对国家政令法规的制定和实施产生直接的影响。清官思想主要表现为一种政治理想,其根本价值准则是"忠君爱民",缓和社会冲突。清官形象是儒家传统"仁政"思想的人格化,被社会各个阶层所接受,作为王权主义的内在调节机制发挥作用。平均主义更多地体现着小生产者的政治期盼,表现为一种政治理想,反映了社会下层成员对于等级特权的对抗心理。其中隐含着某种潜在的政治参与意识,在一定时期和条件下会直接作用于政治的运行。然而平均主义的"均平"理想一般要通过"替天行道"的方式来实现,实践的政治归宿依然是王权主义。因此平均主义基本是作为君主政治运行的外部社会调节机制而发挥作用的。

简言之,王权主义是中国传统政治文化价值系统的核心,宗法观念与之相辅相成;清官思想和平均主义作为某种调节机制,对人们的政治意识、观念和心理进行调节,潜移默化地引导和决定着人们的政治价值取向及行为选择,从而对政治运行过程产生直接的影响。

第二,研究中国传统政治文化的政治社会化过程。政治社会化是政治文化形成、持续、改变和发展的过程。对个人来说,是个人获得政治,知识形成政治信仰、观念、态度和行为模式的学习过程。对于政治系统来说,则是通过有意识的政治教育和训练,以培养政治人的过程。在中国传统社会,君主专制政治系统的社会化功能极为发达,在王权主义的统摄之下,传统政治文化的社会化过程具有如下特征。

其一,"教化"作为君主政治的基本职能之一,成为最主要的政治社会化途径。所谓"教化",即以王权为中心的政治系统,通过宣讲、表彰、学校教育及各种祭祀仪式等方式,将王权主义的价值体系灌入人们的意识之中,培养出符合君主政治需要的忠臣和顺民。辟庸(雍)庠序是古代的教育系统。《白虎通》说:"天子立辟雍何?辟雍所以行礼乐,宣德化也。"[1]辟雍是贵族子弟学校,亦是"行礼乐,宣德化"的教化机构。"上自黄帝,下及三王,莫不明德教,谨庠序,崇仁义,立教化。此百世不易之道也。"[2]传统社会又极重祭祀,即所谓"国之大事,在祀与戎"。祭祀不仅仅是一种神祖崇拜仪式,而且还是一种仪式化

---

[1]《白虎通义·辟雍》。

[2]《盐铁论·遵道》。

的政治学习和文化传播适应过程。通过祭祀祖先,使父家长的权威一再得到确认,并将"父家长崇拜"的观念输入人们的心理-意识之中。同样,君主通过祭祀天地,使君主的统治权威得到确认,并将君主权威的合法性观念注入人们心中。"教化"是政治社会化的基本手段,也是君主的要务。

其二,政治社会化与政治录用密切结合。政治录用是政治系统的重要功能之一,指通过一定的方式,依照一定的政治标准选用人员,并在政治结构中担当各种角色。政治录用与政治社会化相互作用。政治录用不仅能调整、引导和确定人们的政治选择倾向,而且其本身直接作用于社会化过程,表现为一种特殊的政治社会化功能。例如,汉代的政治录用方式为"察举征辟"和通习经术。"举辟"和通经术本身就具有极明显的价值输出功能。人们为进入政治系统,直接参与政治资源分配,就会自觉地接受"孝廉忠义"等儒家政治准则和观念。明代八股取士,以程朱之学为考核标准,人们便一心研习程朱理学,接受程朱之学内涵的政治价值准则。显而易见,传统中国的政治录用实际具有政治社会化功能,所以唐太宗会得意地说:"天下英雄尽入吾彀中。"

其三,家庭、学校具有直接社会化效应。西方政治学研究一般将家庭、学校视为间接政治社会化过程。中国传统社会的家庭和学校则具有直接性质。传统政治文化认为家庭与学校都是政治系统的有机构成,国家(王朝)是家庭(族)的扩大,君主是"天下之父母也"①。君主具有最高统治者和最大父家长双重身份。因此,人们在家庭范围内接受教育,正是通过亲子之情培训儿童的政治情感和选择倾向。"出则事公卿,入则事父兄"②,家庭教育为人们日后步入社会,做忠臣顺民奠定了心理和情感基础,"君子之事亲孝,故忠可移于君"③。学校则以儒家的忠孝仁义为教,注重政治思想培养,使学生逐渐建构起王权主义认知体系。传统中国的家庭及学校的政治社会化功能具有直接性。

其四,"内圣外王"是个人政治社会化的最高阶段,也是成熟阶段。个人政治社会化通常指个人政治人格和政治角色的形成过程。西方政治学研究大多将这一过程分为儿童期和成人期两个阶段,认为基本文化因素(价值、角色、行为模式)的内化和传递主要在儿童期完成,成人期则是调整、维持、补充和发展阶段。就

---

① 《盐铁论·备胡》。

② 《论语·子罕》。

③ 《孝经·广扬名》。

中国传统社会来看,个人政治社会化可分为先天和后天两个阶段。古人认为文化因素可以遗传,夫妻之道是伦常纲纪的基本体现之一,胎教是道德培养的第一步。据《韩诗外传》载,孟子之母曾说:"吾怀妊是子,席不正不坐;割不正不食,胎教之也。"①载道的夫妻生活和妊娠期的胎教构成个人政治社会化的先天阶段。从婴儿期开始的人生旅程,是个人政治社会化的后天阶段。这一阶段又可分为小成、大成、完成三个时期。小成期以"敬事"教育为主,大成期以"明理"教育为主,完成期则通过道德修养和社会政治实践,即所谓"修身、齐家、治国、平天下"的过程,达到个人政治社会化的最高阶段:"内圣外王"。这一境界标志着政治人格的最终形成。

第三,研究传统中国的政治一体化问题。所谓"政治一体化",简言之,主要指人们(政治系统中一般成员)对国家的认同问题。人们通过对国家的认同,意识到各自的同一性,从而获得某种属于特定政治系统的归属感,并为其所属的政治权力或统治权威提供合法性基础。从民族心态来看,人们对国家的认同意识是构成民族精神或国民性的重要内容之一。中国传统政治文化的政治一体化主要包括以下三个层次。

其一,血缘认同。中国人之所以为中国人,主要取决于两点,一是"文",二是"种"。这后一点就体现了"血缘认同"。古人云:"非我族类,其心必异。"历史上的"华夷之辨"以血缘认同为基点,形成强大的民族凝聚力和同化力,"炎黄子孙"通过"用夏变夷",聚合了众多民族,形成了世界第一大族:中华民族。这不仅表现为文化同化过程,同时也是血缘认同的结果。在传统中国,血缘认同具有特殊重要的政治一体化功能。"天下一家""四海之内皆兄弟也"的传统观念,体现了以血缘认同为基础的伦理主义精神。这种精神与"普天之下,莫非王土,率土之滨,莫非王臣"的专制主义精神相结合,构成中国特有的政治伦理大一统。血缘认同为王权主义和君主政治的一统天下提供了相应的政治心理条件,从另一个方面增强了君主统治的权威性。

血缘认同作为中国传统政治文化的重要构成,融合在人们的政治观念和意识之中,诸如君父、臣子、子民、父母官等即明显含有血缘认同成分。血缘认同将血缘关系和政治关系融合为一体,传统政治价值的核心"三纲",即把夫妇和父子的血缘关系视为君臣政治关系的根基。《易传》认为:先有天地,后有

---

① 《韩诗外传》卷九。

万物和男女,"有男女然后有夫妇,有夫妇然后有父子,有父子然后有君臣"①,把君臣政治关系看作夫妻、父子血缘关系在社会政治发展过程中的自然延伸。在君父与臣子的政治角色中,也依然保留了父与子的行为模式。血缘认同为国家权威的合法性提供了社会心理基础,使个人与国家在心理和意识上自然而然地融为一体。

其二,文化认同。中华民族形成的另一重要条件是"文",即"文化认同"。中华民族历来以"礼义之邦"自诩,具有鲜明的文化认同倾向。《礼记》曰:"凡人之所以为人者,礼义也。"②只要皈依礼义,即使异族亦可入主中原,纳入中华民族之列;反之,假如缺少这种文化认同,即使"华夏"也会堕为"夷狄",难免与禽兽为伍。中国传统政治文化将人分为小人、君子、贤人、圣人,这种区分无疑是以对文化的认同程度为标准的。其中小人和圣人分处于人之两极。小人是与禽兽相差无几的人欲之身,圣人则是集礼义之大成的天理化身。从人自身的发展来看,文化认同的最高境界是圣人。圣人在人格心理上,是泯灭了自我和本我的纯超我象征;在观念形态上,是淡化了主体性的必然性之化身;在政治行为上,是载道和传道的工具。圣人的本质是王权主义的国家权威的人格化,因此,对圣人的认同,既是个人自立和自我完成的修身过程,同时又是治国平天下的政治实践过程,亦即所谓"内圣外王"的过程。对圣人的普遍认同,赋予中国人以统一的国家人格和政治理想。

其三,权威认同。国家权力集中表现为权威,血缘认同和文化认同最终要归结为权威认同。人们在血缘认同过程中对父家长权威的绝对崇拜,促成了根深蒂固的权威认同心理因素。成人对待国家权威的态度和方法,可以追溯到儿童对待父母权威的态度和方法,二者具有深刻的同一性。中国传统政治文化中血缘认同的普遍化,又导致了政治心理中的成人儿童化现象,在君主面前,人们不是"臣子",就是"子民",都是"君父"的晚辈。文化认同则缔造了权威类型中的最高角色——圣人。秦汉以后,君主与圣人在主体上是统一的。由于血缘认同和文化认同的政治作用,使得人们对君主权威的认同极具普遍性和广泛性,成为传统民族精神结构中的主体。人们对君主权威的认同,主要体现在对君主人格魅力的崇拜和对传统权威合法性的认可上。具体言之,君主的人格魅力表现在其能够"参

---

① 《易传·序卦》。
② 《礼记·冠义》。

122

天地,化万物,立人极"。君主的人格反映着必然性,因此,不仅能决定政治盛衰,国家兴亡,所谓"一言而兴邦","一言而丧邦","人存政举,人亡政息";而且是道的主宰和决断是非的总裁:"圣人也者, 道之管也"①,"正嫌疑者视圣人"②。君主权威的传统合法性则表现为一种无须证明的"历来如此",如"天无二日,民无二王"、"天子无妻(齐)、告人无匹也"、"率土之滨,莫非王臣"、"君亲无将,将而诛焉"等,就反映了"历来如此"的权威性。不过,一般说来,人们对君主权威的认同并非一概对现实中具体君主的认同,而是对体现着原则的理想君主的认同。人们希冀理想君主和厌恶昏君,为"有道伐无道"的传统"革命"提供了合法性依据。因而,农民起义和易姓"革命"不过是以特殊方式对君主权威的认同。正是这种"反皇帝不反皇权"的改朝换代,不断地强化着人们对于君主权威的认同感。对明君的崇拜和对昏君的厌恶使很多中国人在显意识中表现为对君主的顶礼膜拜,而在潜意识中又怀有"彼可取而代之"的皇帝梦,从而形成畸形的、兼具奴性与"革命"性的独特国民性。

政治一体化除了国家认同问题,还包括政治过程中各结构之间的关系、政治转换中不同利益的综合, 以及各种团体或亚文化间的联系方式等问题。中国传统政治文化内容极其丰富,远非上述三个方面的描述所能涵盖,我们的论述只不过"管中窥豹,略见一斑"。但就大体而言,我们自信还是把握了中国传统政治文化的一些基本问题。

3.研究传统政治文化的五种视角

中国传统政治文化的研究,要采用多学科综合性方法,涉及政治学、历史学、文化学、社会学、心理学等学科。这是就其方法而言。本文所要讨论的是选用何种视角,采用何种方式来把握研究对象。这里谈以下五个方面。

(1)整体研究

首先,要把中国传统政治文化视作一个有限的系统,研究其内在结构的同一性,以及具有同一性的观念、意识和心理。例如清官意识、圣人崇拜、臣民心理等就是超阶层和利益集团的系统化意识。其次,将这个有限的系统放在与外部世界的关系中研究其特性。例如,天朝上国的政治心态,闭关锁国心理等。总之,整体研究就是要把握传统政治文化的总体特征及其本质精神,例如:社

---

① 《荀子·儒效》。
② 《春秋繁露·深察名号》。

会组织方面的王权主义,宗法意识,等级观念,平均主义;国家权威方面的大一统观念,正统主义和三教合一的意识形态;民族关系方面的华夏中心意识,文化同化主义;社会政治生活方面的忠君爱国,重义轻利,慎独和出世观念;政治思维方式方面的天人合一,中庸之道,历史循环,等等。整体研究有助于我们从宏观上把握传统政治文化的基本特性和发展大势。

(2)分层研究

在传统中国,各个社会阶层和利益集团均有不同的利益要求和政治期盼,表现为不同的价值取向和行为模式,因而需要进行分层研究。例如,就政治参与来看,一般民众基本持非参与态度。但社会历史局限,将文化放在世界各民族文化之林中进行比较;更主要的是,它必须提供一种文化类型,这种文化类型综合了具有恒久性和普遍性的文化因素,比较研究主要是文化类型的比较。中国传统政治文化主体上是一种臣民型政治文化,与西方的公民型政治文化大相径庭。这种臣民型政治文化是由一系列具有某种恒久性的臣民文化因素综合而成的,这些文化因素固然因时代不同而有相应的表现形式,但其精神实质却有一贯性。例如,从"存天理,灭人欲"到"灵魂深处爆发革命",从"用夏变夷"到"中体西用",从"重农抑商"到"割资本主义尾巴",等等。它们之间有着某种内在的文化联系和一致性。因此,文化类型能跨越具体的历史发展阶段和社会政治条件,在不同的社会形态中存在。文化类型并非永远"恒久"不变,文化的转型与社会发展并不一定是同步的,既可能超前,也可能落后。就趋势而言,以臣民型为主体的中国传统政治文化必然要向着现代的公民型政治文化转化,比较研究的目的就在于促进文化转型,并为现实的文化选择提供适宜的参照系。

4.政治文化的转型

中国传统社会是君主专制主义的一统天下。在君主政治数千年相对稳定的发展过程中,与之相应,传统政治文化也逐渐凝聚成一种稳定的价值体系,并且弥散于社会政治生活的各个领域,固着于人们的观念、意识和心理之中,凭借着各种文化形式和社会化渠道,连绵不息地一代代传延下来。随着历史的演进,19世纪下半叶,中国社会的经济结构、政治结构及其统治形式发生了几次重大变革,每一次变革都意味着一种新型政治价值系统的建立;与此同时,政治文化的价值构成也随之发生变化。在实际历史过程中,新型政治价值系统的社会化过程不能不受到稳定的传统政治文化体系的顽强抵制,因

124

此，政治文化价值系统的转型需要长期的，甚或是数百年的社会化过程。我们看到，迄今为止，实际发生的政治文化转型主要局限于政治文化的表层结构，而传统政治文化价值系统的主体作为深层文化因素依然延续下来。关于这一点，我们只要回顾一下"文革"中的"忠字化"活动便可知晓。

总之，传统政治文化的价值主体仍然遗留在我们的民族意识和大众心理之中，仍然左右着人们的基本价值取向和政治选择。这就是为什么帝制政治形式早已被历史抛弃，而专制主义的种种政治弊端，诸如个人专权、个人崇拜、言论和思想专制、官僚主义及与之俱来的贪污腐败等始终阴魂不散的重要原因。

5.附：政治文化化与文化政治化

一定政治秩序的形成和维持，一方面要依赖外在强制力量的约束，另一方面又须依靠政治共同体内成员在观念和意识上的认同。前者表现为政治关系中的"硬件"，如制度、法律、军队、警察、监狱等；后者则表现为政治关系中的"软件"，如信仰、情感、态度、价值观等。从这个意义上讲，政治关系就不仅仅是单纯的权力关系，它还是一种文化关系。政治文化指的就是这些"软件"。一定政治文化的形成是由本民族历史和现实社会、经济、政治活动过程所决定的。政治文化影响担任政治角色者的行为、政治要求，以及对法律的反应。可以说，政治文化是政治实体中一个有效的组成部分，在某些情况下，对政治行为起着指导作用。

政治发展离不开文化条件，这当中有一个文化政治化的过程。文化政治化包括两层政治含义：其一，一定政治体制的形成有赖于一定的文化背景；其二，一定政治体制的存在和运行，受到文化因素的制约和改造。仅仅从制度、法律、规定、强制等范畴来谈政治是远远不够的，还必须结合一定的文化背景才能真正理解政治的运行和发展。以权力这一范畴为例，权力问题不仅仅是"硬件"的规定和运动，同时也是一个文化问题。权力从哪里来？是上帝给的，是争夺而来，还是人民赋予的？获取权力的方式是什么？是世袭，是接班，还是选举产生？这一套东西，在很多时候是表现在既定程序之外的，这就是政治文化对政治过程的制约和影响。再如对民主的理解，在不同时代不同的文化背景下，理解并不一样。对于不同文化层次的人来说，对民主的理解也大有差别，如对没有文化的文盲讲民主和对经过现代教育的人讲民主就不可能有同一的反应。民主作为一种制度与作为一种文化观念显然是不尽相同的。差异之一，就是非同步性，民主制度体现在一定的程序规范上，而有关民主的文化观念则要宽广得多,它可能落后于现实的民主制度,也可能是超前的。民主制度的改进和发展总是由这种超前的民主观念做前导的,所以政治文化对政治运行和制度的建设有着巨大的影响。

文化政治化十分重要,同样,政治又会文化化。政治与文化是互动的,一定的政治制度与法律体系可以通过不断的政治社会化过程逐渐内化成为政治共同体内成员所奉行的行为准则与政治观念。比如中国传统政治文化中表现最突出的皇帝至上意识,就是长期的君主专制政治实施过程的产物。在君主强大的权威下,百姓自然变得越来越渺小,谈不上任何主体意识,因为圣旨是至高无上的,和它相比,再无是非可言,无道理可辩。以至于在一些场面,一见到皇帝或皇权的标记,便自然而然地双膝下跪,成为一种条件反射。这种心理与行为,就是不断政治社会化的产物。

政治文化化与文化政治化,是中国政治史和文化史中一个十分重要的课题。但长期以来,我们没有把它作为一个对象来研究,以致所写的政治史与文化史都显得干瘪而苍白。有许多政治现象如果离开了政治文化,就会变得不可思议。比如王莽代汉,以往不少著作仅视为个人野心家的篡权,这显然是浅薄的。如果从西汉后期的政治文化去考察,事情就比较容易理解了。

五、帝王对"学"与士人的控制

中国传统思想文化是一个伟大的宝藏, 这些年对它的开发可谓洋洋大观。但有一个问题,似乎尚未被给予足够的重视,这就是,传统思想文化的主流是什么?说到"主流",有两个问题立即摆在面前,一是在偌大的传统思想文化的汪洋大海里有没有所谓的"主流"?二是什么是"主流"?人们在论述传统思想文化的特点或特质时,都涉及这个问题。比如,有人说传统文化的特点是天人合一,是人文主义,是和合精神,是生生不息,是伦理精神等,依我看,诸如此类的说法就是说的"主流"问题。但不知为什么人们不愿意明确提出"主流"问题。我揣测,这同方法论有极大关系。只要讨论"主流"问题,就很难避免历史唯物主义的分析方法。我不想对目前的研究方法做过多的评论,但我认为至少有一种相当流行的方法论取向,即有意撇开历史唯物主义。过去的确把历史唯物主义分析方法绝对化、庸俗化、机械化了,使人倒了"胃口",但冷静思之,似乎也不宜泼脏水时,把小孩也扔掉,也不宜因噎废食。我认为历史唯物主义不是历史之外的强加物,而是历史中固有事实的归纳和抽象。

我依然沿着历史唯物主义的方法去分析中国传统思想文化各种因素的组成及其关系,自然我也接受"五四"以来许多人对中国传统思想文化"主流"问题所做的判断,这个判断即政治思想和政治文化是中国传统思想文化的主流,其核心则是君主专制主义(或称封建专制主义、王权主义等)。眼下还这样讲,的确有点"陈词滥调"味。然而冷静地想想,"陈词滥调"并不一定不符合事实;应该说,常常是"陈词滥调"更接近事实。

政治思想和政治文化是传统思想文化的"主流",这是王权支配社会的必然产物。这里再简述一下王权对"学"和士人的支配。

1.王权对"学"的支配与控制

春秋以前"学在官府",其后"官学"解体,分化出诸子之学,"学"在王权之外获得了自由。然而这仅仅是一时的现象,从中国古代的历史的大势看,"学"没有获得自由发展和存在的空间,应该说,"学"基本是由王权控制,或依附、投靠于王权。西周的"学在官府",春秋战国诸子的"干世主",秦始皇的"以吏为师"和汉武帝的"独尊儒术",可以说是王权与"学"结合过程中依次发展的四种方式,其精神是一脉相承的,汉武帝的独尊儒术则是集大成,其后延续了两千多年。

西周的"学在官府",自然"学"由官府垄断,所以当时的"学"又称"王官之学"。依照班固的说法,春秋战国的诸子之学都是从"王官之学"中分化出来的。诸子之学在学术上无疑是多元的,然而在政治上却又有惊人的一致性,这主要表现在两点上:一是都热衷于政治,诸子之学的目的都是"干世主";二是在鼓吹君主专制这一点上是殊途同归。这一点在前文已作了论述。这两点十分重要,说明诸子之学压根是为政治、为王权服务的。秦始皇的"以吏为师"无疑是太粗糙了。但仔细分析一下,此举也不是脱离历史逻辑的任意之为。其一,诸子之说几乎都没有什么宽容的雅量,都要求尊自己,排他说;其二,战国诸侯们对诸子之说虽有相当的宽容,但也有选择和排斥的一面,对自己不利的书也屡屡禁绝和焚烧;其三,诸侯们已经开始摸索办法把"学"置于自己控制之下,如赵烈侯的尊儒,齐国设学宫等;其四,诸子之学几乎都在呼喊要吏师合一、圣王合一,这在理论上为"以吏为师"做了准备;其五,诸侯国的官办学校就是以吏为师。秦始皇实行以吏为师,就事实而言,就是实行学校官办,取缔私人办学,实行思想垄断和思想统一。"以吏为师"与战国诸子的学术精神并无大违,甚至可以说是诸子之学内在的专制主义精神的一次实现。

汉武帝的独尊儒术是秦始皇的以吏为师的继续和发展。李斯是以吏为师的倡议者,董仲舒是鼓吹独尊儒术的重要人物之一(在他之前鼓吹者多多)。乍然看去,韩非、李斯与董仲舒的政见差别很大,可以说是敌对的,韩非、李斯要打击儒家,董仲舒则要独尊儒术。可是换一个角度看,分析一下他们的出发点和要解决的问题,应该说又是基本相同的,甚至所用语言也雷同。他们的目的都是为了尊王,实现大一统;在政治思想上一个讲"定一尊",一个讲"持一统",实行思想统一和专制;所尊之外一律排他,取消私学。李斯提出,对非所尊之学实行"禁""烧""族",董仲舒提出"皆绝其道"。所以我认为,武帝的独尊儒术与秦始皇的以吏为师是一脉相承的,又都是"学在官府"的再建。当然,汉武帝比秦始皇高明,他有成套的措施,最主要的是他找到了一种思想文化的依托,这就是儒术。秦始皇所尊的是法令,是自己的直接意志,汉武帝则通过儒术做缘饰。

这里涉及儒术与帝王的关系和儒术的主旨问题。新儒家及倾心于新儒家的学者多半绕开儒术与帝王的关系来论述儒家的主旨。他们的观点尽管各式各样,但大多数认为儒家的主旨是"人学"、是"成人之学"、是"人文关切之学"。泛泛地这样说固无不可,问题是"人"是什么样的"人",又"成"什么样的"人"? 对此完全抛开阶级分析,甚至连贾谊所说的"阶级"也不顾,说儒家的"人"是独立、自主、平等的人,我认为这种看法离历史太远了! 难道帝王们所喜欢的儒术竟是自由主义的? 难道自由主义竟是帝王体制的支柱? 如果说儒家的主旨是"人学"或"成人之学",那必须还它的历史内容。依我之见,儒家的"人"是"等级人",或者说"等级人"是其主体。所谓"等级人"不仅分贵贱、上下,更主要的是有人身支配与被支配、占有与被占有的关系,"三纲"是也。儒家没有不讲"三纲"的,即使是儒家中的在野派,甚或是所谓的"异端"也不例外。帝王制度就是建立在"三纲"这种等级之上的。也正是以此为据,我说儒学的主旨是维护帝王体系之学。如果儒学与帝王体系没有内在的互用性,历代帝王能无端地尊儒吗? 我们当然不必事事论及"三纲",但"三纲"又是统揽儒家全局的主旨,不管论述任何问题都应给它留下足够的位置。

汉武帝独尊儒术、罢黜百家,同秦始皇的以吏为师一样,意在把社会的思想文化置于王权控制之下,使思想文化降格,成为王权的从属物。且不说被"罢黜"者,就被"独尊"的儒术而言,恰恰因被尊而失去了原有的独立性格。因为它的被尊是皇权决定的,它被皇权宣布独尊的同时,也就被置于皇权控制之下。儒术变成皇权政治的组成部分,成为皇帝需要的政治原则,儒家的"经典"是由皇帝钦定的,最高解释权也归皇帝。在这种局面下,儒家,特别是儒家的"经典"体系,不是御用之物又是什么?

汉儒说孔子为汉家制度,想把孔子汉家化,由汉家独占,然而汉家亡了,孔子的香火依然缭绕不绝,儒家经典依然被尊为国宪。按照儒家的道德准则,每次王朝更替都有"贰臣"问题,然而唯独"衍圣公"例外,没有人去谴责衍圣公侍奉新朝。由此看,似乎孔子、儒术超越了王朝,于是有人说,儒术作为文化是独立的,是"国魂",是高于具体的王权的。依我看这只是一隅之论,从全局看这不恰恰说明儒术对王权制度、王权体系具有普遍的适应性和维护作用吗?

儒学既是官学,也就是官方的意识形态。这种官方意识形态借助帝王的政治力量推向全社会,从而使整个社会观念儒家化。儒家的社会化无疑有自身的濡化因素,但更主要的是政治推动的结果。特别是以经取士,把士人的多数吸引到儒家的轨道,并成为维护帝王体系的学人或政治工具。

2.士大夫——中国传统知识分子的主体

"知识分子"是一个现代概念。从当前的情形看,这一概念使用得很宽泛,通常是指具有一定知识和社会关怀的人。中国古代没有"知识分子"一词,一般把"士人"作为"知识分子"的对等词使用。然深究之,"士"与现代概念的"知识分子"并不完全相同。

在春秋以前,"士"是一个等级性的概念,它指一个特定的社会阶层或等级。当时社会中的贵族分为王、诸侯、卿大夫、士。士是当时社会中贵族的最下层。在后来的发展过程中,士又成为贵族与平民的中间阶层。春秋时代的平民分为所谓士、农、工、商,士处于这"四民"之首。

大概从春秋晚期开始,士与知识之间发生了特别的联系,并逐渐成为知识分子的代称,有"文士""学士""文学之士""博士""廉士""善士"等,表示文化意义。他们是社会知识和道德信仰的承担者,是社会理性的主体。战国时期对士有多种多样的解说和定义,体现了士的社会功能,如"士不可以不弘毅,任重而道远""士言志""士志于道"①。士的职责是研究"天地万物,古今之事"②。刘向也说士"辨然否,通古今之道"③。这些论述强调了士应具有鲜明的主体

①《论语·里仁》。
②《史记·吕不韦列传》。
③《说苑·修文》。

意识和道义追求，应具有理性，而且应该恪守理性精神。当时的士人强调"从道不从君""道高于君"。《墨子》把士分为"德行""言谈""道术"三种类型，"德行"指具有道德理性的知识分子，"言谈"指善于言谈交往的知识分子，"道术"指有知识体系的知识分子。总而言之，这个时期的士发生了重要变化，比较多地强调了他们的知识、道德、信仰。

在中国古代，士很难作为一个独立的社会阶层而存在。当时社会分化还不充分，或分化还没有充分地独立化。因而，士面临着无可回避的现实抉择：靠什么职业谋生？自春秋战国以降迄于近代，士的主要出路是当官，成为社会中的官僚阶层。以"选贤任能"为特征的中国传统官僚制度的产生，在古代中国造成了一个特定的社会阶层，这个阶层充当着君主安邦治国的工具，是君主的爪牙。另一方面，"官学"招生面的放宽，私学之兴，加之孔子提倡的"有教无类"也成为中国的教育传统，从而为更多的人提供了学习机会。无论何人，只要他学习得好，拥有超人的知识，就有可能当官。所谓"学而优则仕"是也。

知识与特定的社会阶层相融合，士人与官僚相结合，导致出现了一个新的名词：士大夫。这是一个重要的社会现象和文化现象。过去，大夫、士是高下不同的两个等级，大夫在士之上，大夫有官位。后来，士当官的多了，战国初"士大夫"这个概念已流行。"士大夫"指拥有知识的官僚。战国时期，诸侯竞相争取士人，"礼贤下士"成为一股清新之风，士人成为官僚的主要后备队。西汉以后实施察举制度，隋唐以后又实施了科举制度。士与大夫相沟通，是以一套制度为保证的。

士除了当官以外，很难有其他出路。隐士，是指不肯当官或者辞官隐居的知识分子。真正的隐士，其生活处境相当困难，一般的士人难以接受。譬如庄子，他有极高的思想境界，不肯混迹于污浊的社会，超然世外。但他的生活艰辛异常，穿的是草鞋。《孟子·滕文公下》记述了陈仲子的事迹。陈仲子的家族本是齐国贵族，世代享有禄田，但他为追求道义，不肯食不义之食，也不肯贪不义之财。其结果是面有菜色，生活维艰。孟子就讥讽说，陈仲子这样的隐士，只有变成了蚯蚓，上食黄壤，下饮甘泉，方能达到自己的境界。战国时期著名的政治家苏秦，贫困之时父母家人对他不屑一顾。于是他发奋读书，而后周游列国，佩六国相印，衣锦还乡，父母家人迎之数里。陶渊明任彭泽令不满于社会的黑暗，辞官隐居，晚年的生活很是凄惨，乞食为生。李斯看到厕所与粮仓的老鼠大不一样，厕所的老鼠又脏又瘦又胆小，粮仓的老鼠硕大无朋而且胆大。由此联想，士人如同老鼠，不入仕则如厕所的老鼠，入仕为官则如粮仓之鼠。在李斯看来，"久处卑贱之位，困苦之地，非世而恶利，自托于无为，此非士之情也"①。可见，士人一般是不走隐士这条路的。士人也有经商的，称为商贾之士。中国古代重农抑商，由学致商的例子并不是很多，不具有普遍意义。商贾之士的主要精力是追求财富。

由上可见，虽然士人的构成有多种成分，但作为主体的是士大夫。就这个意义上说，中国传统知识分子的特征可概括为三个字：士大夫。

中国传统士大夫的品格，可以概括为社会地位的臣仆化与思想文化的主体化这样一种混合型的结构。这种品格结构是由中国特定的社会历史背景造成的。

士大夫的臣仆化可以从两个方面做出说明。

从帝王这一方面看，所有的人都必须是臣仆，只有当他们为王所用时才有存在的价值。《诗经》中说"率土之滨，莫非王臣"。至高无上的秦始皇声称"人迹所至，无不臣者"②。在帝王看来，不臣，就没有生存的价值，就应该被杀掉。汉武帝讲："有才而不肯尽用，不杀何施？"③朱元璋也讲："寰中士大夫不为君用，是自外其教者，诛其身而没其家！"④作为"竹林七贤"之一的嵇康，他之所以被司马昭所杀，是因为他"非汤武而薄周孔"，主张"越名教而任自然"，不为司马氏所用。历代帝王，特别是清代几位帝王对大夫结党深恶痛绝，声称朋党会造成国破家亡。朋党的要害在于，它在君臣这种政治关系中插入了新的政治关系，有可能导致异于君权的政治力量和政治权威。这是专制帝王所不容许的。有些开明的帝王，他们声称尊重知识分子，甚至对士人以"师友"相称，但这不过是一种假象，真正的用心是使这些人认同于帝王。即使在学术最为"自由"的战国时期齐国的稷下学宫，学人可以自由论政，但君主也要千方百计地把学士纳入官僚体系中，"比大夫"给予俸禄。汉代的征辟制度，从表面上看是抬高士人，把知名学者请到政权中来，但真正的用心是要士人为己所用。清初设立了所谓"博学鸿词科"招纳名士，情形也是如此。

从士人的角度看，他们大抵自觉地把自己视为臣仆，中国传统知识分子

---

① 《史记·李斯列传》。

② 《史记·秦始皇本纪》。

③ 《资治通鉴》卷一九。

④ 《大诰》。

历来都认为必须有圣王才能治天下，没有圣王，社会将会一团黑暗，时刻都期待着明君圣王。在中国思想最为辉煌灿烂的战国诸子学说那里，思想上百家争鸣的结果非但没有否定专制王权，反而从理论上丰富和完善了王权主义理论。即使像儒家学者所谓的"君者，舟也；庶人者，水也。水则载舟，水则覆舟"，以及"民为本"等，并非什么民主思想，而是在处心积虑地为专制君主着想，告诉君主应该明白自己生存的条件。当然，中国的士人也并非没有理性和批判精神，但在强大的专制权力下，政治理性不得不妥协和屈服。焚书坑儒、党锢之祸、文字狱，造成了中国历史上一次又一次非理性的政治真空。在这种轮回不已、万劫不复的政治迭兴中，士人只能做忠臣、谏臣、股肱，更有甚者是做犬马，唯独不能做首脑。所谓"效犬马之劳""臣罪该万死"云云，几乎成了人类政治史上的文化奇观。黄宗羲是明清之际的杰出思想家，他提出"为天下之大害者，君而已矣"，认为"天子之所是未必是，天子之所非未必非"。然而，他终究还是未能跳出传统政治的魔圈，不得不寄希望于明王。

伴随着士人的臣仆化，还出现了学术的御用化。儒术独尊之后成了御用学术。从表面上看，似乎专制帝王很重视学术知识，然而仔细考察不难发现，学术不过是任凭权力牵着鼻子走的羔羊。汉武帝的"策问"，引出的是汉代大儒董仲舒的"天人三策"；石渠阁会议和白虎观会议，更加强化了"三纲六纪"。士大夫以经学为业，而经学只是教人做忠臣、做君子、做臣仆。

但是，士大夫同时又是古代中国思想文化创造的主体，或者说古代中国占主流地位的思想文化主要是由这些人创造的。知识和理性蕴含在思想化中。任何一个人，只要他认真思考问题，就有可能导致独立的自主意识的产生。独立的自主意识在很大程度上决定着自我人格独立可能达到的程度。

这样一来，在士大夫身上承担了两种角色：在社会生活中，他们是君主的臣仆；在思想文化领域，他们是理性和道德的主体。在理论上，他们陷入了是臣还是主人的悖论；在实践中，他们处于进退维谷的窘境之中。这种二律背反导致了中国传统知识分子的双重人格：行为与思想乖离，口头说的是一套，实际做的是另一套；在朝说的是一套，在野又说另一套；飞黄腾达时多阿谀，失意之时多牢骚。

3.中国传统思想文化的政治性与学理的非一贯性

中国传统知识分子士大夫化的特殊品格，导致了中国传统思想文化的两个鲜明特点。

第一个特点，政治文化是中国传统文化的主体。士大夫作为中国传统思想文化创造的主体，决定了中国思想文化不可能离开现实政治、与政治具有不可分割的内在联系，决定了政治思想构成中国传统思想的重心。

中国传统的知识分子，只要他接受了士大夫这条路，他就逃不掉帝王设置的天网，他就要面对现实，皈依王权，为帝王服务，为帝王歌功颂德。翻开任何一位"士大夫"留下的文集，几乎都缺不了这方面的内容。

从文献学角度看，中国的典籍分为经、史、子、集四大类。经书，讲的是伦理纲常、"君君、臣臣、父父、子子"，经书中没有一句话与这一主旨相悖；史书，讲的是"究天人之际，通古今之变"，其落脚点是让统治者"以史为鉴"，用梁启超的话说，二十四史乃"帝王家谱"。子部、集部中的典籍，大部分政治思想也十分突出。就学术地位而言，经、史是主要部分，占支配地位。

就各种思想的最终归宿而言，几乎都归结到政治上。现代科学分类很细，如哲学、政治学、法学、经济学、伦理学、历史学、文学等，但只要涉及中国传统文化，便很难用上述学科作精细的划分。中国哲学史，抽去其政治思想的内容，不知道会成为什么样子。在政治思想中，占主导地位的是王权主义。

第二个特点，中国古代思想文化缺乏"学理"的一贯性和逻辑性。中国的传统知识分子具有强烈的使命感和忧患意识，他们有理想、有抱负，但他们的理想境界和归宿与现实政治分不开。中国的士大夫不超俗，他们不是皈依到道观寺院，不是寄希望于来世，而是寄希望于现世。中国士大夫的最高理想是圣与王的统一，知识、道德与王权的统一。他们苦苦企盼着"有道之君"和"有道之世"。他们忧患的焦点，是上忧君、下忧民。中国古代虽有无君论，但那是支流末节。正是在这种心境之下，范仲淹抒发了士大夫们的耿耿情怀，"居庙堂之高则忧其民，处江湖之远则忧其君"；杜甫则把士大夫的情结表述为"致君尧舜上，再使风俗淳"。这种忧患意识，显而易见是从属于王权主义的。儒家的"内圣外王"和"修身齐家治国平天下"，把自己的命运与天下安危连在一起。但这里的问题是，修什么样的身，平什么样的天下？在王权支配社会的背景下，士大夫的忧患意识变形扭曲了：当他们没有当官的时候，慷慨激昂，宣称要救民于水火；一旦戴上了乌纱帽，摇身一变，便与从前判若两人。"三年清知府，十万雪花银。"因此，中国士大夫所创造的思想文化缺乏一以贯之的学理性和逻辑性。我把这种情况称之为中国士大夫思想文化"精神病"。从不同身份时期看，他们无一贯学理，前后矛盾，昨亦是，今亦是，堂而皇之曰"彼一时也，此一时也"，"识时务者为俊杰";从当官时期的情形看,他们多言行不一,阳奉阴违,口是心非。这是中国思想文化的一个重要现象。患上了这种"精神病"而不自知,或知而不悟,或悟而不改,是中华民族的悲剧。

六、政治与思想的冲突及独立之士的悲剧性

知识的发展及其逻辑的展开,要求思想自由。但是,政治与思想自由却常常会发生冲突,这是世界历史上的普遍性问题。中国知识界中的一部分人也曾经同样是坚持沿着知识逻辑向前迈进,因而出现了许多悲剧性场面。为什么政治要干涉思想自由?为什么有些知识分子硬是不回头,不停步,宁肯在冲突中甘愿牺牲以致献出自己的生命?本文试图从中国历史发展的一个侧面考察一下这个问题。

1.两个不同的运动规律

我们习惯把思想文化说成是一定政治的反映,这种说法固然有一定道理,不过,也可以倒过来说,政治是一定思想文化的实现。这样,政治与思想文化之间就不是简单的决定与被决定关系,而是两个不同领域,并又交互作用。政治和思想文化的运动规律可以从不同方面和关系上进行抽象概括。这里,主要从各自的运动趋势上进行考察。

政治缘何而产生,它要解决什么问题,它的运动规律是什么等,无疑是十分复杂并需要进行广泛论证的问题。不过其中有一点具有普遍性,即政治与社会的秩序性紧密相关。政治因社会需要建立秩序而产生,政治的主要功能又表现为维护和建立某种社会秩序。因此,维护和建立一定社会秩序便成为政治运行的基本规律。关于政治与社会秩序的内在联系,古代的哲人早有论述。慎到说:"古者,立天子而贵之者,非以利一人也。曰:天下无一贵,则理无由通。通理以为天下也。"①慎到说的理即秩序。《管子》中许多篇的作者都认为,人类最初并无"君臣上下之别",由于无"别",因而也无秩序,人们"以力相争",后来出现圣人、智者,"为民兴利除害""禁强虐",制定出"名物"等级,建立了秩序。②法律政令都是为了维护秩序:"夫法者,所以兴功惧暴也;律者,所以定分止争也;令者,所以令人知事也。法律政令者,吏民规矩绳墨也。"③

---

① 《慎子·威德》。
② 参见《管子·君臣下》。
③ 《管子·七臣七主》。

荀卿说："两贵之不能相事，两贱之不能相使，是天数也。势位齐而欲恶同，物不能澹(同赡)则必争，争则必乱，乱则穷矣。"①于是乎出现了礼，分贵贱、别上下，建立了秩序，社会才得以正常运转。《易·系辞上》说："天尊地卑，乾坤定矣，卑高以(同已)陈，贵贱分矣。"《象》辞说："君子以辨上下，定民志"，从自然秩序论证了人类社会的秩序。属于黄老思想的《经法·道原》说："分之以其分，而万民不争，授之以其名，而万物自定。"这里说的"分""名"都体现了社会秩序。墨子认为人类曾有过没有政长的时代，而那个时代是"相交非"的混乱时代。后来为了改变这种局面，设立了"刑政""政长"，"一同天下之义"。②总之，有了秩序，社会才趋于稳定。在阶级社会，社会秩序打上了阶级的烙印或因阶级而规定，但也还有许多秩序是属于全社会的。为了维持一定的秩序，必须有相应的强制性规范。因此维护和建立社会秩序与规范是政治的最基本的功能，也是政治运动的基本规律。秩序即同一化。

与政治要求同一化相反，思想文化要求的是多元化，并冲破一切障碍沿着多元化的方向发展或逶迤而行。思想文化的多元化指思想文化在内容上、逻辑结构上、思想方式上及目的上，是不可能统一的。思想文化的多元化是由以下几方面的原因造成的：创造思想文化的主体是个人，这是造成思想文化多元化的基本原因之一。一般的社会意识和文化习俗不一定都有明显的个性，但作为有理论体系的思想文化几乎都与特定的个人紧密相关。这些个人虽然生活在一定的社会环境中，他们的思想也不能离开特定的社会条件，但他们之所以能够成为思想家，首先在于他们有明显的个性。思想文化生产主体的个人化，决定了思想文化必定形成多元。其二，思想文化虽是客观的反映与升华，但是否能以此为据推论思想文化会趋向一致呢？我认为不能。客观的多变性和复杂性与反映主体的个性差异(包括才智、知识结构、个人经历与价值观的差异等)，只能导致反映结果走向多样化和多元化。唯物主义的反映论与思想文化的多元论不仅不矛盾，而且后者恰恰是前者的结果。反之，把唯物主义反映论同思想文化的同一论视为一体，那不是唯物主义反映论，而是机械论。其三，知识内在逻辑的展开也必定导致思想文化走向多元化。没有逻辑是构不成知识体系的，而逻辑的展开并不只是客观的再现，多半是主、客观的

①《荀子·王制》。
②《墨子·尚同中》。

复合推导过程。荀子主张人性恶,孟子主张人性善,显然,在逻辑的推导过程中必定要出现差异,差异形成理论体系就是多元。其四,现有的思想文化对后来有巨大的影响。且不说后人选择上的差别,也不说对既成思想文化的发展,单是继承也会造成差异,因为这里增加了继承主体这一因素。历史的无数事例告诉我们,即便是最教条式的继承都不可能形成一致。历史上教条与教条的争论何其多!

以上所谈的四方面,远不是造成思想文化多元的全部原因。然而,单单是这四项,再加上其间的交错组合,思想文化的多元化就势不可当。政治:要求秩序与规范;思想文化:要求多元或多样。知识分子涉身于这两个规律,他们的命运也因此而千姿百态。

2.两个规律交错中的知识分子与独立之士悲剧的必然性

政治与思想文化的运动规律不同,但两者又不可分割地纠结在一起。有人主张要把政治与学术分开,然而翻开历史仔细考察,作为思想文化一部分的学术(指整体而不是指某个具体问题)何时曾与政治分开过?提出问题的人企图把两者分开以保护知识分子,用心可谓良苦。但正如希望把知识分子与政治家分开一样,都是绕开了问题。就事实而论,思想文化与政治无法分开,知识分子与政治也纠缠不清。从总体上考察,既不曾存在离开思想文化的政治,也不曾有过离开政治的思想文化。思想文化与政治错综交织在一起,两者又是互动的。一定政治秩序的形成与维持,一方面要有外在强制力量的制约,另一方面又需要有政治共同体内成员在观念和意识上的认同。前者表现为政治关系中的"硬件",如制度、法律、军队、警察、监狱等;后者表现为政治关系的"软件",如信仰、感情、态度、价值判断等。政治关系不仅仅是一种权力制约关系,它还是一种文化关系。政治文化化,文化政治化,是一个普遍存在的事实,也可以说是一条规律。

政治文化化是说,一定的政治制度与法律体系可以通过不断社会化过程,逐渐内化为政治共同体内成员所奉行的行为准则与政治观念。中国传统政治文化中的崇圣意识,就是长期的君主专制政治实施过程的产物。在强大的君主权威面前,自然经济中的个人变得十分渺小,谈不上任何主体意识。君主的圣旨是至高无上的。在圣旨面前,无是非、无道理可言、可辩。以至在一些场面,一见到皇帝或皇权的标志便自然而然地双膝下跪。这种心理与行为,就是政治社会化的产物。其严重后果就是公民政治主体观念的淡漠,造成人们缺乏政治上的公民主体意识。而反推，又表现为缺乏责任感、义务感，缺乏自律，缺乏对政治运行、国家命运、社会发展的应有关切。长时期来，社会生活中许多怪现象都可以从这里找到原因，或与之存在着某种程度上的内在关联。

文化政治化是说政治发展离不开思想文化条件。文化政治化是一个非常复杂的过程，包括许多内容，简言之：一定政治体制的形成有赖于一定文化背景；一定政治体制的运行要受到文化因素的制约和影响。比如，权利的合法性问题，除了事实外，还必须从思想文化上加以论证。在古代乃有君权神授、奉天承运、替天行道、内圣外王等。又如，民主作为一种制度在近代以来已获得广泛的推广，但迄今为止，人们对民主的认识与理解是很不相同的，这不能不影响到民主制度的建设。思想文化与实际政治之间的关系是多种多样的。从宏观上看，可分为以下三种情况。其一，同向关系。一定的思想文化与一定的政治在大方向上是一致的。例如儒家思想和法家思想与君主专制政治，在大方向上是相同的。其二，局部相合与相背关系。如道家中的庄学，它一方面对君主专制进行了猛烈的批判，斥君主为大盗，仁义为虎狼；另一方面，他又教人无限宽容，自我满足，自我解嘲，从而又成为君主专制存在与横行的不可缺少的补充。一部分在野失意的士大夫常常从庄学那里获得精神支柱。其三，背向关系。比如民主思想与封建专制政治，两者在运行方向上就是相背的。知识分子(不是全部)便生活在思想文化与政治错综复杂的关系之中。在这里，他们没有一个共同的行动轨迹，其表现可以说是千姿百态，气象万千。知识分子分别在上述三种关系中选择、游弋、钻营。有的借政治而飞黄腾达，有的则潦倒落魄。在复杂的关系中，有一个特别值得深思的现象，即个性很强的知识分子经常与政治发生冲突。在冲突中，手无寸铁的知识分子多半落得个悲剧结局。就个人而论，知识分子完全可以做出有利于自己的选择，去投机、去升官、去发财。然而事实并非如此。一批又一批的耿直书生，硬是不顾杀头之祸，朝着自己选择的方向走去。这中间除了个性外，我们还必须回到文章一开头谈到的政治的秩序性与思想文化的多元性之间的矛盾纠葛上。这种矛盾是造成一次又一次文字狱的最基本的社会原因。这种矛盾是在不同层面上展开的，归纳起来，有如下几方面：

第一，思想文化的多元与政治对思想文化的选择之间的矛盾。政治一元化或专制主义总是要求思想文化也统一。事实上，多元的文化与政治一统也确实是一个重大的矛盾。因为每种思想文化都要求对象化，正如李斯所言："人善其所私学，以非上之所建立……闻令下，则各以其所私

137

学议之，入则心非，出则巷议。"①董仲舒对汉武帝也讲："今师异道，人异论，百家殊方，指意不同。是以上无以持一统；法度数变，不知所守。"②从历史上可以经常看到，一定的政治常常要对多元的思想文化进行选择，对未被选中的思想文化并不总是宽容的，有许多时候采取了极为粗暴的方式进行打击、压抑，乃至采用流血手段。秦始皇焚书坑儒便是最野蛮的一次。汉武帝罢黜百家、独尊儒术比秦始皇要高明些。他通过尊儒与仕途相结合的办法，从宏观上解决了尊儒和抑百家的问题。汉武帝以后的统治者大抵都尊儒，不过儒家大派中又有分化，所以统治者对儒家中的不同派别仍有一个选择与排抑问题。政治对思想文化的选择常常导致一部分知识分子飞黄腾达，一部分知识分子惨遭厄运。

第二，认识的无限性和自由性与政治规定和政治权威之间的矛盾。这里所说的认知无限性不只是指认识是一个无限的认知过程，而是指一切都可以纳入认识对象之中。宇宙是恢宏的，可是作为认识对象，它又常常变得十分渺小，人们可以把宇宙一切都包容在认识之中，或者说对一切可以自由认识。"杞人忧天"常常被解释为愚人多余的担心，其实，从认识上看，它提出了一个重大而深奥的课题，给人以启迪。许多知识分子经常把"天地万物、古今之事"③统统作为自己的认识对象，加以探讨。《说苑·修文》把士的特点概括为"辨然否、通古今"。司马迁豪迈地提出，要"究天人之际，通古今之变，成一家之言"④。知识分子讨论的问题远远超越了自身，所关心的是人类的命运。"通乎盛衰之时，明乎成败之端，察乎治乱之纪，审乎人情，知所去就。"汉代的伍被也说过，"人间之事，天地之理，帝王之道"⑤，都是知识分子所关切的问题。张载以"为天地立心，为生民立命，为往圣继绝学，为万世开太平"作为己任。在这种广袤无际的认识中，一时的政治和某个政治权威人物，只不过是认识沧海中的一粟。然而难点常常就在这里。某种政治规定不允许去探讨，需要的是遵从；某个政治权威需要的是崇敬，而不需要去认识，于是，与认识的无限性发生矛盾。当某些知识分子坚持沿着认识无限性的道路走下去，便会与特定的政治与权威发生冲突，血案也常常因此而发生。汉朝夏侯胜因批评

---

① 《史记·李斯列传》。

② 《汉书·董仲舒传》。

③ 《史记·吕不韦列传》。

④ 《汉书·司马迁传》。

⑤ 《汉书·淮南王刘安传》。

汉武帝"亡德泽于民",被捕入狱。①杨恽因批评宣帝被腰斩。②北魏时崔浩修国史,书成,刊刻石铭,"欲以彰浩直笔之迹",触犯了皇帝,被夷五族。清雍正时期的汪景祺因批评康熙,又涉年羹尧案,被雍正处死。查嗣廷亦因批评康熙而遭戮。陆生枏撰《通鉴论》,文中颂分封,批评郡县制,这本是一个很普通的历史看法,但雍正认为是影射自己,于是遭斩。

一个富有开阔眼光的知识分子,必定要求思想自由,没有思想自由就如戴上枷锁,正像《庄子·徐无鬼》篇所说:"知士无思虑之变则不乐,辩士无谈说之事则不乐,察士无凌谇之事则不乐。"又如苏东坡说:"有道难行不如醉,有口难开不如睡。"然而只要放开眼界,天下之事尽收眼底,必定要小天下;小天下就难免不小帝王、君主和政治权威,这就很容易触犯逆鳞。悲剧便因此而生。

第三,知识分子的理念与政治权威的冲突。在中国历史上这种矛盾表现为道与王的复杂关系与冲突。在长期的思想文化积累中,人们把理性与真、善、美综合为一个至高的范畴——道。人们对道的具体内容尽管各有各的理解,但都崇尚道。在一部分知识分子中,道既是一种理念,同时又升华为信念。理念指知识体系,信念指感情的追求。信念在许多情况下表现为宗教意识或类宗教意识。理念与信念可以是两个体系,也可以互为补充。对知识分子来说,常常是由理念而升华为信念,由逻辑而凝结为一种情感的执着追求。

在传统中,道与王的关系,既有统一又有矛盾冲突。统一表现在道对君主专制体制的肯定;矛盾主要表现在道的政治理想与现实政治状况之间的差距与冲突上。许多人强调"道高于君",在道与君发生冲突时,"从道不同君"。明代吕坤说:"天地间唯理与势为最尊。虽然,理又尊之尊也。庙堂之上言理,则天子不得以势相夺。即夺焉,而理常伸于天下万世。故势者,帝王之权也;理者,圣人之权也。帝王无圣人之理,则其权有时而屈;然而理也者,又势之所恃以存亡者也。"③

有些君主在强大的崇道舆论面前,或主动接受道的制约,或容忍据道而来的批评。唐太宗是前一类君主中最突出的典型,他讲:"可爱非君,可畏非民。天子者,有道则人推而为主,无道则人弃而不用,诚可畏也。"④然而即使对

---

① 参见《汉书·夏侯胜传》。

② 参见《汉书·杨恽传》。

③ 《呻吟语》卷一之四。

④ 《贞观政要·政体》。

李世民这样清醒的君主，理性的批评也是相当危险的，他道出了臣的难处："臣欲进谏，辄惧死亡之祸，与夫赴鼎镬、冒白刃亦何异哉？"①等而下之者，表面上容忍来自理性的批评，装模作样虚心听纳，但实际上我行我素。西汉末年的几位皇帝大抵如是。当时王吉、贡禹、鲍宣等人曾据理猛烈批评了汉政，几位君主不仅予以容忍，还下诏自责，《二十二史劄记》有《汉上书无忌讳》条，言儒上书多"狂悖无忌讳之语"，而"帝受之不加谴怒，且叹赏之"的记载。《汉诏多惧词》条云，汉诏书多"朕甚自愧""是皆朕不明""朕晦于王道"等语。在中国古代，更多的是君主根本不承认自身之外还有什么道义，朕即道，道即朕。任何批评，甚至仅仅是批评某些社会现象，都认为是对自身权威的破坏，于是制造了一桩又一桩惨案。乾隆时期湖南耒阳县生员贺世盛写了《笃国策》，作者本意是献策图官。书中揭露了捐纳官员害民之弊政，乾隆也承认属实，但贺"私自著书怨望"，其心虽诚，其行为是对皇权及其政治的挑战，是绝对不能允许的。于是，开恩处治，改凌迟为斩首。

孔颖达说："若其位居尊处，炫耀聪明，以才陵人，饰非拒谏，则上下情隔，君臣道乖，自古灭亡，莫不由此也。"②这里不仅说明了权与理的矛盾，还说明许多最高统治者不仅要垄断权，还要垄断理。诚如李世民所说："自古帝王多疾胜己者。"③又说："乱君疾胜己如仇。"④有权而有理，这是专制主义的典型特征之一，它表明权力对道理的支配。权与理两者虽不是绝对排斥的，但要实现两者的完全结合几乎是不可能的。有些耿直的知识分子据理而轻权，重道义而轻王公，坚持从道不从君。这时遇到视己为理的化身的君主和握有权柄者，这些知识分子多半要遭殃。

第四，精神领袖与政治权威的矛盾。知识的力量之一表现在它能使人折服。古往今来的智者都有相当数量的崇拜者，从而成为精神领袖。精神领袖并不一定都是政治的异己力量，相反，有许多精神领袖是一定政治秩序和权威的强有力的支持者和合作者。但是两者有时也会发生冲突。

一些知识分子认为认识与权力应是二元的，有权不等于有理、有知识。在

---

① 《魏郑公谏录续》。

② 《旧唐书·孔颖达传》。

③ 《资治通鉴》卷一九八。

④ 《金镜》。

知识、道德面前,应择能者、善者为师。《墨子·所染》篇是较早阐述这种理论的重要著作。作者认为,君主染于圣则胜,染于小人则败。《吕氏春秋·劝学》集中讲了君主尊师听教问题。文中曰:"古之圣王,未有不尊师者也。尊师,则不论其贵贱贫富矣。"文中还叙述了历代圣王尊师听教而国治的事例。与此相近的还有臣为镜之说,《吕氏春秋·达郁》曰:"万乘之主,人之阿之亦甚矣,而无所镜其残,亡无日矣。孰当可而镜?其唯士乎!人皆知说镜之明己也,而恶之明己也。镜之明己也功细,士之明己也功大。"魏征讲:"萌芽未动,形兆未见,怡然独见存亡之机,得失之要,预禁乎未然之前,使主超然乎显荣之处,如此者,圣臣也。"①虞世南也讲:"帝者与师处,王者与友处,霸者与臣处。"②

能把权与知识分作二元处理的帝王是不多见的,李世民可视为难得的典型。他讲:"前代圣王,未遭此师,则功业不著乎天下,名誉不传乎载籍,况朕接万王之末,智不同圣人,其无师傅,安可以临兆民?"③又说:"臣下有谠言直谏,可以施于政教者,当拭目以师友待之。"④

然而在思想理论界,也有知识分子完全应该成为帝王工具论者。法家,特别是《商君书》作者与韩非论述尤多。帝王中的多数都持此论,把知识分子视为工具,甚至视如倡优。汉武帝以善用人著称,但又滥杀人。汲黯曾谏道:"陛下求贤甚劳,未尽其用,辄已杀之。以有限之士恣无已之诛,臣恐天下贤才将尽,陛下谁与共为治乎?"武帝答曰:"何世无才,患人不能识之耳。苟能识之,何患无人!夫所谓才者,犹有用之器也。有才而不肯尽用,不杀何施?"⑤无独有偶,朱元璋也讲:"寰中士大夫不为君用,是自外其教者,诛其身而没其家。"⑥乾隆对知识分子结党明志也十分厌恶,他在处理尹嘉铨案时说:"古来以讲学为名,致开朋党之渐,如明季东林诸人讲学,以致国日非,可为鉴戒。而尹嘉铨反以朋党为是,颠倒是非,显悖圣制。"⑦知识分子结交朋党和好为人师不可避免地要与专制政治权威发生冲突并酿出许多悲剧。清初吕留良案,除政治分歧外,雍正还加了一条罪名,

---

①《贞观政要·择言》。

②《唐文拾遗》卷一三。

③《全唐文》卷七。

④《贞观政要·政体》。

⑤《通鉴》卷一九。

⑥《大诰》二编,《苏州士人》第一三。

⑦《文献丛编》第三辑。

即吕留良作为精神领袖危害了皇权。当时吕留良被士人尊为"东海夫子",海内士子遵从者甚多,雍正认为只有严厉打击才能散党和消除影响。

第五,知识逻辑的展开与政治的冲突。撇开钻营的知识分子不论,严肃的知识分子都特别注重知识的逻辑,并力求按知识的逻辑调整自己的行动。知识逻辑在其展开过程中,常常会表现出超主体的性格,只要确定了大前提和小前提,其结论几乎是主体也难以改变的。有的思想家在确定他的理论逻辑时,也许并没有明确的政治目的,但在理论逻辑展开过程中,很容易与一定的政治秩序和权威发生冲突。比如汉初儒生辕固生与持黄老说的黄生关于"汤武受命"的争论就很有代表意义。黄生从肯定汉皇出发,反对下犯上,指出帽子再破只能戴在头上,鞋子再好也只能穿在脚上。由此推论,汤、武也是以臣弑君。他的用意是维护汉皇,任何人都不得造次。辕固生从"汤武受命"这个大前提出发,又断定汉高祖代秦是得天助,遂人愿。按照这个逻辑推下去,如果汉皇失道,必定被某个"受命"者取代。汉景帝十分反感辕固生逻辑的结果,于是不准再往下讨论,并说:"食肉不食马肝,不为不知味;言学或无言汤武受命,不为愚。""是后学者莫敢明受命放杀者。"①这件事虽然没有造成文字祸,但说明一定知识的逻辑易与政治权力发生冲突。知识的逻辑对于一个严肃的知识分子来说,比什么都要神圣,逻辑几乎变成了支配主体的力量。逻辑与政治规定发生冲突,主体也被拖进矛盾的漩涡。

以上种种矛盾,是造成政治与思想文化冲突的内在根据。两者之间的冲突并不只是由两者的相背关系造成的。在同向的政治与思想文化之间也会发生冲突。历史上有许多忠于君主专制的儒生惨遭不幸就是明证,因为同向的理想与现实之间也会发生冲突。有一种颇为流行的说法,认为悲剧是由知识分子的使命感和忧患意识与政治之间的冲突造成的。我不完全排斥这种说法,但问题在于:第一,是否只有知识分子才有使命感和忧患意识,其他人如政治家就没有?第二,是否所有的知识分子都有使命感与忧患意识?回答显然是否定的。富有历史责任感的政治家或非知识分子者不乏其人,而知识分子中的无耻之徒也决不在少数。我认为很难把使命感与忧患意识作为知识分子的本质特性来看待,也不宜作为分析问题的出发点。

知识分子与政治的关系是错综复杂的,本文虽然着重分析两者之间的矛

---

① 《史记·儒林列传》。

盾与冲突,绝不是说这是唯一的。笔者着意分析其间的矛盾、冲突,正是为了说明两者之不可分割性。这种矛盾和冲突恰恰是促进政治文化化与文化政治化的动力。而知识分子在这之中扮演了重要的角色,他们既是实现政治文化化的重要环节,又是推动文化政治化的重要担当者。由此得出的结论是:我不赞成把知识分子与政治分开,把政治与学术分开。两者从来没有分开过,也永远分不开! 问题是应探讨其间的关系及如何处理两者的关系。

3.政治要为思想文化多元发展让路和提供保障

近代以来, 政治的规范化与思想文化的多元化关系问题是否获得了协调? 我认为迄今为止,所有国家和民族还都没有把两者的关系理顺,两者之间仍经常地发生程度不同的冲突,在有些国家,其间的冲突还相当激烈和残酷。不过大致说来,又有一个共同的发展方向或发展趋势展现在人们面前,即政治应该为思想自由让路,而且还要为思想自由亦即思想文化多元化发展提供尽可能的保障。

为什么政治要为思想自由让路? 仅仅从思想自由是人的本性或天赋权利等来说明是不够的。从历史发展考察,思想自由是最大限度实现人的主观能动性的前提条件。有人会提出,人的主观能动性并不一定都与历史发展是同向的,难道能够允许与历史相背的思想任其自由发展吗? 从逻辑上讲,可以推导出应禁止与历史发展相背的思想存在与传播;然而在事实上这一点是很难判明的。对历史的发展,人们有了相当的自觉性与预见性,以至有人十分相信"理性"的指导,但是在实际上,人们远远不能对历史进程做出周密的规划,过分相信"理性"的设计,反而多半陷入了困境。应该说,直到目前为止,历史发展本身还是不能确切把握的东西。另一方面,对历史发展的理性自觉也不是某一个人的特产,而是在不同思想争论中涌现出来的。所以,不让所谓的"毒草"出生,必定也要摧毁"香花"生长的环境。因此,思想自由虽然不完全与历史发展相一致,但思想自由的环境与不同思想的竞争本身是充分发挥人的主观能动性和推动理性发展的条件。历史虽然不是落实理性认识的过程,但理性又是目前人们所能信赖的唯一的先导。基于上述理由,政治要为思想自由让路,而所让之路的宽广程度又是政治民主化与现代化的重要标志之一。

政治之所以能为思想自由敞开道路,还因为社会改造了政治。政治的民主化、多元化的发展,使其不能再像古代那样支配整个社会。政治虽然仍要维护特定的社会秩序,但一般已不能要求建立一统的思想秩序。思想自由与法制是一种什么关系？迄今为止，也还是一个远未解决的问题，甚至是一个长期难于理清的问题。一种意见认为，思想应服从法制，并以法制规定为限，在法制范围内思考。一句话，法律中规定的思想原则是不能违反的，违反即违法。他们还认为言即行，言即可能构成犯法。另一种看法，思想言论与行为是不能混淆的，法律只对人的行为有强制力，对人的思想不能进行强制和规范。思想的外在形式是言论，没有言论自由，也就没有思想自由。法律中有关思想原则的规定只限于行为，它不能干预思想自由。思想自由不仅不受法律的规范，它还可以自由地对法律本身进行再认识，直至要求修改法律。

这两种看法是截然相反的，但对两者进行抉择，无论从理论上还是从实践上，眼下还都颇为困难。从道理上讲，我倾向后一种看法。但是从历史发展过程看，特定时期的政治对思想的某种规定和限制也并不是毫无合理性。由此，我们似乎应该承认这样的事实：历史上两种合理的东西有时也会发生冲突。这里讲的情况即是一例。思想自由的界边不是法制，那么它有否一定的界限呢？我认为还是有的，这就是：不能对他人的人身进行侵犯，比如诽谤、攻击等，只有尊重他人的权利，才更有利于思想自由的实现。思想自由和思想文化的多元化是一条不可更改的历史规律，开明的政治要为它让路，民主的政治要为它提供保障，聪明的政治家要善于选择与对话。

4.兼论知识分子的历史命运

随着社会的发展，知识分子在社会生活中的作用越来越重要，越来越成为历史舞台上最活跃的演员。文明的发展与社会知识化成正比。知识分子是社会知识化的带头人。一般地说，由于社会各行各业都要求知识化，这种势头决定了人们普遍向往和尊重知识，特别是近代世界性商品经济与竞争，对智能的追求是非常强烈的，从而成为推动知识分子队伍发展的强大动力。

从社会与历史发展趋势来说，不存在一种顽固的排斥知识分子的社会阶层或力量。如果有一些国家和民族的历史上出现过打击、压抑知识分子的事实，几乎无例外地都是政治原因造成的，而且主要发生在近代社会以前的中世纪；如果今天发生了大规模的打击知识分子的现象，那就证明这个社会还没有走出中世纪。进入近代化特别是进入现代化的社会，很少有大规模地打击知识分子的事情发生。

在古代，特别是中国的古代社会，知识分子与社会经济很少联系。在自然经济条件下，知识分子的主要出路在政治。当时的政治是封建专制主义的，这

144

种政治支配着整个社会,当然也支配着知识分子。近代以来,情况发生了重大变化,知识分子从单一依属政治中走出来,与社会各行各业相结合,知识分子在新的社会条件下有了广阔的发展天地。因此,社会近代化与现代化,是知识分子获得自由发展的最基本的条件。关于什么是社会近代化、现代化本身还有不少争论,这里不论。简言之,社会近代化、现代化指工业革命以来社会的综合发展与现代发展的新阶段。中国社会从总体而论尚处于近代化阶段,但同时又生活在国际现代化环境中。这样,近代化与现代化便交织在一起。中国知识分子的命运与中国社会近现代化的命运是休戚相关的。就中国知识分子而言,他本身也有近代化与现代化问题。

首先,中国知识分子近现代化的主要任务是从封建士大夫型转向与市场商品环境相适应,实现知识商品化与本体多能化。我国知识分子的一部分就其知识构成、所从事的职业及他们的社会交往环境看,具有现代化的性质;但多数知识分子的生活环境及其思维方式还没有完成近代化。也就是说,在他们身上还有浓厚的士大夫气息。近代化的知识分子在人格上是独立的,士大夫在人格上具有明显的依属性。中国直到1949年还没有完全从中世纪走出来,与之相应,知识分子也没有实现完全近代化。不仅知识分子数量很少,素质低,而又多远离商品经济。新中国建立后,依照历史规律,应是发展商品经济,但我们却走了另一条路,即计划性的产品经济。而这种计划产品经济,是由行政支配的。在这种情况下,知识分子不但没有走向近代化,而与产品一起,都成为行政的支配物。再加上知识分子的多数被划入资产阶级范畴,他们终究不过是社会主人之外可资利用的异己力量。

近十多年来情况有了很大变化。随着商品经济的发展与活跃,知识分子的观念有了很大的转变。但是,不能把知识分子的近代化程度估计过高,年轻知识分子相对比较先进,但一些调查资料表明,市场观念仍然不发展。许多人轻利重义,不屑于参与市场活动。还有相当一部分知识分子爱用道德标准考察、分析、判断市场过程,这正说明他们还远远没有完成向近代化的转变。其次,知识分子的自我实现意识非常弱,这也说明他们远没有完成近代化。有不少知识分子不把自己当作自己知识的主人,似乎自己的知识是什么超己的外在圣物赐予的。乍然看去,很谦虚,不忘恩,不自私。但是这种性格的另一面就是缺乏主见,不敢坚持己见,不敢坚持自己所认定的真理,不负责,用自己的嘴违心地讲别人的话,这似乎已变成习惯。一句话,没有或缺乏个性和自主性。对知识分子来说,没有或缺乏个性和自主性，他只能充当现有知识的传播者，不会成为知识的生产者、创造者。知识分子不应忘记造就自己的时代，但同时又应把自己作为自己知识的主人。这样，在社会生活中才有可能与他人平等交往，自我实现。如果把自己仅当作某种工具，正说明他背后站着一位有形的或无形的"主人"。我决不否认知识分子在实际上与某个阶级或利益集团的命运连在一起，他们也会充当某个阶级或利益集团的代表而发表见解。但这中间的连接点是知识，是理性的选择，而不是什么隶属关系。再次，知识分子近代化还有一个重要内容，即职业选择自由，完全从古代的门生、故吏关系中解脱出来。过去把知识分子称为自由职业者，是很有道理的。自由职业并不是说他们要选什么职业就有什么职业，而是指主体自我支配。如果社会上没有知识分子自由选择职业的环境，他也就没有独立思考的自由环境，也就不能自我实现。

知识分子近代化不只是知识分子自身的问题，而是整个历史运动的结果。在知识分子中有一种非常普遍的心态，即把自己社会地位的改善寄希望于"落实"知识分子政策上。在目前的条件下，无疑有它的作用。但是"落实"不能取代知识分子本身的近代化、现代化。老实说，越是寄希望于"落实"，就越缺乏自主性和独立性，在某种意义上，正说明士大夫遗迹还很严重。知识分子要实现近代化、现代化，就要投身到社会洪流中去。如果不是自己寻找自己的位置，终究要受别人支配。知识分子在走向近代化的过程中，是要知识分子劳动化，还是倡导知识分子走独立化、自身群体化的道路呢？近十年来，人们开始对知识分子劳动化这一理论提出怀疑、批评，在怀疑与批评中，进一步提出了知识分子要独立化，要有自身群体意识和自觉。

在复杂的社会生活中，能否找到知识分子的独立化发展与群体意识或群体自觉呢？有的学者认定两千年前知识分子就形成了共同的群体意识和自觉，今天尤应倡导。我的看法与此相左。思想文化与政治错综复杂的关系不可能使知识分子走向一体化。这绝不是说，知识分子没有任何共同的趋向，比如，只要是一个认真进行思索的知识分子，都会程度不同地要求个人意志自由、思想自由。但是仅这一点还不足以使知识分子形成一个统一的群体。因为知识分子在社会生活中扮演的角色太多了，分野太大，利益各异。另外，提倡知识分子独立化有与其他劳动者对立的偏颇。知识分子需要了解工、农、兵、商等人的劳动、生活状况，也需要了解他们的情感与心理。要了解这些，就应了解他们的劳动过程、生活过程，拒绝做这方面的工作，知识分子也会走上封闭之路。

　　我认为应该从知识分子劳动化或知识分子独立化、群体化的两极中走出来。因为两者都是以高下、轻重、先进落后提出问题的。作为劳动，尽管在形式上有千差万别，但就其创造价值这一点而言，都是一样的。劳动是成体系的社会过程，缺任何一环都可能造成中断。因此，劳动不宜分高下。人们在观念上会有高下之分，但在科学上则绝对应摒弃这种陈腐的观念。马克思有简单劳动与复杂劳动之分，但这只是分析劳动的价值量。实际上，复杂劳动与简单劳动不是泾渭分明的，作为劳动过程多半是交织在一起的。在历史的发展中，一定时期的复杂劳动会转化为简单劳动，而简单劳动又含有复杂劳动的因素。人类迄今为止，最先进的劳动过程也不能没有简单劳动，简单劳动与复杂劳动是统一的劳动过程的两方面，而不宜强调两者的对立，更不宜以此划分人群。

　　我不赞成知识分子劳动化与知识分子独立化的两种提法，我主张代之以知识社会化和社会知识化。知识只有社会化，才能充分显示其威力；社会只有不断知识化，才能提高自身的素质。知识社会化与社会知识化不强调按脑力劳动或体力劳动对人进行分层，更不以阶层或身份为出发点去考虑分配等问题，而是从知识在社会化劳动中的实际效果获取自己的地位。知识社会化与社会知识化是一种历史的运动，即社会诸种因素综合作用的结果，行政的提倡固然必要，但决定性的因素是社会机制。到目前为止，市场经济与竞争应该说是推动知识社会化与社会知识化最强大的推动力和社会环境。

　　知识分子的社会地位是在知识社会化、社会知识化与竞争环境中自然确定的，过分强调人为规定的作用多半导致人群之间矛盾的加剧。我们过去三十年的教训是人为的规定过多。不是拔高工农压知识分子，就是张扬知识分子而招致工农的不满。这种做法应该改变，应该在市场竞争中各自寻求自己的位置，知识分子应该承认在目前条件下，知识也是一种商品和谋生的手段，这不是自贱而是落在实处。过去讲读书皆为稻粱谋，以笔代耕，难道目前能超越这一种事实吗？在市场与竞争机制下，我决不相信知识会变成无用。如果什么时候出现了知识无用的现象，那绝不是知识过剩，肯定是社会机制出了毛病。为知识而献身的知识分子是令人尊敬的，但决不能要求所有的知识分子都不计报酬，为知识而献身。知识分子不要把自己的命运寄托在别人的重视上，要在竞争中寻找自己的地位。如果市场竞争仍然受到行政的支配，当然责任主要应由行政承担。社会主义政治的优越性应该表现在：它比其他政治能提供更加公正和平等的竞争机会。

现在我们正处于由旧轨道向新轨道的转变中，而新轨道又不是谁人都能设计的完善无缺的蓝图。在向新轨道的转变中，知识分子如果不是把自己放在社会机制的改进中谋求自己的地位，仅仅寄希望于行政措施，其结果或者难以解决，或者有所改善，但由于缺乏社会自然的和谐，也会招来许多麻烦。

在知识分子的命运中，最可怕的是把知识分子与社会割裂开来或对立起来。我认为只有在知识社会化和社会知识化，以及与之相适应的竞争中，知识分子才能找到合适的社会地位。

第三章　王权主义各论

一、中国传统的人文思想与王权主义

在对中国传统文化再认识的过程中,有些学者提出,中国传统文化的特点是人文主义,理由是中国传统文化注重世俗而不追求神学。就此而论,我认为是可以的,并想就其表现再补充几句。但对在论者之中有人提出,以儒家为代表的传统人文思想是提供天下为公、人格平等、人格尊严、个性独立、道德理性、民主政治的基础的观点,则不敢苟同。依我之见,中国传统的人文思想,其主导方向恰恰是王权主义,并使人不成其为人,兹试言一二。

1.传统人文思想的表现

夏、商、西周基本上是神的世界。从春秋开始,神的地位逐渐下降,人的地位逐渐上升。老子与孔子是人文思想发展中的两位巨擘,是中国历史上思维方式转向的标志,他们二人把先前零星的人文思想上升为理论,老子把人还给自然,孔子把人还给社会,从而奠定了中国历史上人文思想的基础。中国传统的人文思想如下几方面值得注意。

第一,在人与神的关系上,倡导先人而后神。

在中国古代思想史上,除少数人外,绝大多数思想家都没有把神赶出庙堂。相反,或多或少都给神留下了一席之地。老子认为道是最高的存在,并支配一切。他从本体论上抛弃了神,可是在信仰的范围内仍然保留着神。孔子讲"祭神如神在",也是从信仰上说的。从传统思想看,神不限于信仰,有时也会侵入本体论和决定论中来。但终究人更重要,并以人的需要和精神改造神。以民情知天命、先人而后神、敬鬼神而远之和神道设教诸思想,是人文思想对神道观念的改造和修正。

以民情知天命早在西周初已提出来,是"德"这一观念发展的伴生物。德包含着对神的崇敬,但更注重人事。德把敬神与保民统一起来。"天畏棐忱,民情大可见"①，"民之所欲，天必从之"②，"天视自我民视，天听自我民听"③，这类话巧妙地把神、人结合为一体，并成为传统中认识神人关系的指导思想。这种认识实际上把神人同化。在儒家中，董仲舒是把神学推向极致的人物之一。然考其基本精神，天神的目的仍是为人谋利益，天"生育养长，成而更生，终而复始，其事所以利活民者无已。天虽不言，其欲赡足之意可见也"④。天人感应、天谴论大抵也是以人事为根据的。

人既然是神的目的，因此在处理神人关系或当两者发生矛盾时，众多的思想家主张先人而后神。这种思想虽不是孔子的发明，但他作了更确切的论述。"季路问事鬼神。子曰：'未能事人，焉能事鬼？'"⑤"务民之义，敬神鬼而远之，可谓知矣。"⑥庄子也讲，"六合之外，圣人存而不论"⑦，即对神的问题不作理论的深究。把神作为工具，是进一步把神人同化的表现。墨子把这种思想阐述得十分明确。他认为，天神犹如"轮人之有规，匠人之有矩"⑧，是人手中的工具。《易·象传》提出的"圣人以神道设教"，对后来的思想影响更大。"神道设教"，在解释上虽然可以走入神秘主义，但更多的是把神道作为工具来看待。只要把神作为工具，不管神在外观上有多尊严，它已失去目的意义，真正的目的是人。而以人为目的的实用主义正是人文思想发展的标志之一。

第二，在人与自然的关系上，倡导人与自然相谐，并利用自然，为人造福。

人是从哪里来的？西周以前认为是神的产物。道家、阴阳家、《易经》的出现改变了这种认识。他们从不同角度酿出了一种共同看法，即人是自然的产物，人是自然的存在。《易·序卦》说："有天地然后有万物。有万物然后有男女。有男女然后有夫妇。有夫妇然后有父子。"《庄子·知北游》："人之生，气之聚也。聚则为生，散则为死。"人作为自然的存在，是人文思想的理论基础。

思想家普遍认识到，人的活动要受到自然的制约。自然的力量比人的力

---

①《尚书·康诰》。
②《左传》襄公三十一年。
③《孟子·万章上》。
④《春秋繁露·诸侯》。
⑤《论语·先进》。
⑥《论语·雍也》。
⑦《庄子·齐物论》。
⑧《墨子·天志中》。

量在总体上更富有威力，"逆天(指自然)者亡"，正反映了这一认识。然而人在自然面前并不是无能为力的，人可以通过主观努力和探索，求得与自然的谐调，"法天""法地""法四时"①，是取得人与自然谐和的基本方式。只要能取得谐调，人不仅可以利用自然，自然简直是为人而存在。"万物同宇而异体，无宜而有用为人，数也。"②"天地之生万物也，以养人。"③

在传统认识中，一方面强调自然对人的制约，要把"法自然"作为人类安身立命的起点，但同时又指出人可以"制天命而用之"。指明人是自然界的主人，可以利用自然为己造福，这样在人与自然的关系上突出了人的价值。

第三，在人的社会生活中，强调人性，并以人性为基础推演社会的人际原则。

传统思想深入探讨了人性问题。关于人性问题的实质，近人多归结为道德善恶问题。毫无疑问，这是人性问题中十分重要的内容。不过细究起来还有更深层的含义，这就是人的自然性与社会性的关系问题，即生理本能、物质需求与社会关系、社会意识形态的关系问题。对两者关系，不同流派有不同的见解，大体有四种思路。

一种用自然性排斥社会性，如老、庄、魏晋玄学中的一些代表人物。他们认为，现存的社会制度和道德观念等，都是对人性的桎梏和破坏，特别是儒家的仁义道德，是戕害人性的刽子手，是吃人的"虎狼"④。他们要求把人还给自然。

另一种则用一定社会制度和社会观念排斥人的生理本能和物质需求。孟子及宋明理学基本上是沿着这一道路思考问题。他们认为人性是善的，这种善即儒家的道德规范。人的欲望和物质追求是给道德完善造成麻烦的根源。在孟子及理学家们看来，人欲是破坏善的罪魁。因此要发扬善，必须与人欲做斗争。

第三种看法认为人的自然性与社会性是统一的。法家以此说为代表。法家认为，人的本能需要与社会追求是一个东西，即名和利。这种本性无须改，也改不了，改了反而有害。关键是如何利用这种本性为统治者服务。

第四种认为，两者既有统一又有矛盾。此论以荀子的性恶说为代表。荀子

---

① 《管子·版法解》。

② 《荀子·富国》。

③ 《春秋繁露·服制象》。

④ 《庄子·天运》。

从礼义道德来衡量人欲,认为人欲与礼义相悖,因此宣布人性恶。不过他没有走到极端,一方面主张限制和改造人性的恶,另一方面又要适当满足人的起码生活需求,礼便是调节两者之间关系的准绳。

关于人性的讨论,从根本上说,是探索人类怎样认识自己,以及人应该有什么样的价值。在道家看来,人的价值与回到自然的程度成正比,越是自然化,价值越大。法家则认为人的价值是在追求名利中表现出来的。道、法两种价值观虽有很深的影响,不过在传统思想中占主要地位的是孟子的性善论。另外,在汉代,荀子的性恶论也有一定的影响。孟、荀两家看起来截然相反,但归结点却是一致的。孟子认为仁义礼智是人的性善的逻辑展开,荀子认为仁义礼智是改造人性恶的结果。孟、荀都尊尧、舜为圣人,尧、舜是人的价值的最高体现,是人的典范。孟、荀从不同角度出发,都提出了人皆可以为尧舜的主张。孟子教导人们说,性善自我发扬,就能上升为尧、舜。荀子教导人们说,用礼义改造自己的尽头就会变成尧、舜。他们认为人的价值是在同自己的欲望斗争中提高和发展的。宋明理学沿着孟子的方式进一步论述了人的价值只有在道德化的道路上才能充分显示出来。

道德完善并不是个人的私事。在儒家看来,个人道德完善是社会完善的基础和起点。修身-齐家-治国-平天下这一公式集中表达了他们的见解。在这一公式中,个人的价值与作用被置于至高无上的地位,不但神被抛到九霄云外,社会的其他关系与因素也被排挤到次要地位。

这里,我们不去评论上述思想的得失,但有一点是可以肯定的,人文思想获得了充分的展开。

第四,人们在自我追求中主要是求圣化而不是神化。

在古代传统思想中,不是没有自我神化的追求,但占主流的是追求圣化,即通过自我修养和完善,成为圣人、贤人、仁人、大丈夫、成人、君子、善人,这些人的共同特点是道德模范。圣化和神化的道路虽然并非水火不相容,比如在修养过程中有共同点,但终结点有着原则的区别。神化追求超越自我,最后变成彼岸世界中的一员;圣化则力求最大限度地实现自我,在充分发挥自己的主观能动性和执着的追求中,把社会的一切美德集中于一身,从而上升为一个超人。传统中的圣贤,特别是儒家中的圣贤,都以悲天、悯人、救世为己任,因此对圣贤、仁人的追求促进了人文思想的发展。

第五,把自然、社会和人自身作为认识的对象和实践的对象。

前边所讲的几点，在逻辑上必然导出把自然、社会和人自身作为认识的主要对象和实践对象。在认识史上虽然也有对天国的幻想，但人们普遍关心的是现实生活中的人，以及与人相关的自然界。老子、孔子之后两千年，知识界讨论的主要问题，几乎一直是围绕天人关系、历史之变、心性、治乱、道德、民生等问题开展的。在这里，认识对象与实践是一致的，诚如章学诚所言："古人未尝离事而言理。"①由于把现实生活作为认识和实践对象，从而为人文思想开辟了广阔的道路。

以上从不同角度对传统人文思想的具体内容做了说明。那么，传统人文思想思维方式最主要的特点是什么呢？这就是人们常说的一体思想，即把自然、社会和人视为一个和谐的统一体。这种统一是通过自然的人化、社会化和人与社会自然化达到的，简称自然的人化和人的自然化。在自然的人化与人的自然化观念中，有一些合理的，甚至包含着一些科学的因素。比如人与自然存在某种统一性。诚如荀子所言："水火有气而无生，草木有生而无知，禽兽有知而无义。人有气、有生、有知，亦且有义，故最为天下贵也。"②即在气、生、知上，人与自然有某种统一性，这种看法是很有道理的。但在自然与人统一的理论中，还有许多是通过人为的对应模拟生造出来的。《易·系辞上》说："天尊地卑，乾坤定矣。卑高已陈，贵贱分矣。"接着论述乾代表"天""君""金""玉"；坤代表"地""母""众"（臣民）"布"等。《文言》则讲"地道""妻道""臣道"属阴，阴应顺天从阳。在这些论述中，人分贵贱，天地乾坤阴阳也分贵贱，而且在论者看来，人的贵贱倒是从天地贵贱中引申出来的。中国古代各派思想家都讲"公"，公本是道德观念，但各家都说公是"天道"的本性，并外化为道德之"公"。把天道道德化，反过来又用道德化的天道论证人世道德，这是古代天人合一的重要内容之一。

人自然化、自然人化的思维方式，把一切个体都视为恢恢天网中的一个结。个体在关系网中只有相对的地位，君主是人间最尊贵的，独一无二。但君主也只是关系网中的一环。他只有顺天、从人，才能保障自己的安全和尊贵。这种观念无疑具有合理的一面，从现代的系统论观点看，古人是把自然、社会、人视为一个有组织的严密的大系统，每个事物都受系统关系的制约。但是古人在构筑这个大系统时，对系统的认识不是建立在科学分析的基础之上，而是以直观的模糊认识来

---

① 《文史通义·内篇·易教上》。

② 《荀子·王制》。

完成的。因此所谓的系统关系有许多是虚构的、臆想的;另一方面,这个系统结构本质上是按照社会现实的等级结构来组织,并且都贴上了道德的标签。人自然化和自然人化的结果,既使人不成其为人,又使自然不成其为自然。自然与人都因此而失真。但由此却得到一个对当时君主政治非常实惠的东西,即大一统。在天、地、人大一统中,君主具有承上启下、圆通万物的作用。

2.王权主义

有一种意见认为,人文思想与民主、自由相联系。其实无论从逻辑上还是从历史上看,这种说法都难以成立。从逻辑上讲,专制主义可以包括在人文思想之中;从历史上看,中国古代的人文思想很发达,君主专制主义也很发达,专制主义恰恰以具有浓厚的人文色彩的儒家思想为理论基础。另外,从内容上看,中国古代人文思想的主题是伦理道德,而不是政治的平等、自由和人权,当时的伦理道德观念最终只能导致专制主义,即王权主义。在古代的传统思想,特别是儒家思想中,虽然有不少重民、爱民、利民、惠民、恤民、爱民如子、民为邦本等主张和理论,这些常被人们誉之为民本主义和民主主义等,其实,事情的本质未必如此。古代的重民、爱民并不是目的,一般地说,它只是一种手段,孔子讲得很清楚:"惠则足以使人。"[①]不管人们就"爱民"问题讲了多少美好语言,民基本上是被恩赐和被怜悯的对象,民从来没有比这个地位更高。那么谁是目的呢?谁是掌握民这个工具的主人呢?是君主、是帝王。人们常爱把范仲淹的"先天下之忧而忧,后天下之乐而乐"作为民主思想的典型加以征引,其实不应忘记他前边说的两句话:"居庙堂之高则忧其民,处江湖之远则忧其君。"这两句正说明君主是目的,民只是被怜悯的对象。

我们说君主是目的,并不是说君主是不受任何制约的。从理论体系上看,君主也是被规定的对象。他不仅要受到天、人的制约,还要受名分、伦理道德的制约,即受到道统的制约。中国传统的名分、道德和道统确实对君主的行为有规定和制约作用,但是我们不能忽略这样一个基本事实:在总体上,这些理论又是对君主地位的肯定和维护。对君主严格的要求正是为了保证君主地位的巩固与稳定。道德自然化,恰恰成为君主因自然而为必然的证明。另一方面,君主尽管只是整个关系网中的一个结,但他是这个网络中非同一般的网结,是处于枢纽和指挥地位的纲。如下一些理论从各方面论证了君主的绝对性。

①《论语·阳货》。

第一，君主能参天地，是调节人与自然的中枢。

天地化育万物是古人的共同认识，在天地化育万物过程中，人并不是纯粹的外在物，他们可以参加到天地化育万物的行列中来。《荀子·天论》说："天有其时，地有其财，人有其治，夫是之谓能参。"人虽具参天地之才能，但并不是人人都能做到的，只有圣人君子才能做到这一点。《中庸》说：圣人"能赞天地之化育"。荀子说："君子者，天地之参也，万物之总也，民之父母也。无君子，则天地不理，礼义无统。"①中国传统思想中的圣与王在理论上不完全一致，但一般说来又是"内圣而外王"，正如董仲舒所说："古之造文者，三画而连其中谓之王。三画者，天地与人也，而连其中者，通其道也。取天地与人之中以为贯而参通之，非王者孰能当是？"②《礼记·乐记》说："天高地下，万物散殊，而礼制行矣。流而不息，合同而化，而乐兴焉。"意思是说，礼乐原本于天地，但是礼乐又不是纯自然的产物，它是圣人根据天地的本性而制作出来的："故圣人作乐以配天，制礼以配地。礼乐明备，天地官矣(郑玄注：官犹事也，各得其事)。"只有经过圣人之功，天、地、人才能和谐相配。圣人、君主参天地的理论，把君主抬到超人的地位，君主不但被圣化，而且也有神化的意味。

第二，君主体现着自然与社会的必然性，把握着必然之理。

中国古代的思想十分注重自然与社会的必然性，他们把这种必然性称之为"道""理""时""势""必""然""节""序""数"等。传统思想认为，"天道"与"人道"在原则上是统一的，人道本于天道。"君子尚消息盈虚，天行也。"③天行即天道，君子重视消长盈虚，因消长盈虚是天道，是自然规律。《荀子·王制》说："君臣父子兄弟夫妇，始则终，终则始，与天地同理。"这里所说君臣、父子、兄弟、夫妇指人伦，始终指世代相传而不变。人伦与天地同理，人的一切规范几乎都本于自然之理。《易经》就是天道与人道相统一的文化表现。《系辞上》说："《易》与天地准，故能弥纶天地之道。"圣人作"易"体现了天人的统一和必然。

人们都要受到自然社会的必然性的制约，但对人来说有自觉和不自觉之分。"百姓日用而不知"④，是"作而行之"⑤者，处于浑浑噩噩的自发状态；君主、

---

① 《荀子·王制》。

② 《春秋繁露·王道通三》。

③ 《易·象传》。

④ 《易·系辞上》。

⑤ 《周礼·冬官·考工记》。

圣人的专职是"坐而论道"①,只有他们知"道",并把握着必然性。"圣人者,明于治乱之道,习于人事之始终者也。"②"道不同于万物,德不同于阴阳,衡不同于轻重,绳不同于出入,和不同于燥湿,君不同于群臣。凡此六者,道之出也。"③君主是道在人间的体现。君主也只有"体道"④才能成为君主。所以,"道者,万物之始,是非之纪也,是以明君守始以知万物之源,治纪以知善败之端。"⑤"天者,理也;神者,妙万物而为言者也;帝者,以主宰事而名。"⑥帝王是把天理引诸人世的中枢。

帝王体现着规律,体现着必然,人们要遵从规律和必然,首先必须遵从帝王。

第三,君主是政治治乱的枢机和决定力量。

中国古代的各家各派,从不同的角度出发,几乎一致认为君主在国家治乱中具有决定性的作用,这种认识同君主专制制度的不断强化是一致的。在君主专制制度下,君主个人具有无上的权力。由于权力支配着社会,君主的一言一行都会对社会政治局面发生重大的影响,于是就出现了鲁哀公与孔子关于"一言而可以兴邦"和"一言而丧邦"问题的讨论。⑦孔子对这两句话虽然作了一些具体分析,附加了一些条件,但最后还是基本同意的。在这一言可以兴邦、一言可以丧邦的体制下,君主在国家治乱兴衰中,无疑具有决定性的作用。"君不能者其国乱。"⑧"君者,民之原也。原清则流清,原浊则流浊。"⑨基于这种认识而有"观国者,观君"之说⑩。儒家主张人治,对于君主更寄予厚望。《中庸》说:"文武之政布在方策。其人存,则其政举;其人亡,则其政息。"在整个封建时代,几乎所有的思想家,都把希望寄于圣明君主身上。在事实上,君主并非都是圣明,相反,众多的君主是残暴之徒,于是出现了矛盾。基于这种

---

①《周礼·冬官·考工记》。

②《管子·正世》。

③《韩非子·扬权》。

④《韩非子·解老》。

⑤《韩非子·主道》。

⑥《二程集·河南程氏遗书》卷一一。

⑦参见《论语·子路》。

⑧《荀子·议兵》。

⑨《荀子·君道》。

⑩《管子·霸言》。

情况,对君主进行品分的理论在各家各派中都占有显著地位。每位思想家都按照自己的理论标准,把君主分为圣主、明主、昏主、闇主、残主、亡主等。

对君主进行品分,在认识上具有重要意义。它说明君主是认识的对象,可以分析,孟子在评价梁惠王时就表现得相当勇敢:"不仁哉,梁惠王也。"①荀子把当时所有君主放在他的理论面前衡量时,得出一个彻底否定的意见,认为当时的君主皆为"乱其教,繁其刑"②之辈。

传统思想一方面把君主视为治乱之本,另一方面又把君主作为认识对象,进行无情的分析。这两种观察问题的方法,看起来是矛盾的。如对君主的理论要求会与君主的现实表现发生某种冲突;然而两者又是统一的,对君主的品分不是对君主专制制度的否定,而是从更高的角度对君主专制制度进行肯定,在对昏君的批评中寄托着对明主的热切希望。从理论上考察,对君主寄予希望越多,臣民的历史主动性失去得就越多,从而越有利于君主专制制度的稳固。

第四,君主拥有全面所有权。

自从《诗经·北山》提出"普天之下,莫非王土;率土之滨,莫非王臣"之后,遂成为形容王权至上的口头禅。从经济过程上看,全国的土地与臣民是不是属于王有,这里不去讨论。但作为一种观念却几乎是无可置疑的。秦始皇统一中国之后即宣布:"六合之内,皇帝之土……人迹所至,无不臣者。"③刘邦称帝之后即宣布天下为己业。黄宗羲曾指出,人君"视天下为莫大之产业"④。《管子·形势解》甚至给君主下过这样的定义:"主者,人之所仰而生也。"

与这种最高所有权思想相对应的,是恩赐思想的盛行。一切阳光和雨露,都属于圣明君主,甚至连处死都称之为"赐死",而且成为死者的一种殊荣。

全国一切的最高所有权属于王,臣民的一切是王恩赐的,这两种观念的结合,把君主置于绝对的地位,为君主专制提供了强有力的理论根据。

第五,君主是认识的最高裁决者。

权力和认识本来属于两种不同的范围。就古人而言,坚持和提倡权力和认识二元者虽时有其人,但在传统中占主要地位的是把两者并为一元,并以

---

① 《孟子·尽心下》。
② 《荀子·宥坐》。
③ 《史记·秦始皇本纪》。
④ 《明夷待访录·原君》。

君主为认识的最高裁决者。《尚书·洪范》关于王道皇极的论述颇有代表意义。"无偏无陂，遵王之义；无有作好，遵王之道；无有作恶，遵王之路；无偏无党，王道荡荡；无党无偏，王道平平；无反无侧，王道正直。"这几句话是传统思想中的最高信条之一，它的妙处在于把王权、认识、道德和行为准则四者结合为一，而且以王权为核心，其中的王虽然是抽象的王，但上升为具体时，则表现为对王权的肯定。思想家倡导的"内圣外王"理论，为王之权力、认识、道德的统一作了更具体、更深入、更巧妙的论证。圣和王虽然常常有矛盾和冲突，但圣的最后归宿是王。因此，王高于圣。荀子把君主说成"居如大神，动如天帝"①，就是把君主视为认识和道德的最后裁决。郑玄的"言作礼乐者，必圣人在天子之位"②，也说明天子高于圣人。法家提倡的"以吏为师"，从政治实践上就权力裁决认识做了规定。在秦以后，法家虽然被排斥于正宗之外，但他们的许多思想，其中包括"以吏为师"却被统治者视为法宝而加以使用。儒家虽然不停地强调道德及相关认识的独立性，但是当理论分歧弄到不可开交时，最后还是由皇帝加以裁定，石渠阁和白虎观会议便是由皇帝裁决认识分歧最为典型的两次举动。朱元璋删《孟子》也证明权力高于认识。历史上连续不断的文字狱是权力与认识发生尖锐冲突的表现。中国的经学有着非常丰富的内容，但它作为官学，不仅为维护王权和封建秩序服务，同时又受王权的支配。哪些列为"经"及标准注疏，都是皇帝下令确定的。其实何止经学，史学的主干部分，所谓正史等，多半是遵照官方的旨意来编写的。到了清代，连版本都由皇帝"钦定"。从理论的认识过程和逻辑来看，未必都以王为中心，但实际上王权高于认识过程和逻辑。中国古代不存在独立的认识主体，这一点就决定了难以有独立的认识。

王权主义与人文思想不是两种对立的思想体系，王权主义属于人文思想的一部分。从历史上考察，中国古代人文思想相当发达，同时君权专制制度也十分发达，而且专制君主正以人文思想很浓的儒家思想为统治思想。这种情况与西方近代的历史过程有极大的不同。近代西方的人文思想与封建专制是对立的。中、西之所以会有这样大的差距，关键是人文思想所背靠的历史条件不同。近代西方人文思想的发展以商品经济发展为基础；而中国古代的人文思想是建立在自然经济基础上的。在以小农为主的自然经济基础上，不可能

---

① 《荀子·正论》。
② 《中庸集注》引郑氏注。

产生民主思想,只能产生家长主义。家长主义是王权主义的最好伴侣。

3.使人不成其为人

王权主义与人格平等、个人尊严、个性独立是对立的,前者的存在以压抑后者为前提和条件,两者冰火不相容。正如马克思所说:"专制制度的唯一原则就是轻视人类,使人不成其为人。"①那么,为什么一些人说中国传统文化导向了人格平等、个性独立呢?因为在古代传统人文思想中,确实有强调个人尊严和人格独立的一些词句,如"三军可夺帅也,匹夫不可夺志也"②。"事君者从其义,不阿其惑。"③"从道不从君。"④"大人当否,则以道自处,岂肯枉己屈道,承顺于上?"⑤沿着这条路线走,确实培养出了不少志士仁人和不惧万难的硬汉子。但是从历史上来看,我们只能说这是个别现象。中国古代的人文思想从总体上不是把人引向个性解放和人格平等,而是引向个性泯灭,使大多数人不成其为人。造成这种结果的重要原因是王权至上和道德至上的理论及其相应的规定。

关于王权至上的理论前节已论述。这里再讲如下一点,即等级制及其相应的理论对人的束缚。等级制及其相应的理论把王抬到了金字塔顶,并使所有的臣民变得既不自立又无自由。有人说中国缺乏等级制。的确,乍然看去,中国古代的等级制不像西欧中世纪那样僵化和稳固。其实中国古代的等级制也是相当发达的,只不过有自己的特点罢了。其特点就是多元性和成员的流动性。多元性表现在不同的等级系统,如爵制、官品、门第、户等、职业贵贱及民族等差,等等;流动性指等级中的成员因种种原因有升降和贵贱对流。等级的多元性和成员的流动性不是打破了等级,反而使等级制更加顽固,成为中国历史上的一个痼疾。由于等级制的顽固存在和发展,在观念上论证等级合理性遂成为统治阶级代言人的一大任务。古人论证等级合理的理论十分发达,这集中反映在关于礼的理论中。礼的本质就是讲"分",讲"别",讲"贵贱"。

等级贵贱的理论与规定,首先使人丧失了独立的人格,人一生下来就是他人的从属物。人没有独立的人格,个人的尊严和自由从何谈起?

---

① 《马克思恩格斯全集》。

② 《论语·子罕》。

③ 《国语·晋语一》。

④ 《荀子·臣道》。

⑤ 《伊川易传》卷一。

人的自由首先应表现在思想自由上,因为思想这种东西难以用有形的方式被他人占有。但是在中国的古代,代表统治者的思想家们却绞尽脑汁,想方设法去束缚和限制人们的思想自由。礼的规定与理论在这方面起了极为恶劣的作用。这集中表现在,把礼作为思想的藩篱、思维的前提和判断是非的标准。孔子讲的如下两句话颇为典型。一句话是:"君子思不出其位。"①另一句是:"非礼勿视,非礼勿听,非礼勿言,非礼勿动。"②按照认识的规律,一切客观存在的事实,都应作为认识的对象。人们的认识与思考只对对象负责,人人都有认识的权利。然而在礼的束缚下,人们不能超越自己的社会地位去探索问题,表现在政治上就是"不在其位,不谋其政"。孔子讲的"四勿"把礼当作认识的前提,为认识划定了圈子。这样一来,人的认识结论在认识未进行之前已被确定。正如荀子所讲:"'非察是,是察非',谓合王制与不合王制也。天下有不以是为隆正也,然而犹能分是非,治曲直邪?"③荀子的"王制"即礼。《礼记》的作者把问题说得更加明确。《礼记·礼运》说:"礼者……所以别嫌明微。"《礼记·曲礼》说:"夫礼者,所以定亲疏,次嫌疑,别同异,明是非也。"当连属于自己的思想也失去自由时,还有什么个人的自由与尊严可谈?专制王权的发展是以对社会上除王之外的每个人的剥夺为前提的,专制王权愈发展,剥夺得就愈多。

　　在传统思想中,与王权主义并行的是道德至上的理论与规定。儒家的道德理论是典型的人文思想。这种理论从外表上看,特别注意发挥人的主观能动性、主观修养与自我完善,然而问题恰恰藏在其中。按照儒家传统道德的教导,主观能动性越充分地发挥,就越导向对自我的剥夺;达到自我完善,也就达到了自我泯灭。鲁迅先生把传统的仁义道德归结为"吃人"二字,有些人不以为然,认为是形而上学,是虚无主义。静心思之,从理论角度上看,鲁迅先生的说法未必十分准确(按:鲁迅讲这话时是以文学家的面目出现的,而不是以理论家的面目谈问题),不过在我看来,鲁迅先生的话更接近事情的本质。本来是讲究人的完善的道德,怎么会变成"吃人"呢?看起来有点蹊跷,然而奥妙正在其中。

---

① 《论语·宪问》。
② 《论语·颜渊》。
③ 《荀子·解蔽》。

160

我不否认儒家的道德理论在中国历史上曾起过有益的作用。在人的自身完善中曾充当过善良的导师,但最后的归宿仍不免是"吃人"。对此可以从两方面考察。

其一,儒家把道德看成人们生活的最高层次,从而限制了人的全面发展。

道德是任何时候都不可缺少的,是维系社会正常生活所必需的。但是道德并非人们唯一的社会生活,而且在复杂的社会生活中也不具有决定意义。儒家的错误恰恰是把道德视为人类社会生活中最根本的东西。人之所以为人,人与动物的区别,就在于人有伦理道德。最早提出这个问题的是孔子,他认为,只有礼才是区别人与动物的标志。孟子讲:"人之所以异于禽兽者几希。"①意思是,人不同于禽兽的地方就那么一点点,这一点点即"不忍人之心",亦即仁、义、礼、智。荀子说:"人之所以为人者,非特以二足而无毛也,以其有辨也。"②"辨"即"别","别"是礼的核心和本质。《礼记·冠义》说:"凡人之所以为人者,礼义也。"朱熹也认为,人之所以为人,在于具备仁、义、礼、智等道德。③把道德作为区分人与动物的标准,在理论上有重要意义,它从根本上论证了道德是人的本质。

人的本质既然是伦理道德,由此推演下去,要做一个人,首先必须把道德修养放在首位,人的价值要由道德的高低来决定,因此做人的第一要义就是"立德"。在人的活动中,德是"体",是"帅",是目的,其他都是为德服务的。正像司马光所说:"德者,才之帅也;才者,德之资也。"北宋刘彝对此也有过论述:"臣闻圣人之道,有体、有用、有文。君臣父子,仁义礼乐,历世不可变者,其体也;诗书史传子集,垂法后世者,其文也;举而措之天下,能润泽斯民,归于皇极者,其用也。"④在刘彝看来,全部社会文化只不过是道德的表现形式。

关于道德与经济的关系,在历史上表现为义利之争。在儒家的传统中,义是第一位的,利是次要的,因此贵义而贱利,甚至把利当作抨击的对象。孔子讲:"君子喻于义,小人喻于利。"⑤孟子讲:"亦曰仁义而已矣,何必曰利。"⑥董仲舒说,"正

---

① 《孟子·离娄下》。

② 《荀子·非相》。

③ 参见《孟子集注》。

④ 《宋元学案》卷一《安定学案》。

⑤ 《论语·里仁》。

⑥ 《孟子·梁惠王上》。

其谊不谋其利,明其道不计其功",把经济生活置于可有可无的地位。宋代理学家对义利之辨看得很重。程颢说:"天下之事,唯义利而已。"①朱熹认为义利是"处事之要"②。在义利关系上,理学家有一个基本倾向是重义而轻利,甚至排斥利。总之,在儒家看来,经济生活对人无关紧要,首要的是道德。

把道德视为人的生活最高层次,从表面上看,很难说它是一种低劣的理论,但问题也正在于此。人们的社会生活是多方面的,在各种活动中最具有决定意义的是生产和经济生活。儒家的道德至上论颠倒了社会生活的关系。由此引出的关于人的价值观念必然是错误的、片面的。把道德视为一切生活的统帅和本体,限制了人的全面发展,扼杀了人们充分施展才干的可能性。

其二,从道德具体规范上看,它把人变成畸形的人,使人不成其为人。

儒家所倡导的伦理道德,有着特定的历史内容,它的主旨是什么? 仁者见仁,智者见智,莫衷一是。不过在我看来,"三纲五常"可谓儒家道德的真谛。"三纲五常"所表示的是一个完整的关系网,每个人都不过是这个关系网中的一个小结,在这个关系网中,没有个人的独立价值和地位,每个人只是当作一个从属物而存在。

"三纲五常"理论导出的最为明显的后果之一,是把人作为工具。从表面看,儒家道德十分强调个人主体意识,强调个人修养和个人追求,如"我欲仁,斯仁至矣"③。然而这只是起点,真正的归结点是成就道德。在儒家道德中最富于温情脉脉的要属孝道。父母子女是人间至亲,提倡孝道最能打动人的心弦,也符合人情,然而正是孝道使人一生下来就失去了独立的意义。因为在儒家孝道中,儿女是作为父母的从属物而存在的。孔子对孝有过不少论述。归纳起来主要有如下三个层次的内容。最低层次是"养",比养更高一层次是"敬",在孝中最高层次是"无违"。孟懿子问孝,子曰:"无违。"所谓"无违",即"生,事之以礼;死,葬之以礼,祭之以礼"④。"父在,观其志;父没,观其行。三年无改于父之道,可谓孝矣。"⑤在孝中,养与敬有其合理的意义,但无违则纯属悖谬了,而后者恰恰又是后来儒家所极力提倡的。《中庸》说:"夫孝者,善继人之志,善述人之事者也。"又说:"事

①《二程集·河南程氏遗书》卷一一。

②《朱文公文集》卷七四《白鹿洞书院揭示》。

③《论语·述而》。

④《论语·为政》。

⑤《论语·学而》。

162

死如事生,事亡如事存,孝之至也。"《礼记》许多篇都讲到孝,孝的最本质的规定是"顺"。孝道的主旨是儿女对父母的服从,而这种服从以盲从为前提。由此可以看到,儒家正是在最富于人情的关系中,巧妙地取消了人的独立性。儿子只是父亲的工具,他本身不具有目的的意义,推而广之,这样的人无疑是君主专制的最好的群众基础。这正是专制君主大力倡导孝道的原因。

把人变成道德工具的基本办法是强调和倡导自我净化,时时处处把自我当作斗争对象。当客观与主观发生矛盾时,当社会与个人发生冲突时,当人与己发生不睦时,首先反思自己是不是符合礼义道德。礼义被视为超越一切的绝对,个人主体在礼面前,只有相对的意义,个人的一切言行都要以礼为准,孔子讲的"四勿"充分说明了这一点。为达到"四勿",时时要克己,克己而后能复礼。孔子一再教导人们,处处要"约之以礼"①,要自戒,要自讼,要"自省",要"自责",要"慎言""慎行",要"不争"。克己有其合理的一面,因为每个人都是社会中的一个成员,自己应该时时考虑自己应以什么方式存在于社会,但是孔子的克己走得太远了。他不是引导自身在适应社会中改造社会,而是处处克制自己安于现状、安于传统,通过自我斗争、自我克制从主观上消弭各种矛盾。

为了彻底克制自己,并使人彻底变为道德工具,儒家对欲望发动了猛烈的抨击。在儒家看来,人欲是破坏道德的罪魁祸首,无欲而后入道德。这种思想在孔子那里虽然还未形成系统理论,但已包含了这种思想的萌芽。他说:"君子谋道不谋食。"②颜回则是典型。"贤哉,回也。一箪食,一瓢饮,在陋巷,人不堪其忧,回也不改其乐。贤哉,回也。"③孟子的人性善说从根本上把道德与欲望视为对立的不可两存之物,要存心、尽性,就要向欲望斗争。只有"寡欲"才能道德化。荀子的人性恶论实际上宣布人生来的感官欲都是坏的,必须用礼义加以遏制和改造,人才会变成尧舜,才能道德化。《礼记》明确提出"天理"与"人欲"的对立。"天理"即礼,作者主张存天理、灭人欲。宋明理学把这一思想作了极致的发展。张载说:"徇物丧心,人化物而灭天理者乎!"④为此提出"灭人欲""立天理"。程颐也提出:"灭私欲,则天理明矣。"⑤还提出,人的本质即

---

① 《论语·颜渊》。

② 《论语·卫灵公》。

③ 《论语·雍也》。

④ 《正蒙·神化篇》。

⑤ 《二程集·河南程氏遗书》卷二四。

"天理"。"人只有个天理,却不能存得,更做甚人也?""人只要存一个天理。"①
正是从这一点出发才得出"饿死事极小,失节事极大"②。存天理,灭人欲,从某
种意义上看,是要充分发挥人的理性,做一个完全自觉的人。但是他们忽略一
个基本事实,人是有血有肉、有七情六欲的人,一句话,人是物质的。排除人的
物质性而要纯理性的人,这种人是不存在的,如果有,一定是个异化的人,畸
形的人!当我们把儒家所说的天理还原为历史时,那就不难发现,天理只不过
是封建秩序的抽象化。天理从最高意义上肯定了封建秩序。正如二程所说:
"父子君臣,天下之定理,无所逃于天地之间。"③"居今之时,不安今之法令,非
义也。"④教人安于封建秩序的道德,不管其中人文思想多么发展,在本质上它
只能是人的桎梏。

　　中国传统的人文思想,是历史留给我们的一份厚重遗产,其中有精华,但
有时也渗透着糟粕,作为特定的文化形态,两者几乎是很难分解的。因此,在
建设新文化过程中,我们不可能采取简单的拿来主义。其中的精华也不可能
原封不动地移植,必须经过再认识,再消化,而后才会变成有益的营养。目前
有一种议论,认为西方的现代技术加上儒家思想,就是东方起飞的道路。在我
看来,这是绝对不可能的。翻开历史,何曾有过超时代的文化?每个时代文化
的主体精神,都是由该时代塑造出来的。新时代的文化不管与传统文化有多
少联系和承继关系,它的基本精神都是新时代的产物,是由新时代的人创造
出来的。以儒家为代表的传统文化在现实生活中虽然还有广泛的影响,但这
不能证明它具有不变的永恒价值;西方文化中的衰落现象也不能证明儒家文
化就包含着更多的真、善、美。以近一百年为例,中国人的观念发生了何等重
大的变化?一百年以前,儒家思想还被奉为道体,而今情况何如?马克思主义
只是在"五四"前夕才传到中国,现在已成为指导思想的理论基础。这一点足
以证明传统的、民族文化的主体不是不可变的,恰恰相反,不仅可以变,而且
必须要变!

　　随着中国社会主义市场经济的发展,中国传统的文化观念定将发生根本性

---

①《二程集·河南程氏遗书》卷一八。

②《二程集·河南程氏遗书》卷二二。

③《二程集·河南程氏遗书》卷五。

④《二程集·河南程氏遗书》卷二上。

的变革。我们应该力促这种变革一定要沿着马克思主义方向，并吸收人类一切先进的文化，向前滚动。而不是寄希望于所谓传统儒家人文主义的复兴。马克思主义与儒家思想具有两种完全不同的文化基础，把中国新时期文化的发展寄希望于儒学的再兴，不过是老调重弹而已。近代史既然已经证明，儒家文化过去不曾救中国，它怎么可能在经历了没落之后又会胜任救世的角色？！

二、君主名号穹庐性的政治文化意义 *

中国古代君主制度源远流长，逐渐形成了一整套与之相适应的政治身份称谓系统。其中君主的称谓名目尤为繁多，字眼最为尊贵。这些称谓形象地反映了中国帝王权威的垄断性。

人际称谓，是把个体与社会联系在一起的文化符号。政治性人际称谓体系是角色、地位、规范、价值和利益的网络，是某种政治系统及其相应的文化系统的概括。作为一种政治文化载体，政治性人际称谓以最简洁的社会化方式向人们灌输关于社会构成的自我意识，使人们习惯、接受既成的社会政治规范，在错综复杂的人际互动中找到自己的角色和位置。称谓文化纵向地一代一代相传而经历漫长的岁月；横向地从一个人传向另一个人而遍布整个社会。它塑造和规范着人们的政治心理和政治行为，维系着既成的政治制度。君主称谓是我们分析、认识中国古代皇帝观念和臣民心态的重要材料。

早在先秦，"器与名"就得到人们异乎寻常的重视。孔子甚至把正名分视为最大的政治。绝大多数君主称谓产生于先秦。《尔雅》中就列举了八种："天、帝、皇、王、后、公、侯、君也。"经过长期的繁衍变化，君主称谓竟达数十成百之多。秦汉时期，随着皇帝制度的建立与完善，君主的称谓逐渐制度化，并进一步社会意识化。这些称谓在普通臣民的心目中，是理所当然的事实和规范；在思想家看来，是不言而喻的政治概念和立论前提；在经典及理论层次较高的论著中，通常也是稍加注释、阐明，很少进行逻辑推理式的证明。总之，这些称谓及其基本内涵，被古代的人们普遍视为无须详加论证的定理乃至公理。

名目繁多的君主称谓，大体可分为四类：宗法称谓、权势称谓、神化称谓和圣化称谓。这些称谓绝大多数产生于先秦，定型于秦、汉。从历史过程看，这

---

* 本节与张分田合作。

四类称谓递次产生。尽管最初的君主称谓中就同时包含着宗法、权势、神化和圣化四种因素，但相关的字眼正式加诸王冠，又有一个历史演化过程。

1.君父：全社会的宗法大家长

中国古代君主制度滥觞于宗法制度，宗法制度是君主制度的母体和原型。因此，在文献中，标明君权的宗法属性的称谓出现得最早。这类君主称谓主要有"后""君父""宗""宗主"等。

华夏族系"天下共主"的第一个正式尊称是"后"。据说，夏启夺取最高权位不久，即正式称"后"。在古代文献中，夏启又称"夏后启""夏后伯启""夏后帝启"，称夏王室为"夏后氏"。商周时期，"后"亦是君主称谓之一。《尚书》称天子为"元后"。卜辞有"后王射兕"之类的记载。许多古代君主被称为"后"，如后羿。当时的诸侯也被称为"群后"。秦汉以后，"后"仍是最高统治者的称谓之一，在文献中被广泛使用。但这时"后"主要用于称谓"母仪天下"的君主配偶，其实这才更接近"后"的本义。无论是称君王为后，还是称后妃为后，从文化内涵上看，都是为了标明帝王、后妃的宗法家长属性。

"后"成为至尊之称，有其文化渊源和现实依据。"后"即"毓"，在甲骨文中是妇女生育的象形，初义为生育。在远古，生育子女的母亲是人类最早的社会权威。先民对女性家长的依赖、崇敬和神化，使"后"成为最高社会权威的象征。在家转化为国的历史时刻，"后"之类渗透着生殖崇拜、祖先崇拜和家长崇拜的宗法性称谓，首先被加诸王冠之上，乃是宗法社会结构及其观念政治化的必然结果。

古代君主最初正是以宗族大家长的名分行使政治权力的。夏商周三代大大小小的君主皆以"君父"自居。在《春秋》《国语》中，"君父"也是使用频率最高的君主称谓。邦与家、政长与族长合一，亲属关系亦即政治关系，是当时社会政治结构的基本特征。由于祖宗的承继者和宗族大家长与王权有着先天的内在一致性，所以君主又被称为"宗""宗主"。在当时，宗法观念是被社会成员普遍接受的社会政治观念。宗法称谓不仅在实际政治中具有可操作性，而且在现实层次上直接肯定了王权的唯一性和绝对性。祖宗崇拜、血缘亲情、宗法道德及由此衍生的心理上的从属感，成为专制王权最初的操纵工具和臣民文化的起点。

宗法性政治称谓以宗法制度为范本和基干，复制政治制度，必然把宗族关系准则及宗法观念移植到政治关系准则及政治观念中来。宗法价值观的核心是父家长崇拜，依样画葫芦的君权观念，必然把君权至上奉为最重要的价值尺度。这就在观念上确立了几条基本政治原则。其一,君主绝对权威原则。宗法家长权威以个人专断和绝对服从为特征,并以等级特权保证这种权威的实现。宗主对族人、大宗对小宗、父家长对家庭其他成员的特权,转换为政治关系准则,就是君主独裁与专制。其二,君主领有一切原则。宗法家长是家庭一切财产的占有者和支配者,妻妾、子女、奴仆也是其私有财产不可分割的组成部分。这种法则转换为政治准则就是尺土、子民莫非王有,王权支配一切。商、周之王皆称其国为"我邦""我家""王家",所谓"普天之下,莫非王土;率土之滨,莫非王臣",邦是一家一姓之私财。其三,君权宗祧继承原则。依据宗法观念,父产子继乃是天经地义,转换为政治准则就是王位世袭。其四,臣民绝对义务原则。"有父子然后有君臣"①,君为民之父母,所以君与臣同父与子一样,是绝对隶属关系。于是,家庭伦理与政治伦理合一,忠与孝成为道德准则的一般概括。"事君以敬"与"事父以孝","君命不贰"与"违命不孝"相辅相成,是为社会所公认的行为准则。

"君父""子民"是传统政治认识的一个重要的固定观念模式。春秋战国以后,政治体制发生很大变化,但"君父"观念历久而不衰。汉以后,儒家思想长期居于统治地位。"君父""子民"观念成为政治理论的基础之一,并通过各种社会化方式使之成为普遍认同的社会政治意识。"君父"所内含的帝王观念,概言之,即"家天下"和"王道三纲"。

家天下,即"王者无外","王者以天下为家"。②在观念上,"国君一体""忠孝一体",帝王是百官臣民之父母,君位严格依照宗祧继承原则世袭。皇帝制度使"贵为天子,富有四海"③成为政治现实,"公天下"与"私天下"以皇帝为中介合二而一。"国家""官家""大家""县官""社稷"等帝王称谓,正是"国君一体""天下一家"政治观念的产物。司马贞《史记索隐》引《夏官》:"王畿内县即国都也。王者官天下,故曰县官也。"④蔡邕的《独断》说:"亲近侍从官称曰大家,百官小吏称曰天家。""天子无外,以天下为家,故称天家。"皇帝是全国土地的最高领有者,自然可以用"社稷"指代。依据私有观念,占有一切是支配

① 《易·系辞上》。

② 《公羊传·隐公元年》。

③ 《贾谊集·过秦下》。

④ 《史记·绛侯周勃世家》注引。

一切的依据,支配一切是占有一切的实现。皇帝制度及"天下一家"观念,使权利与权力高度统一,王权是名副其实的绝对权力。

"王道三纲",即"君为臣纲,父为子纲,夫为妻纲"①。董仲舒以儒家思想为核心,综合先秦各种尊君思想,明确将最基本的社会政治关系及相应的道德规范概括为"三纲",称之为"王道之三纲"②。《孝经》对忠孝一体、移孝作忠,以及孝作为政治概念的基本内涵,作了言简意赅、通俗易懂的阐明,遂成为最通行、最普及的经典。依据"三纲",为子为臣,惟忠惟孝,"夫臣之事君,犹子之事父,欲全臣子之恩,一统尊君"③。后儒对这一套思想作了进一步的阐释。一般说来,"三纲"之中君纲至大。人类社会由无数主从关系构成社会网络,君是网络之中的纲中之纲。他不仅作为全社会的大家长掌握着宗法权威,而且拥有父所不具备的政治权威。

基于宗法伦理的君父与臣子规范,亦即"君臣大义",是中国古代分量最重的一具精神枷锁。君主专制是宗法向政治延伸的必然结果。

2.王辟:法律和秩序的化身

君主毕竟是一种政治角色。凭借政治地位、权势和实力,对外征服,对内压制,推行强权政治,是王权的本质特征。因此,标识君主权势和地位的称谓种类甚多,主要有"王""上""主""辟"等。

"王",是"天下共主"的第二个正式尊称。三代的最高统治者皆尊称为"王"。在他们有了更神圣的尊称之后,"王"又用来称谓次一级君主,如战国诸侯皆称王。秦汉以后,王是贵族中的上品。

"王",在甲骨文中作<u>大</u>、<u>大</u>、丟等,关于其本义,诸说纷纭,迄今没有定论。但有一点毋庸置疑:王是握有至上权力的政治角色。在先秦文献中,王是强者和权势的代名词。诸如"能用天下之谓王"④,"臣诸侯者王"⑤,"夫王者,能攻人者也"⑥。孔子把礼乐征伐视为王的专利。成为最高统治者,叫作"王天下"。

"王"的初义可能是斧钺。在古代文献和考古材料中,玉钺、青铜钺是军事

①《白虎通义·三纲六纪》。

②《春秋繁露·基义》。

③《白虎通义·朝聘》。

④《荀子·正论》。

⑤《荀子·王制》。

⑥《韩非子·五蠹》。

统率权和刑赏大权的物质标识,类同权杖。钺的前身是斧,斧与父又有密切关系。甲骨文中之"父",写作手执斧的象形。由斧而钺,透露了由父权到君权,由军权到政权的历史衍化的过程。《尔雅·释亲》:"父之考为王父,母之考为王母。"从文化内涵上看,"王"标识着君主尊贵的等级地位和生杀予夺的权力。

帝王取天下、治天下,刑兵而已矣。霸权是早期王权的典型特征。在三皇五帝的传说中充斥着血腥的征伐和厮杀。在一定历史条件下,血缘集团的军事首领,把个人的利益和权威建立在支配和奴役他人之上,这就是"王"。在三代,"国之大事,在祀与戎",征战是最大的政治。春秋战国时代,群雄争霸,征讨诛伐,构成历史图卷的主体。正是在军事征战和权力角逐过程中,确立了专制主义中央集权政体,把王权推向极致。"成则为王"是政治争斗的铁则。在传统政治思维中,兵为武威,法即文德,兵刑乃"帝王之利器"。王权的再造,政治的变革,统治的实现,无不依恃强权。古代以兵车多寡计算兵力,所以诸侯称为"千乘",王称为"万乘"。万乘之君方能独霸称雄,实力是君权真正的支柱。

王权亦即强权。这种政治现实对于当时人们的君权观念有着深刻的影响。先秦诸子几乎众口一词地主张,王应当有绝对的政治权威。法家的理论尤为典型。君主唯我独尊、至高无上、主宰一切。"君""上""主""至尊""元首""辟"等权势称谓,正是这种君权观念的产物。

"君""君主""君上""君子"在先秦泛指各级君主。《说文》:"君,尊也,从尹以口,发号。"又释"君"为"读若威"。可见君、威音训相近,君即尊威者、号令者。《仪礼·丧服传》:"君谓有地者。"又"君,至尊也"。王、诸侯、卿大夫都是宗主、领主、政长三位一体的角色,是家臣和私属"不知二命"的顶头上司,故皆称为君。秉国政为君,主家政亦为君,君可泛称一切权力者。在政治上,君高踞于社会人群之上,占有土地,支配人口,所以董仲舒说:"君者元也,君者原也,君者权也,君者温也,君者群也。"[①]

君主处于社会政治等级的巅峰,故又称为"上""至尊""元首"。"上下,君臣也。"[②]上相对下而言,尊相对卑而言,"上""君上""皇上"等称谓皆取至高无上之义。在等级金字塔的顶端只能容下一个人,所以在尊卑有别的社会中,君为"至尊"。"天无二日,国无二主。"唯我独尊的君主自然是整个等级系统的主宰,

① 《春秋繁露·深察名号》。
② 《周礼·夏官·训方氏》郑玄注。

即"人君者,所以管分之枢要也"①。在这个意义上,君又是"元首""元良"。不过,与古罗马自称"第一公民"的元首有所不同,中国古代君主称谓从不具有"第一公民"的内涵。在传统政治思维中,君好比头脑和心脏,臣民好比肢体和九窍,君是中枢和主宰,臣是附庸和工具,君与臣是绝对的支配与被支配关系。君可以对天下一切人随意"生之、杀之、富之、贫之、贵之、贱之"②,故又称"主""主上""人主""民主"。所谓"民主",即"民之主",与近代民主观念在逻辑上完全相悖。"君要臣死,臣不敢不死",君是主人,臣是奴仆,臣民只有绝对服从的义务。

主宰一切的人必然被视为秩序的化身。古代的政令法律是转化为国家意志的君主意志,君主言出法随,赏戮由心,因此君主又称为"辟""辟君""辟王""王辟"。辟,本义法律、法度。在君主专制政体下,君是法的主人,法是君的专利,所谓"法者,王之本也"③。法又称为王法,故辟可引申为君。"惟辟作福,惟辟作威。"④君主失位而复得,就可以重新作威作福,故称之为"复辟"。

天下之大,四海之众,唯有帝王至高无上。为了把自己同整个社会人群区别开来,君主多自称"余一人""予一人"。卜辞、金文及《尚书》都有此类记载。《礼记·玉藻》也说:"凡自称,天子曰'予一人'。"这类称谓所反映的帝王观念是:我是人上人,拥有最高权力,是全社会利益的代表。依据这种逻辑,君主对治乱兴亡负有全部责任,所谓"邦之不臧,惟予一人有佚罚"⑤。不同任何人分享权力、分担政治责任,这就从帝王自我意识的角度,把君主定义为唯一的、排他的、至高无上的权力主体。这种人是名副其实的"孤家寡人"。

上述各种权势称谓,在观念上确立了君主政治的几个基本原则,即社会等级上的独尊原则,权力配置上的独头原则,政治资源上的独占原则和权力运作上的独断原则,这就从政治上肯定了帝王至高无上的权威。秦汉以后,这些原则又进一步概括为"乾纲独断"。

乾纲独断,即"天下之事无小大皆决于上"。皇帝制度,集地方之权于中央,集中央之权于皇帝,宰相以下皆为臣仆,庶民更无政治权利可言。虽有法制之设,但皇帝的意志就是法律;虽有言官之设,但兼听是为了独断;虽有监察制度,

①《荀子·富国》。

②《管子·任法》。

③《韩非子·心度》。

④《尚书·洪范》。

⑤《尚书·盘庚》。

但目的是制驭群臣。皇帝是最高权力主体,没有任何制衡王权的机构设置。秦始皇日理万机,"丞相诸大臣皆受成事,倚办于上"①。王莽以外戚篡位,深知机权之重,"务自揽众事,有司受成苟免"②。有时皇帝并不亲政,王权由"垂帘监国"或"口含天宪"的角色代行,这是乾纲独断的又一种表现形式,乾纲独断是帝王权威的命根子,是君之为君的根本所在。

3.天子:君的神格和君命的神圣化

神化称谓的特点是通过君主的神格化,使君权崇拜变成一种信仰。如果说宗法称谓和权势称谓,从现实社会政治的视角,把君主说成是人上人,君权不受其他一切人的制约,那么神化称谓进一步把这种观念升华:君主根本不受人类的支配和制约,君的权威来自神命。

神化称谓至迟出现于殷商,到西周以后,一切君主皆被赋予神格。王冠之上加以"帝""天""天子"之类的称谓表明,在观念上,王与神相差无几,抑或王即是神。

"帝""天"最初都是至上神的称谓。殷人信奉帝或上帝,周人信奉天帝。在周初金文中,天、帝、昊天、皇天、上帝、昊天上帝、皇上帝、皇天王,都被用于称谓至上神。在中国古代,"皇天上帝"一直作为万能的主宰而受到人们的尊奉。其实,把君主与天帝等量齐观的政治意识并非突兀而来,它有一个漫长的历史演变过程。

神道设教,祭政合一,是古代王权与生俱来的一块胎记。传说中的君主大多具有神格。如《史记·夏本纪》称:禹"为山川神主"。在三代,神权是王权的构成之一。在观念上,神佑王权被普遍接受;在现实中,依权立神,以权祀神,是通行的政治模式。商代最为典型。商代政治的基本特征是:家国合一,帝祖交混,政教一元,宗教化的宗法制度支配着整个社会的生活方式。商王既是唯一拥有最终裁决权的宗教领袖,又是掌握最高权力的政治首脑,神权与王权合一。这就是神化称谓的文化渊源和社会根源。

君主制度唯一永恒的原则是:君权至上。这条原则同一定的历史条件结合,注定了神权在中国的命运。神权与王权既有和谐的一面,又有冲突的隐患。一方面神权覆灭,王权遭殃,另一方面神权不抑,王权不兴。神与王之间最理想

---

① 《史记·秦始皇本纪》。
② 《汉书·王莽传》。

的状态是王神合一,至少要使王对神的尊奉流于形式。神化称谓正是天人观念、神王观念重新调整的产物。

"天子",是"天下共主"第三个正式尊称。商代后期,帝祖合一,庙号称帝。卜辞及文献中,称先王为帝、王帝、上帝,王与帝同格化。神化祖宗是为了神化自己。到西周成王以后,王干脆自命"天子""天君""天之元子",所谓"天子惟君万邦,百官承式"①,这就在王冠之上加上了神的光环。还有一种说法更为直截了当:"君,天也。"②君与天同体,帝与王合一。

"天子"称谓是传统政治思维论证君主权威的主要依据之一。孔子、孟子、墨子及阴阳家,对天子至尊、君权天授都有论述。汉儒对天子观念的阐述最为详尽。

天子称谓的基本内涵是:君为天之子,受命于天,代天施治。具体地说有三层含义及政治效应。其一,君权神授。"天者,百神之君也。"③"王者天之所予也。"④天是拥有绝对权威的神,君是天选定的"民主"。天命求之不得,推之不去,君的去留取决于某种超人的权威。据说王者参通天地人,"天祚之,为神明主"⑤,"天子至尊也,神精与天地通,血气含五帝精"⑥君通神或君即神。其二,天子以天为宗。天是人的曾祖父,天和天子是父子关系。"天子号天之子也","天子父母事天,而子孙畜万民"⑦。这就在观念上使社会乃至宇宙的宗法秩序获得更为完整的形态,进一步强化了君主的宗法地位。其三,君命即天命。君主代天行事,"人主立于生杀之位,与天共持变化之势"⑧。"唯天子受命于天,天下受命于天子,一国则受命于君。君命顺,则民有顺命;君命逆,则民有逆命。故曰一人有庆,万民赖之,此之谓也。"⑨天子秉天命主宰人世,君的权威等同于天的权威。总之,天子称谓将宗教意识、宗法意识与政治意识交织在一起,全面地论证

---

① 《尚书·说命上》。
② 《左传》宣公四年。
③ 《春秋繁露·郊义》。
④ 《春秋繁露·尧舜不擅移汤武不专杀》。
⑤ 《法言·重黎》。
⑥ 《春秋纬·保乾图》。
⑦ 《春秋繁露·郊祭》。
⑧ 《春秋繁露·王道通三》。
⑨ 《春秋繁露·为人者天》。

了最高权力的一元性、神圣性和绝对性。天子观念是传统政治文化又一历久而不衰的重要范式。西周以后,历代最高统治者皆称天子,且独占祭祀皇天上帝的权利,把冥冥中主宰万物的神权牢牢抓在自己手中。

神化君主的称谓还有很多,如君主的别称"六飞""六龙",代称"衮职",俗称"真龙天子"。这些称谓大多反映了世俗对君权的认知、情感和信仰。"真龙天子"径直把帝王视为神体。天子服饰为绣有金龙的衮衣,故从西周起帝王就有一个代称叫"衮职"。传统文化认为,龙与君都是纯阳之物,君与龙一样具有神威。"九"为阳数之最且为龙的象形,"五"是天位且居中处吉。因此,帝王皆神龙之体,王位称"九五之尊",称王称霸叫"龙飞九五",即《易·乾卦》所谓的"九五,飞龙在天,利见大人",就连帝王的衣食住行都与龙息息相关。作为一种政治文化,龙是帝王神秘莫测,无所不能,至尊至贵的个人权威的象征。

君即神的政治观念,既把帝王权威神秘化,又把神秘主义现实化。神化称谓在观念上奉帝王为神明,这就把君主与整个社会群体进一步分隔开来,使君与君权成为人们顶礼膜拜的对象。在中国古代,君权崇拜首先是来自一种神秘主义的信仰,即君是神圣之体。

4.圣人:与道同体的文化权威

圣化称谓,至迟在西周、春秋已露端倪,但直到秦汉才正式加诸王冠之上。严格地说,圣化称谓只有一个,即"圣"或"圣人",与其他称谓相搭配,又衍化出"圣王""圣皇""圣君""圣主""圣上"之类。

作为一种文化现象,圣化君主可以追溯到久远的年代。传说中的君主大多被纳入文化英雄的范式,圣化是这种思维方式在一定历史条件下的升华。圣化的主要特点是把君主说成集理性、才智、品德、功业于一身。如果说宗法称谓来自于对传统社会习俗的继承和改造,权势称谓着重于肯定和摹写政治现实,神化称谓借重于神秘主义的信仰,那么圣化称谓主要是理性思维、逻辑论证的结果。古代思想家对圣化论做过深入的理论探讨。

圣,本义是睿智聪明,才能逸群。《说文》:"圣,通也。"圣之人,察万物则无所不通,兴事功则无所不能,所谓"于事无不通谓之圣"[1]。《白虎通义·圣人》说:"圣人者何?圣者,通也、道也、声也;道无所不通,明无所不照,闻声知情,与天地合德,日月合明,四时合序,鬼神合吉凶。"圣人与天同性,与道同体,把这种人格

---

[1]《尚书·洪范》孔氏传。

归之于君主,就产生了圣化称谓。

"圣人"所涵盖的君权观念最丰富、最富思辨色彩,与其他称谓直接源于对君主的肯定、颂扬和崇拜有所不同。圣王观念发轫于统治阶级的自我认识和自我批判,有一个从以先王为圣,到圣应为王,再到圣化一切君主的演化过程。这种批判与造圣相辅相成的思想认识运动,主要是由思想家们推动并完成的。

在专制制度下,君主是治乱兴亡的决定性因素。自中国古代政治思想发轫之时起,君就是政治思维的焦点。周公等人在探讨君主政治理想模式时,抨击桀与纣,颂扬禹、汤、文、武。理想化的先王,为造圣运动提供了范例、论据和基本思路。人们在论证"王道皇极"中,将先王与圣人相提并论,先王即圣人。《尚书》中不乏这方面的例证。春秋战国时期,政治意识从神到人的转型及百家争鸣,建构了以圣化为中心的政治思维的普遍范式。圣化,作为一种政治文化绵延至近代。

先秦诸子皆言圣,并将圣与王相提并论。法家认为圣即王,王即圣,理所当然,所谓"神圣者王,仁智者君,武勇者长,此天之道,人之情也"①。老子说:"圣人抱一为天下式。"②庄子以为"静而圣,动而王",内圣则外王。③在儒、墨两家的盛世理想中,圣是王的最高境界,圣人一出,万乱皆休。先秦诸子对圣及圣王关系的认识千差万别,但争鸣与交融铸就了共同的政治文化成果。传统政治思维提出了这样一种高度理想化的政治模式:圣与道同体,王与圣合一,成就帝王之业有赖于功德。

圣王观念的实质是通过把王权、认识、道德和行为准则合而为一,使君主制度及君权绝对化。君道同体是圣化所共有的思维方式。道,概言之,即宇宙的本原和法则,及各种理想化的社会政治规范。"圣人者,道之极也。"④圣王操持着道,掌握着自然和社会的各种必然性。秦人称秦始皇"圣智仁义,显白道理","大圣作治,建定法度,显箸纲纪。"⑤陆贾说:"天生万物,以地养之,圣人成之。功德参合,而道术生焉。"⑥这种人"统物通变","故杖圣者帝"。⑦贾谊说:"夫帝王

---

① 《管子·君臣下》。

② 《老子·第二十二章》。

③ 《庄子·天道》。

④ 《荀子·礼论》。

⑤ 《史记·秦始皇本纪》。

⑥ 《新语·道基》。

⑦ 《新语·辅政》。

者,莫不相时而立仪,度务而制事,以驯其时也。"①传统政治思维往往以天生民庶,作君作师来论说君主制度的起源和必然。圣化称谓,使圣与王一体,君与道统一,从圣人立制和圣人作师的角度把君主专制说成是逻辑的必然。圣化的实质是憧憬和信仰某种绝对化的个人权威。对圣的认同,其最终归宿是皈依专制王权。

圣化的极致是神化。圣人"穷神知化",实际上是超人。圣化思维方式把现实主义和神秘主义纠结在一体。当神化称谓和圣化称谓加在一起之时,神、圣、王一体的君主就实现了对各种必然性的垄断。在实践中完成圣化与神化结合的是秦始皇,在理论上完成两者结合的是董仲舒。

圣、神与王的合一,是政治权力大一统的产物。自从秦始皇正式把圣的花环戴在自己头上后,帝王无论愚贤,一律称圣或圣人,有的还以"神圣"或"圣神"为号。汉儒把王权神圣论上升为理论。董仲舒以参通天地人释"王",称天子承天意以教化万民,"天令之谓命,命非圣人不行"②。《纬书》和《白虎通义》进一步发挥了这种思想,如《稽命征》的主旨就是考察天命,只有神、圣才能征应,受命为王。在《白虎通义》中圣、神、王是同义词。

圣化称谓从政治理性的角度,论证了君权的必然性和绝对性,将帝王置于自然秩序、社会秩序主宰者的地位。但是,横扫六合、一统天下的秦王嬴政意犹未尽,于是又自创"皇帝"称谓,把君的尊严推向极致。

5.皇帝:天地君亲师的集合体

中国古代政治文化是以这样一种方式来诠释君主的地位与权势的:大凡具有至尊、至上、至大、至神、至圣的字眼或事物,都可以用于称谓、指代或譬喻帝王。

上帝(天、帝)是至上神的称谓,许多人却用于指代最高统治者。《诗经·大雅·荡》有"荡荡上帝"。毛亨传:"上帝以托君王也。"对于《尚书》《诗经》中的一些天、帝、皇帝的意义,历代学者的解释有分歧。一般说来,这些字眼本意为天帝,而许多人却理解为称谓或指代帝王。这表明,在观念上至上神与帝王的称谓是可以混淆的。

祖、宗、庙是一类可训读为"尊"的字眼,而秦汉以后,帝王皆可称为某祖、某宗或某庙。《元城语录》卷上有"神庙即位,富于春秋",《桯史·王荆公》有"王

①《新书·立后义》。
②《汉书·董仲舒传》。

荆公相熙宁,神祖虚心以听",这里的"神庙""神祖"指宋神宗。

大、太、上、天、元等是一批以"上""大""本""始"为基本意义的字眼,它们全可以加诸帝王的桂冠之上。《慎子·民杂》说:"大君者,太上也……多下之谓太上。"大君、太上都是与普通君、上相区别的最高统治者的称谓,意为"君之君""上之上"。《尔雅》《广雅》则把上述字眼统统与君长联系起来。

帝、天、道、极、中、宗极、元气等是古代哲学中一批最高范畴或核心范畴,这些字眼皆可称谓或指代君主、君位。以"皇极""太极""宗极"等喻君或指代君位的用例不胜枚举。在帝王的尊号中,圣、神、天、道、中、和、太、上等具有崇高意义的字眼被频繁使用。

在传统的阴阳观中,阳是阴阳结构中的尊者。龙是纯阳之物,"鳞虫之首",太阳也是纯阳之物、阳中之极,九和五也都是极为神圣的数字,北极(又称太一)则象征天宇的中心或主宰。这些事物都可以用来譬喻君主,指代君位,象征皇权。

上述文化现象必然导致把各种相关的文化意义凝集到"皇帝"称谓之中,并通过皇帝一词告诉人们:帝王享有一切权力。

"皇帝",是秦汉以来最高统治者的正号。皇帝称谓最为显赫尊贵,一般在正式庄严的场合使用。皇帝称谓产生以后,除王、公、侯之类改为贵族称谓外,其他君主称谓,包括"王天下"之"王",都互为同义词。如《白虎通义·号》说:"或称天子,或称帝王何?以为接上称天子者,明以爵事天也。接下称帝王者,明位号天下,至尊之称,以号令臣下也。""臣下谓之一人何?亦所以尊王者也。以天下之大,四海之内,所共尊者一人耳。"这样,皇帝称谓集合了各种君权观念,成为各种权威的集合体,充分体现了君主权威的垄断性。其他君主称谓也都成了皇帝的同义词。中国古代将神圣不可侵犯的社会政治权威归纳为"天地君亲师"。君父是全社会的宗法家长,天子是天地神祇的代表,王辟是国家政权的元首,圣人是克哲克明的师长。皇帝集天地君亲师的权威于一身,其至上性、独占性、神圣性、绝对性,即使是神明也会自愧不如。

如果说皇帝称谓是君权至上观念的极致,那么皇帝制度就是君权至上观念的全面实现。皇帝称谓包含着制度、法律、道德、文化。皇帝名分本身,就是一种重要的政治资源,谁占有了它,谁就"贵不可言",拥有行使最高权力的合法性。无论是谁,包括皇帝的长辈,在皇帝面前必须俯首称臣,顶礼膜拜,于是君主又有了一个代称叫"万岁",即"吾皇万岁,万万岁"。

为了进一步维护帝王的权威和尊严,历代王朝在定名号、正名号、更名号上大做文章。所谓定名号，即规范君主的名与器，在观念上和制度上确保君权的尊严。秦采六国之礼，"其尊君抑臣，朝廷济济，依古以来"①。汉承秦制，规定："汉天子正号曰皇帝，自称曰朕，臣民称之曰陛下，其言曰制诏，史官记事曰上。车马衣服器械百物曰乘舆，所在曰行在，所居曰禁中，后曰省中，印曰玺。所至曰幸，所进曰御。其命令一曰策书，二曰制书，三曰诏书，四曰戒书。"②皇帝神圣不可侵犯，为了避免臣民冒犯皇威，触忌犯讳，又为君主创造了一大批代称，如"陛下""乘舆""车驾""驾""圣驾""行在"等。《独断》说："谓之陛下者，群臣与天子言，不敢指斥③，故呼在陛下者而告之，因卑达尊之意也。"就连帝王的死都有一大批讳辞，如大行、厌代、殂落、晏驾、山陵崩之类。这就是通过一系列名与器、礼与法的规定，维护皇帝的至尊地位。这一套典章制度大体为历代皇帝所沿用。

与君主称谓相对应，臣民的称谓极为卑贱。民又称为"黔首""氓""藿食者"。历代儒经传注皆以"冥"释"民"，视之为群氓。官僚、官宦尽管权势炙手可热，在帝王面前也只能称"臣"或"奴才"。其实，臣、宦、僚等最初都是奴隶或奴仆的称谓。宰相、仆射、尚书、侍中等最初也都是卑微者的称谓。

"名者，所以别物也。亲者重，疏者轻，尊者文，卑者质。"④"尊者取尊号，卑者取卑号。"臣民称谓的卑下，更加反衬出帝王权威的垄断性。尊卑之别所铸就的臣民文化和皇帝观念是一个事物的两面。

称谓文化具有二律背反的效应。受天命就要从天命，为圣人就须守道德，做父母就应爱子女，是人师就要为师表。法天、体道、守德、仁爱等帝王的行为规范成为中国皇帝观念的有机构成之一。这些观念的宗旨不是否定帝王权威的垄断性，它们是帝王权威垄断性的引申，又以维护这种垄断性为目的。它们是为皇权所注入的自我调节因素，因而恰恰是稳固皇帝宝座的必要条件。

文化是人类社会特有的现象，是结构和组织人类社会的一种重要的方式或因素。"文化"，既是精神的又是物质的。就文化是人类的创造物而言，它是一种观念形态。人类总是自觉或不自觉地实践着自己的文化观念。一种文化一

---

① 《史记·礼书》。

② 《独断》。

③ 旧有"天子"二字。据《史记集解》《后汉书·光武帝纪下》注引皆无。

④ 《春秋繁露·天道施》。

旦获得社会群体的广泛认同,便成为具有普遍意义的社会生活方式和意识行为规范,进而物化为各种制度、规章及其他物质标识。这些制度和规范构成了一种社会存在,我们可以称之为"文化环境"。人类的主观意识创造了文化,客观的文化环境又反过来规范、制导着社会,决定或影响着人类的精神生活和物质生活。在通常情况下,人们总是把养育自己的文化环境视为理所当然的、毋庸置疑的。这既启发了人们对特定文化价值的自觉,诸如赞美、论证、弘扬和追求等,又导致人们对这种文化价值的盲从,乃至在浑然不知之中恪守着一定的意识行为规范。

"皇帝"称谓是在文化制度化、制度文化化的互动中,各种社会权威政治化的综合成果,是中国古代社会人格化政治权威的极端形态。它把春秋战国以来逐渐形成的一种社会政治现实升华为具有普遍意义的、相对稳定的社会政治生活方式。皇帝称谓结构和组织着秦汉以来中国古代社会的生活方式,对帝王和臣民的精神世界有深刻的影响。

皇帝观念的影响是全方位、多层次的。它在精神领域的影响主要表现在以下几个方面。

其一,皇帝观念决定了帝王心态。影响个体心态的因素是多方面的,而在千人千面的帝王心态中皇帝观念起着主导乃至决定性的作用,并反映着共性和本质。例如,无论是秦二世赋敛天下,穷奢极欲,还是汉文帝励精图治,恭行节俭,驱动皇帝政治行为的精神力量只有一个,即天下是我的家产。帝王的任佞与礼贤、愎谏与纳谏、上尊号与罪己诏等,最终也可以在同一种文化观念中找到依据。诸如"以吏为师""罢黜百家"、大兴文字狱等具有普遍性的帝王行为,都与皇帝观念有直接的因果关系。

其二,皇帝观念是臣民文化的主要来源和构成之一。皇帝名号可以决定人心向背,可以使英雄、铮汉拜倒在孺子、白痴面前,就连奸雄也常常不得不"挟天子以令诸侯"。臣民的忠孝道德、工具意识、恋君情结乃至出仕与隐逸情结,其根本原因无不来自帝王崇拜。

其三,"君为政本"成为中国古代政治学说的基础。在中国古代政治思想史上,无君论者寥若晨星,绝大多数学术流派和思想家都是君主制度的拥戴者。诸子百家从君主制度起源、君主政治体制、运作规范及政治哲学等多方面、多层次论证一元化政体的合理性、神圣性,使帝王权威上升为哲理,形成系统的理论。关于君权的界说大多是围绕一个特定的称谓展开的。人们对帝王权威及君权构成的认识存在差异,而差异仅仅表现为有所选择、有所侧重或论证方式有所不同。儒、法、道、墨等不同流派之间的政见之争有时形同水火，但争论的焦点只是帝王如何恰当地行使权威。这种争论的结果是充分肯定了帝王权威的垄断性，并为实现这种垄断性提供了理论指导。不仅如此，这些理论和学说又共同铸就了一种全民性的政治信仰："一心兴邦，一心丧邦。"自从孔子提出"一言丧邦""一言兴邦"，庄子提出"一心定而王天下"，人们一直沿着这个思维定式思考政治问题。宋明以后，经历代大儒、理学诸子阐发，"一心兴邦"论深入人心。就连黄宗羲、顾炎武、王夫之、唐甄等激烈抨击专制君主的思想家也都是"一心兴邦"论者，因而跳不出传统政治思维的圈子。其实，在无君论的思维逻辑中，圣贤依然是实现理想政治过程中起决定因素的人物。人们总是企盼一位全知全能、尽善尽美的圣人来扫除不平，拯救社会，其政治归宿只能是拜倒在一位现实中或理想中的帝王面前。

其四，皇帝观念对中国古代的宇宙观、认识论和方法论有极其深刻的影响。在中国古代，政治学与哲学密不可分，几乎找不到言哲学而不言政治的理论著作，找不到把哲学与政论分割开来的思想家，所有重大哲学命题或是由政治思维抽象而来，或是政治理论的注脚。"天王合一"与"天人合一"之间的相互关联是一个典型例证。求"一"成为一种普遍的思维方式。人们总要寻求一个至高无上的"一"，诸如帝、天、道、太一、太极、自然、天理、太虚、元气之类。这个"一"是本体，是总法则，是终极原因，是宇宙万物的主宰。每个具体的系统中也要找这样一个"一"，诸如中医药学中的君臣佐使。这些"一"有的制约帝王，有的受帝王制约，有的与政治无关，但它们都是各自系统中的绝对权威。段玉裁为《说文解字》中的"天"字做注，说："然则天亦可为凡颠之称，臣于君、子于父、妻于夫、民于食，皆曰天是也。"形形色色的"天"属于同一类支配模式。这种关于"一"的思维方式与帝王权威之间的逻辑关系难道不是显而易见的吗！

综上所述，皇帝称谓囊括了中国古代一切社会权威的象征意义和现实意义，凝集着人们的政治信仰和政治价值。在一定意义上可以说，"皇帝"一词集合了传统政治文化的各种要素，并像穹庐一样，笼罩在整个传统思想文化之上，构成泰山压顶之势。

三、臣民卑贱论

与君尊观念相对的是臣卑观念。这里所说的臣，指帝王以下所有的臣民。作为贵族、官僚之"臣"相对于"民"而言无疑属尊者、贵者,但在帝王面前,他们又是卑者。在中国传统思想文化中,尊卑作为社会关系,只有帝王是独尊的,其他人均属卑贱者,因此臣卑问题就成为一个关乎全局的问题。臣卑既是一种社会体系,又是一种思想文化和社会观念。这里只谈后者。臣卑观念在传统思想文化中具有定位意义,只要承认君尊臣卑,就没有所谓的"人人平等",也没有所谓的"独立人格"。

臣卑的理论与观念十分繁杂,这里仅叙述如下三个问题。

1.臣民卑贱的定位与工具论

重视政治关系的分析、定位是中国古代政治思想的一大特色。在文化上或理论上,人们总是从帝王与臣民相互关系的角度探究制度原理、统治方略及具体的政策。这样一来,界定臣民就是界定帝王,界定帝王就是界定臣民。在各式各样的机构与秩序中,帝王都处于尊崇和主导地位,与此同时,臣民则处于卑下和从属地位。据说这是天秩,是命定,是自然之理,且最合乎人情。这类理论与观念对帝王与臣民两方面的政治意识都有深刻的影响。

如果说臣民卑贱论主要是结构定位,那么臣民工具论则主要是功能定位。两种定位相辅相成,浑然一体。结构上的卑贱地位注定了功能上的工具属性,功能上的工具属性又表明了在结构中的卑微低下。古代政治文化以多种形式为帝王与臣民定位,每一种定位方式都兼包结构定位与功能定位。其共同取向是:无臣民则帝王无其尊,无帝王则臣民无所归。臣民在政治生活中虽举足轻重,然而君尊臣卑,君主臣从,定位而不移。归根结底,臣民是帝王治国安邦的对象与工具。

(1)政治称谓与等级名分定位:臣民永远是卑贱者

政治性人际称谓是一种重要的政治文化符号。它集中体现着一个社会政治体系对各种政治角色制度化、道德化、文化化的规定,反映着一种约定俗成的角色定位观念。

重名分是中国古代政治文化的一大特点。自孔子提出为政必先正名之后,人们对此谆谆不已。古代人普遍认同这样一个道理:名为政治之本,名位不同,礼教亦异,是非曲直皆定于名分。以名别物的基本原则是:"尊者取尊号,卑者取卑号。"①"亲者重,疏者轻,尊者文,卑者质。"②这虽是董仲舒说的,但自三代

---

① 《春秋繁露·顺命》。
② 《春秋繁露·天道施》。

以来即是如此。正是依据这一原则,逐渐形成了一套与君主专制制度相适应的政治称谓体系。各种政治称谓极具形象性、概括性,尊卑贵贱一目了然。

在这一套政治称谓体系中,帝王的称谓名目繁多且华贵,这在前面已讲过,臣民的称谓则相反。《说文解字》说:"臣……象屈服之形。"这个字的本义是奴隶,形如仆妾侧目而立,在文献中多被用来称役人、奴仆及征伐所获俘虏。被征服、被支配、被奴役是这一称谓最基本的文化意义。官僚贵族也称"臣",表明这批人终归是帝王的隶僚奴仆。相对于君(帝王)、臣(官僚),民更为卑贱。《春秋繁露·深察名号》说:"民之号,取之瞑也。"《说文解字》亦称:"民,萌也。"在文献中可以经常看到"民者,冥也""下民难与图始"等说法。民之称谓本身就含有冥顽、愚昧、无知,又被称为小人、野人、愚氓、庶人、黔首、藿食者、蔬食者等。臣、民的称谓生动形象地向人们昭示了臣民的卑贱地位。

最能体现臣民卑贱观念的莫过于以奴仆的称谓做高官显贵的头衔。官僚们出则舆马,入则高堂,一呼百诺,权势炙手。然而"官僚""官宦"称谓本身却赫然标识着这种政治角色的双重地位。"官",本义为官衙,引申为官吏,是权力者、管理者的称谓。故《礼记正义·王制疏》称:"其诸侯以下,及三公至士,总而言之,皆谓之官。官者,管也。""僚""宦"的本义则是奴仆。甲骨文中的"宦"字是房屋下的臣隶的象形。宦即家奴。《左传》将人分为十等,其中,"隶臣僚,僚臣仆",僚是等级极卑、操劳杂务的奴仆。"官僚""官宦"称谓本身表明,这批人是主与仆、贵与贱的统一体。相对于民,他们是上,是主,是父母;相对于君,他们是下,是奴,是臣子。这是一批宦而为官,官而为宦者。

辅佐君王,宰制天下的宰执者们,位高、势尊、权重,号称"一人之下,万人之上"。这批高官最初被称为宰、太宰、冢宰等,原本都是家奴总管的称谓。汉魏以后,先后又有了尚书、侍中、中书、仆射、枢密之称,而寻根溯源,它们当初也都是卑微低贱者的称谓,有的本是宫廷家奴的职衔。宰执者们头顶华冠却匍匐在帝王的脚下,口称"待罪宰相",甘为臣妾奴仆。

(2)权力分配与政治定位:臣民是被统治者

关于君、臣、民相互权力关系的理论与观念在政治结构上确立了君尊臣卑、君主臣从。《尚书》《诗经》《左传》《国语》中的大量材料表明这种观念早已形成。《国语·周语上》说:"古者先王既有天下……诸侯春秋受职于王以临其民,大夫、士日恪位著以儆其官,庶人、工、商各守其业以共其上。"孔子则以"礼乐征伐自天子出"，"政不在大夫"，"庶民不议"作为"天下有道"①的标志。战国以降，君、臣、民三大政治分层正式形成，人们普遍认同这样一种权力分配法则：帝王掌握最高权力，官僚辅佐帝王行使权力，庶民顺从帝王与官僚的支配。法家把法作为最重要的权力要素，故称："有生法，有守法，有法于法。夫生法者，君也；守法者，臣也；法于法者，民也。君臣上下贵贱皆从法，此谓为大治。"②儒家重等级，把君为主、臣为辅、民为从视为维系政治结构的基本原则。韩愈有一段名言堪称这一思想的典型代表："君者，出令者也；臣者，行君之令而致之民者也；民者，出粟米丝麻，作器皿，通财货，以事其上者也。"违背这一原则，则君不君、臣不臣、民不民，属"灭其天常"③。君为政治主宰，臣为执行君命的工具，民为奉王法、输赋税者，这一政治定位是百家共识。

应当指出的是，诸子百家的政治理论都对臣与民在政治上的作用给予高度重视。君臣一体、民为国本，这几乎是全社会的共识。就连中国历史上最负盛名的社会批判思想家黄宗羲都没能摆脱帝王为主思想的束缚，他对专制君主的批判都是在"原夫作君之意，所以治天下也"④这一前提下进行的。一方面大讲臣民为本，另一方面又大讲帝王为主，这就形成一种组合命题："帝王为主"是主命题，"臣民为本"是副命题，二者互证互补，前者制导着后者，后者为前者服务。在帝王为主的前提下，无论怎样渲染臣民为本，也改变不了臣民的卑贱地位和工具属性。无论在观念上还是在实践中，这种思维方式的基本价值取向和主要功能是强化了君尊臣卑、君主臣从。

(3)宗法关系与伦理定位：臣民是长不大的孩子

自三代以来，中国就是一个重宗法、重伦理的国度。从周公作礼、孔子讲学，到汉武尊儒、程朱崇理，伦理政治化和政治伦理化，一直是主流文化的一大特色。与此相应，宗法与伦理成为政治定位与社会规范的重要依据。

《尚书·洪范》有统治者"作民父母"之说。这是一个历久不衰的君权命题和君臣关系命题，它也是古代文献中最常见的社会政治角色定位理论，将帝王定位为"君父"，将臣民定位为"臣子""子民"。这就是说，天下一家，家国一体，在

---

① 《论语·季氏》。
② 《管子·任法》。
③ 《韩昌黎文集·原道》。
④ 《明夷待访录·置相》。

这囊括众生的大家庭中,帝王是"天下之父母"。为帝王者无论长幼永远是父母,为臣民者无论老少永远是孩子,定位不移。帝王与臣民是父子关系,是监护人与被监护人的关系。这种定位方式强化了君尊臣卑、君主臣从。

以宗法关系定位君臣,也必然把宗法关系移植到政治关系中来。其中尽管包含着对帝王的规范和要求,却又从宗法与伦理道德的角度确立了君父对子民的主宰地位。宗法家长权威,特别是父家长权威以个人专断和绝对支配为特征,家无二主转换为政治关系准则就是君父独裁与专制。父家长又是家庭一切财产的占有者和支配者,子女也是其私有财产不可分割的组成部分。这种法则转换为政治原则,就是王者"以天下为家",天下尺土、子民莫非王有。在这种宗法化的政治体制和观念中,为子为臣的臣民只能充当君父的被支配者。

宗法定位又使臣民成为君父养育、监护、教化的对象,所谓"抚育黎元,陶均庶类"①是也。君主是天下人的衣食父母,"主者,人之所仰而生也"。"为人臣者仰生于上者也。"②既然臣子的"身体发肤,尽归于圣青;衣服饮食,悉自于皇恩"③,那么臣民理应服从帝王,服从其教化。人们普遍认为,帝王布德惠之教犹如父母监护子女,民性随君性而转移,所谓"君犹器也,民犹水也。方圆在于器,不在于水"④。帝王为天下父母说将臣民视为永远长不大的孩子,剥夺了臣民在人格上的独立性。

(4)君臣之喻与喻体式定位:臣民如牛马车舟

诸子百家在阐释帝王与臣民的关系时,往往多方设譬,以一种形象的方式为君、臣民定位。这些譬喻使用的相当频繁,并获得全社会的广泛认同。最常见的君臣之喻有以下几种:

帝王为天,臣民为地。《管子·明法解》说:"君臣相与高下之处也,如天之与地也。"君臣之间的尊卑犹如天壤之别。中国古代政治文化喜欢以"自然之理"来论证社会结构、秩序和规范的必然性、绝对性与合理性。天高地卑历来被说成是人世间等级制度的法象,所谓"天尊地卑,乾坤定矣。卑高以陈,贵贱位矣"⑤。君臣犹如天地之喻是君尊臣卑的主要论据之一。

君为元首,臣为股肱、爪牙。以"首"喻君,以"股肱"喻臣,这种观念可以追

① 《唐太宗集·帝范序》。

② 《管子·形势解》。

③ 《柳宗元集·为耆老请复尊号表》。

④ 《唐太宗集·金镜》。

⑤ 《易·系辞上》。

溯到三代。如西周宣王时的《师𩵋簋铭》有"乃圣祖考克左右先王,作厥肱股"。在历代文献中,这种君臣之喻十分流行。人们一论及君臣一体、休戚与共,必定引述元首与股肱之喻。"万姓所赖在乎一人,一人所安资乎万姓,则万姓为天下之足,一人为天下之首。"①人们又常常以此论证臣辅与民本,告诫帝王千万不要做自损爪牙、割股啖肉的蠢事。然而手足爪牙无论如何重要,它们毕竟要由头脑指挥,为元首服务。首足之喻生动形象地揭示了臣民在帝王面前的卑下地位与工具属性。

君为心,臣为九窍。在古代人的观念中,心犹如大脑,是人体的中枢,九窍是听心指使的器官。故心与帝王相喻,九窍与臣民相喻。《文子·上德》说:"主者,国之心也"。《管子·心术上》说:"心之在体,君之位也;九窍之在职,官之分也。心处其道,九窍循理。"心把握道理,九窍遵循而行,彼此犹如君臣。武则天说:"夫人臣之于君也,犹四肢之载元首,耳目之为心使也。相须而后成体,相得而后成用。"②心脏与九窍之喻揭示着帝王与臣民之间主宰与被主宰的关系。

君为驭者与臣为车马。古代经常以驾车驭马比喻治国理民,《周礼·天官·冢宰》讲君主"驭群臣""驭万民"。《文子·上义》以驭马论"治人之道"。《韩非子·外储说右下》把国家比喻为君之车,《吕氏春秋·审分览》把"正名"称为"治之辔"。这类例子举不胜举。《孔子家语·执辔》讲得最为形象:"古者天子以内史为左右手,以德法为衔勒,以百官为辔,以刑罚为策,以万民为马,故御天下数百年而不失。"君臣之间的关系被界定为驭者、衔辔与牛马的关系,一切臣民都是帝王的工具,帝王治国犹如鞭笞天下。

君为舟,民为水。《荀子·王制》有一句名言:"君者,舟也;庶人,水也。水则载舟,水则覆舟。"舟水之训着重论证了君权的相对性,从而为民本思想张目。然而水永远是水,舟水之训不具有改变臣民卑贱地位与工具属性的意义。臣与民类同,故又有君舟臣水之喻。"夫君者,舟也;臣者,水也。水能浮舟,亦能覆舟;臣能辅君,亦能危君。"③还有一种比喻更为精细,君为船夫,臣为舟楫,民为湖水。船夫渡江河必须借助舟楫,帝王治国必须依靠群臣,故"凡厥在位,譬诸股

---

①《两同书·损益》。

②《臣轨·同体》。

③《两同书·得失》。

肱,若济巨川,义同舟楫"①。

(5)阴阳法则与天秩定位:臣民生来就是被支配者

早在先秦,人们就开始以天道、道、自然之理为社会结构与秩序提供形而上的依据,并把阴阳视为生化万物的本原和万物内在的本质属性。自《老子》《庄子》以阴阳论道,《周易》提出"一阴一阳之谓道",历代学者对阴阳法则大加阐发。有人认为道支配阴阳,有人认为阴阳即道,千差万别之中又有共识:作为实体,阴阳化生万物;作为属性,阴阳遍布一切事物之中。阴阳可以解释自然、社会、人生的一切相对的现象。这样一来,阴阳成为为一切事物定位、定性的理论工具。依据阴阳法则为社会角色的定位被称为"天秩"。

千姿百态的阴阳论把帝王置于阳位,把臣民置于阴位。阴与阳分别代表两类属性相对的事物。天、乾、刚、健、大、重、德、予、仁、宽、爱、清等属于阳;而与此相对,地、坤、柔、顺、小、轻、无、下、贱、贫、女、妻、子、弟、幼、杀、刑、奇、戾、急、恶、浊等则属于阴。在等级关系中,尊者为阳,卑者为阴。在道德规范中,善者为阳,恶者为阴。阳类高贵、完善,阴类则低贱、残缺。总而言之,"制人者阳,制于人者阴"②。在玄谈哲理时,人们大讲阴阳调和、互补、转化,然而转化又是有限度的。阳尊阴卑,阳主阴从则定位不移,绝对不能转化。《周易·系辞下》孔颖达疏:"阳,君道者,阳是虚无为体,纯一不二,君德亦然。""阴,臣道者,阴是形器,各有质分,不能纯一,臣职亦然。"阳尊阴卑,君尊臣卑,贵贱有恒。

以天道与人道、阳与阴、乾与坤等为君臣定位,使君尊臣卑、君主臣从观念哲理化,它向人们宣示:君永远处于尊、刚、健、主的地位,臣永远处于卑、柔、顺、从的地位,这是天的规定、道的本质,是上帝的律令或自然的法则,任何人都不能违逆。

2.忠孝规范与臣民绝对义务观念

如果说臣民卑贱论与工具论是一种结构与功能定位,那么忠孝一体论就是相应的政治道德规范。忠孝一体论要求臣民自觉认同为子为臣的卑贱地位和工具属性,恪守本分,尽心从事。忠孝是一种臣民绝对义务观念。

宗法孝道就是合乎封建礼法规范,忠孝一体就是事君准则,"孝理天下"就是治国之道,这是中国古代政治理论的一大特色。

---

① 《隋书·炀帝纪》。

② 《经法·称》。

"孝"，本是规范家庭内部亲子关系的伦理道德，主要指子女对父母的道德义务。何谓孝？从《论语》《孟子》《礼记》《孝经》等儒家经典及其历代注疏看，作为宗法道德的孝，可以概括为四个字：养、敬、谏、顺。孝的最高层次和基本原则是"孝顺""无逆"，即绝对服从，甚至"父要子死，子不敢不死"。宗法之孝的主旨是个体（子女）对个体（父母）的绝对隶属和盲目服从。

　　春秋以前，在政治体制上家国一体，因此在政治观念上君父一体，孝包含了后来的忠。

　　春秋战国以降，国家体制突破了血缘关系。孝偏重用来规范宗法家庭内部关系，新兴的忠则偏重用来规范政治关系。然而家国一体、君父一体根深蒂固，相应出现孝忠一体化观念。诸子百家都把忠与孝视为重要的社会规范和政治规范。随着儒经的法律化和法典的伦理化，忠孝一体不仅是普遍认同的政治文化，而且也是具有强制性的政治规范、法律规范。在法律上，帝王是天下之父母，臣民在帝王面前必须"为子为臣，惟忠惟孝"[①]，否则便被列入十恶不赦之罪。这就使忠与孝不仅是臣民的道德义务，而且是他们必须履行的政治义务和法律义务。

　　忠孝一体论的主旨是以孝论忠，以忠论孝，使忠与孝在逻辑、宗旨、内容上大体相似，在功能上相互补充。

　　历代大儒都把孝视为百行之宗、至德要道。孔子和孟子把仁作为一切美德的代称和最高政治原则，而仁之本是孝。尧舜之道，一言以蔽之，孝悌而已。这个思想不断发挥，《孝经》及其注疏堪为典型代表。《孝经·开宗明义章》说："子曰：夫孝，德之本也，故教之所由生也。"唐玄宗注："人之行莫大于孝，故为德本。"《孝经·三才章》说："子曰：夫孝，天之经也，地之义也，民之行也。"唐玄宗注："孝为百行之首，人之常德，若三辰运天而有常，五土分地而为义也。"《孝经·圣治章》说："子曰：天地之性，人为贵。人之行，莫大于孝……圣人之德又何以加于孝乎！"唐玄宗注："孝者，德之至，道之要也。"宋明理学把这种思想进一步升华，认为"人伦，道之大原也"[②]。"人伦者，天理也。"[③]天理的本原是忠孝法则，忠孝的抽象就是天理。这就将孝悌忠贞普遍化、绝对化。

---

①《唐律疏议·名例》。

②《张子语录》下。

③《二程集·河南程氏遗书》卷七。

"孝为百行之宗"，把孝视为一切道德规范和道德践行的起点和宗本；"孝为至德要道"则把孝视为形而上之道的核心和本原。这就从践行和哲学两个方面把孝的价值与功能推向最崇高的地位。

作为百行之宗、至德要道的孝不仅仅是最重要的社会规范，而且是最重要的政治规范。所谓"五等之孝"是典型例证。

《孝经》及历代大儒对天子、诸侯、卿大夫、士、庶人等五种政治角色的行孝方式作了界定。各色人等除孝敬父母外，其行孝方式还有特定的政治内容。天子之孝要"德教加于百姓，刑于四海"[①]；诸侯之孝要"能保其社稷，而和其民人"[②]；卿大夫之孝要"非法不言，非道不行"，"然后能守其宗庙"[③]；士之孝要忠君顺长，"忠顺不失，以事其上，然后能保其禄位，而守其祭祀"[④]；庶人之孝则是"用天之道，分地之利，谨身节用，以养父母"。唐玄宗还特意加了一个注："庶人之孝，唯此而矣。"[⑤]这就是说，帝王之孝在于治天下，保社稷，固高位；官僚贵族之孝在于"夙夜匪懈，以事一人"；庶民之孝在于力田孝悌，纳国赋，养父母而已。所谓"五等之孝"实际上是为君臣民结构及其功能地位服务的政治规范。

在宗法观念中，君与臣、父与子属于同一支配模式，所以忠与孝在逻辑、宗旨和内容上颇相类，君即父，父即君，忠与孝皆是事君事父规范。这就是所谓"忠孝一体"。历代论忠孝者对此有详密的论说，其要旨有以下几点。

事父孝，事君忠，忠孝并无二致。"君亲即立，忠孝形焉。奉国奉家，率由之道宁二；事君事父，资敬之途斯一。"[⑥]忠与孝的基本原则是一致的。

忠比附孝，孝制导忠。孝为百行之宗，故人们总是以事父喻事君，以子道论臣道，在内容上忠以孝为范本。《忠经》的作者公开声明：《忠经》模拟《孝经》，"以忠应孝"。故《孝经》有"五等之孝"，《忠经》有"五等之忠"。忠孝规范内容繁杂，概言之，孝可归纳为养、敬、谏、顺，忠可以概括为事、敬、谏、顺。如果说忠与孝有什么区别的话，只是孝多以家事立德目，忠则多以政治立德目。忠于帝王、忠于社稷、忠于天下虽具有内在一致性，有时又会相对分离，而孝则始终围绕

---

① 《孝经·天子章》。

② 《孝经·诸侯章》。

③ 《孝经·卿大夫章》。

④ 《孝经·士章》。

⑤ 《孝经注疏·庶人章》。

⑥ 《臣轨序》。

君父这个个体立论,内容与原则具有高度稳定性。故人们总是以孝论忠,以孝制导忠,以子道规范臣道。人们有时容忍不忠,却从不宽恕不孝。

忠孝相通,互为宗本。广义而言,忠与孝适用范围大体一致。"夫孝,始于事亲,中于事君,终于立身。"①与此相应,"夫忠兴于身,著于家,成于国,其行一焉"②。忠与孝贯通于全部政治生活,它们相辅相成,互为宗本。《大戴礼记·曾子立孝》一方面说:"君子立孝,其忠之用。"另一方面又说:"忠者,其孝之本!"这就是说,孝为忠之本,忠为孝之本,二者并无质的差别。忠孝相通之处在于一个"顺"字。《礼记·祭统》说:"备者,百顺之名也。无所不顺者谓之备。言内尽于己,而外顺于道也。忠臣以事其君,孝子事其亲,其本一也。上则顺于鬼神,外则顺于君长,内则以孝其亲,如此之谓备。"忠孝互本、相通,使"顺"成为一切在下者通行的规范。

孝是忠的起点,忠是孝的完成。《孝经·广扬名》说:"子曰:君子之事亲孝,故忠可移于君。事兄悌,故顺可移于长。"移孝作忠,孝成为臣民政治社会化的起点。《臣轨·至忠》说:"欲求忠臣,出于孝子之门。非纯孝者,则不能立大忠。"这正是历代帝王"以孝治天下"的动因。《孝经·开宗明义章》说:"夫孝,始于事亲,中于事君,终于立身。"事亲之孝仅是孝的初级阶段,唯有完成事君之孝,才能忠孝两全,立身成人,唯有忠君而获赏,才能光宗耀祖。《孝经·序》对此也有论述:"仲尼说孝者所以事君之义,则知孝者俟忠而成之,所以答君亲之恩,明臣子之分。"大孝必大忠,大忠为大孝,不孝则不忠,不忠则不孝,故《大戴礼记·曾子立孝》说:"事君不忠,非孝也。"《大学》说:"孝者,所以事君也。"《孝经·士章》说:"资于事父以事君则敬同……故以孝事君则忠。"事君事父皆以敬顺为本,帝王又身兼君与父,因此忠与孝都是臣民事君的规范。

忠孝一体之忠要求臣民必须专心不贰,尽心不懈。董仲舒利用"忠"字的结构论证事君不贰,他说:"古之人物而书文,心止于一中者,谓之忠;持二中者,谓之患。患,人之忠不一者也。"③宋明理学主张忠臣"尽己之心以事君",唯有做到全心全意,彻里彻外,"无一毫不尽方是忠"④。敬君之忠要求臣下恪守"人臣

---

① 《孝经·开宗明义章》。

② 《忠经·天地神明》。

③ 《春秋繁露·天道无二》。

④ 《北溪字义·忠恕》。

188

之礼",不僭越,不擅权,不怨望,不抗旨。"礼者,敬之本;敬者,礼之舆。"①无人臣之礼、"无肃敬之心",则触犯"大不敬"之条,属十恶不赦之罪。谏君之忠还要求臣下敢谏、争、辅、拂,君有无道之举,则敢于犯君颜,矫君命,纳君入礼,致君尧舜,甚至不惜为此牺牲自家性命。"夫谏始于顺辞,中于抗议,终于死节,以成君体,以宁社稷。"②谏有抗君之嫌,却又是一种对君高度负责、尽心尽职的行为。谏历来被视为忠之极致,然而行谏之臣又必须合乎尊卑之礼,掩君之恶,成君之美,若扬君之恶则属罪过。《孝经》规定:臣子必须"忠顺不失,以事其上"。忠要求臣子在意识、行为及价值选择上,把君父的尊严、利益和意旨放在第一位,夙兴夜寐,公而忘私,归善于君,揽过于己。

作为政治规范之忠,主要是为官僚贵族而设的,是系统的官僚行为规范。以武则天的《臣轨》为例,它将为臣之道概括为同体、至忠、守道、公正、匡谏、诚信、缜密、廉洁、良将、利人等十个总目,每个目又条分缕析,包含着一系列应与不应的具体规定,以及历史上正反两类典型的人与事,要求臣下做帝王尽善尽美的驯服工具。

古代道德论为君臣、父子、夫妇、兄弟、朋友等各种角色都规定了相应的道德规范和行为准则,通称为"道"。道又具体分为君道、臣道、父道、子道等。这就对君臣父子双方都提出了要求,形成诸如君礼臣忠、父慈子孝之类的双向规范,最理想的状态是君君、臣臣、父父、子子,各尽其道。然而一论及"君臣大义""父子大义",道德评判的天平立即向尊者、上者倾斜:上而虐下,下必须隐忍;下而犯上,则属大恶。"父有不慈,子不可以不孝;君有不明,臣不可以不忠。岂有君而可叛者乎?"③天道所注定、人情所公认的君臣父子规范,君父不遵行则可容忍,臣子触犯则不可恕,这岂不是一种片面的道德义务?君而无道,父而不慈,法无惩处之律;臣而不忠,子而不孝,则有十恶之罪待以极刑。这岂不是一种片面的法律义务?片面的义务来自于绝对的定位,即君(父)尊臣(子)卑,君(父)主臣(子)从。臣子只能无条件地履行忠孝义务,被迫行忠孝者是奴在身者,自觉守忠孝者则是奴在心中者。

3.臣民的罪错意识

罪错意识的根源是卑贱意识。它在忠谏之臣身上表现得尤为强烈。形成

①《唐律疏议·名例》。

②《忠经·忠谏》。

③《朱子语类》卷七九。

臣民罪错意识的具体原则及其表现形式主要有以下几种:

其一,君与臣的尊卑阴阳定位注定臣属阴类,它们永远是不完善的。认同这一定位的臣民必然在观念上时时有一种自卑与自责之心。

在历代大儒的阴阳论中,阳的道德属性都是完善的,而阴的属性则有所残缺。董仲舒以阳为予、仁、宽、爱,以阴为夺、戾、急、恶。扬雄以为"阳道常饶,阴道常乏"[①]。程颐以"一阴一阳,一善一恶"[②]论阴阳消长。朱熹亦称:"阳常居左,而以生育长养为功,其类则为刚、为明、为公、为义,而凡君子之道属焉。阴常居右,而以夷伤惨杀为事,其类则为柔、为暗、为私、为利,而凡小人之道属焉。"[③]属阴的臣民注定有道德缺陷,甚至可以划归"小人"之类。

面对着居于阳位的君主,在认识上臣民虽有某种自主性,如以道事君、以谏正君等。但这种认识的自主性是有限的,绝没有在认识对象面前认识平等的意义。在观念上,君主是圣明的、至善的、无所不知、无所不通,臣民只能是君主的学生和受教育者;在是非判断上,君主是最高决断者。如果要说臣民的知识从哪里来,大抵要归功于君主,正如韩愈所说:"得备学生,读六艺之文,修先王之道,粗有知识,皆由上恩。"[④]就实际而论,韩愈的知识与德性与皇帝何干? 可是他必须把这一切归功于帝王。

依据阴阳观念、等级观念,只有臣错而无君错,只有儿错而无爷错,在下者没有说君父不是的道理,因此形成在下者一些程式化的口头禅。秦汉以后,臣下在君主面前只要张口讲话必称"昧死言",即使歌功颂德也不能例外。这成为约定俗成的惯例。例如,丞相王绾、御史大夫冯劫和廷尉李斯等人议上尊号,他们称颂秦始皇平定天下,功盖五帝,认为"古有天皇,有地皇,有泰皇,泰皇最贵",主张以最尊贵的"泰皇"为新的帝号。这本是颂君尊君之举,有功而无过,可他们依然口称"臣等昧死上尊号"[⑤]。宰辅公卿在皇帝面前自称"待罪丞相""待罪某职",小臣及宦官奴仆则常以"小人该死"为口头禅。为臣为下便是"昧死""待罪"者,这是一种普遍性的观念。

其二,在观念上,以下犯上皆属罪错,触犯各种语禁其恶尤大。认同各种语

① 《太玄经·太玄告》。
② 《二程集·河南程氏遗书》卷一一。
③ 《朱文公文集》卷七六《傅伯拱字序》。
④ 《请上尊号表》。
⑤ 《史记·秦始皇本纪》。

禁的臣民诤谏君父之时，必然在心理上深深存在着一种错感和罪感意识。

依据等级观念，臣民发言论事有许多禁忌，这里仅举最常见的几种。一曰不得扬君父之恶。《礼记·表记》说："事君欲谏不欲陈。"郑玄注："陈谓言其过于外也。"进谏不能不言得失，但必须"为君隐恶"①，否则属非圣无法。二曰思不出其位。孔子主张"不在其位，不谋其政"，认为"思不出位"是君子之德②。因此，越位言事，常被斥为"非所宜言"，属于一种罪过。三曰严禁臣下"不倡而和"。依据臣道，通常臣下必须不为事始，"含晦其美"，"待倡而和"，"有善则归之于君"③。尽管为了君与国的利益，允许臣下尽忠谏君，但面折廷争，犯颜强谏，毕竟有陵节犯分、不倡而和之嫌。四曰必须不可而止。历代大儒多有"格君心之非"之说，主张做"从道不从君"的"争拂之臣"。然而他们又大多主张"不可则止"④，应止而不止，往往被斥责为"无诱君之术"，"彰君过以明己直"，"言虽忠直，实蜩螗沸羹矣"⑤。当谏则谏，当止则止，不能把握这个分寸，也属于罪错。五曰非礼勿言。这是一条内容极宽泛的语禁。"凡言不合先王，不顺礼义，谓之奸言。"⑥

面对诸多语禁，臣民谏君论事，往往要口称："臣闻'不在其位，不谋其政'。政者，职也。位卑而言高者罪也。越职触罪，危言世患，虽伏质横分，臣之愿也。"⑦唐代杜牧有一篇议论平定藩镇之乱方略的文章，标题叫《罪言》，所谓"国家大事，牧不当官，言之实有罪，故作《罪言》"。中国古代凡在下者发议论，总要道一句"出位僭言，惶战交积"。这正是罪错意识的一种表现。

其三，专制政治，言罪繁多，文网严密，逆鳞难犯。臣民发言议事，不得不先说请罪之词，后道惶恐之情，一种罪恶意识溢于言表。

为了维护帝王尊严和等级制度，历代法典都开列了名目繁多的思想言论罪，诸如非议朝政、妖言惑众、冒犯尊长、不敬君王等。秦法繁于秋荼，凡触犯"以古非今""偶语诗书""诽谤""妖言"之条，或弃市，或灭族。在这方面，两汉强不了多少。在《汉书》《后汉书》中可以找到一大串言罪罪名，诸如非议诏书、非

---

① 《白虎通义·谏诤》。

② 《论语·宪问》。

③ 《周易程氏传·坤卦》。

④ 《论语·先进》。

⑤ 《潜书·格君》。

⑥ 《荀子·非相》。

⑦ 《汉书·梅福传》。

所宜言、诽谤、腹诽、诋欺、欺谩、不敬、不道、大不敬、大逆不道。群臣议政奏事，动辄触犯刑网，轻则罢官，重则斩首。隋唐以后，乍一看写入律条的言罪大为减少，但只凭"大不敬"这一条就可以大兴文字狱。

律有明文之罪易躲，不知其处之逆鳞则难防。《韩非子·说难》有一段名言："夫龙之为虫也，柔可狎而骑也。然其喉下有逆鳞径尺，若有人婴之者，则必杀人，人主亦有逆鳞。说者能无婴人主之逆鳞，则几矣。"君有逆鳞，故言谏极难。一旦触犯逆鳞，则难免杀身之祸。人主的逆鳞深不可测，不知其处，即使臣下顺旨诌言，毫无"狂狷撄鳞之愚"，有时也会触犯忌讳。

事君之臣明知头悬语禁、言罪、逆鳞之剑，又不能不有所言、有所说、有所谏。于是只能"口将言而嗫嚅"，言既出立即请罪。因此有谏诤必有请罪之辞。唐太宗之时号称"君明臣直"，但群臣奏章中仍充满请罪之辞。在著名的《十渐疏》中，魏徵写道："臣诚愚鄙，不达事机，略举所见十条，辄以上闻圣听，伏愿陛下采臣狂瞽之言，参以刍荛之议，冀千虑一得，衮职有补，则死日生年，甘从斧钺。"[1]褚遂良有一篇《请节劳表》，这是一段劝慰皇帝安心养病的文字，言罢竟也附上一句："下愚之情，伏深战灼。"[2]在历代名臣奏议中几乎都有这类语句，诸如"彷徨阙庭，伏待斧质""干黩尊严，伏地待罪""臣缄口不言，合该万死。执以陈闻，伏候刑宪"等。这绝不是空洞的客套语和形式主义，而是对社会定位的认同和对因谏招罪的恐惧。

其四，依据忠孝观念，即使君暴父虐，臣子竭忠尽孝反受不公正待遇，也要谢恩认罪，往往高呼："臣罪当诛兮，天王圣明。"儒家盛赞周文王对暴君商纣王恭行臣道，为臣子树立了一个榜样。韩愈模拟姬发的口气杜撰了一篇《拘幽操》，把"臣罪当诛，天王圣明"说成是这位蒙冤拘于羑里的圣人的理念。人们普遍认为，蒙受冤屈，却依然请罪于君父，是忠君无二、无怨无悔、不哀不怒的极致。这就是说，无论如何，臣总要自认有罪，唯此才是地地道道的忠臣。

高歌"臣罪当诛，天王圣明"的忠臣代有其人。韩愈本人就以此为志愿，"事君以道，无愧杀身"。他曾因为民请命，屡遭贬斥。在刑部侍郎任上，又因谏迎佛骨触怒皇帝，几招杀身之祸，贬为潮州刺史。刚一到达贬所，他就上表谢罪，自称"臣受性

---

① 《全唐文》卷一四〇。
② 《全唐文》卷一四九。

愚陋,人事多所不通,唯酷好学问文章",愿以歌颂圣朝明君的诗文,"以赎前过"①。

明代东林党人更是这类"孤直罪臣"的典范。这批人严守君臣等级规范,对忠孝之道笃奉不疑。在一种殉道忠君精神驱使下,他们敢于针砭时弊,冒死强谏。魏忠贤借故诬陷东林党人,明熹宗下诏将杨涟、左光斗、周顺昌等人下狱,酷刑残虐,令人发指。在他们蒙冤,性命危在旦夕之时,他们仍然绝对忠君,不哀不怨。在他们心目中,君之命无论对错,均属合理,只能服从,不能抗拒。周顺昌说:"所谓雷霆雨露,均属圣恩。在臣子只能欢喜顺受。臣罪当诛兮,天王圣明。"②杨涟说:"不为张俭之逃亡,杨震之仰药,欲以性命归之朝廷","雷霆雨露,莫非天恩"。③一个"忠"字,使他们把冤枉视同恩德;一个"忠"字,使他们只斥奸佞,不罪昏君;一个"忠"字,使他们归过于己,自认罪当诛伐。中国古代史上不乏这样的孤臣孽子:他们尽忠竭智却不见容于君父,蒙显忠之祸却躬身自责。在他们心中,没能致君尧舜,这终归是为臣下未尽到责任;受到冤枉委屈,这只怨那些如浮云蔽日的奸佞;被处贬斥刑罚,这也是君主的雨露恩情。他们至死无怨无悔,还要表白"臣罪应难赦,君恩本自宽",甚至表示来世再为犬马报答君恩。

如果说许多普通臣民的请罪言行或多或少还有一些现实的考虑,意在以此避免祸患,那么东林党一类的孤臣孽子的请罪言行则发自内心深处。因为他们精通道义与政治,明辨利害与得失,却不趋利,不避害,不计得,不患失,一心尊君王而守臣道,甚至明知刀山火海,也敢履之蹈之。他们事君的同时,又自以为是待罪之臣;谏君,必有请罪谢过之辞;蒙难,则叩谢天恩,自认当诛。这一切都来自对臣道的体认,来自对忠孝的恪守。

自古强谏多悲剧,是非功过之颠倒,莫此为甚,可悲可叹! 然而更为可悲可叹的是那些蒙显忠之祸的志士仁人反而引咎责躬,自认其罪当诛,甚至把酷刑视作君恩,表示来世还要继续为犬为马来报答君赐的洪恩! 试想,犬与马遭主人虐待还会狂吠嘶鸣,而这些忠臣遭鞭笞诛戮竟口无怨词,谢主隆恩。忠与罪不分,不仅是司空见惯的政治现象,而且是一种广泛认同的政治文化。是非之混淆,黑白之颠倒,还有比这更甚的吗?!

据实而言,忠臣义士的确是中国古代社会的脊梁,其人格足以令人感佩,

①《旧唐书·韩愈传》。
②《周忠介公烬余集》卷二。
③《杨忠烈公文集》卷三。

其事迹足以垂范后人。然而就连这些铮铮汉子、铁骨男儿尚且有如是的奴性，古代臣民人格的普遍萎缩还能避免吗！

四、君尊臣卑：中国传统思想文化的大框架——析韩愈、柳宗元的表奏

韩、柳上皇帝的表、奏不为近世研究者所重。文学史中无其踪，思想史中无其影。何以会这样？可能是认为这些是形式主义化的阿谀奉承官样文章，没有什么可以称道之处。的确，这种看法不无道理。但如果换一个角度，即从政治文化角度看，或者说为了了解那个时代的政治意识和士大夫阶层的价值观念，这些文字则给我们提供了最直接的、最有说服力的资料，我们几乎无须加任何诠释，一个活脱脱的时代灵魂就展现在我们的面前！

其实，如果我们把镜头拉得远一点，这些文字应该说是那个时代的盖世之文：皇帝心悦，朝臣称赞，士人向风，自己得意。韩愈对此有一段自诩，足以为证："臣于当时之文，亦未有过人者。至于论述陛下功德，与《诗》《书》相表里；作为歌诗，荐之郊庙；纪泰山之封，镂白玉之牒；铺张对天之闳休，扬厉无前之伟迹；编之乎《诗》《书》之策而无愧，措之乎天地之间而无亏，虽使古人复生，臣亦未肯多让！"①看，韩老先生对这些表奏文字是何等的自信和骄傲！的确，其文辞之优雅，用典之深奥，知识之渊博，行文之潇洒，鲜有人能及。然而，我们却把这些与诗书相埒的鸿文弃而不顾，对老先生实在是大不敬。

这些表奏有的是自己主动之作，更多的是受人之托或公推而作，是分别上给德宗、顺宗、宪宗和穆宗的。内容关涉诸多事件，本文一概不论，也就是说既不论人也不议事，更不作任何考究。我所注意的仅仅是文中所反映的时代精神，再具体些，主要是政治文化精神。因此在行文中对韩、柳也不加区别，而是统而论之，可谓去"实"存"虚"，弃"体"析"神"，仅仅是借韩、柳之文剖析一种普遍意识。

韩、柳的这些表奏，可以说是中国传统思想文化的凝结，"四部"的缩影，显现了中国传统文化的基本精神，更确切地说，显现了占主导地位的思想文化精神。在这些文字中既凝集了中国传统思想文化的最神圣、最美好、最博大、最深邃的观念和词汇，同时又集中了最萎缩、最自贱、最无耻、最无主体的观念和词汇。韩、柳的

---

① 韩愈撰：《韩昌黎文集校注》，马其昶校注，马茂元整理，上海古籍出版社，1986年，第617页。以下简称《韩》及页码。

大手笔把这些奇妙地、浑然有机地组为一体,展现了一幅相反而相成的绝妙图画!这幅图画的主题是什么呢?这就是本文标题所揭示的:君尊臣卑。

君尊臣卑既是一种社会关系体系,同时又是一种思想体系。就事实而论,韩、柳对此只是承成而已,并没有增加什么新东西。不过由于他们的表奏把这种思想浓缩化、集中化了,足资作为了解这个问题的窗口,所以还是很值得分析的。

1.君:神化、自然化、皇化的统一

传统思想文化中的尊君之论多多,大致说来,诸种理论基本是围绕君主神圣、万能、仁慈而展开的。神圣问题涉及君主与传统思想最深奥的本体、本性、本根等问题的关系;万能问题是说君主的功能与作用是无限的;仁慈讲君主普度众生,是道德的化身,洒向人间皆是爱。其实这三者之间并没有界限,在传统思想文化中,本体的东西一定是万能的,也一定是善的、美的,反过来也是一样。在理论上和人们的希望中,君主应是完美无缺的。说到具体君主,自有高下、善恶之分。韩、柳的表奏专门称颂君主的无限伟大、光荣、正确和完美。

任何一种成形态的思想文化都有一套纲领性的概念来表达和支撑,中国的传统思想文化也不例外。那些正面的纲纽性概念集中表达了真、善、美。韩、柳的表奏几乎把这些纲纽性的概念统统用上,以神化和美化君王。诸如表达超人的或本体性概念有神、上帝、天、天地、乾坤、日月、阴阳、五行、四时等;表达理智的,如聪、明、睿、智、英、谟、理、文、武等;表达道德的,如仁、义、德、惠、慈、爱、宽、恭、让、谦、休等;还有一些包容上述诸种含义,如天、圣、道、理等。中国传统思想文化的精神,都是靠这些纲纽性概念来集中、来表达的。在韩、柳的表奏中这些统统同帝王结为一体。把纲纽性的概念帝王化,由来已久,不是韩、柳的发明,但是一窝蜂式地把这些纲纽性概念同帝王胶结在一起,在前人中还是不多见的。纲纽性概念帝王化现象是中国传统文化的一个重要特点。帝王拥有、占有了这些纲纽性的概念,也就控制了思想文化的命脉,反过来又成为控制社会和人们的灵魂的法宝。把这些真、善、美的纲纽性概念献给帝王,也就把自己的灵魂奉献给帝王。我们的大文人、大思想家在奉献灵魂方面也真可谓一代先锋!

君主神圣是尊君论之纲。神是超人类、超自然的,固不待言。圣本来是在神之旁出来的一个突出人的意义、突出理性的概念,但没有走多久,就和神连结为一体。如果细分,神和圣虽然还是有某些细微的区别,但一进入形而上,两者就难分难解了,神和圣混同,也就是神性和理性混同。从中国的历史进程看,殷、西周时期神与王是混合的。春秋、战国时期在神与现实的王之外创造出了一个观念性的、体现理

195

性的圣王,可谓神、圣、王三者鼎立。实际上,在三者分析的同时,也就开始了混同。从秦、汉开始,现实的帝王与神、圣逐渐形成一种特别的混合体。所谓"特别",指三者是又即又离、不即不离式的怪物。这个怪物随着人们不断的打扮、涂抹,越来越五色缤纷,越来越模糊不清,真可谓一个巨大的混沌。它像《庄子》中的混沌一样,是不可分析的,一分必死,更准确地说,一旦君主与神、圣分开,它就失去了合理性和绝对性。中国历史上的叛逆者、革命者总是要以这种分析作为自己的起点。韩、柳不是叛逆者,他们是沿着神、圣、王混合一体的道路接着走的,在混沌上加混沌,君主被神圣到了无以复加的地步。他们两人真不愧为超级文字大师,文章写得那么洒脱,那些生硬的概念在他们手中,一下子变成粉彩,对君主浓妆素抹,斐然成章。同时又像痴呆的老妪,就是那么几层意思翻来覆去地唠里唠叨,没完没了!

前面提到的用于表达本体、本根、本原的概念,在韩、柳的表奏中都被帝王化了,或成为帝王的代名词。帝王与天几乎是同体的,"天"成了帝王的代词,诸如"天位""天序""天心""天意""天志""天听""天声""天眷""天慈""天泽""天府""天阙"等,一拥而上,满篇皆是。

帝王与圣也同体,于是有"圣王""圣朝""列圣""圣德""圣理""圣谟""圣运""圣慈""睿圣""圣言""圣恩""圣泽"等。

我们在韩、柳颂扬帝王的伟大功能中,可更具体地看到君主的本体性意义。帝王的功德洒遍天地人间,惠及万物群生,相比之下,甚至使百神失灵,日月减色,乾坤暗淡。今天看,马屁拍得实在无边无际,令人作呕。但冷静想想,这不是个人的行为和品质问题,而是整个历史和文化的产物,是我们老祖宗思想原则的表现。我还要郑重地说,这也是正宗的中国传统思想文化的精神!既不可鄙而不顾,更不可一哂了之。由于其中文化含义极为丰富,耐人寻味;文字极其飘逸,足资欣赏;还可作为范文,供好者借鉴。因此不厌其烦,抄录于下。

"今天子整齐乾坤,出入神圣;经营乎无为之业,游息乎混元之宫;不谋于庭,不战于野;坐收冀部,旋定幽都;析木天街,星宿清润;北岳医间,神鬼受职,地弥天区,界轶海外。"[1]

"播休气于四海,洽太和于万灵,食毛含齿,所同欢庆。"[2]

"神化旁畅,皇风远扬,自华及夷,异俗同庆。"[3]

---

[1]《韩》,第 629 页。

[2]《柳宗元集》,中华书局,1979 年,第 952 页。以下简称《柳》及页码。

[3]《柳》,第 954 页。

"睿谋广运,神化旁行,植物知仁,祥图应圣。"①

"圣王之德,无所不及,有感则应,无幽不通。伏惟陛下恩沾动植,仁洽飞翔……"②

"伏惟皇帝陛下,保合太和,缉熙庶类,德磬上达,神化旁行。"③

"伏以圣心积念,天意遽回,移造化之玄功,革阴阳之常数。"④

"陛下仁育次苍生,恩同赤子。""睿谟潜运,甘雨遂周。""布濩垂阴,随圣泽而俱远;滂沱积润,与恩波而共深。"⑤

"遐密之中,施雨露以被物;遐迩之地,睹日月之继明。则四维之外,八极之表,人神胥悦,草木比春,煦妪生成,不失覆载。"⑥

"蒸黎咏德,知心自于圣德;草木欣荣,如有感于皇化。有年之庆,实在于斯。"⑦

"皇风不异于遐迩,圣泽无间于华夷。"⑧

"威使百神,德消六沴,天降宝运,时临太平。"⑨

"陛下威灵远被,神化旁行,遂使奸猾之谋,先期而自露;回邪之党,不露而尽夷。"⑩

"陛下言为神化,动合天心。""睿谟朝降,膏泽夕周,知天人之已交,识阴阳之不测。"⑪

为了更明白,我把韩、柳用来颂扬帝王的功能的词组摘录出来,再胪列一下。计有:"神化""神功""大化""与天合德""法天合德""感通天地""参天两地""功参造化""整齐造化""政体乾坤""体乾刚""协坤元""体昊穹""移造化""革阴阳""仁化""德化""统和天人""顺时御极""幽明感通""威使""威灵""宝运""广运""王风""熏风""金风""垂休""帝力""皇化""皇灵""皇风""皇泽""皇慈",等等。

---

①《柳》,第 961 页。

②③《柳》,第 967 页。

④⑤《柳》,第 971 页。

⑥《柳》,第 948 页。

⑦《柳》,第 973 页。

⑧《柳》,第 1001 页。

⑨《柳》,第 979 页。

⑩《柳》,第 1015 页。

⑪《柳》,第 972 页。

人与神的差别,既表现在"存在"形式上,更表现在功能上,而后者更为重要。任何东西一旦被赋予超人的功能,它就是神,比神更神者,无疑是神中之神。在韩、柳的表奏中,神化、自然化、皇化是三位一体的,甚至是超神的。严格地说,在传统思想文化中占主流地位的思想并不把帝王视为神,或者说不以神的形式来定位帝王。神化帝王主要是通过无限夸大其功能来表现的,由于功能相同,于是帝王与神相同或相通。

　　以上的颂扬大抵还是泛论,放在历史上如何呢?在韩、柳的笔下,这几位帝王的功业是超历史、超列祖、冠将来的。

　　"神圣英武,数千百年已来,未有伦比。"①

　　"众美备具,名实相当,赫赫巍巍,超今冠古。"②

　　"天地神祇,永有依归;华夏蛮貊,永有承事;神人交庆,日月贞明。"③

　　"皇帝陛下,德合覆载,道光轩虞。"④

　　"创业已来,列圣功德未有高于陛下者,可谓赫赫巍巍,光照前后矣。"⑤

　　"高祖创制天下,其功大矣,而治未太平也。太宗太平矣,而大功所立咸在高祖之代;非如陛下(按,指宪宗)承天宝之后,接因循之余,六七十年之外,赫然兴起,南面指麾,而致此巍巍之治功也。"又说:"陛下即位以来,躬亲听断,旋乾转坤,关机阖开,雷厉风飞,日月清照,天戈所麾,莫不宁顺;大宇之下,生息理极。"⑥

　　"神圣之功,贯于天地;文武之道,超乎今古。"⑦

　　"伏惟皇帝陛下,协周文之孝德,齐大禹之约身,弘帝尧之法天,过殷汤之解网。未逾周月,四海将致于时雍;俯及元正,率土更欣于再造。"⑧

　　"化超前圣,道贯重玄,遍野同欢,倾都相庆。"⑨

　　"侧身防患,道迈周王;尽力勤人,功过夏后。"⑩

① 《韩》,第 614 页。

② 《韩》,第 622 页。

③ 《韩》,第 623 页。

④ 《韩》,第 626 页。

⑤ 《韩》,第 611 页。

⑥ 《韩》,第 619 页。

⑦ 《柳》,第 937 页。

⑧ 《柳》,第 931 页。

⑨ 《柳》,第 972 页。

⑩ 《柳》,第 973 页。

"合生比尧、舜之仁,率土陋成、康之俗。"①

"殷后徒勤于自翦,周公空愧于舞雩。"②

"六穗惭称于汉臣,异亩耻书于周典。"③

在儒家传统中,三代盛世,后世莫及;先王先圣,后王难企。然而韩、柳为了吹嘘当朝,不仅三代先圣不足道,连唐王朝的创业祖宗也等而下之,真可谓"厚今薄古"!

韩、柳是否阿谀奉承、佞妄?连他们似乎也有所不安,但同时又自我辩解,说"不是"。"臣子至公,面扬君父","夫岂饰哉,率由事实"。④"伏以圣王至纂承天位也,臣子必竭恳诚,献尊号,安敢为佞,礼在其中。"⑤

这些阿谀奉承、歌功颂德、拍马屁的文字是王权至上的派生物和王权主义观念的组成部分。对帝王而言由此进一步获得了合理和权威的论证。在中国的历史上,建功立业,行德泽民一直是帝王合理性的重要依据之一。这种认识原本是极有意义的,但是在实现过程中却变了味儿,不管帝王们有没有功德,都必须编织一大套颂功的虚辞加在他们的头上,从而形成一种具有形式主义性质的颂扬文化。从历史的过程看,越是形式意义的东西越具有规范意义,只要没有对它提出异议,它就成为人们的当然前提。因此,这种颂扬文字不只是在重弹一种老调,而是在强化一种社会规范。面对伟大、英明、仁慈的君主,臣下除敬仰、服从之外,还能做什么呢?臣下对君主的敬仰和服从意识是君主专制权力强化的必要基础和条件。所以这些颂扬文化绝对不是可有可无的事,而是专制王权的重要精神支柱,也是专制权力运转的必要条件之一。

颂扬者、拍马屁者或许从中得到某种利益,但在颂扬中同时也把自己丢失了、淹没了。作为一种文化,丢失的就不仅仅是个人,而是把所有与自己地位相同的人统统给丢失了。

君尊的理论与观念凌驾于所有社会理论与观念之上,并对其他的思想与观念形成居高临下的控制之势。因此是思想文化史中一个具有全局性的问题,不可不察。

---

① 《柳》,第 980 页。

② 《柳》,第 975 页。

③ 《柳》,第 961 页。

④ 《柳》,第 932 页。

⑤ 《柳》,第 931 页。

2.臣：卑贱、无知、谬误、罪过的载体

与君尊相对的是臣卑。君主只有一人，而臣则包括了君主以外所有的人，上至达官贵人，下至百姓、仆隶。臣卑论所表达的就是在君主面前尽人皆卑贱、皆奴仆。

对君主的依赖和从属是臣卑的基础和前提。这种依赖和从属是全方位的，臣下的社会地位、衣食、知识、寿命等，皆来自"圣育""皇恩"。

"天子神圣，威武慈仁，子养亿兆人庶，无有亲疏远迩；虽在万里之外，岭南之陬，待之一如畿甸之间，辇毂之下。"①

"称身虽贱微，然皆以选择得备学生，读六艺之文，修先王之道，粗有知识，皆由上恩。"②

"臣等蒙国宠恩，备位班列，无任恳望之至。"③

"臣等得生邦甸，幸遇盛明。身体发肤，尽归于圣育；衣服饮食，悉自于皇恩。"④

"臣等共被仁育，同臻太和。陛下德达上玄，以丰臣之衣食；道济寿域，以延臣至岁年。"⑤

"臣特受恩遇，超绝古今，报国之诚，寐寤深切。"⑥

"恩重命轻，不知所效。"⑦

君主对所有的臣民拥有生、杀、予、夺之权，但细致分析，生、予与杀、夺是不平衡的，生、予是以杀、夺为基础的，臣民生下来就是为君主所杀、夺的。在传统思想文化中，人有生存权利的观念是十分淡薄的，反之，臣下被君主杀、夺则是天经地义、理所当然之事。反衬之下，不杀、不夺即是恩。于是与臣民被彻底剥夺的观念相对，君主恩赐的观念格外盛行。臣下的一切，都要归结为君主的恩赐。由这种恩赐观念引发出来的必然是依赖和从属意识。

一切由上恩赐的观念是传统思想文化的要义之一，影响至深至广，直至今日我们也还没有完全从中走出来，在思维方式上与韩、柳一脉相通。

---

① 《韩》，第 618 页。

② 《韩》，第 629 页。

③ 《柳》，第 932 页。

④ 《柳》，第 942 页。

⑤ 《柳》，第 939 页。

⑥ 《柳》，第 987 页。

⑦ 《柳》，第 996 页。

与依赖性相伴的是卑贱性。传统思想文化中的卑贱之论多多，韩、柳的文字虽不能说齐备，但也可以说属于"集成"了。臣卑论大致可分为本体性的卑贱论和功能性的卑贱论。

本体性的卑贱论是说臣的卑贱是天就的，是必然，是超人类的安排。如从"天秩""阴阳"等说论定君尊臣卑。韩、柳的表奏对这些间有涉及，如说"君者，阳也，臣者，阴也"[①]"身微命贱"[②]"臣受性愚陋"[③]"天与朴忠，性情愚直"[④]"性本庸疏"[⑤]等。臣子们是天生的卑贱、陋薄，这与帝王们天生的尊贵、睿智形成鲜明的对比。

关于臣下功能性的卑贱，韩、柳说得极多，总括起来可分如下几点。

其一，愚昧无知论。同君主的圣明相对，臣下把自己说成是愚昧无知的蠢货和废物。且看以下的自卑之论：

"臣至陋至愚，无所知识。"[⑥]

"臣以愚陋无堪，累蒙朝廷奖用。"[⑦]

"臣愚陋僻蠢。"[⑧]

"不次之恩，遽属庸品。"[⑨]

"臣等职在燮和，惭无效用。"[⑩]

"臣以无能，累更事任。"[⑪]

"臣以庸微，特承顾遇，拔自卑品，委以剧司。"[⑫]

"才术无闻。"[⑬]

---

① 《韩》，第 586 页。

② 《韩》，第 623 页。

③ 《韩》，第 619 页。

④ 《韩》，第 600 页。

⑤ 《柳》，第 983 页。

⑥ 《韩》，第 589 页。

⑦ 《韩》，第 622 页。

⑧ 《韩》，第 612 页。

⑨ 《韩》，第 596 页。

⑩ 《韩》，第 598 页。

⑪ 《柳》，第 999 页。

⑫ 《柳》，第 988 页。

⑬ 《柳》，第 971 页。

"臣本非长才,又乏敏识,学不能通达经训,文不足缘饰吏事。"①

"文字鄙陋,实惧尘玷。"②

"臣才识浅薄,词艺荒芜。"③

这些仍不足以表达臣下的愚陋,于是又有"臣贱琐材""琐劣""薄陋""虚薄""馊才""刍贱""犬马""驽骀""鸟兽""葵藿""枯朽"等自贱之词。

臣子把自己说成无知、无能、无用,这就从能力、作用和价值上把自己剥夺得一干二净。稍加留意,我们会发现这同各种有关臣的作用理论是相悖的,即使在法家的著述中,臣的作用也是十分重要的。然而我们只要翻开臣子的个人上疏,大抵又都对自己的能力、作用和价值持贬低与否定的态度。这固然可视为谦辞,但由于具有普遍性,几乎臣子人人如此,这就不再是个人问题,而是一种文化现象。这样在臣子的作用理论上形成一种悖论性结构,即理论上的肯定与个人的自我否定。理论上的肯定主要是对帝王说的,提醒帝王要"用"臣;而臣子的自我否定则表明个人无足轻重或"无用"。这样,在帝王"用"臣与臣子说自己"无用"的相比中,更显现出臣子对君主的依赖,一旦得到君主的录用和提拔,臣子便感激涕零,高呼万岁,一切归功于君主。

臣子说自己无知、无能、无用是君尊臣卑理论与观念的重要组成部分。这种普遍性的个体价值否定,最终导致所有的臣子无人格、无主体、无意义,并为臣子天然的谬误与有罪做了铺垫。

其二,错误意识。相对于君主的绝对正确,臣下则是一块错误的载体,或干脆说就是错误体。臣下的一切无不同"谬"连在一起。韩、柳的表奏中充斥了臣谬的词语,如"谬膺重寄"④"谬承重委"⑤"谬登清贯"⑥"谬忝澄清之寄"⑦"谬膺仕进"⑧"谬处众人之上"⑨"谬典方州"⑩"谬居方镇"⑪"谬

---

① 《韩》,第 579 页。

② 《韩》,第 599 页。

③ 《韩》,第 604 页。

④ 《柳》,第 978 页。

⑤ 《柳》,第 990 页。

⑥ 《柳》,第 985 页。

⑦⑨ 《柳》,第 994 页。

⑧ 《柳》,第 995 页。

⑩ 《柳》,第 1011 页。

⑪ 《柳》,第 1015 页。

司邦甸"①"谬领京邑"②"谬尘荣位"③"谬膺藩守"④"谬职宪司"⑤"谬承渥泽"⑥"谬承恩宠"⑦"谬列台衡"⑧"滥居荣宠"⑨。

这个"谬"字不无形式主义的客套,但我更认为它凝结了臣子说不尽的卑贱意识。臣子作为"谬"的存在体,在君主面前就失去了任何自我申辩和自卫的权利。按照以道事君和道高于君的原则,臣还是有一定的主动性和自主性的。可是这种自我"谬"论,把有限的主动性和自主性也自动放弃了。于是我们又看到另一个悖论的组合,即以道事君和自我谬论的组合。

以道事君、道高于君,张扬了理性,多少有点真理面前人人平等的意味,而臣下的自谬论使臣下完全变成奴才人格,一切唯上是从,不再有是非观念。韩愈的《论佛骨表》与《潮州刺史谢上表》正反映了两种心态。《论佛骨表》是以道事君,铮铮之声,气壮如虎;《潮州刺史谢上表》则是自谬的范本,精神卑微,厕鼠不如。许多人常以此为证讥讽韩愈人格不高。这种评论不无道理,但仅视为个人行为是远远不够的,应该说这是一种文化现象。翻开历史,何止韩愈?柳宗元何尝不如此? 思想文化框架在这里起着巨大的作用。

以道事君,似乎把道看得高于一切,然而不可忽视的是,传统观念中又有君道同体这一条,君就是道。面对君道同体,臣下有什么道可言? 所以,只要在认识上与君主相左,摆在臣下面前的只有认错一途。我不是给韩愈开脱,我认为与其责备韩愈,不如反思一下臣下自谬观念与文化。这种自谬论不是同样在后人血液中流动吗?

其三,负罪意识。为臣的不管事实上是否有罪,都必须在观念上披上"赭衣"。面对君主,臣下既是天然的错误体,又是负罪体,甚至与基督教的原罪有近似之处。臣下对君主的负罪意识或负罪感是多种原因造成的, 这里暂且不

---

① 《柳》第 971 页。

② 《柳》第 973 页。

③ 《柳》,第 959 页。

④ 《柳》,第 948 页。

⑤ 《柳》,第 961 页。

⑥ 《柳》,第 964 页。

⑦ 《韩》,第 642 页。

⑧ 《韩》,第 602 页。

⑨ 《柳》,第 969 页。

论。在韩、柳的表奏中表现出来的主要是由负恩、谬误而负疚,由负疚而负罪;以死相报,死不足报;罪无轻重,有罪当死,死而无怨。

"臣愚陋无堪,累蒙朝廷奖用。"①

"承命惊惶,魂爽飞越,俯仰天地,若无所容。"②

"承命震骇,心神靡宁,顾己惭靦,手足无措。"③

"闻命震骇,心识颠倒,非其所任,为愧为恐。""强颜为之,以塞诏旨,罪当诛死。"④

"臣以狂妄戆愚,不识礼度,上表陈佛骨事,言涉不敬,正名定罪,万死犹轻。""圣恩弘大,天地莫量;破脑刳心,岂足为谢!"⑤

"伏望恕臣愚陋僻蠢之罪。"⑥

"顾惟琐劣,多惭负恩。""臣尸素岁久,谴递宜加……"⑦

"捧对丝纶,惭悸无地,拜命竞悚,不知所裁。"⑧

"叨承大贶,荣重丘山,非才忝恩,俯伏惭荷。"⑨

"有恇儒之质,无区处之能","尝惧叨冒清冽,芜秽圣朝。""寄之穷雄藩,非臣庸琐,所宜膺据。"⑩

"以竞以惶,恩重命轻,不知所效。"⑪

"铭心镂骨,无报上天",只有尽心尽责"以塞余罪"。⑫

死是人的极限,也是人所最珍重的,于是"死"便成了向君主表达自己屈服和忠诚的最后"证物"。在韩、柳的表奏中,不管是感恩、乞请,还是述职、请示,抑或检查、谢罪,几乎都要把死交给君主,请君主任意处理。在观念上不仅仅是被动的君叫臣死,臣不敢不死,而是臣首先请死。于是有"冒死陈闻""昧死

①《韩》,第 623 页。

②《韩》,第 600 页。

③《韩》,第 596 页。

④《韩》,第 607 页。

⑤《韩》,第 617 页。

⑥《韩》,第 612 页。

⑦《柳》,第 995 页。

⑧《柳》,第 994 页。

⑨《柳》,第 1011 页。

⑩⑪《柳》,第 996 页。

⑫《柳》,第 1000 页。

陈情""彷徨阙庭,伏待斧质""臣等有死而已""陨首阙下""不敢惧死"等。死是理所当然,不死反而成为幸运!

这个"死"字凝结了无穷无尽的臣民意识,臣下无条件地把生命交给君主,他还有什么呢?这个"死"既不表示人格的崇高,也不表示理念的神圣,相反,恰恰是死掉了人格和理念。它只证明臣下是绝对的卑贱和毫无意义、毫无价值。这里还要说明的是,重要的不是具体人的生和死,而是这种观念把亿万臣民抛入万劫不复的境地。还有,无条件地把生命交给君主,也就把智力、体力、能力交给君主,从而也使君主集中了无限的力量,臣下则变得更加卑微。这个"死"不是一个小问题,它关系到所有的臣民的价值与意义问题,因此也是中华思想文化的一个全局性的问题,俟后将另文专门辨析。

3.君尊臣卑是传统思想文化的大框架

如果以今天的眼光看,我们会把韩、柳的这些表奏列入糟粕,然而在那个时代却是精粹,可谓"横看成岭侧成峰"。抛开价值的判断,从历史的角度考察,这些表奏所表达的君尊臣卑是当时思想文化的主流,或者说是居于统治地位的观念和意识。依我看,君尊臣卑论是传统思想文化的大框架,除庄学稍有突破外,其他均为这个框架所囿,或者说没有走出这个框架。

时下学术界,特别是思想史研究者,对传统思想文化的主旨是什么,有各式各样的评价和定位,如有的说是人文主义,有的说是天人合一,有的说是和合精神,有的说是人道主义,有的说是自强不息,有的说是伦理精神等。这些概括和判断,无疑都有各自的依据,也都有启发意义,足使人开阔视野。但我认为,上述种种说法有一个极大的漏洞,即忽视了政治思想在中国历史上的地位和作用。

对中国传统思想文化无疑可以从不同视角或侧面进行研究,但居于主导地位的,我认为是政治思想和政治文化。它的基本精神是什么?我认为就是王权主义,就是君尊臣卑。不管研究什么问题,不能忽视它的存在及其主导意义。这是历史事实问题,不是可以这样说或那样说的事。

本文是借着韩、柳的表奏说传统思想文化的框架。有人可能质疑,凭什么把韩、柳的表奏说成是传统思想文化的缩影?韩、柳的表奏能说明传统思想文化的框架吗?我说可以,理由如下:

其一,纲纽性概念是一种思想文化精神的凝结和集中,或者说一种思想文化由纲纽性的概念统领而纲举目张。传统思想文化的纲纽性概念虽不能说尽备于韩、柳的表奏,但也可以说是"集成"了。这些概念一方面被用来表达君尊臣卑,另一方面也在君尊臣卑的体系下各就各位。在不长的文字中,集中那么多的纲纽性概念,这在其他文章中是很少见的。

其二,说到传统文化精神,首先应该说是社会的共识。这些表奏所表达的君尊臣卑观念就是传统思想文化中的共识。

其三,韩、柳都是博通之士,"四部"兼具,因此,这些表奏知识密集,覆盖面也较大。

时下讲传统思想文化者向人们推荐这部书、那部书,还未见有人推荐这些表奏的。我认为要想真正了解传统思想文化的真谛,读读韩、柳的表奏可切中肯綮。

附带说一点,韩、柳的表奏与他们的其他作品在精神上不能说没有冲突,甚至还可以说,他们的表奏中也可能"埋伏"着牢骚,然而君尊臣卑的大格局,他们是遵奉的。

我们在评价传统思想文化时完全可以有不同的切入角度,但大框架是不能忽视的。这种大框架具有定位的意义,不可不察!

五、帝王尊号的政治文化意义 *

作为文化的一部分,中国古代的名号是很突出的,它不仅有悠久的历史,且有很深刻的文化意蕴,其中最有规律性的是帝王的谥号和尊号。近代以来研究历史的人只是把它们作为既成事实加以罗列,很少研究其文化环境和内涵。帝王谥号和尊号不但在格式和内容上形成完整的体系,而且在政治生活中占有重要的位置,具有广泛的政治影响,是中国传统政治文化的重要组成部分。

1.谥号、尊号的历史发展

谥号是后人根据死者的生平事迹而给予的一种价值评定,"谥者行之迹也,累积平生所行事善恶而定其名也"[1]。谥法是其评定的标准。严格地说,谥号包括谥和号,即所谓"谥者,行之迹,号者,功之表"[2],但它的主体是谥。谥即是用含有特定含义的字表示对死者一生的总结性评价。谥号主要适用于帝王、后妃和重要大臣。

尊号(又称徽号)是对古代帝王或后妃的尊称。它与谥号的区别是,尊号主

---

* 本节与侯东阳合作。

①《太平御览·谥》。

②《史记正义·谥法解》。

要适用于活着的帝妃或神、圣之人。

关于谥法的起源，自古至今尚无定论，有黄帝制谥和周公制谥之说，多数人同意后说。周人尊天敬祖，按照尊尊亲亲的原则，在隆重祭祀祖先时为尊者、亲者、贤者讳，称扬其德而另起美称，即为谥，"以讳事神者周道也。周人卒，哭而讳，将葬而谥"①。这反映了周人尊祖的宗法观念，并使周礼得到贯彻。春秋战国时期，诸侯争霸，周室衰微，随着诸侯卿大夫势力的增强带来的礼崩乐坏局面，谥法有了新的发展，首先是受谥的范围扩大到一般诸侯、卿大夫、贵夫人，其次是谥法本身内容的发展，强调美恶之分，"大行受大名，细行受细名，行出于己，名生于人"②，故评谥一般比较符合事实，"春秋纪实事而褒贬之说行"③。先秦君主之谥比较俭朴，只有一二字，内容多是论及品行和政绩的，即主要是对统治者的政治行为做出某种评价。不过它的内容是提倡周礼规定的道德品质，抨击礼崩乐坏的现象。秦统一六国后，建立了中央集权制和极端的君主专制制度，为了维护皇帝的神圣不可侵犯性，防止"子议父，臣议君"④的非圣无尊行为，秦始皇废除谥法，以毫无评价色彩的数序计算世代。皇帝成了认识的禁区，只能服从而不能进行评论。汉代虽恢复谥法，但在皇权专制制度下，帝王的至尊形象不可损害，况且随着儒家孝道的提倡和君统的连贯性，嗣位皇帝对于祖先自然是极为推崇，谥成了"尊名"的工具。臣子也慑于皇权的威力，同时本着君臣荣辱共体的观念，"人臣之义，莫不欲褒大其君、掩恶扬善者。"⑤唐代以后，随着封建社会经济文化的发展、君主专制主义的加强，对帝王的崇拜也加强了，帝王的谥号也越来越长，不像以往那样有严格的字义规定。但字数在不同的朝代有不同的规律性，唐帝谥号最终基本上是五字或七字，宋代十六字，明帝谥以十七字为准，清代则加至二十四字。这种规律性使得各个朝代的帝王谥号整齐划一，并在内容上对比排列，越到封建社会后期越呈现僵化的趋势。

同时恶谥遭到非议，基本上以美谥为主。美谥和恶谥在十分重视青史留名的古帝王心中占有重要位置，"惟美恶之谥一定，则荣辱之名不朽矣"⑥，故

---

① 《通志·谥略》。

② 《史记正义·谥法解》。

③ 《通志·谥略》。

④ 《史记·秦始皇本纪》。

⑤ 《白虎通义·谥》。

⑥ 《续文献通考·谥法考》。

谥的美恶使帝王们耿耿于怀,随着专制王权的加强,恶谥之说渐寝而不行。唐以后,即使亡国之君和遭到废弑的帝王,对他们也只是用表示哀悯的中性谥,而不是恶谥。唐代苏楷驳昭宗谥号,认为昭宗谥为"圣穆景文孝皇帝"与他身遭杀害和当政时的政治昏暗情况不符,要求改谥。继位皇帝和大臣都无可辩驳,只好改谥为"恭灵庄闵孝皇帝"。这虽不是恶谥,但足以使昭宗的子孙心怀怨恨,即使篡唐的朱全忠也很鄙视苏楷的行为,把他斥逐出朝廷。纵观历史,有恶谥的君主只是极少数,一旦成为帝王,就为权杖的光辉所笼罩,作为与他本身相异化的形象而存在,即使平庸无能和暴戾昏君(除个别外),也冠以诸多美名,以此掩盖其真实面目。秦汉以后谥号起到了美化帝王的作用,观谥而知其行的意义不复存在。

尊号在先秦表现为号, 是对当权者的称呼,"若夫五帝三王之世, 所谓号也;文武昭景成宣戴桓,所谓谥也"①。号早于谥,是人们等级地位的标志,故先秦诸子均十分重视名号对维持等级秩序所起的作用。号,"所以表功明德,号令臣下者也"②。秦始皇统一天下后,为了"称成功,传后世",议定国君尊号为"皇帝"③,其后"皇帝"之称遂成为定号并普遍运用。独一无二的"皇帝"之称仍不能满足帝王们的自我尊崇之心,于是在"皇帝"的基础上又加以润饰,堆上一大串形容词,这就是本文所指的尊号。从这个意义上说,最早上尊号的是汉哀帝号称"陈圣刘太平皇帝",故宋代孙甫说:"秦不顾德之所称,但自务尊极,故称皇帝,然亦未有尊号也。至汉哀帝始有圣刘太平之号。"④此后有北周宣帝自称"天元皇帝"等,均是在特定政治环境下所采取的改制措施,并没形成定制。至唐代尊号始盛行起来,并为后代皇帝所沿袭,同时尊号也施用于死去的皇帝,使在位皇帝和死去的先帝同乘浮词虚海之舟,更添一层神圣的荣光。

尊号流行于唐至清初。无论是典礼的盛大程度,还是尊号的酝酿过程,都对当时的政治生活有很大影响,直接体现了臣民和君主的政治心态。尊号的兴起与对先帝追加尊号,也打乱了谥号的严格性。尊号适用于先帝称"尊谥",尊号与谥号在后期也就混合使用。

---

①《潜夫论·志氏姓》。

②《白虎通义·号》。

③《史记·秦始皇本纪》。

④《唐史论断》卷中《玄宗·开元神武皇帝尊号》。

谥号、尊号是政治观念中继体嗣统的体现,并由此而形成一个连绵不断的君主系统,这个系统没有朝代之分、敌我之别,新的朝代总是给前代的亡国之君以谥,并且越到封建社会后期,越失去了谥法初期的原则和是非观念,亡国、昏暴的君主也多冠以美谥。

谥号是君主制下政治生活的重要内容,被人们所重视。历代学者、君主对其理论有许多著述。因为谥法对每个字都有特殊的规定,而这些字义大多由圣上钦定或积俗而成,因此,谥法理论也是政治思想、文化的缩影。较早的谥法有托名周公所做的汲冢周书之谥法,杜预释例之春秋谥法、广谥等,此外流传的有蔡邕、沈约、贺琛、扈蒙、苏洵、郑樵等奉旨刊定的谥法。明清时撰写谥法的学者最多,并且可以发表一些自由言论,如郭良翰、练恕、王士祯、鲍康、沈炳震等都有专论,至于论及谥号的书还有许多。由于时代的不同特色,不断地出现新的谥条和谥义。尧、舜、禹等先王名字作为谥法的称谓条例,是儒家大力提倡的结果。苏洵《谥法》丰富了文、武等谥的含义,并受宋代理学风气的影响,增加了新的谥义,如"穷理尽性曰圣"。同时随着君主专制的加强,在理论上出现了对恶谥的非议,以图建立新的谥法精神,如郑樵在《通志·谥略》中公开宣布论谥唯美的观点。元代以后帝王没有恶谥,这对昏庸的帝王来说,显然是不合情理的。私下著书的学者对此发出疑问:"古之用谥,美恶并也;近专美而无恶,岂人皆善而恶谥无所于加,抑亦恶不复谥、而谥者得以掠美也?"①然而这只是私论,且主要不是针对皇帝的。

2.帝王谥号、尊号的政治文化意义

语言是思想的载体和表达手段,是文化的基因。人们直观看到的谥号和尊号是一种语言符号,而它们排列在一起并被赋予意义,则是一种政治文化的储存和凝固。它们既是经过大臣们慎重的取舍、皇帝最后的裁定,当然是统治思想的结晶。把它们作为皇帝的形象,并通过仪式传播给臣民,得到认同,是统治阶级所期待的。

谥号的内容在其发展中逐渐形成一定的范式,首先是"孝"字成为汉帝的共同谥称。唐朝帝王谥号(终谥)定型为七字谥,即"××大圣大×孝"皇帝,在其中分别填以不同的形容词。明代以"×天×道×××××文×武×××孝×"皇帝为格式,清代以"×天×运×中×正×文×武×孝……"为基本模式。这些模式的主体大致不变,且都

①《南园漫录》。

209

是统治思想的高度概括。从其内容上可以看出各代统治思想的继续和完善过程，孝、文、武、圣、天、道等主题是陆续提出并为各代所认同的。帝王承载了这些最高原则，从而成为"道"的集散中心。

透过谥、尊号所弥漫的神圣光环，我们可以从其规律性的模式和发展过程中了解到传统政治思想的传递和完善的信息。约略而言，有如下几个特点：

其一，治道从文、武相分到兼备文武之道。"文"正如其字义一样，谥义是一种平和、温宁的政治文化概念，"经纬天地曰文""道德博闻曰文""慈惠爱民曰文"等，后来又增加了"勤学好问曰文"等内容。"武"则是武功显赫、扩展疆土的标志，"威强敌德曰武""克定祸乱曰武""刑民克服曰武"。周文王以德服远、笼络民心，周武王起兵克商、平定天下，二王以不同的策略取得天下，成为后王典范。文、武之道经过儒家的大力宣扬，为历代帝王所仿效，文治武功都是帝王们刻意猎取的美名。但在唐以前，文与武对一个君主来说是相对的，"言文则不称武，言武则不称文"①。自唐高宗追尊太宗为"文武圣"皇帝以后，"文""武"才在帝王谥号中连为一体。作为文化符码，文、武比圣、孝等抽象名词具有更实际的意义。从历史的经验看，文、武是统治网中的经纬线。"武为救世砭剂，文其膏粱欤？乱已定，必以文治之……故曰武创业、文守成，百世不易之道也。"②随着谥号的模式化，文武作为对帝王的素质要求已失去了作用。

其二，品性评价楷模化。中国历来注重个人道德品质的修养，因此在谥、尊号中有关品质方面的词语占很大比例，如穆、昭、章、德、仁、敬、勤、信毅、端敏等。由于皇帝们不同的性格和修养，所以对他们的描述用语也不相同。不过，有几个词是多数皇帝都用的，如德、孝等。其中"孝"最突出，是继体守文的一种表现，"孝子善述父之志，故汉家之谥，自惠帝已下皆称孝也"③。"孝"的公式化使它本身已失去意义，以提倡孝道著称的司马氏政权正是亲族相残的政权，而唐太宗的逼父退位、诛杀兄弟也并不影响他死后谥中有"孝"。对于他们来说，正常的孝是不可能的，他们的孝是超越个人伦理的，"天子之孝，贵于安宗庙、定万人"④。只有在不触动帝位的情况下，他们才做出孝敬的样子，为天下做表

---

① 《全唐文》卷三三六《请复七圣谥号状》。
② 《新唐书·儒学列传上》。
③ 《汉书·惠帝纪》颜师古注。
④ 《旧唐书·王琚传》。

率。孝必须为权力让路。帝王们的道德表现尽管每况愈下,而谥号评价都成了楷模。

其三,圣化意识的加强。"扬善赋简曰圣""敬宾厚礼曰圣"。圣成为一种公开正式确认的尊君形式是在唐代以后,在此之前臣民们虽然不断地圣化皇帝,称皇帝为圣上、圣主,诏书是圣旨等,但直到唐代,圣才正式成为帝王名号之一,把对君主的崇拜推到顶峰。圣与君的结合更有利于统治。同时,由于圣是指应时而变、无所不能的模糊性概念,最能出神入化地描述帝王神龙不见首的特性,也使臣民可以随意想象,把最理想的幻物都附加在帝王身上,从而美化了帝王,"由不太精确的政治名字无意识地激发起的情感联想可以持续更长的时间"①。这对麻痹人们是极有用的。

其四,法天行道。天命观和道统观是古人的终极追求和理想境界。帝王是承天命和治道的主角,所以他们对法天行道观特别重视。"天"是对帝王政治的哲学提高,宣称君权神授、天君合一,把皇帝及其政权加以神化;行"道"表明帝王政治的合理性和正确性。天作为符号出现在谥、尊号中是后周闵帝称天王以后。宋代灾异较多,政局不稳,对君权神授的强调更加突出,加上唐中后期以来天道观哲学思潮的推动,"天"在谥号中有"统天""法天""仪天""感天""体天"等。另一方面又紧紧抱着"道",以证明自己合理而正统,有"继道""体道""明道""契道"等。封建社会中后期,法天体道观在谥、尊号中特别突出,这是传统的天人关系论、道德观发展成熟的反映,表现了统治阶级政治哲学浓厚的宿命论色彩和对道统的继承。

谥、尊号虽然只是语言符号的不同组合,却正是几千年来传统政治思维的凝聚。"圣"作为帝王品性的理论提升,"文武"作为实际的治国之策,"孝"作为政治伦理化的旗帜,再加上"天"的神化、"道"的延续性,以及神、德、仁等符号,成为一种政治口号和纲领,一方面起到潜移默化的作用,使这些思想渗入到人们的意识深处;另一方面又给帝王罩上层层耀眼的光环,使得幻想与现实混淆。"词语是如此逼真、如此易于人格化,如此易于与情感和偏见发生联系。"②随着对君主崇拜的加强,这些语言的巫术功能超过了表意功能。对此还有一系列问题有待深入研究。

---

① [英]格雷厄姆·沃拉斯:《政治中的人性》,郑永年、李茂奇译,浙江人民出版社,1988年,第50页。
② [英]格雷厄姆·沃拉斯:《政治中的人性》,郑永年、李茂奇译,浙江人民出版社,1988年,第42页。

3.从唐代尊号析君尊臣卑意识

在谥号和尊号的发展史上,唐代是个关键性的转变时期。尊号正式实行并盛行于唐代,而且在后期与谥号混合使用,淡化了谥号的美恶之分,因此,这里着重谈谈唐代尊号的情况。

唐代尊号肇始于唐高宗和武则天,咸亨五年八月高宗称天皇,武则天称天后,时人并称二圣,"尊号之兴盖本于此"[①]。武则天秉政后,为了抬高自己,首次把尊号之风推向高潮,从垂拱四年至证圣元年,七年间六上尊号。玄宗时又一次达到高潮,开元二十七年至天宝十二年五上尊号,从此尊号仪式成为定制,成为唐代非常隆重的国典。生前没有尊号的皇帝只有睿宗、文宗、哀帝。

尊号在实行中逐渐形成礼仪制度,"尊号之典,唐始载于礼官"[②]。虽然流传的唐史中没有详细记载尊号仪式,但我们从唐代君臣的诏奏和实际施行,并参诸宋代尊号仪,可以想见当时的"盛仪"场面和程序。首先是臣民借祥瑞或军功、吉日上表恳请加尊号,皇帝一方面非常惬意于大家的推尊,一方面又要表示谦让的美德,再三推辞,不敢虚美,但经过臣民多次恳请(宋代明确规定为三次),为了不辜负百官恳请、万民拥戴,"勉从所请",不过仍"深愧于怀"。皇帝允准后就择吉日举行大典,"撰吉日,修礼容,设九宾,觐群后,昭告列圣,清庙展黄琮之仪,有事昊穹、圜丘、陈苍璧之礼"[③]。宰相率文武百官奉上尊号,皇帝御正殿(多在宣政殿、含元殿)受册,并且祭祀天地、祖庙。礼毕,大赦天下,同时还常伴随有改元之举。臣民欢欣鼓舞,纷纷上表朝贺。尊号成为在神灵的祝福中升腾的一面旗帜,它不仅是人主自我尊崇的表象,也伴随着盛大的典礼和赦书实现了统治阶级宣传政教的目的。随着频繁地上尊号,其仪式也逐渐机械化,人们对它的内容只是机械地接受,并不追究它的真实性,但这种仪式对人们的政治心态却有重要作用,"这样不变、统一、单调地重复同一仪式最能够麻醉人的积极力量和判断、批判的洞察力,更会消解我们个性的情感和个人责任心"[④]。

为更深入地解释谥、尊号所蕴含的政治文化意义,还必须从社会生活中找到它的踪迹。谥号的拟定过程大多已不可考,而尊号初兴时所体现的政治思

---

①《唐鉴》卷五。

②《宋史·上尊号仪》。

③《全唐文》卷三三二《上尊号表》。

④[德]恩斯特·卡西尔:《国家的神话》,张国忠译,浙江人民出版社,1988年。

维和意识还保存在诏奏中。唐代关于尊号的诏奏是历代中最多的。在《全唐文》中保留的一百多篇，有臣民请上尊号表、贺上尊号表和君主的答诏及赦书、册文等，从一方面反映了当时的政治心态。

随着唐代社会经济的繁荣和社会的安定，君臣骄奢虚荣之心有所增长，要求象征帝王的名号也相应地变化，"至道已迈于胥庭，鸿名尚袭于汉代"①。于是臣民们劝皇帝"守谦而为恭，不如立中而垂法；表朴而礼略，不如文明而化光"②，而君主也认为"质文之变，盖取随时"③，要求去质朴而取文华。尊号在君臣的对扬之下得到了一致首肯，并表现了各自的政治心态。

尧舜和皋陶等上古贤君良臣是儒家树立的榜样，也是历代所仿效的对象。"致君尧舜"本是臣民对皇帝的角色期待和政治目标，"朕方以皋夔之务委卿，卿宜以尧舜之事教我"④。但是唐代臣民把上尊号也作为致君的一种手段，从而为上尊号提供了堂皇的借口。他们对其主子的吹捧达到高潮时，甚至可以凌驾于尧舜之上，"固可使尧舜拥篲、禹汤扶毂"⑤。他们对君主冠以圣贤的美称，仿佛就表明君主达到了所期望的水平，"卿等思致君尧舜，欲加号'圣文'"⑥。这种务虚的方法自然来源于对皇权的畏惧而产生的颂赞心理。

作为封建君主制度下的臣民，历来是皇帝的家奴和子民，生死荣辱系于君主，"身体发肤尽归于圣育，衣服饮食悉自于皇恩"⑦。沐浴皇风、游泳皇泽的臣民对君主既畏惧又感恩戴德，以上尊号作为对帝王功德颂扬的机会，无不争先恐后、累上表章。"忠于其君则望美终日，盖性本于内，义激于中。"⑧对皇帝的阿谀颂扬是臣子们的存在条件之一，否则就会寝食难安，惶恐不已。"陛下赏功与能，举贤出滞，小言不废，片善是褒，岂可使臣子之效虽微而必旌，君父之德尽美而无称？"⑨同时这也是臣子没有尽到劝进和辅佐的职责，"功成而礼不崇，德广而名

---

① 《全唐文》卷二一七《代百官请上尊号第二表》。

② 《为文武百官请复尊号第五表》。

③ 《加天地大宝尊号大赦文》。

④ 《批宰臣请上尊号第二表》。

⑤ 《为杭州崔使君贺加尊号表》。

⑥ 《答侍中裴光庭等上尊号表批》。

⑦ 《代京兆府耆老请复尊号表》。

⑧ 《请加尊号表》。

⑨ 《为京兆府请复尊号第一表》。

未称,臣子之罪也"①。一旦出现灾异或政治危机,君主罪己降名,群臣更是胆战心惊。"倘陛下以自咎责之心尚或未弥,则群臣不能匡辅之罪是亦未除,将何以蒙陛下之恩私,将何以受陛下之爵赏?"②这种恐惧感是君主专制下百官对自身命运的不可把握所产生的,害怕因不赞美皇上而使官运受到损害。

面对尊号,有一个矛盾时刻萦绕着君主,一方面要满足群臣的尊崇愿望和自己的夸饰心理,一方面又害怕过于虚美。这种矛盾表现在实际操作中,就是对臣子忠诚的肯定和对尊号的多次推辞。"朕辞益固,情益坚,诚献可之不移,奈虚美而难处"③。对于处在封建社会权力宝塔顶峰的帝王来说,无论是贤君或是庸主,总要表白自己居安思危、朝乾夕惕的警戒心理。盛朝之主固然因"超驾前王,弥增夕惕"④,罹难之君更是"惕然南面,常惧君难"⑤,所以他们在上尊号时多次推辞,以致上了尊号,还表示"感惧交集"等。而一旦出现政治失调或自然灾异,他们就认为是上天对虚美尚功的谴责,马上引咎降名,如武则天以明堂火灾去"慈氏越古"之号,肃宗、德宗等去尊号以答谢上苍、收买民心。同时他们要求臣子"强我懿号,不若使我为有道之君;加我虚尊,不若使我居无过之地"⑥,敦促臣民从实政上辅佐君主,使尊号的内容得以实现。

为了克服君主的心理障碍,臣民们就为尊号寻找合理的"外衣",使君主穿着放心。

第一,尊号是古代传下来的国典,实为"上仪",所以"臣下请之之谓礼,帝王承之之谓孝"⑦。

第二,用尊号来齐圣,"自增神器之重"⑧。

第三,尊号是宣扬圣德、风化四海的工具,"惟有尊名,用光圣理"⑨。

以上三个方面都是从提高皇帝权威以利于统治入手的, 是君臣共同关心的问题,所以他们把上尊号说成是"至公"之事而非皇帝的私欲,而皇帝迫于祖

---

① 《元和圣文神武法天应道皇帝册文》。

② 《为文武百官请复尊号第六表》。

③ 《答请上尊号第三表》。

④ 《答再请上尊号表批》。

⑤ 《答郭子仪等表请改元立号第二手诏》。

⑥ 《批宰臣请上尊号第三表》。

⑦ 《礼部为百官上尊号第二表》。

⑧ 《册尊号赦文》。

⑨ 《代京兆府耆老请复尊号表》。

法、至公之请,再加上自己"好誉之心内致,自矜之色外形"①,对尊号也就半推而就了。

然而随着社会的动荡不安,盛礼与虚美的矛盾更加突出,臣民们也难以无视现状而恭维皇上,对尊号的批判之声时而出现,特别是德宗逃难到奉天后,陆贽反对增美称的理论也主要是针对以上三个方面:首先,尊号之兴本非古制,古代的皇帝、王、天子就是至尊、极美之名号;其次,人主轻重不在名称;其三,皇帝应去尊号以答天谴、颁罪己诏以收揽民心。②陆贽的批评在表面上得到了德宗的赞同。陆贽反对虚名无独有偶,其前有颜真卿反对追加先帝尊谥,其后有韦温等对尊号隐晦的批评。

只要君主专制体制还在运行,对帝王拍马屁的事就不会绝迹,于是又有一批巧言者对尊号做出了新的解释,即以尊号来表示他们的政治理想和期待,"欲以徽称、懿号诱掖劝慕之(指皇帝)","将使循名而勉其实,力实而应其名"③。皇帝明白了臣民的心思,也就表示要把尊号当作箴诰,以其实际内容来自勉。"名实未副,朕当不敢荒宁,始终相成。"④于是尊号在风雨飘摇中又有了新的作用,它可以激励君主在危难之机树立信心,"慕陶尧虞舜之行以自勉,思文武宪章之道以自勤"⑤,又可宣示海内外,以尊号内容作为迷人的目标。

帝王的谥号和尊号是封建君主专制主义的产物,为维护帝王的权威形象服务。它不同于礼仪的是,用词语堆砌所构造的象征意义产生了两个主要的社会效应:其一,它本身是统治思想的浓缩,带有宣传政教的作用;其二,以名当实的唯心论阻碍了臣民正确地认识君主。谥号、尊号通过语言符号的物化和君臣的大力宣扬,形成了一种思维前提和集体潜意识,使人们在山呼蹈舞中失去了自我辨别能力和独立人格,故"在政治这一意识形态领域内,语言的拜物教和宗教一样危险"⑥。这对于君主来说却正是好事。从唐代围绕尊号所表现出来的政治心态可以看出,颂君是臣民的政治义务和以卑求荣之术,尊号的内容是君主应具的政治品格。在这里,君、臣表现出的都不是本我,而是君主政治运行中

①《答再请上尊号表批》。

② 参见《奉天论尊号加字状》《重论尊号状》。

③《受尊号赦文》。

④《答宰相曹确等请加尊号第四表诏》。

⑤《长庆元年册尊号赦》。

⑥ [美]埃里希·弗洛姆:《在幻想锁链的彼岸》,张燕译,湖南人民出版社,1986 年。

的角色。驱使他们扮演这种角色的动力是君尊臣卑的制度和观念所塑造的帝王崇拜。无论是最初的因赞颂政绩和君主品德而上尊号,或是后来的先树立尊号再去求实,都使帝王高高在上,神圣而耀目。帝王崇拜在君主专制时代普遍存在,只不过在不同时期有不同的方式和程度,但上尊号却更加直接和露骨。

六、儒家人论与王权主义 *

以儒家文化为主体的中国传统文化表现出一种"人本主义"倾向,特别是对于理想人格的虔诚修养和执着追求,在长达两千年的封建社会中曾成为汉族文化–心理结构的重要组成部分。新儒学据此认定儒学倡导个性独立、人格尊严,并且还是民主政治的基础。然而,有一个巨大的历史现象令人困惑:为什么这样富于"人本"精神的学说却长期被封建统治者尊为"经典",奉为圭臬,与儒学"人本主义"相伴行的、互为表里的不是民主政治,而是君主专制?为了弄清这个问题,有必要对传统儒家思想文化中有关"人"的认识作一番考察,以便更确切把握儒家"人本主义"的内涵。

1.人的本质——伦理道德性

严格地说,人类的真正觉醒是从人把自我作为独立的认识对象开始的。

幼年时期的人类崇拜自然,自然力有着无限的权威,在意识中,自然力又表现为人格神。原始神秘主义束缚人们的思维和整个精神世界,人不是自我的主人,而是神的附属物。人类的觉醒首先要摆脱原始神秘主义的桎梏。

就中国历史来看,殷商时期基本是神的世界。然而,正当殷商帝王们虔诚地"率民以事神"[①]的时候,一股人文主义思潮伴随着殷周之际的社会震荡悄然萌发。继殷而起的周朝统治者从现实社会的政治动乱中觉察到人自身蕴聚着巨大的力量,人间事务不能仅仅求助于神的庇护。周公悟出了一个新道理:"敬天保民","天听自我民听,天视自我民视",以民情知天命。这不只是一条重要的统治经验,同时也是认识上的一大进步,意味着人和神灵世界某种程度的分离。人从神的附庸地位逐渐提升,人神之间形成了某种程度的相向制约关系。周初统治者对民的重视逐渐汇集成

---

* 本节与葛荃合作。

① 《礼记·表记》。

一股强大的社会政治思潮,有力地震撼和动摇了原始神秘主义的束缚,人们的认识从崇拜天神转向人自身迈出了有力的一步。

春秋战国时期的历史激变为人们认识的飞跃创造了新的条件。先进人们的目光进一步转向人自身。子产说:"天道远,人道迩。"①孔子说:"未知生,焉知死。"②他们显然没有否定神秘世界,但他们把它放在了遥远的地方,摆在他们认识日程上的是现实的人自身及其生活环境。

如果说理性认识的深化是古代文明赖以形成的内驱力之一,那么人类自我认识的演进程度则是衡量一个民族理性发展的标志。老子把人还给了自然,孔子把人还给了社会,这种认识上的成就使他们二人成为中国历史上文化转型的开拓者。其后,思想家们对于人自身的价值、人存在的地位及其意义进行了普遍反思,促进了人们理性的觉醒。

把人还给自然无疑是认识上的一大进步。然而,与之俱来的并不都是人的自信和自主的喜悦,有时反而唤起灵魂深处的原始恐惧和无限的苦恼。面对着无限广袤的自然天地和人自身极其渺小的强烈对比,老子,特别是庄子被这一对比猛烈地震动了。庄子感慨万分说:"吾在天地之间,犹小石小木之在大山也。"③他为人的卑微而感到惶惑,人根本无从摆脱对自然的依赖:"夫大块载我以形,劳我以生,佚我以老,息我以死。"④说到底,"吾身非吾有也"⑤,人不过是自然的某种存在形式。人的生命注定要由自然摆布,"吾以其来不可却也,其去不可止也"⑥。人根本不能把握自我,不能主宰自我的人生注定是一大悲剧。人的存在还有什么意义!庄子一下子丧失了对人生的信念,由此走向消极遁世,幻想用一个永远没有开始的永恒来抵消对人生悲剧的恐惧。于是他"同物我","齐生死",一头转回大自然的怀抱,在观念上否定人自身的存在。

与老庄相反,以孔子为代表的儒家文化却表示了对人的极度重视,他们从不同角度和各个层次寻求"人是什么"的答案,企图发现人的价值和人存在的

---

① 《左传》昭公十八年。

② 《论语·先进》。

③ 《庄子·秋水》。

④ 《庄子·大宗师》。

⑤ 《庄子·知北游》。

⑥ 《庄子·田子方》。

⑦ 《荀子·王制》。

意义。其中以荀子的概括最为精练。他说:"水火有气而无生,草木有生而无知,禽兽有知而无义,人有气有生有知,亦且有义,故最为天下贵也。"⑦在儒家看来,人与动物的区分可归纳为如下三方面。

其一,人、兽虽然都有知觉,但人的知觉具有审美意义。《礼运》说,人是"食味别声被色而生者也"。孟子、荀子都认为"食"与"色"是人之本性。宋儒邵雍也说:"人之所以能灵于万物者,谓其目能收万物之色,耳能收万物之声,鼻能收万物之气,口能收万物之味。"①这就直接把人置于认识客观世界的主体地位。这种知觉加审美认识的形成从观念上自觉地把人和自然世界区分开来,推动了人的自我认识。

其二,人能通过劳动改造和驾驭自然物。汉儒董仲舒说,人能"生五谷以食之,桑麻以衣之,六畜以养之,服牛乘马,圈豹槛虎,是其得天之灵,贵于物也"②。《易传》也提出,人类社会的物质文明和精神文明都是由人类中的杰出人物创造出来的。③进行对象性活动是人所特有的本质。

其三,区别人兽的根本标志是人有伦理道德,董仲舒说:"物疢疾莫能为仁义,唯人独能为仁义。"④人"入有父子兄弟之亲,出有君臣上下之谊,会聚相遇,则有耆老长幼之施,粲然有文以相接,欢然有恩以相爱,此人之所以贵也"⑤。朱熹也说:"故人为最灵,而备有五常之性,禽兽则昏而不能备。"⑥人有伦理道德是区别人和动物的主要界限,也是决定人之价值的基本标准。这个认识贯穿整个儒家文化,成为人们试图把握自身存在意义的根本立足点。

儒家在人类自我反思过程中概括出人具有感知功能、能创造独特的道德本质。人不仅能建立一个不同于自然本质的物质世界,而且能构筑起一个主观理性世界。这就充分表明他们已经明确地认识到人是宇宙间唯一不同于任何其他事物的特殊的类存在物。于是,一股巨大的自豪之感便油然而生,充溢于整个儒家文化之中。"人者,其天地之德,阴阳之交,鬼神之会,五行之秀气也。"⑦人是天地的造物,却又不同凡俗,他是天地秀气日月精华的结晶。"天地

---

① 《皇极经世·观物内篇》。

②⑤ 《汉书·董仲舒传》。

③ 《易·系辞下》。

④ 《春秋繁露·人副天数》。

⑥ 《朱文公文集·答余方叔》。

⑦ 《礼记·礼运》。

⑧ 《汉书·董仲舒传》。

之性人为贵,明于天性,知自贵于物"⑧,儒家对于人在宇宙间地位之高贵有着充分和清醒的觉察。

但是,我们必须看到,儒家关于人之赞歌的主旋律是"凡人之所以为人者,礼义也"①。人的最本质的规定是道德,人不外乎是"有道德的动物"。这个认识既有不可低估的积极意义,又暴露了儒家关于人的自我认识的根本弊端。

伦理道德是人的社会性表现之一,是人类文明理性的重要组成部分。伦理道德规范调节着人类社会的群体关系和内在秩序,是人类能够作为社会群体而存在的必要条件和保障。儒家强调伦理道德与人之社会存在的内在联系,为人们自觉地协调社会群体秩序奠定了认识基础。儒家把伦理道德视为人之本质固然有一定道理,但它把复杂的人简单化了。人作为社会存在物,他的活动遍及经济、政治、文化、家庭等各个层次和领域,并在这些活动中相互结成了各种社会关系。其中,人对外部自然世界的改造亦即生产活动是最基本的活动,人们在生产活动中结成的经济关系是人们最基本的社会关系。人类"正是通过对对象世界的改造,人才实际上确证自己是类的存在物"②,人的主体性首先要在改造征服自然世界的过程中得到确立和体现。人类的理性文明在很大程度上也是伴随着人对自然世界的改造征服才得以发展,并不断丰富和完善。可是,儒家却用伦理道德概括了人的最基本的本质,以伦理关系取代人的其他社会关系。在他们看来,人存在的价值和意义就在于人对自身道德本质的体认、修养和践行。因而,他们关于人的反思视野基本局限于人自身道德的完善。"人之所以为人者,礼义也"的命题,与其说是揭示了人的本质,不如说是宣布了一个限制人自身的根本律令。虽有益于维护人类社会的秩序性和整体性,却又在一定程度上阻碍了人们向着解放和自由迈进。

儒家关于人的自我认识的积极意义是有限度的。

2."人道"原则与对个体人的压抑

迄今为止,人类发展史向我们表明,人的全面发展包括不可分割的两方面,即人的社会化和人的个体化。前者是说,任何个人的发展必然要通过社会化途径,通过人我之间的社会联系和交往;后者指的是,人的社会化必须以作为独立个性存在的个体人为基点,即以人的个体化为条件。因之,人的个体

①《礼记·冠义》。
②马克思:《1844 年经济学–哲学手稿》,刘丕坤译,人民出版社,1979 年。

219

性发展与人的社会化发展一样,同是人全面发展的必要条件。人的个性形成的一个重要前提是,人们需在观念上将自己与人群整体区分开来,个人须在意识上把自身视作既不能与人类群体分割,又有其独立意义的一种客体存在,认识到自己本身是一个不同于其他一切人的、与任何人不相重复的独特的个性存在。这种相对于人群整体的个人意识,即是人的个人主体意识。

人的类主体意识和人的个人主体意识是人类自我认识发展必然经过的、依次相连的两个发展阶段。一般说来,在人类社会初期,人与自然的矛盾占据主导地位,与之相应,人的类主体意识是人类自我认识的主流。这是人类自我认识发展的初级阶段。随着人类社会物质文明的发展,人的社会化不断加深,个人与人群整体,即“个体与类”的矛盾逐渐上升,人的个人主体意识在人的自我认识中的地位日趋明确和重要,人的“自由个性”日趋丰富。在社会发展的高级阶段将实现以“每个人的自由发展”为条件的“一切人的自由发展”的联合体,当然,也只有此时,才可能实现“人和自然界之间”及“个体和类之间的抗争的真正解决”①。

现在我们回头检核儒家关于人的自我认识,我们会发现,儒家仅仅是人的类主体意识的理性觉醒。他们关于人之本质的抽象主要不是基于对个人与人群整体关系的考察,不是从社会关系的总和上把握人,而是侧重于人类和动物的比较。《礼记》说:“无别无义,禽兽之道也。”②荀子则说:“人道莫不有辨。”③这里的“人道”相对“禽兽之道”而言,概括了人的道德本质,它的核心是“礼义”。《逸周书》说:“人道曰礼。”④《礼记》说:“亲亲、尊尊、长长、男女之有别,人道之大者也。”⑤不言而喻,儒家关于人的类主体意识的觉醒实际上只限于伦理道德。儒家这一觉醒应该说在一定意义上悟解到人之为人的价值。可是,接踵而来的并非人的个性的自由发展,相反却最终导致了人的个性的泯灭。关于这一点我们从两个层次进行分析。

首先,从总体上看,“人道”体现着儒家关于人类的社会性的基本认识。他们理解的“人道”的核心是血缘人伦关系。《礼记·礼运》说:“何谓人

---

① 马克思:《1844 年经济学–哲学手稿》,刘丕坤译,人民出版社,1979 年。

② 《礼记·郊特牲》。

③ 《荀子·非相》。

④ 《逸周书·礼顺》。

⑤ 《礼记·丧服小记》。

义？父慈、子孝、兄良、弟弟、夫义、妇听、长惠、幼顺、君仁、臣忠。十者谓之人义。"在儒家看来，人类社会不外乎是一个以血缘家庭为基本连接点的多层次人伦关系网络，人在社会生活中的其他关系都不过是血缘人伦关系的外化和延伸。譬如，君臣关系是人伦关系的延伸，"夫妇之道，不可不正也，君臣父子之本也"①。社会的其他关系，如邻居、朋友，也必须向伦理关系认同。如孔子说："里仁为美，择不处仁，焉得知。"②《中庸》说："信乎朋友有道，不顺乎亲，不信乎朋友矣。"儒家所理解的社会性，究其根本是人的"家庭性"或"家族性"。

人作为社会群体中的一员，他的社会性不只体现在血缘人伦关系之中，同时也体现在经济关系、政治关系、文化活动等种种社会联系交往之中。一般说来，人们结成的社会关系和社会交往越广泛、越普遍，个人的社会化程度就越高，他的道德义务感就越开阔，人的主体意识就越强。也就是说，当人们不仅作为血缘社会的成员，同时也作为社会经济和政治生活中的成员而有意识地活动着的时候，他的道德义务感就会超出血缘家庭（族）的范围，扩大到面向整个社会。他将逐渐摆脱对血缘家庭（族）的依附，在繁杂、多变和丰富的社会交往和联系中，体会他的个体价值和相对独立的个人尊严，他的个人主体意识就会益发清晰和自觉。儒家的局限是用血缘人伦关系作为人的全部社会关系的枢纽，人们的自我认识被血缘人伦观念层层缠绕，致使本来应当享受丰富多彩的全部社会生活的人陷溺在人伦关系网络中。人们不是以相对独立的个人身份出现在社会舞台上，更不是作为社会整体中相对独立一员展现他的个性。儒家文化中没有相对独立的个人，只有形形色色的角色，只不过随着时间的推移和种种具体条件的变化，人们在人伦关系网络中所处的具体地位不同而扮演不同的角色罢了。在"人道"观念约束下，人的价值取决于对"亲亲、尊尊"等伦理道德的认同，个人只有在遍布整个社会的人伦关系网络中才能找到自己的位置。而且，人们越是要证明自己是人，就越要沿着"人道"的轨迹，紧紧相互攀附在人伦关系网络上，使自身融合于社会群体之中。反之，如果有谁敢于背离儒家所规定的"人道"，他就失去了人的资格。正如孟子批评墨子所说，亵渎人伦关系就是禽兽。因而儒家文化中的人并不强调独立个体的人，而是指依照

①《荀子·大略》。
②《论语·里仁》。

人伦关系网络组织起来的人的群体。他们苦苦思索试图揭示人自身的奥秘,不过是在追寻人群整体和谐与人的群体价值。"人道"本身就表现出一种内在秩序与整体和谐之美:"礼者,贵贱有等,长幼有差,贫富轻重皆有称者也。"①儒家从血缘人伦关系中概括出几对关系,通过"礼"的规定使之规范化。"君臣、上下、父子、兄弟,非礼不定"②,每一对关系中都内含着严格的隶属性,如"妻者夫之合,子者父之合,臣者君之合"③。人们遵循儒家的"人道"就被无情地固定在各自的等级地位上,无条件服从上下隶属关系。人们的衣着服饰、言谈举止、思想感情,无一不被等级格式化。所谓"非礼勿视,非礼勿听,非礼勿言,非礼勿动"④,"君子思不出其位"⑤。任何个人只能在适应"人道"规定中寻找或实现自我。"人道"的基本精神是个人向着人群整体的认同和皈依。因之,以"人道"为核心的儒家文化没有促使个人主体意识生长的土壤,儒家对人的赞誉主要不过是肯定了类存在的人,体现了人的类主体意识的理性觉醒,却抑制了个人主体意识的形成。

其次,从"人道"的具体内容来看,几乎每一项原则规定都是对人的个性的否定。

"人道"的具体内容很多,简言之,即"三纲五常"。"三纲五常"最基本的精神是绝对尊崇父家长的权威。儒家认为,相对臣、子、妻而言,君、父、夫都具有父家长的身份。其中,君主是全社会最大的父家长。"天子者,天下之父母也"⑥,夫权则是父家长权威的另一种表现形式。各级父家长在其各自统辖范围内拥有独一无二的至上权威,如荀子说,"君者,国之隆也;父者,家之隆也。隆一而治,二而乱"⑦,《礼记》中的《坊记》《丧服四制》等篇也都强调了"天无二日,土无二王,国无二君,家无二尊,以一治之也"。这个认识被统治阶级奉为法典,《唐会要》中就有相同的记述。儒家在理论上赋予父家长的权威以专制的特质。父家长对其

---

① 《荀子·富国》。
② 《礼记·曲礼上》。
③ 《春秋繁露·基义》。
④ 《论语·颜渊》。
⑤ 《论语·宪问》。
⑥ 《盐铁论·备胡》。
⑦ 《荀子·致士》。
⑧ 《司马文正公传家集·居家杂议》。

辖治下的家庭成员拥有绝对的控制权力。"凡诸卑幼事无大小,必咨禀于家长"⑧;父家长还直接主宰着家庭成员的肉体和命运。譬如,他有权对子女施以暴力制裁。早在《吕氏春秋》里就讲过,"家无怒笞则竖子婴儿之有过也立见"①。《颜氏家训》里也有相同的记载。父家长有权依自己的意志处置子女直至买卖挞杀。父家长的意志受到法律的保护。《清律例》规定"父母控子,即照所控办理,不必审讯"②,在父家长的绝对权威之下,哪里还有什么个人的自主性和独立性。

"三纲五常"在观念上强调"孝"。儒家认为,"孝,德之本也"③。子女对父要孝,臣对君要忠,忠是孝的政治表现形式;妻对夫要顺,顺是孝的内在规定性之一。此外,五常之首是仁,"仁之实,事亲是也"④。"孝弟也者,其为仁之本与!"⑤"孝道"就成为规范人们行为的根本规定。依照孝的规定,第一,个人没有意志自由权,其爱憎要以父母的意志为转移。"父母之所爱亦爱之,父母之所敬亦敬之。"⑥第二,个人没有行为自主权,《礼记》的记述十分详细:"凡为人子之礼,冬温而夏清,昏定而晨省……见父之执,不谓之进,不敢进;不谓之退,不敢退;不问,不敢对";"出必告,反必面,所游必有常。"⑦第三,个人没有婚姻自主权,儒家认为男婚女嫁是做人的根本义务:"上以事宗庙,下以继后世"⑧,也是传延后代的手段,"不孝有三,无后为大"⑨,"父母之命"具有绝对的权威。第四,个人没有任何私有财产权,"父母在……不敢私其财"⑩,人们在没有成为父家长之前,经济上从属于整个血缘家庭。第五,在孝道的规定下,人们连自己的身体也属父母所有,"身体发肤,受之父母,不敢毁伤"⑪。人们保护自身就是尊行孝道,"父母全而生之,子全而归之,可谓孝矣。不亏其体,不辱其身,可谓全矣"⑫。于是儒家把任何有可能伤害

---

①《吕氏春秋·荡兵》。

②《清律例》卷二八。

③《孝经·开宗明义章》。

④《孟子·离娄上》。

⑤《论语·学而》。

⑥《礼记·内则》。

⑦⑬⑭《礼记·曲礼上》。

⑧《礼记·昏义》。

⑨《孟子·离娄上》。

⑩《礼记·坊记》。

⑪《孝经·开宗明义章》。

⑫《礼记·祭义》。

自己身体的活动、言行都纳入禁止之列，计有"不登高、不临深、不苟訾、不苟笑"，"不服暗，不登危"⑬等，还特地说明，这样并非怯懦，而是"惧辱亲也"⑭。就这样，在孝道的规范下，人们连最起码的人权都没有，只剩下服从的义务。用温情的血缘关系剥夺人的基本权利，这是儒家思想的一大特点。

那么，父家长是否有其个人的意志和行为自主权呢？相对家庭成员而言，各级父家长拥有绝对的辖制权力，然而其本身也要受孝道约束。在中国传统社会中，孝道被扩大到社会政治生活的各个角落，具有普遍原则的意义。儒家规定孝的公式是："夫孝始于事亲，中于事君，终于立身。"①孝无所不包，无处不在。曾子曰："居处不庄，非孝也；事君不忠，非孝也；莅官不敬，非孝也；朋友不信，非孝也；战陈无勇，非孝也。"②父家长也要以孝道为守则，无条件服从全社会的大家长——君主。

倘若生之为女人，就更加可悲。女人的地位更低了一等，"男尊女卑，故以男为贵"③，儒家给女人立的戒条是"三从四德"，"女子者，顺男子之教而长其礼者也，是故无专制之义，而有三从之道"④，即"幼从父兄，既嫁从夫，夫死从子"⑤，服从更是女人的天职，"妇将有事，大小必请于舅姑"⑥，妇女只能充当劳动和生育的工具。《清律例》就明载"盖夫为妻纲，妻当从夫"⑦，对于女人来说独立意志和人格等更无从谈起。

儒家的精神世界是一个群体的世界，其中几乎没有个人的位置，不存在现代意义上的人权因素。

3.道德理想人格与王权主义

儒家文化不倡导个人主体价值，是不是意味着根本否定伟大人格的存在呢？事情并不这么简单。我们看到历史上有许多思想家反复吟咏着伟大人格的理想之歌，有些思想家还身体力行，以追求人格自我完善作为人生目标。当前，

① 《孝经·开宗明义章》。

② 《礼记·祭义》。

③ 《晏子春秋·天瑞》。

④ 《孔子家语·本命解》。

⑤ 《礼记·郊特牲》。

⑥ 《礼记·内则》。

⑦ 《清律例》："妻妾殴夫"条后总论。

⑧ 《孔子研究》创刊号。

一些国内学者也反复论证儒家文化的真谛是倡导人格平等、人格独立,认为孔孟仁学"把个体独立人格推衍到空前的高度"⑧。"孔子的'仁'在内在方面突出了个体人格的主动性和独立性"①,等等。儒家著作中有些文字确有类似含义。归纳起来大致可分为五个方面。

一、尊重个人的志气或志向。孔子曾允许他的门徒"各言其志"②,他还说:"三军可夺帅也,匹夫不可夺志也。"③

二、在某些外在的社会压力和政治权威面前,表现出某种独立性倾向。如孟子说:"富贵不能淫,贫贱不能移,威武不能屈,此之谓大丈夫。"④荀子也说:"是故权力不能倾也,群众不能移也,天下不能荡也……夫是之谓成人。"⑤

三、在追求道德理想时,突出了个人主观能动性:"我欲仁,斯仁至矣"⑥,"能循天理动者,造化在我也"⑦。

四、在人生道路选择上,允许有一定的灵活性,譬如"通则一天下,穷则独立贵名"⑧,"穷则独善其身,达则兼善天下"⑨,等等。

五、表现为一种宏大的人生抱负,勇于为了理想的实现而献身。如孟子立志"居天下之广居,立天下之正位,行天下之大道"⑩;如胡宏"立身行道",向往着"杰然自立,志气充塞乎天地……身虽死矣,而凛凛然长有生气如在人间者"⑪。

无可否认,以上这些表述确乎塑造出一种顶天立地的人格形象。他们志高而行洁,"夫贤人君子,以天下为己任者也"⑫,有着强烈的社会责任心。在儒家文化的人格力量感召之下,也确实培养出一些仁人志士,其中不乏感天动地的壮举和悲剧式的英雄人物。他们的业绩流为口碑,传布民间,在一定程度上充实了我们的民族自尊心。

---

① 李泽厚:《中国古代思想史论》,人民出版社,1994 年,第 25 页。

②《论语·先进》。

③《论语·子罕》。

④⑩《孟子·滕文公下》。

⑤《荀子·劝学》。

⑥《论语·述而》。

⑦《皇极经世·观物外篇》。

⑧《荀子·儒效》。

⑨《孟子·尽心上》。

⑪《五峰集》卷二。

⑫《盐铁论·散(聚)不足》。

可是我们更应该看到,儒家崇尚的人格从其体系看又无可挽回地否定了人的个性和独立性。

儒家关于人格的全部表述显示了一个共同的倾向:他们崇尚的人格并不包含对个人的地位、尊严和基本权利的维护,而是体现着个人对儒家道德理想的强烈追求与献身精神。一般说来,对于人的地位平等,个人的尊严和基本权利的自觉是形成独立人格的基本条件。"大丈夫"们表现出来的"独立性"倾向,并非由于社会政治等外在压力而深感人的尊严和自身权力受到凌辱,激起其人格的自觉,而是在践行儒家道德理想中,与社会现实种种障碍相矛盾而形成的道德皈依精神。"大丈夫"体现的人格不是以追求人的个体价值、个人尊严、人的个性自由和人的全面自由发展为内涵的个体独立人格,而是以维护人群整体价值为基本内涵的理想化共性人格。"大丈夫"所表现的宏大抱负和强烈的社会责任感及使命感在心理上超越了个体自我,跃升为人群整体道德理想的代言人。就这一点而言,儒学大师们曾争为表率。例如,孔子曾自诩"天生德于予"①,"文王既殁,文不在兹乎"②。孟子以拯万民于水火的替天行道者自居。他借伊尹之口说:"予,天民之先觉者也,予将以斯道觉斯民也。非予觉之,而谁也?"③张载也自命要"为天地立心,为生民立命,为往圣继绝学,为万世开太平"④。他们追求道德理想的意志之坚决,抱负之宏大,精神之崇高,使他们远远高于芸芸世间的凡夫俗子和庸碌之辈,成为先知和当世的精神领袖。他们俨然将自己比作理想化共性人格的最高象征——圣人君子。

在儒家文化中,圣人君子是理想化、抽象化了的人,是人的类主体意识的集中表现。荀子说:"君子者,天地之参也,万物之总也,民之父母也。无君子则天地不理,礼义无统。"⑤《礼运》说"圣人参于天地,并与鬼神,以致政也"。圣人君子代表人类与天地相参,体现着人群整体价值,维护了人群整体尊严,他们是人群整体的总代表。虽然儒家承认凡人和圣人有着共同的起点,"人皆可以为尧舜"⑥,

---

①《论语·述而》。

②《论语·子罕》。

③《孟子·万章上》。

④《进思录拾遗》卷三。

⑤《荀子·王制》。

⑥《孟子·告子下》。

⑦《皇极经世·观物内篇》。

但是,真正能达到光辉顶点的毕竟只是圣人,因为"圣人者,人之至者也"⑦。圣人身上汇聚着人类的全部智慧和美德,是人们修身养性的道德样板和做人的楷模。他规划着凡人的精神生活,通过"化性起伪","以矫饰人之情性而正之,以扰化人之情性而导之也,始皆出于治,合于道者也"①。既然儒家把圣人推到人类道德的制高点,"人皆可以为尧舜"又向所有人洞开圣人宝殿的大门,那么,通过修身之道向圣人皈依遂成为一切不甘于沦为凡人的有识之士毕生的宏愿。然而,另一方面,圣人崇拜又极大地束缚着人的才能向着多样化、多方面发展,凡人在圣人面前,没有任何个性和独立性可言,只有心悦诚服地崇拜和追随圣人,才能使自己的道德得以提升。人的个性自由被圣人的华光压制了,人的个体独立人格在圣人博大的共性人格面前消失殆尽。因之,儒家的圣人崇拜本身即意味着对人的个性和独立性的剥夺。而且,这种崇拜越虔诚,越神圣,对人之个性和独立性的剥夺就越彻底。正因为如此,封建专制统治者才欣然举起儒家的旗帜,招摇近两千年。

圣人崇拜在儒家思想中占有特别重要的地位。人生最高理想是实现个人自身道德的完善,人的其他发展道路均属末流。修身遂成为每一个社会成员应尽的根本义务,"自天子以至于庶人,壹是皆以修身为本"②。人们通过一系列修身之道,不断地向圣人靠拢,而圣人最明显的标志是达到了"天人合一"。

天在儒家思想中虽不完全是神秘主义的绝对,但它确实是支配人类的一种力量和本体,而儒家所主张的人伦道德等原则正是以天作为本原的。所谓"法象莫大乎天地"③,"故圣人法天而立道"④。在儒家看来,人间道德法规不是人类社会自身的产物,而是宇宙法则在人间的再现。结果是,一方面,道德法规的内涵无限扩张,"礼者,天地之序也"⑤,它"合于天时,设于地财,顺于鬼神,合于人心"⑥,涵盖了整个自然与社会,具有无限的适用性和最高权威。另一方面,自然世界的阴晴圆缺,四时流转也具有了道德意义,宇宙有了道德属性。这是一种宇宙法则社会化和道德法规宇宙本体化的互换过程。既然儒家认为道德

---

① 《荀子·性恶》。

② 《大学·一章》。

③ 《易·系辞上》。

④ 《汉书·董仲舒传》。

⑤ 《礼记·乐记》。

⑥ 《礼记·礼器》。

性是人的本质,那么,在宇宙本体与道德法规的互换过程中,人的本质就被无限地升华,以至等同于宇宙本体。人们对自我本质体认的同时就是对宇宙本体的认知;反之,对于宇宙本体的认同便意味着人们寻找自我本质的最后完成。孟子就此归纳出一个公式,他说:"尽其心者,知其性也,知其性,则知天矣。"①意思是,人只要尽力挖掘自身固有之德,就能体察自身本质,就能进而悟解宇宙的真谛。宋儒对于孟子之说作了详尽阐发,特别强调天和人本质上的内在同一。他们认为,人的本质与天道不是并列的相似,而是同一事物的不同表现。张载说:"所谓诚明者,性与天道不见乎小大之别也。"②程颐说:"道未始有天人之别,但在天则为天道,在地则为地道,在人则为人道。"③朱熹也说:"合天地万物而言,只是一个理。"④人对于宇宙的认识不在于孜孜以求地探索天地自然本身的奥秘,而是在于对人自身的扪心检索。程颢说:"只心便是天,尽之便知性,知性便知天,当处便认取,更不可外求。"⑤朱子的"格物致知",也不是要人们"存心于草木器用之间",而是要"穷天理,明人伦",所以他说"如今说格物,只晨起开目时,便有四件在这里,不用外寻,仁义礼智是也"⑥。因而,儒家把人看作一个微型宇宙,"万物皆备于我"⑦,"大则君臣父子,小则事物细微,其当然之理,无一不具于性分之内也"⑧。天道的永恒法则就根植于人的内心深处。这便是儒家"天人合一"论的要旨之所在。

"天人合一"的运动形式是天与人之间质的相向互换,人的道德本质外化为宇宙本质,反之宇宙本质内化为人的本质。正如陆象山所言:"宇宙便是吾心,吾心便是宇宙。"⑨人们就在这天人之间的双向运动中,通过"尽心、知性、知天"的程式,完成其向着道德化宇宙的精神回归,这也就是完成了自身道德本质和个人存在价值的实现。

---

①《孟子·尽心上》。
②《张子正蒙·诚明》。
③⑤《二程语录》卷二上。
④《朱子语类》卷一。
⑥《朱子语类》卷一五。
⑦《孟子·尽心上》。
⑧《孟子集注·尽心上》。
⑨《象山全集·年谱》。
⑩《二程语录》卷二三。
⑪《知言》。

同时,由于"圣人与理为一"⑩,所以"惟圣人既生而知之,又学以审之,尽人之性,尽物之性,德合天地,心统万物,故与造化相参"⑪。当人们沿着"尽心知性知天"的阶梯实现了自我道德本质的时候,同时也就是向着圣人皈依的完成。

　　儒家强调天和人的内在同一,表明儒家对于人之主体性的认识是含混不清的,人兼具主、客体双重性质。一个既是主体又是客体的人,其视向必然是内化的。于是人自身成为儒家文化的认识焦点。《中庸》说:"君子不可以不修身,思修身不可以不事亲,思事亲不可以不知人,思知人不可以不知天。"《大学》说:"古之欲明明德于天下者,先治其国;欲治其国者,先齐其家;欲齐其家者,先修其身。"改造自我成了人们认识外部世界和人的所有社会政治行为及活动的起点与归结点。其结果是整个儒家文化缺乏追求宇宙起源和探究自然法则的高层次思辨传统,难以形成科学的理性。

　　"天人合一"的最高境界是"合外内之道"①,使人在观念上与天地万物融为一体,达到"人与天地一物也"②。既然天人无二,"物我一理"③,人们在认识上便"视天下无一物非我"④。我是万物,万物就是我,如程颐所说:"大而化,则己与理一,一则无己。"⑤人们也只有将自我融化在天地万物之中,才有可能将自身道德本质升华到最高层次,如张载所言:"无我而后大,大成性而后圣。"⑥"天人合一"否定了人的独立和个体存在,"圣人崇拜"桎梏着人们的精神世界。人们要么是儒家式的"君子",要么是无知无识的"小人"。不论是"小人"还是"君子",在他们的意识里都没有对自身价值的觉醒,因而难以形成对自身权利的自觉追求,也就无所谓"人的尊严"。在儒家文化的规范之下,人们生来就是君父的子民,实则成为封建专制下的驯民。

　　圣人崇拜作为一种特有的文化机制,恰恰适应了封建专制主义的政治需要。

　　纵观全部儒家文化,我们看到儒家关于人的认识表现为一种理论上的二律背反。

　　一方面是关于人类的赞美诗,儒家自豪地宣告了人之为人的价值所在,

---

①《中庸》。

②《二程语录》卷一一。

③《二程语录》卷一八。

④《张子正蒙·大心》。

⑤《二程语录》卷一五。

⑥《张子正蒙·神化》。

肯定了人的类存在,他们推崇圣人,对于理想化共性人格给予高度的称颂。他们注重人的群体价值,对于推进人类社会向着高度理想化道德社会迈进抱有强烈社会责任心。

另一方面,儒家又从各个方面对于人的个性和独立性进行了无情的剥夺,用一种普遍的道德规范否定了人的个体存在。

人的个体化是人之全面发展不可或缺的一个方面。儒家文化中的人却只有社会群体化单向发展途径,人们的精神归属道德化宇宙,他的血肉之躯归属父母所有,他的意志和行为被父家长和君权紧紧束缚住。人们越是要成为儒家文化称道的人,就越要泯灭个性,否定自我。沿着儒家的道路不可能导向个人尊严、个性解放、自由意志和独立人格,儒家文化造就了一个顺民社会,从而成为君主专制主义生存的最好的文化土壤。我们弄清了儒家文化中"人"的真实面目,所有关于儒家文化的"人道""民主""自由""个人尊严"等,只能是海市蜃楼。

七、儒家的理想国与王权主义 *

政治理想,亦即理想国,是对理想化的社会模式的憧憬、描绘和论证。每一种理想国理论都集中反映着某种政治思想体系的基本政治原则、政治价值观念和政治最高目标,并常常由此引申出一系列实际政治价值、治国方略和政策,以及完善或改造社会的具体方案。因此,剖析理想国理论,在政治思想史的研究中具有特殊的意义。

儒家的政治理论颇多分歧,至于具体的政治倾向、态度和主张更常常是大相径庭。但是,他们不仅具有共同的思想形式,而且怀着大致相同的政治理想。本文试图通过分析先秦儒家共同的政治理想, 以揭示整个儒家思想流派同君主专制主义的内在一致性。

1.理想的"有道之世"

能不能提出一个政治理想国理论和具有普遍意义的政治原则,是衡量能否成为政治思想家的基本标志。孔子留下的言论虽然很零碎,但关于这个问题的论述却是十分明确的。孔子的政治理想可以用"有道"二字加以概括,他的理想国就是"有道之世"。孟子和荀子是孔子之后儒家中的两大巨擘,他们分别以"王道"

---

* 本节与张分田合作。

世界和"王制"社会描绘、论证、补充了孔子的理想王国。此外,《礼记》《周礼》等反映早期儒家思想的典籍,对于理想化的社会模式和政治体制也多有论述。

儒家思想家们在对理想国的论证方法和细节描绘上颇多分歧,但他们的理想国却具有共同的特征,这就是:等差有序,仁和中让,道德境界,君王圣明。这四句话既表达了理想王国的主要景观,又提供了缔造和维系这种理想境界的前提、途径和手段,简言之,即"有道"。"有道"既是政治理想,又是基本政治原则和政治价值尺度,据此儒家把世道区分为"有道之世"和"无道之世",把君主区分为"有道之君"和"无道之君"。依照儒家的说法,循着"有道"做下去,最终即可进入"大道之行也,天下为公"的"大同"世界。

等差有序,即所有的人都按照礼制规定,贵贱有等,上下有序,各处其位,各奉其事。在政治上要有贵贱之分,在家庭内要有长幼之别,即孔子所说"君君、臣臣、父父、子子"。每个人都恪守自己的社会角色和政治角色,遵循礼所规定的角色规范,履行相关的义务。社会人群又有劳力、劳心之分,治人、治于人之别,"君子以德,小人以力"①。"或劳心,或劳力。劳心者治人,劳力者治于人。治于人者食人,治人者食于人。"②表面看这是一种社会劳动分工,但在具体的历史条件下,实质是阶级、等级之分。职业上要有百工之分,"农农、士士、工工、商商,一也"③。在职业分工上要各守其业,恪尽职守。在经济关系上也有等级分野,"古者先王分割而等异之也","贫富轻重皆有称者也"④。在道德品质和才智上,人们也有等级差别,有君子、小人之分,上智、下愚之分,先知、后觉之分。礼的本质是"分",是"别",是等差。礼的秩序自然也就是等级秩序。把社会所有的成员都纳入礼的规范,这是儒家政治理想的主干。

如果说等差有序着重论证了制度和秩序,那么仁和中让就是把人们联结在一起的纽带。尽管先秦儒家对如何发挥仁义这种纽带作用认识不同,但他们都把仁义作为处理人与人之间关系的最高准则。比如,如果"利""欲"之类与仁义发生矛盾,那一定要舍利欲而从仁义,甚至杀身成仁,舍身取义。"和"就是设法在等级之间求得协调和互相补充。孔子的弟子有子明确提出,"礼之用,和为

---

①④《荀子·富国》。

②《孟子·滕文公上》。

③《荀子·王制》。

⑤《论语·学而》。

⑥《中庸》。

贵,先王之道,斯为美"⑤。为了求得"和",就要善于把握"中"。所谓"中"就是要求双方都向对方靠拢以求对立双方的平衡。"中也者,天下之大本也。"⑥只要把握住稳定等级关系的关节点,做到"允执其中"①,就进入了理想境界。事实很难达到这一理想境界,一旦出现危机,最有效的解决方式就是"让""恕""无争"。总之,在儒家的理想政治中,仁爱、中和、礼让、恕道形成一股和暖的春风回荡在等级之间,沟通上下之间的感情。如果把等差有序与仁和中让统一起来,那将是一种非常美妙的境界,"君君、臣臣、父父、子子、兄兄、弟弟、农农、工工、商商",安然有序。"或禄天下而不自以为多,或监门御旅,抱关击柝,而不自以为寡。"②每个人的地位高下虽然悬殊,却都以悬殊为安,不怨天不尤人,心满意足。"富贵而知好礼则不骄不淫,贫贱而知好礼则志不慑(畏怯)。"③各处其位,各安其位。在儒家看来,这就是人类社会最理想的秩序模式。

如果说礼偏重于肯定社会现实,那么仁就包含着批判因素。礼仁政治是由现实王国向理想王国迈进的必由之路,而王道理想又是礼仁政治路线的最高目标。在儒家的理想国中,既有君臣贵贱之分,又有上下和睦相处。君爱民,民尊君,施仁政,薄税敛,行教化,轻刑罚,救孤贫,老安少怀,这不正是礼与仁相映生辉的境界吗?这种理想境界同当时的社会现实相比较,二者似非而是,似是而非。这样,儒家就以现实关系为起点,把实际与理想有机地统一起来。这种政治理想实质上是现实生活的升华或理想化,既没有惊人之笔,又没有玄妙之论,使人感到平实可近。这种理想要全部实现固然困难,但向这个方向走几步却是完全可能的,从而为统治者的实际政治提供了回旋的余地。儒家的仁政学说,理想多于实际,显得有些迂腐,但这种理想与现实并不对立,它既肯定了现实中的等级、君臣及家族关系,又为这种关系涂上一道油彩,显得温情脉脉。这种理想国理论,虽然缺乏变革精神,更不可能导致社会革命,但却充满了温情的自我改良气息。这种以现实关系为起点,基于对社会矛盾的深刻理解,又旨在稳定和改善既成秩序,把现实、政策和理想有机地统一起来的理想国理论,也就必然蕴含着肯定与批判的双重因素和品格。

---

① 《论语·尧曰》。

② 《荀子·荣辱》。

③ 《礼记·曲礼上》。

④ 《荀子·强国》。

⑤ 《礼记·丧服小记》。

在儒家看来,礼制和道德准则的统一就是"道"。"道也者何也?曰礼义辞让忠信是也。"④"亲亲、尊尊、长长、男女之有别,人道之大者也。"⑤"道"用于规范人的行为和认识,成为人们必须遵循的最高准则。因此,儒家的理想王国又是一种道德境界,这是儒家政治理想的又一特征。众所周知,儒家把道德视为人类社会中最根本的东西, 包括政治关系在内的全部社会关系都属于道德关系,全部的社会文化不过是道德的表现形式,而政治是实现道德的工具。儒家特别强调道德在政治中的作用,主张政治与道德合二为一,甚至认为政治中的根本问题是道德问题。在儒家看来,个人道德完善不是个人的私事,而是社会完善的基础和起点。修、齐、治、平的公式集中表达了他们的主旨。在这个公式中, 个人的道德完善在社会完善和社会改造中成为至关重要的事情,社会的其他关系被排挤到次要地位,似乎人们只要通过自我修养和完善,都能成为尧舜一类的圣人,一个美好的世界就会随之而来。道德修养是实现政治理想的途径,理想王国必然是一种道德境界。《礼记·礼运》的"大同"社会就是这种道德境界的典范。而所谓"大同"与孟子的"老吾老,以及人之老;幼吾幼,以及人之幼"①是相类似的。既然政治实施过程主要是道德感化过程,那么君主个人的道德修养就是政治中的决定性因素。孔子说:"政者,正也,子帅以正,孰敢不正?"②孟子说:"君仁,莫不仁;君义,莫不义;君正,莫不正。一正君而国定矣。"③荀子也说:"君者,仪也;民者,景也。仪正而景正。"④总之,君主的品质是维系天下的纽带。沿着这个逻辑推导下去,其结论必然是政治的修明、世道的升平,理想王国的缔造和维系,有赖于一个堪称道德楷模的人,这就是圣王。

君王圣明是儒家理想国的又一个重要支点。从孔子开始,儒家基本上都主张"为政在人",这正是人治理论的基础。孔子认为"道"这个东西只有通过一定的人才能使之活化,"人能弘道,非道弘人"⑤。那么究竟谁是弘道者呢?"礼义法

①《孟子·梁惠王上》。

②《论语·颜渊》。

③《孟子·离娄上》。

④《荀子·君道》。

⑤《论语·卫灵公》。

⑥《荀子·性恶》。

⑦《荀子·儒效》。

度者,是圣人之所生也。"⑥"圣人也者,道之管也。"⑦圣人生道,亦能主宰道,可见弘道之人只能是圣贤一类的人。孟子说:"圣人治天下,使有菽粟如水火,菽粟如水火,而民焉有不仁者乎?"①荀子认为圣人肩负着改造人类性恶的使命,化性起伪,制礼义,定法度,礼义赖圣人而存在,没有圣人,天下就会"至乱"。可见,理想境界的缔造和维系都离不开圣人。圣人是人伦道德的集中体现,尽善尽美,所谓"圣人,人伦之至也"②。圣人又是各种理想政治准则的集合体,肩负着实现政治理想的重任。"圣人治天下……而民焉有不仁者乎!"③在传统思想中,圣贤与"有道之君"常常是同义语。正是由于这个缘故,儒家的理想国度中总有一个超乎寻常人的圣王明君。据说曾经开创盛世的先王们就都是这样一类人。

儒家认为理想国是能够实现的,其主要依据有二:一是从历史的经验看,曾经有过理想的盛世;二是从人性看,只要诱导得当,是可以进入至善至美的境界的。在儒家看来,尧、舜、禹、汤、文、武之时就是理想国的实现之时,这些人都是圣人,他们或是选贤与能,禅位让贤的圣主,或是以孝道礼让感化民众的教头,或是广布仁德,无为而治的明君,或是以有道伐无道,救民于水火的救星,总之是理想盛世的缔造者。所以,圣王之法不可更易,先王之道足以垂万世,所谓"以道观尽,古今一也。类不悖,虽久同理"④。"祖述尧舜,宪章文武",既是儒家理想的证据和标准,又是其思想形式的基本特征。儒家认为,与先王之世相比较,当今之世不仅是退化,简直是堕落。孔子把"礼崩乐坏"的春秋时期看成是"天下无道"的时代。孟子宣言:"五霸者,三王之罪人也。"⑤故仲尼之徒,无道桓、文之事者。荀子则声称儒门羞言五霸,五霸以下不足挂齿。于是他们提倡师法尧舜,率由旧章,喊出"复礼""复古"的口号,把恢复先王之道作为自己的政治抱负和政治理想。儒家理想化的先王观,把历史与理想紧密地结合在一起,融怀恋与憧憬于一体,从而为现实政治设置了一个参照物。在君主专制时代,一般不允许径直对君主品头论足,所以借先王而讽今主,拉大旗作虎皮,为

---

① 《孟子·尽心上》。
② 《孟子·离娄上》。
③ 《孟子·尽心上》。
④ 《荀子·非相》。
⑤ 《孟子·告子下》。

234

自己的理论张目,成为一种司空见惯的理论手法。儒家的先王之道是对一些范例原型的概括、抽取及理论判断,它同现实存在着差距,所以常常用作批判的武器,向现实的君主提出了高标准的要求,所谓"善言古者,必有节于今"①。

儒家的理想国又基于他们的人性说。儒家嗜好用道德观念去说明人的本性,然后又由人性学说推导出治国方略,并希望由此达到一个理想化的道德境界。比如孟子的王道乐土便是从他的人性善论推导出来的。"有不忍人之心,斯有不忍人之政矣。以不忍人之心,行不忍人之政,治天下可运之掌上。"②不忍人之政的基点就是使所有的人都能平安生活,使所有的人能养生送死,"不饥不寒","仰足以事父母,俯足以畜妻子","养生丧死无憾,王道之始也"③。又如荀子基于人性恶论,提出了以礼义改造人性的政治主张。他的王制社会从"王者之人""王者之制""王者之论""王者之法"等四个角度绘制了理想王国的蓝图。所谓"王制",就是"王道",它既是理想国,又是价值尺度和政治准则,是王的最高典型与理论化表现。正是由于孟、荀一类思想家以人性为基础,运用逻辑推理,把儒家政治理想与"道义"结为一体,才使有道理想从一种美好的憧憬转化为一种执着的追求。在这里,道义就是理想,理想就是道义,道义是实现理想的手段,理想境界就是道义境界。道义原则的提出无疑增强了儒家学说的批判精神。据实而论,有批判才会有理想。完全肯定现实、乐于接受现状的人,只会歌功颂德,只会做金童玉女,而只有对现实或多或少存在不满的人,才会向往理想国度。从这个意义上讲,凡是提出理想国理论的思想家,都属于社会批判思想家之列,只不过在批判的质和量上存在着差异,而且解决社会矛盾的方案有所不同而已。儒家的一些著名学者自不例外。思想家们往往对自己的理想国充满自信,儒家也是这样。孔、孟、荀都主张"以道事君",在他们看来,道高于君,道义重于权势,在道与君发生矛盾时要从道而不从君,甚至杀身成仁。支配他们言行的是理想、信念和原则,也就是"道"。

综上所述,儒家的政治理想是"有道之世",那里充满道义,实现"有道之世"的根本途径是人类的道德完善。从思维方式上看,儒家的政治学说与其说是一种政治思维,不如说是一种道德思维更准确。在人类的道德生活中有一对特殊的矛盾,这就是"实然"与"应然"的矛盾。"实然"代表了道德生活的

①《荀子·性恶》。

②《孟子·公孙丑上》。

③《孟子·梁惠王上》。

真实存在,即实存道德层次;"应然"代表了道德的目的指向性,即理想道德层次。道德思维的特点就是要在忠实"现有"的基础上,着眼于"应有"。由于道德的理想性或超前性,决定了道德思维具有"现有–应有"的跨度性。单纯用道德思维方式去讨论政治,就必然对现存秩序既肯定又批判。在传统思想中,儒家是对现实社会关系的合理性论证最多的一家,又是讲理想最多的一家,对现实多有批判。肯定中有批判,批判是为了肯定,这就是儒家的基本政治思路。

2.道义与统治者的自我认识和自我调节

自从人类社会进入文明时代以来,思想家们就在不断地编织着各式各样的理想国美景。他们这样做并不是为了好奇或别出心裁,而是现实社会矛盾的产物。他们深刻地分析了社会的矛盾运动,其理想国理论不仅企图给这种矛盾运动寻找一个归宿,而且是为了给人类社会寻求一个可能达到的制高点。各种政治理想国理论同现实社会和历史进程的关系,有以下几种情况:如果一种政治理想与历史进程相对立,便不可能从现实中找到自己存在的基础,如道家特别是庄子式的纯自然主义的无何有之乡的幻境;反之,如果一种理论对现实一味肯定,那么在实际政治发展变化中就难以充当导师,不可能给实际政治提供一个回旋余地,如法家一切唯君是从,在实际中会造成政治僵化。还有一种情况,政治理想对现存秩序持否定态度,又同历史进程大体一致,那么这种超越现实社会关系去寻求理想的理论势必把人们引向同现存秩序的对立和决裂,而最终导致社会革命。先秦儒家的政治理想同上述三种情况均有所不同。它对过去充满留恋,又对未来抱有期望。它既肯定了实际存在的社会关系、政治关系,又不满足于现状,对当时的实际政治多有批判,而这种批判又不是否定,只是希望在批判中求得改善和改良。儒家政治学说的这种品格,为统治者自我认识和自我调整留下了回旋的余地,所以儒家不仅在现实政治中为自己争取到生存的基础,而且具有持久不衰的生命力。

所谓肯定指的是儒家理想国理论同当时的基本社会关系不是一种对立关系,同当时的统治者也没有根本性冲突。先秦儒家"有道""王道""王制"理想虽然同现实有一段距离,可是在他们的理想中肯定了现实的等级、君臣、剥削与被剥削的关系。你对现实不满吗?儒家在你的头上悬挂了一个理想国,你向往这个理想国吗?那你就必须对现实的基本社会关系给予肯定。但是,儒家的理想国同现实生活又存在着矛盾。孔、孟、荀等人对当时的实际政治生活都曾进行过猛烈的批判。在他们眼中几乎没有一个君主是值得肯定的,当时的实际政治没有符合道义准则的。孟子斥责当时的诸侯对人民的征敛像强盗一样残暴,"民之憔悴于虐政,未有甚于此时者也"①。他怒骂这些诸侯是一批率兽食人之辈。荀子认为现实中的君主多半是暗贪之辈,最好的也不过是平庸之辈,是"乱其教,繁其刑"②的祸首,他们之所以敢于如此猛烈地批判时君时政,是因为他们都举着写有"道义"二字的理想国的大纛。所以理想国的理论又成为一种批判的武器。

政治原则与君主的关系问题是儒家政治理论极为关注的命题。"治国之道"主要是为君之道,"有道之世"有赖于"有道之君"。君主政治举措失当是中国古代政治危机和改朝换代的主要原因,所以普遍政治原则与个别君主行为之间的差异问题成为人们关注的政治课题。儒家把"有道"视为检验政治的标准,违背"道"就是无道之君或无道之举。这种"道"就是理想化的并能代表统治阶级整体利益和君主根本利益的具有普遍意义的政治原则。

儒家恪守礼法,主张"臣事君以忠",但在政治原则问题上又都认为事君不能以苟合顺从为上,而应该首先考虑是否符合"道",要"以道事君"③。所谓"以道事君"就是为了"致君尧舜"。臣可以采取某些比较激烈的方式,以"道"约束其君,如直谏廷争,"抗君之命","反君之事",有时在特定的条件下甚至可以"有道伐无道",废黜或诛杀无道昏君。孔子倾心于君主,三月不见君主便丧魂落魄,惶恐不安,做梦都想事君从政,但却把能否行道作为参政的条件,对"邦有道则仕,邦无道则可卷而怀之"④的政治行为倍加赞扬。孟、荀都曾周游列国以求"干世主",但孟子反对君命无二的传统观念,斥责一味阿谀顺从君主为"妾妇之道"⑤,主张"天下有道,以道殉身;天下无道,以身殉道;未闻以道殉乎人者"⑥。荀子则高举着道义的大旗,命令所有的君主在道义面前接受检验和评定。在儒家看来,君而无道则不成其为君,放逐无道昏君,或由具备特定条件的人取而代之,甚至诛而杀之也是合乎道义的。孟子认为缺乏"不忍人之心"和不行仁政的君主,不配做民之父母。夏桀商纣之流只不过是独夫民贼。他还提出

①《孟子·公孙丑上》。

②《荀子·宥坐》。

③《论语·先进》。

④《论语·卫灵公》。

⑤《孟子·滕文公下》。

⑥《孟子·尽心上》。

了"民贵君轻"的著名命题。荀子在《正论》篇中反复说明汤、武诛杀桀、纣只不过是杀一个独夫,是天下归顺有道,而不是汤、武弑君夺位。显然他们都是在把理想君主同现实中的君主相互比较、衡量,并从中获得批判的依据。

儒家对"道"的强调,对君主的批判,是否会导致对君主制度的否定呢？不会。从思维逻辑上看,这种批判是以一种理想化的君主政治为基本前提和尺度的,对君主的品分不是对君主专制制度的否定,而是从更高的角度对君主专制制度进行肯定和论证,无论其批判火力如何之猛,甚至达到否定个别君主的地步,但决不会把人们引向君主制度的对立面。从政治伦理价值观上看,"以道事君"是忠的最高境界,"致君尧舜"是臣的崇高职责,而"颠而不扶"则有悖臣道。从实践中看,孔子指责卫灵公无道,却又多次希望卫灵公迁善治国。孟子批评梁的统治者"五十步笑百步",却又把施行仁政的希望寄托在这批人身上。即使现实中的君主确实无可救药,他们仍然放眼于明君出世和王者之兴,在对昏君的批判中衬托出对明主的热切期盼,正所谓"道是无情却有情"。激烈的批判而又不会导致否定,根本原因就在于这种批判实质是统治阶级的自我批判。

自我批判来源于自我认识,而自我批判又是自我调整的前提和动因。儒家的理想王国同现实王国之间的确存在着矛盾,这集中表现为道与君的矛盾和冲突。儒家看到君主的个性与他们所维护的制度之间有较大的差距,甚至相背离,个别昏聩暴虐之君只图一时欢乐适意,不管他日洪水滔天,连他自家的利害得失都不识不顾。富有理想的儒者不是以维护某一个君主的地位来维护他们所肯定的制度,而是站得更高,着眼于以维护制度的一般规定性来捍卫这种制度。这个一般规定性就是凝集着各种理想准则的"道"。儒家所谓的"有道",落实在政治上,主要就是"仁政"。仁政与暴政、苛政相对而言。儒家对仁政具体内容和具体做法多有歧见,但共同的主旨就是主张君主通过一系列政策和自我克制,调整好君臣、君民这两大社会关系兼及官民关系,以保持整个现存秩序的稳定、和谐。比如孔子的仁政原则落实在政策上表现为富民足君和先德而后刑两大政策。富民足君的办法主要是"使民有时""敛从其薄"和"节用"三项。先德而后刑主要表现在处理好如下三种关系:一是富和教的问题,要先富而后教。他反复强调治民首先要"足食",民有饭吃而后才能谈政治教化。二

---

①《论语·阳货》。

238

是惠与使的关系。孔子主张先惠而后使,"惠则足以使人"①。统治者使民是必然的,但讲不讲条件大不一样,孔子主张要有条件。三是教与杀的关系,孔子主张先教而后杀。孟子的仁政说的主要内容是:"制民之产",给民以"恒产"①;赋税徭役有定制,轻徭薄赋;轻刑罚;救济鳏、寡、独、孤;节制关市之征等。荀子认为经济是政治的基础,又是政治好坏的标志,君主应以富国富民为己任。他主张"节用裕民",反对君主一味搜刮,如果"伐其本,竭其源",必将"求富而丧其国","求利而危其身"②。所以君主要"罕举力役,无夺农时"③。在君臣关系上,他们都主张"君礼臣忠",特别强调君主要善于用人,虚己纳谏。从儒家仁政学说的主要内容和论证方式中我们不难得出这样的结论:在儒家看来,调整各种社会关系和君主政治的关键是君主的自我调节和自我节制,而有道、仁德是这种调节的理论尺度。

一言兴邦,一言丧邦,君主的一念之差常常会造成不同的后果。儒家依据历史和现实,把执政者(主要是君主)看成是政治生活中具有决定性的因素。政治调节的核心是调节君主。君主个人的修养、品德和政治行为是维系君主政治的关键。儒家的"可爱非君,可畏非民""君舟民水""君舟臣水""君轻民贵"等政治命题,从一定意义上说,主要是针对君主的。这类思想的基本点为后儒所遵奉,在吸收、融合传统思想的多种因素的基础上,形成了一整套君主政治的调节理论,如天谴说、从道说、崇圣说、尊师说、尚公说、民本说、纳谏说及君德说等。依照这些理论,君主在天、地、国、家、臣、民面前都有应尽的责任和行为规范,从君之德到君之行,从君主的日常生活到他的重大政治行为,都要有所规范,有所克制。表面上看这些理论都是针对君主的,但实质上它们又是君主专制理论的重要组成部分。它的意义主要是调节王权,防范王权走向极端而失控。

儒家的政治理想就其主体而言,实质上是一部完整的君主论,它既从更高层次论证了等级君主制度的永恒性,又提出了实现君主政治目标的途径和方案,还包括了防范王权走向非理性化的内容。这就是为什么"道义"同君主常常发生激烈的冲突,可历代君主还依然推崇、播扬"道义"的学说,并把它奉为统

---

① 《孟子·梁惠王上》。

② 《荀子·富国》。

③ 《荀子·王霸》。

治思想的根本原因。翻开一部《历代名臣奏议》,忠谏之臣无不举着道义的旗帜,运用道义价值观阐发政见,论证方略,评价时政,谏诤君主。唐太宗的大臣岑文本在一篇谏章中把"明选举,慎赏罚,进贤才,退不肖,闻过即改,从谏如流","省畋游之娱","去奢从俭","务静方内",称作"为国之常道"。君主对此"思之而不倦,行之而不怠,则至道之美,与三五比隆"①。"节用爱民","使民以时","敛从其薄"成为谏臣们的口头禅。忠直的臣子无不以铁肩担道义,佐命辅君为己任;以不能致君尧舜为耻辱。儒家的理想具有鲜明的现实性和针对性,不乏切中时弊的高见, 这些理论闪烁着光辉, 又是奉献给君主们的一服清醒剂。如果帝王们明乎此,只会增加君主政治的应变能力和自我调节能力。所以说儒家的理想国理论在局部上与专制君主有矛盾冲突,但从总体看,它不是对君主制度的否定。一个阶级的统治离开了自我调整是难以长久地维持下去的,这一点对于剥削阶级也是如此。只有进行自我认识、自我批判,才能推动自我调整,避免造成政治上的僵化。儒家把先王之道、有道之世、王道乐土、王制社会和道义仁政,作为一种政治价值尺度去裁衡统治者的一切政治行为,从而为中国古代统治阶级的自我认识、自我批判和自我调节提供了理论依据。儒家的政治理想把肯定现实社会基本秩序和批评时君时政、改良现实妥善地结合在一起。这种理论既能满足统治阶级中当权者的需要,又为在野派及其他图谋改良社会的人们抨击现实、品评政治提供了依据,同时还为下层民众提供了改善处境的希冀。儒家政治学说具有广泛的适应性是其长期被统治者奉为统治思想的重要原因。

3.封建专制主义是儒家政治学说的必然归宿

人们对儒学同君主专制主义之间关系的看法分歧相当大。在论者之中有人提出以儒家特别是先秦儒家为代表的传统思想,是提供天下为公、人格平等、人格尊严、个性独立、道德理性、民主政治的基础。对此,笔者不敢苟同。在我们看来,儒学是一种专制主义的政治思想体系。如何判断这个问题,仅用个别字句的诠释是靠不住的,只能从分析儒家政治学说的基本导向和归宿入手,才能从总体上加以把握。儒家所设计的理想国模式,提出的实现理想政治的途径,以及指导现实政治的基本原则,构成了其政治学说的主体。即使儒家的设计全部原原本本地付诸实践,其基本导向和归宿也必然是专制主义,而不是别的什么。

①《旧唐书·岑文本传》。

首先，儒家的圣王理论一味强调靠人格化权威的力量来缔造和维系理想王国，其基本政治导向是对个人政治权威的崇尚。据此而构筑的政治体系的基本模式不会属于民主平等形态，而只能是专制主义的。儒家所谓的圣贤，赞天地之化育，坐而论道，才智超群，明达事理，发挥着承上启下、圆通万物的作用。用荀子的话来说就是，"天地生君子，君子理天地;君子者，天地之参也，万物之总也，民之父母也"①。人们认识和行为的最高准则——道，也是由圣人制定的。这种人实际上是超人。在理论上，圣与王并不完全一致，但一般说来又是"内圣外王"，圣的最终归宿是王。在后来的政治实践中，这个命题颠倒过来，变成了"天王圣明"，结果无论什么样的君主，人们都必须称其为"圣上"，以致王高于圣。圣王理论的实质是论证了君主的绝对性，把王权、认识、道德和行为准则合而为一。圣王理论尽管把君主也列为被规定对象，使其受道义的制约，但从理论体系上看，它又把完善和改造社会的使命托付给这个人。圣王论的主旨论证了社会政治生活中个人专断存在的必然性、合理性。古代所有儒者，包括激烈抨击暴君暴政和各种社会弊端的社会批判思想家们，最终仍然把实现理想政治的希望寄托于圣君明主，这不仅是由于他们的视野受时代的局限，而且是由他们所崇奉的理论体系的内在逻辑所决定的。

其次，等级制是专制主义社会政治体系最一般的结构形式，等级制及其相应的理论必然把王抬到金字塔式的社会政治结构的顶端。儒家在政治上是礼治派，他们为论证等级制度的合理性几乎达到不遗余力的地步。这一点人所共识。依照等级贵贱划分人群，势必使一些人成为另一些人的附属物，从而剥夺了人的独立性，剥夺了个人的自由和尊严。在精神上人们也要受礼的束缚。礼既是一种政治实体，又是行为的规范、道德的准则，同时也是思想的藩篱、思维的前提和判断是非的标准。人们不得超越自己的社会等级地位去思考、去行事，表现在政治上就是"不在其位，不谋其政"，"思不越位"。礼的价值尺度就是等级的价值尺度，社会等级地位越高，人的价值也就越大。一句话，明等级别贵贱，同人格平等、人格尊严、个性独立是格格不入的，更谈不上政治平等和臣民主体性政治参与。有了等级制，统治者才能合法地稳坐在金字塔之巅。所以，儒家的政治学说贯彻得越彻底，君主专制主义的社会制度就越稳固、越完善。

第三，儒家极力维护宗法制度，而宗法制度与君主专制制度是一脉相通

---

①《荀子·王制》。

的。宗法等级结构决定了整个社会结构必然遵循等级制的原则,而家族政治恰恰是中国古代专制王权的原型、范本和政治基础。父亲在家庭"君临一切",君王则是全国的"君父"。宗法关系渗透到社会生活的各个层次。正是由于皇权与亲权具有这种先天的血缘关系,所以每一次天下板荡之后都不可避免地依据家族政治的一般原则重新复制出君主专制政治体制。而儒家正是宗法式社会关系的鼓吹者、倡导者和维护者。就连中国古代最后一位社会批判思想家龚自珍,在猛烈抨击社会现实之后,仍然念念不忘以"农宗"为范本策划回天之术,描绘了一幅宗法的等级的小农经济的理想社会蓝图。甚至近代一些深受儒学影响的进步的思想家也都一方面主张学习西方, 另一方面又主张宗法不可弃。这或许就是中国政治文化的近代化步履维艰的重要原因。不能超越宗法制度的羁绊,在政治上也就不可能产生从根本上否定君主专制制度的思路,这就是儒学的宿命。

第四,儒家的政治学说同政治伦理胶结在一起。孔子是中国伦理道德理论的奠基者,宋明理学将这种理论发展到极致。在儒家看来,"孝"是伦理道德的起点。孔子对孝悌有过不少论述,归纳起来主要有如下三个层次的内容。最低层次是"养",更高一层是"敬",最高层次是"无违"。"孝"强调的是父家长的权威和人们对尊长的绝对服从,就其内涵来说,属于专制主义范畴。荀子说:"故礼,上事天,下事地,尊先祖而隆君师,是礼之三本也。"①孟子说:"仁之实,事亲是也。"②"尧舜之道,孝弟而已矣。"③在他看来,只要遵守"从兄""敬长"之义,最后就会达到"未有义而后其君者也"④。《礼记》也大讲"孝道",孝道的主旨是卑幼对尊长的服从,其最本质的规定是"顺",而这种顺从以盲从为前提。尽管也允许"谏",允许"大杖走",但"忤逆"是绝对不允许的。由此可见,儒家正是在最富人情的关系中,巧妙地取消了人的独立性。中国古代君主专制主义最显著的特点之一就是家天下。"自古忠臣出孝子",原因就在于孝与忠的内在一致性是顺从。也正是由于孝道是为君主专制主义培养温顺臣子的必由之路, 所以历代君主无不 "以孝治天下"。他们一方面用法制严刑惩治不孝,将"忤逆"列为十恶不赦之罪;另一方面大

---

① 《荀子·礼论》。

② 《孟子·离娄上》。

③ 《孟子·告子下》。

④ 《孟子·梁惠王上》。

力表彰、奖掖孝子顺孙,以倡行其道。"三纲五常"是儒家道德的真谛。近代资产阶级革命家秋瑾高呼"革命当自家庭始",正是针对"三纲五常"而发。对于"三纲五常"同君主专制主义的关系,已经有大量文章论及,此不赘述。我们只想再强调一点:儒家的"三纲五常"对以君主专制为主要特征的中国古代的各种社会关系起着强化与巩固的作用。我们不否认儒家的道德理论在中国历史上曾起过有益的作用,在人的自身完善中曾充当过善良的导师,但伦理道德在实践中只是造就了一代又一代病态灵魂的扭曲的人,为君主专制主义提供了最基本的社会条件,其最终归宿仍然不免是虚伪和"吃人",绝不可能把社会引向理想境界。

马克思曾经指出,在统治阶级内部有两种人,一种是实践家,一种是思想家。思想家的任务就是为社会和本阶级编造幻想。孔子、孟子、荀子是中国古代统治阶级中声名最为显赫的一批思想家。如果说他们的政治理想曾经为君主专制制度的发展和完善做出过不可磨灭的贡献的话,那么这种政治幻想对于广大民众来说,只是一种安慰。儒家的理想国理论告诉人们,一切苦难的现实并不是这个制度必然造成的,只要君主改变政策,或更换一个君主,王道乐土就会到来。这种王道乐土理想也的确曾给民众带来希望、安慰和精神满足。有个好皇帝,一切都会好的! 这就是儒家理想国理论给予民众的最高许诺。

八、贞观君臣论民本与王权主义 *

重民,是中国古代政治思想的重要特征之一。从《盘庚》篇的重民、周公的保民、孔子的爱民、孟子的民贵君轻论、荀子的君舟民水论,到明清时期黄宗羲、顾炎武、唐甄等人的民本论,民本思想在思想家们手中不断地被充实、丰富。可以这样说,仅就古代思想材料而言,世界上没有哪个国家像中国这样拥有那么多有关民的富于哲理的圣贤古训。如何认识和评价民本思想,在学界众说纷纭,莫衷一是。扬之者甚至视民本思想为君主专制主义的对立物,称之为"民主主义"。

唐代贞观时期以唐太宗李世民为首的统治集团(简称"贞观君臣"),在君臣论政中把治理民众,安定民生,视为君主政治的首要任务,主张帝王要重民、畏民,阐发了"国以民为本"的传统思想,并付诸政治领域。这里想通过分析贞观君臣具有典型意义的重民论及其实际政策,并就民本思想谈几点看法。

---

* 本节与张分田合作。

1. 贞观君臣论"国以民为本"

"民"是一个历史范畴。在战国以后的文献中,"民"一般泛指君、臣(官僚)、民三大社会等级中处于最下层的那一部分人。依照封建法典,"民"又有良、贱之分,其中良人包括平民地主和自耕农。那些豪强大姓、富商巨贾,虽可横行乡里,富甲一方,除非设法获取政治功名,否则等同庶民。所以严格地说,"民"并不是一个阶级概念,而是一个依据政治地位划分社会等级的概念。

"民"所以成为贞观君臣论政的核心命题之一,归根结底是由于隋末民众起义波澜壮阔的反抗斗争再一次显示了民在社会政治生活中的重要作用。隋王朝既富且强,政权体系内部基本上没有威胁皇权的棘手的政治难题。但是,这个盛极一时的大帝国在普通民众自发的集团性的反抗洪流冲击下,很快就覆灭了。对隋亡教训的反思和唐初现实政治的需要,迫使贞观君臣不得不把目光投向君主政治的安危点:对民的态度和政策。在政治上君与民究竟是什么关系?如何处理好君民关系以实现李唐政权的长治久安?这成为迫切的政治课题。

贞观君臣从民养君、民择君、民归于君这三个角度去认识君主政治安危存亡的条件,并由此得出"国以民为本"的结论。

民养君,还是君养民,中国古代的思想家和政治家并没有把两者视为截然对立的命题,常常是循环论说。不过强调哪一个方面,还是有一定意义的。贞观君臣讲得比较多的是民养君。一般说来,在君主政治体系中,庶民只是顺从者或服从者,基本上没有合法主动参与政治的权利和能力。但是,民众是赋役之源,赋役又是君主政治赖以生存和发展的物质基础,财政盈绌则是国力强弱、政治盛衰的重要标志。贞观君臣深知国家如果不能源源不断地从民众那里获取赋税徭役,就无法实现君主政治的目标,他们一再说"日所衣食,皆取诸民者也"[1],从而把"安诸黎元,各有生业"[2]视为君主利益之所在。为了确保赋役之源,君主必须设法维持民众的正常生活,即"为君之道,必须先存百姓,若损百姓以奉其身,犹割股以啖腹,腹饱而身毙"[3]。承认民养君这一客观事实,循着君

---

① 《资治通鉴》卷一九二。
② 《贞观政要·君臣鉴戒》。
③ 《贞观政要·君道》。

主-财政-社会生产-民的关系链,推及民在君主政治中的基础作用,这就是贞观君臣民本思想的基石之一。

民本思想的另一个基石是"民择君"。在中国古代社会,普通民众的实际处境和政治地位决定了他们是天然的潜在政治反对派。由于君主政治的暴虐和民众没有合法的政治权利,暴动和起义便成为下层民众利益表达最重要的形式和施加政治压力最有效的手段,同时,又是王权再造机制中最重要的因素,是促成王朝更替和君主政治自我改造的主要原因。唐太宗等人一再强调"以古为镜,可以知兴替","亡隋之辙,殷鉴不远",①深以"隋主为君,不恤民事,君臣失道,民叛国亡,公卿贵臣,暴骸原野,毒流百姓,祸及其身"②为诫。在唐太宗的著作和言论中到处可见畏惧的字眼,如"览此兴亡,极怀战惕","使人懔懔然兢惧,如履朽薄","朕所以常怀忧惧"等。③"可爱非君,可畏非民","懔乎若朽索之驭六马",④以及君舟民水等圣哲古训成了他们的口头禅。孔颖达在《尚书正义》中疏解《大禹谟》"可爱非君,可畏非民"一语为,"言民所爱者岂非人君乎?民以君为命,故爱君也;言君可畏者岂非民乎?君失道则民叛之,故畏民也"。他们深知民是"治乱之本源",把治民喻为以腐朽的缰绳控驭六驾马车,如临深渊,如履薄冰,令人懔懔乎危惧,稍一疏忽就会索绝马逸。如果治民不得其道,民就会弃君叛君,成为君主的仇寇死敌。唐太宗曾亲撰《民可畏论》⑤,文中写道:"天子有道,则人推而为主;无道,则人弃而不用,诚可畏也。"正是隋唐之际民众弃君择君、覆舟载舟的事实,才使以唐太宗为首的统治集团更加深刻地理解了"君依于国,国依于民"⑥的道理。

民择君论肯定了民众群体在政治生活中的最终决定作用,实际上承认君权并非绝对的。如果沿着这一思想逻辑发展下去,把民的最终决定作用转换为一种法定程序和政治权利,就会导向民主思想。但是,传统政治思维恰恰没有朝着这个方向前进,而从民转向了君主。民择君论并不是君权民授论,更不是人民主权论。它只表示统治者把民作为令人畏惧的异己

①参见《贞观政要·任贤》《务农》等。

②《册府元龟》卷五八《帝王部·勤政》。

③参见《册府元龟》卷一五七《帝王部·诫励二》,《文苑英华》卷三六〇《金镜》《魏郑公谏续录》等。

④参见《尚书·大禹谟》《五子之歌》等。

⑤参见《全唐文》卷十。

⑥《资治通鉴》卷一九二。

力量,需要重视这个对立面,并千方百计设法避免民众介入政治运行过程或者使其成为君主政治的工具。这在思路上与民主思想遵循着完全相悖的思维逻辑。

同许多古代思想家一样,贞观君臣原则上承认推翻暴君在道义上的合理性。他们把以唐代隋,君臣易位,说成是"膺期命世""天授人与"①。民择君论是他们论证李唐王朝合法性的依据之一。中国古代统治阶级的政治理论历来把"皇天眷命"、明道有德、顺应民意和符合宗法继承程序作为判别君权合法性的主要依据,简言之即"顺天应人"。顺天,即顺从天命,所谓"贵贱废兴,莫非天命"②。"帝王之业,非可以智竞,不可以力争者矣",只有"皇天眷命,历数在躬",才有资格"叨临神器"③。应人,即顺应民意。贞观君臣在政治哲学上遵循"皇天无亲,唯德是辅"论。天命和民意互为表达形式,"民所归者天命之","民所归,天命之为天子"。这种思想的正题是"天之命人非有言辞之话。正义,神明佑之,使之所征无敌,谓之受天命也"④。其反题是"人怨则神怒,神怒则灾害必生,灾害既生,则祸乱必作,祸乱既作,而能以身名全者鲜矣"⑤。民归有德,天弃无德,民意是天命的指示器,而把天命、民意贯通起来的是君德。天、德、民、君循环论证,一方面把君权的绝对性和相对性糅为一体;另一方面给民留下的只是天命的指示器而已,绝无民权的内容。这种理论告诫君主,"天之助民,乃是常道"⑥。"生养民人之道,乐最为大。"⑦慈厚仁民乃为君之第一要义,如果君主逆天违民,恣肆妄为,就会招来革命。革命的主体是受天之命,代天牧民的新圣。这个新圣还要"应人",所谓"得道多助,失道寡助",得民之助者即可为君。

贞观君臣把君、民看成是矛盾的统一体,二者之间既存在着对立,又有和谐统一的可能性,即君有赖于民,而民归于君。首先,天下没有不可治理的民众。在通常情况下,民众是履行对君主的义务的,不会轻易地以极端形式参与政治。

---

①《贞观政要·君道》。

②《初学记》卷九《祭魏太祖文》。

③《帝范·君体》。

④《尚书正义·咸有一德疏》。

⑤《贞观政要·君道》。

⑥《尚书正义·大诰疏》。

⑦《礼记正义·乐记疏》。

⑧《旧唐书》卷七五《张玄素传》。

治乱之机把握在君主手里。其次,即使天下板荡,民众仍对王权抱有希冀。"隋末沸腾,被于宇县,所争天下者不过十数人,余皆保邑全身,思归有道。是知人欲背主为乱者鲜矣,但人君不能安之,遂致于乱。"⑧再次,新旧交替之际,民众总是弃旧君而拥新君,所谓"王者之兴,必乘丧乱"①,"天下嗷嗷,新主之资也"②。更为切身的体验来自他们的亲身经历:"高祖初起义师于太原,即布宽大之令。百姓苦隋苛政,竞来归附,旬月之间,遂成帝业。"③这使贞观君臣明白了一个道理,即民最终要归于某个君主,而得失之间取决于君主的政治措施,所谓"林深则鸟栖,水广则鱼游,仁义积则物自归之"④。这就是舟水之喻的真谛。

唐太宗正是基于对君舟民水论的理解,在贞观之初否定了封德彝等人任法律、杂霸道的主张,采纳了魏徵"行帝道则帝,行王道则王"⑤的政见,确定了"安人理国"的治国方略,目的就是力图通过节制政治压迫和经济剥削的强度,安定民生,收拾民心,稳定政局。

贞观君臣以民养君、民择君、民归于君等角度,反复论证了"国以民为本"的政治命题。"民惟邦本"的思想,究其始源,先秦有自。"民本"的内涵是什么?孔颖达在《尚书正义·五子之歌》中疏解道:"言民可亲近,不可卑贱轻下,令其失分则人怀怨,则事上之心不固矣。民惟邦国之本,本固则邦宁,言在上不可使人怨也。"而汉代孔安国对这一段的传注亦为:"言人君当固民以安国。"可见汉唐儒者对"民本"的理解就是把安定民生作为政本,即"治天下者,以人为本"⑥。

"民本"是不是"民主"?不是。诚然,民本思想,特别是民择君、得民为君等命题,承认民众意向对最高权力的制约作用,包含着某些民主因素。但是,在民本思想中,民不是目的,也不是权力的主体。传统的民本论从来不讲民的政治权利,特别是民的个体的政治权利。而把下层民众视为愚昧无知的群氓则是统治者的一贯之论,从孔子认为小人难养,主张严君子小人之防,到王夫之说"庶

---

① 《新唐书》卷九六《房玄龄传》。

② 《唐文拾遗》卷一三《论略》。

③ 《旧唐书》卷五〇《刑法志》。

④ 《贞观政要·仁义》。

⑤ 《贞观政要·政体》。

⑥ 《贞观政要·择官》。

⑦ 《俟解》。

⑧ 《尚书正义·君陈疏》。

⑨ 《贞观政要·赦令》。

247

民者,流俗也。流俗者,禽兽也"⑦,鲜有例外。贞观君臣亦然。他们说:"民者,冥也。"⑧"天下愚人者多,智人者少。"⑨"下民难与图始。"既然民众冥顽不灵,浅见薄识,自然他们只配听任当权者的摆布,充当权力的客体,所谓"故善化之养民,犹工之为曲蘖也,六合之民,犹一萌也。黔首之属,犹豆麦也,变化云为,在将者耳"。"民之生也,犹铄金在炉,方圆厚薄,随熔制耳!是故世之善恶,俗之薄厚,皆在于君。"①可见,民本、重民并不含有对普通百姓个体价值和权利的尊重。在传统政治文化中,不仅没有个人的政治权利观念及相应的规定,民作为一个群体,同样没有特定的权利,即"烝民不能自治,自立君以主之"②。就是说由君主实行统治是天经地义的,这样的民本思想同民主主义相去甚远。

民本思想说到底是重民思想。重民的主体是君主和官僚,实践了重民思想的则被称之为明主、清官。贞观君臣认为,君为民之父母,君主理应以重民为己任。以父子关系模式规范君民关系是传统政治思维一个明显的特点。君为民父母说既是重民论的出发点,又是其归结点。尽管在不同的时期、不同的思想家那里,君为民父母说的内涵和论证方法有所不同,但其主旨是以父慈子孝式的宗法伦理确定君和民的行为规范,阐明君民关系的绝对性和相对性。这一点可以从四层含义展现出来。一是君主像父母养育儿女一样。"抚育黎元,陶均庶类"③,即养育百姓,造就民众。这里又推翻了所谓的民养君论。二是君主教化民众。"君犹器也,人犹水也,方圆在于器,不在于水。"④君与民就像父与子一样是监护人与被监护人的关系。三是君主既然"子育黔黎",那么他就不能只是行威,还要施惠,像父母疼爱子女一样"慈厚怀民"⑤,施行仁政。四是父母支配子女,君父同样支配臣民,子民对君父要恭行忠孝之道。总之,"人君于天所子,布德惠之教,为民父母,以是之故为天下所归往"⑥。这种以宗法伦理来规范政治的做法,尽管为君民关系涂上了脉脉温情的油彩,对君主提出了规范和要求,希望君主重视民瘼,却又从政治和封建伦理道德两个方面确立了君父对子民的主宰地位,剥夺了民众的政治权利。

---

①《贞观政要·公平》。

②《尚书正义·高宗肜日疏》。

③《帝范·序》。

④《文苑英华》卷三六〇《金镜》。

⑤《帝范·君体》。

⑥《尚书正义·洪范疏》。

民本思想是统治阶级通过自我批判，对自身安危条件的分析和认识的产物。君主是政治中唯一最高主体，民本思想只是"君道"的囊中物。从历史过程看，许多帝王不仅不排斥民本思想，而且把它纳入统治思想，视作"为君之法"①，甚至连隋炀帝也高唱"民惟邦本"。

2. 民本论体现在政策上的原则及其实践极限

贞观君臣以"君依于国，国依于民"为宗旨的民本思想分析了客观存在的君民之间的相互制约关系，确定了"安人理国"的治国方略及其基本政策原则：君主无为论，因民心论，不竭民力论，及时修政论，以农为本论和君主调节官民关系论。在这些原则的指导下形成了一系列的实际政策。分析这些原则和政策对于认识民本思想的极限是大有帮助的。

"无为"是贞观君臣论政时的热门话题。早在先秦，无为思想就是广为流行的政治思潮之一，诸子百家对于"无为"的理解有很大出入，但就主流而言，无为政治强调人事活动要法自然，尽量减少对民过多的行政干预。从秦汉以后，"无为"作为一种德政被纳入统治思想。唐朝初年，大乱甫定急需休养生息，无为思潮再次泛起。贞观君臣主张"为政之本，贵在无为"②。他们把君主无为奉为最高的德治典范："焚鹿台之宝衣，毁阿房之广殿，惧危亡于峻宇，思安处于卑宫，则神化潜通，无为而理，德之上也。"③在他们看来，"安人宁国，惟在于君，君无为则人乐，君多欲则人苦"④。"故人君之患，不自外来，常由身出。夫欲盛则费广，费广则赋重，赋重则民愁，民愁则国危，国危则君丧矣。"⑤显然，这里所说的"无为"，实际上是要君主"知止足之戒""节欲""节为"。无为论为唐太宗等人所推崇，并非偶然。"隋之得失存亡，大较与秦相类。"⑥秦、隋任法律、穷人欲，致使国破家亡的教训，使贞观君臣"暇豫清谈，皆敦尚于孔、老"⑦。他们

---

①《尚书正义·大禹谟》。

②《旧唐书》卷五一《后妃上》。

③《旧唐书》卷七一《魏徵传》。

④《贞观政要·务农》。

⑤《资治通鉴》卷一九二。

⑥《隋书·列传第三十五》史臣曰。

⑦《旧唐书》卷七一《魏徵传》。

⑧《新唐书》卷二一五《突厥传》。

⑨《隋书·循吏传》史臣曰。

⑩《贞观政要·刑法》。

的治民方略着重强调一个"静"字,所谓"为国者要在安静"⑧。他们把治民比作治水,"善为水者,引之使平;善化人者,抚之使静。水平则无损于堤防,人静则不犯于宪章"⑨。"静之则安,动之则乱。"⑩千万不要把民众这潭水激成倾覆舟船的狂涛巨浪。实现静的条件只有一个:"君能清净"①,"俭以息人"②。

君主无为论要求君主控制骄奢心理膨胀,以节欲、节为做手段,减少财政开支,实现轻徭薄赋,以维护民生安定和君主政治的平和。作为一种君主政治的重要自我调节理论,它包含着真知灼见。但是,这种理论同君主难填的欲壑相矛盾,除在贞观初年曾影响实际政策外,基本上是一种政治理想。

贞观君臣鉴于隋君"不恤民事""民叛国亡"的教训,主张"为国之道"要"因人之心"③。"政之所为,在于养民。"④德政的要旨是施惠,施惠的诀窍是顺从民欲,民欲之成在轻徭薄赋。顺从民情就要"与民同利"。贞观君臣认为君民关系的中心点是一个"利"字,并以"利"字为中轴调整君民关系。他们着重论述了两个问题。一是君欲与民欲的矛盾。"帝王所欲者放逸,百姓所不欲者劳弊。"解决矛盾的方法是君主"节己以顺人"⑤,千万不可"损百姓以适其欲"⑥。二是国富与民富相矛盾。他们主张君主要深明"百姓不足,君孰与足"的哲理,"贮积者固是有国之常事,要当人有余力而后收之"⑦。如果帝王贪得无厌,横征暴敛,激起民怨,就会重蹈"君富而国亡"的覆辙。

因民心论实际上是从民心向背决定政治盛衰的角度提出了一个重要的君主行为规范。它既是一种统治策略,又在理论上具有制约君主的因素。中国古代政治思想历来强调统治者要敬顺民意,照顾民性,乐民之乐,忧民之忧。同其他政治系统一样,信息和能量的交换也是君主专制政体存续和发展的前提之一。一般说来,君主专制政体也并非毫不重视上下疏通,民情上达。历代王朝都曾设置机构和职官以司其职。许多明智的君主或派员观俗采风,或亲自巡视、便服私访。或不耻"询于刍荛",或鼓励臣民上书,以体察民情,

---

①《贞观政要·政体》。

②《旧唐书》卷七四《马周传》。

③《贞观政要·仁义》。

④《尚书正义·大禹谟疏》。

⑤《贞观政要·俭约》。

⑥《贞观政要·政体》。

⑦《旧唐书》卷七四《马周传》。

监控政情。不过"因民心"有很大的局限。从交流模式上看,这些有限的沟通渠道是封闭式、单向性的。统治者可以通过它获取一定的信息,而民众却无权利以此干政。

不竭民力论的核心内容是节制劳役征发,"悦以使人,不竭其力"①。

封建国家横征暴敛,特别是直接向民众征发力役,是最有可能在全国范围内破坏社会生产力的人为因素。因此,力役征发过滥常常是引发民众力量介入政治的导火索。"一人就役,举家便废。入军者督其戎仗,从役者责其糇粮,尽室经营,多不能济。"②过度的劳役对于小农经济的破坏是致命性的。贞观君臣深知其中利害,把民力调尽视为"危乱之源",常以"自食其肉,肉尽必死"自诫。这个时期有关的具体政策并不新鲜,无非是省作役,慎征伐,止畋游,去奢纵,使民以时,取民有度等"为国之常道"。值得一提的是,唐袭隋制,有因有革,对正役和加役有明确的法定时限,并允许在一定条件下力役折庸,反映出历史的进步。

不竭民力论把调整赋役的"度"作为维系君民统一体的重要手段,它常常被群臣用来作为进谏的依据。唐太宗曾以形象的比喻揭示了这种理论的内在逻辑:马"能代人劳苦者也。以时消息,不尽其力,则可以常有马也"③。以人马关系比喻君民关系既生动又贴切。民如可载可乘的车马舟船,是赋役的人格化。为了保证源源不绝的赋役,必须使民众得以维持正常的生活,这就是不竭民力论的宗旨。古代思想家和政治家们历来喜欢以马喻民,论证重民的必要性,难道爱护拉车驾辕的牛马能说成牛马有民主吗?

及时修政论就施治时机问题提出了两个重要原则。一是创业君主要"广施德化,使恩有余地,为子孙万代之基"。贞观君臣发现历代王朝的寿命与其开创者的政绩密切相关,"自夏、殷及汉氏之有天下,传祚相继,多者八百余年,少者犹四五百年,皆为积德累业,恩结于人心。岂无僻王,赖前哲以免。自魏晋以还,降及周隋,多者不过五六十年,少者才二三十年而亡,良由创业之君,不务广恩化,当时仅能自守,后无遗德可思。故传嗣之主政教少衰,一夫大呼而

---

① 《旧唐书》卷七一《魏徵传》。

② 《旧唐书》卷七〇《戴胄传》。

③ 《全唐文》卷一〇《自鉴录》。

④ 《旧唐书》卷七四《马周传》。

天下土崩矣"。"然自古明王圣主,虽因人设教,宽猛随时,而大要唯以节俭于身,恩加于人二者是务。故其下爱之如日月,畏之如雷霆,此其所以卜祚遐长而祸乱不作也。"④况且,大乱之后人心思定,"乱后易教,犹饥人易食也","若圣哲施化,上下同心,人应如响,不疾而速"①,正是君主施德固基的大好时机。二是守成君主要及时地调整政策,防患于未然。"往代以来成败之事"使贞观君臣深知,"若人既劳矣,而用之不息,倘中国被水旱之灾,边方有风尘之警,狂狡因之窃发,则有不可测之事","但有黎庶怨叛,聚为盗贼,其国无不即灭,人主虽欲改悔,未有重能安全者"。因此,"凡修政教,当修之于可修之时,若事变一起,而后悔之,则无益也"②。创业施德与及时改弦更张说增强了君主政治的应变能力和自我调节的主动性。

贞观君臣从民本思想推衍出的又一项重要方针就是"农为政本"。从《帝范·务农》《贞观政要·务农》记载的言论看,"农为政本"论的依据有三:一是农业的盛衰关系到封建国家的财政状况和物质储备;二是"食乃人天",农业的丰歉会直接影响民生,进而影响君主政治的盛衰安危;三是务农与赏罚一样均为"制俗之机",运用行政手段"禁绝浮华,劝课耕织,使民还其本,俗反其真,则竞怀仁义心,永绝贪残之路。此务农之本也"。显然重农并非单纯是封建国家的经济政策,而是重要的社会政策和政治方略,是专制君主一项重要的安民之术。

贯彻上述原则的中间环节在"官",因此贞观君臣把调整官民关系列为重要的政治课题。他们对君主、官僚(臣)、民之间错综复杂的关系有相当深刻的认识。尽管在虐民谋私这一点上,君主与官僚是大巫小巫之比,但官民矛盾的激化又会严重危害君主政治。对官吏峻剥与民溃民乱之间必然联系的认识,使贞观君臣把限制官僚豪强法外侵民列为施治重点之一。君主政治的根本利益和国家政权的社会性都要求君主正视官民矛盾。李世民在《金镜》等文章中曾发出"民乐则官苦,官乐则民劳"的感慨,清醒地认识到调整官民矛盾是一个十分棘手的政治难题。所以,唐太宗慎临民官,并注重运用司法手段振风肃纪,整饬吏治。

君主调整官民关系,事实上并无改变官民主属关系和等级差别的意味。在

①《贞观政要·政体》。

②《贞观政要·奢纵》。

③ 参见《资治通鉴》卷一九五。

252

贞观君臣看来,"百姓强而陵官吏"的局面是绝对不可容忍的。[3]但是,君主运用行政、法律手段充当官民关系的仲裁人,使得民众常常以为封建法律代表着社会正义,明君清官是社会正义的化身,对明君清官的期盼为君主政治统治提供了广泛的社会心理基础。所以,君主主动调整官民关系,既有利于制驭官僚,又利于争取民心,是保证君主专制制度长治久安不可缺少的手段。

唐太宗主张,帝王要"以术化民","以道制物","术以神隐为妙,道以光大为工。括苍旻以体心,则人仰之而不测;包厚地以为量,则人循之而无端"。[1]贞观君臣的上述政策原则相互贯通,各有侧重,形成了一套完整的治民方略,这套君主治民之术有一个明显的特点,就是以君主自我调节理论为主体,通过对传统的民本思想集萃式的理论加工和面向实际的政治实践,把重民理论发展到一个新的高度。

从以上政策原则中,不难发现民本思想在理论和实践上的极限。说到底,在经济上仅仅是减轻赋役而已,即所谓"竭泽取渔,非不得鱼,明年无鱼;焚林而畋,非不获兽,明年无兽"[2]。在政治上,敬畏民众的力量仅仅转化为对民众参与政治的多方防范。重民并不是目的而仅仅是手段。"兴,百姓苦;亡,百姓苦。"这是封建时代民的命运!

众所周知,唐太宗的重民政策在政治上取得了巨大的成功,并为开创中国古代社会的鼎盛时代做出了重大贡献。一种政治理论的客观成果是对这种理论本质属性的最明了的揭示。从贞观时期的政治实践中不难看出,民本思想是君主政治一服有效的清醒剂,是群臣谏诤君主重要的理论武器,是君主自我调整治民政策的主要依据,也是巩固统治、强化皇权的重要手段。

但是,民本思想的效力又是相当有限的。在当时的历史条件下,民本思想是否可以转化为重民政策,完全取决于君主个人的认识与自制情况。贞观之初,李世民迫于情势,亲自主持制定了重民政策,表现出较大的节制,仅三五年就天下大治。贞观中期,他"渐加骄奢自溢",竟认为"百姓无事则骄逸,劳役则

---

① 《帝范·建亲》。

② 《贞观政要·纳谏》。

③ 参见魏徵的《十渐疏》及马周等人这个时期的谏章。引文见《贞观政要·慎终》。

④ 《旧唐书》卷七五《张玄素传》。

易使",而"轻用人力",导致"百姓颇有怨嗟之言"③。实际上,早在贞观初年他就常常置自己亲手制定的方针、政策、法令于不顾,"役疮痍之人,袭亡隋之弊"④。幸赖群臣诤谏,本人又肯纳谏,未酿成恶果。贞观末年,唐太宗已经严重背离"安人理国"的方针,特别是他不顾群臣谏诤、朝野反对,执意征辽,徭役繁重,引起民众普遍的不满和反抗。西南地区的僚民不堪苦役,和汉族人民一道曾掀起武装抗役斗争。如果不是他的生命已经走到终点,如果不是唐高宗及时调整政策,后果很难逆料。

重民的政治与思想固然应给予应有的历史评价,但是,在当时的条件下重民的理论和政策既有用又有限。凡是在专制君主比较自觉地运用民本思想指导其治民政策的时期,君主专制制度总是更加稳固、更加强化。民本思想不是君主政治的对立物,而是优化封建统治的一种理论。

3.君权至上与民为国本的互补关系

许多人把"重民"-"民本"-"民主"视为一个发展系列。其实,这是皮相之论。

在中国古代社会中,国家就是最高地主。国家不仅是上层建筑,还是经济实体,是封建生产关系的主体形式。君主兼国家最高首脑和国家地主总代理人双重身份。民众在经济上和人身上依附于国家,这就决定了他们在政治上隶属于君主。君民关系的实质是经济、政治双重的支配与被支配关系。依据封建法典,君主、官僚贵族、良人(平民地主和自耕农)、贱人等诸社会等级在法律上是不平等的。在等级结构下,绝大多数古代政治家和思想家有关民本思想都有一个最基本的前提,即君是民的主宰。《唐律疏议·名例》中有一段话把这个基本前提勾摹得淋漓尽致:"王者居宸极之至尊,奉上天之宝命,同二仪之覆载,作兆庶之父母。为子为臣,惟忠惟孝。"唐太宗等人一再声称,"民者国之先,国者君之本"①,"天地之大,黎元为本;邦国之贵,元首为先"②。在贞观君臣看来,君主至尊,为民父母,这才是君民之间不可移易的绝对关系。

乍然看来,"民为国本"与"君为民主"是两个截然对立的命题,然而两者巧妙的统一,恰恰是传统君民关系的理论特色之一。

---

① 《帝范·君体》。
② 《晋书》卷一《宣帝纪·晋宣帝》总论。

传统的君民关系为什么会呈现出这样一种理论特色？究其原因就在于民本思想是在统治阶级的自我认识、自我批判的过程中逐步产生和发展的。民本思想的雏形至迟在殷周之际已经产生。周公的尊天、敬德、保民思想是早期重民思想的典型代表。在殷周更替中，民众第一次显示了他们的威力，戳穿了纣王"我生不有命在天"①的神话，证明了君主的地位不是绝对的而是有条件的。这反映在统治思想上，就是周公把上帝的无限权威同民意巧妙地结合起来，提出了"惟命不于常""天畏棐忱，民情大可见""民之所欲，天必从之"②等命题，构成了天、德、民三者联为一体，循环论证的思想体系。这种思想的提出表明，统治者中的一部分人已经承认民是一支客观存在的制约力量，君权是有条件的。春秋以降，民的力量为越来越多的政治家和思想家所认识。政在得民，民心向背决定着政治成败，几乎成为先秦诸子的共识。立君为民、君主利民、民养君、得民为君、君舟民水等政治命题成为政治家、思想家们反复论证的题目。这些新见解有一个共同特点，即都没有从根本上否定君主与君主专制制度，只是在总结君主兴衰中看到了民心向背的决定性作用。民本思想就是这种政治思维的产物，它是统治阶级自我批判、自我认识的升华，是统治经验不断丰富并转化为理论形态的结果。贞观君臣的民本思想无论是形成过程，还是理论形态，以及政治实践都可以说是这种理论的典型。它把君权的绝对性和相对性统一为一体，使两者有机地融合在一起，形成相辅相成、相互补充、相得益彰的辩证关系。

或许有人会说，民本思想在思想家那里与帝王手中会具有不同的品格，不可等量齐观。诚然，民本思想在某些思想家那里的确有一些令人扑朔迷离的地方，诸如孟子的"民贵君轻"之类。但是，只要稍加比较就不难发现，贞观君臣的重民论与孟子的民本论属于同一思想体系。贞观君臣宣称君权天授，孟子认为君权"天与之"；贞观君臣认为民众无能力参政，孟子则说，"有大人之事；有小人之事"，"无君子莫治野人"；《唐律疏义》强调，"为子为臣，惟忠惟孝"，孟子斥责"无父无君，是禽兽也"；李世民标榜王道，孟子倡行仁政；贞观君臣痛斥秦、隋暴政，孟子怒骂横征暴敛的君主是率兽食人之辈；唐太宗表示要"因民之心"，孟子主张"王与民同乐"；贞观君臣惊呼"君无道，人叛之"，孟子警

①《尚书·西伯戡黎》。
②参见《尚书·康诰》、《左传》襄公三十一年。

告"天子不仁,不保四海";他们提出的具体重民措施也是大同小异。实际上孟子的"民为贵,社稷次之,君为轻"同李世民的"君依于国,国依于民"相比较,一个是思想家激越的倡言,一个是政治家清醒的自诫,口气分寸上有所不同,但表达的却是同义命题。①即使在猛烈抨击暴君、暴政,把民本思想推向巅峰的黄宗羲、顾炎武、王夫之、唐甄等人那里,也很难看出在公理系统、政治立场、论证逻辑、理论结构,以及具体措施上有什么质的突破。他们仍然主张君为民之父母,如黄宗羲说,"天之生斯民也,以教养托之于君"②。唐甄寄希望于明君治国、清官理政等。顾炎武在《日知录·正始》中有一大段议论曾被梁启超概括为"天下兴亡,匹夫有责",常常被评价为超出了传统思想的藩篱。但实际上那段话不过是《孟子·滕文公下》某些言论的概括和衍化,充其量是在道义上肯定了民众推翻"率兽食人"的暴君的行动。且不论顾炎武对明末农民起义的实际态度,他这几句话丝毫没有赋予民众日常政治权利的含义,更未推导出人民主权思想,并不具备梁氏所添加的那种新的含义。

综上所述,推动民本思想发展的根本原因是民众集团性的暴力对抗。在封建时代,行政权力支配一切,唯有强权可以掀翻强权。所以防范来自政权体系内部的政变和消除来自政权体系外部的民众暴动,历来是传统政治思想极为关注的两大课题。全民性的暴动常常具有毁灭性的打击力量,迫使统治者不得不高度重视民这支社会力量,积极寻求对策。民本思想就是缘此而生。这种思想的发展演化主要是通过统治阶级的政治家和思想家的自我批判、自我认识完成的。民本思想作为思维的精神成果,从形式到内容都包含着两重性。一方面批判暴政,倡行仁政,承认君权是相对的、有条件的,提出了一批君主必须遵循的行为规范,甚至从道义上肯定推翻暴君的行为。在这一点上,无论是孟荀程朱之类的思想家,还是唐太宗之类的帝王,大致是一脉相承的;另一方面又鼓吹君为政本,贬低庶民的参与能力,要民众充当君主的教化对象。这种思想不乏对民众的同情和怜悯,但出发点和归结点始终在君主一边。它肯定了君主在政治生活中的专制地位,把对理想政治的期盼寄托在君主的自我节制和自我调节上。重民的主体是君主,重民的措施是有德的君主实行王道仁政。民是被动的,只能置于被怜悯、被恩赐的地位;在民之上,站着一个高大的救世主。

---

① 以上参见《孟子》。
②《明夷待访录·学校》。

民本思想把关注点放在调解君民关系上，而不摒弃这种不合理的政治关系。它虽然大谈特谈"得民者昌，失民者亡"，却从来不含有采取什么措施实现民的群体和民的个体的政治权利这一内容。民本思想承认了君与民的相对性，但仅限于忠实地描述和论证君为主、民为仆关系的合理性，并力图在不改变这种关系的前提下，保持两者的平衡、和谐。尽管它包含着制约君权、规范君主的理论因素，却又提不出比君主修德、进谏纳谏更为切实可行、更为有效的政治措施来实现这种约束，结果民的命运只能寄托于君主的明智和德行。从本质上看，民本思想是统治阶级政治经验的总结和理论升华。它虽然可以否定个别暴君，但又从更高层次上论证了封建社会关系、统治秩序和君主制度的合理性。民本思想不仅在理论上不具备超越君主专制制度的因素，而且多方论证了君主的得民之道、治民之术。所以从历史过程看，在民本思想指导下的重民政策总是同封建专制主义统治共存的。应当着重指出的是，批判暴君，抨击暴政同否定君主制度和宗法等级社会关系，在思想发展史上的意义是大不相同的。通观中国古代历史，民本思想及相关的重民政策，尽管其中不无精华，但从总体上看，它属于统治阶级的得民之道、保民之道、治民之道，充其量不过是描绘了一种君主制度的理想模式。在封建时代许多史家的笔下，贞观之治是可以与理想的成康之治相媲美的，欧阳修说："盛哉，太宗之烈也！其除隋之乱，比迹汤、武；致治之美，庶几成、康。"[1]显然，无论从思想体系上看，还是政治实践上看，民本思想属于专制主义范畴。

判别一种政治思想属性的主要标准，是看它论证了何种模式的社会关系。在中国古代社会，占主导地位的社会关系的本质特征是专制主义。这不仅表现在政治关系上的等级制和君主专制，还表现在经济关系上的人身依附和超经济强制，家庭关系上的宗法专制。君臣父子主奴关系模式遍布社会生活的各个层次、各个领域。倡导民本思想的思想家们没有一个是否定这种社会关系的，而依据民本思想推行重民政策的政治家们又无一例外地强化了这种社会关系。在这个意义上可以说，民本思想是中国古代统治阶级政治理论的重要组成部分。

九、"理学"的圣人无我与圣王专制 *

中国传统政治文化的一个重要特征是崇圣。春秋以前的文化以崇神为特

---

① 《新唐书》卷二《太宗本纪》。
* 本节与李冬君合作。

征,春秋以降,由崇神转向崇圣。神是非人格的,而圣则是人中之杰,崇圣是在重人基础上发展起来的,它肯定了人的生存意义和价值,从对神的崇拜转向对圣人的认同,就其文化意义而言,是一次文化转型。

诸子百家皆崇圣,但各家所崇圣人有所不同。概言之,圣人有两类:一为具体的圣人,即历史上存在的圣人或诸子虚拟的圣人;二是理论化的圣人,即原则的人格化,不一定表现为历史人,而表现为一种抽象的道德人,这一点在宋明理学中尤为突出。在理学中,圣人已渐渐失去其现实和历史的品格,积淀为一堆抽象的政治伦理原则。"人皆可以为尧舜","尧舜"这一人格模式便是由抽象的政治原则所建构的。在这一人格模式中,一切基于人的自然本性所具有的功能仿佛都被蒸发了,人只剩下一具以道德为轴心的社会性躯壳,这一躯壳的基本架构便是理学家们所喋喋不休的三纲五常之类的理, 其架构之根本支撑点,则是"无我"。

1.圣人无我

在宋代理学圣人观中,"无我"是一个核心问题。关于"无我",有种种说法,"无私""无意""忘己""无心"等从不同侧面揭示了圣人的"无我"特性。"我是为恶成就"①,因此成圣是一个不断排除"我"的过程,"无我,则圣人也"②。

(1)圣人顺天而无我

"天"在中国传统文化中有着特殊的意义,道是"天道",理是"天理",命是"天命",性是"天性",意是"天意",一切具有本体意义或带有必然性意味的命题都被中国传统文化归之于"天"。当然,"天"在这里已经不是纯粹的自然意义上的天,虽然"天"的自然色彩没有褪尽。理学中"天"的意义主要在政治和伦理方面。这种政治和伦理的"天",便是圣人认同的对象。向"天"认同,使圣人走向"无我"。

圣人认同天从而成为"天地之用"。"天只生得许多人物,与你许多道理。然天却自做不得……盖天做不得底,却须圣人为他做也。"③故"圣人,天地之用也"④。

---

①《朱子语类》卷三六。

②《二程集·河南程氏遗书》卷一一。

③《朱子语类》卷一四。

④《二程集·河南程氏粹言》卷二。

⑤《观物》五二《观物内篇之二》。

就像一个车夫,圣人只是随着车子一起滚动的一个附件。圣人"心代天意,口代天言,手代天工,身代天事"⑤,唯一不能代表的就是他自己。圣人尽"天地之用",其"裁成之功""何处可见"?朱熹答曰:"眼前皆可见。且如君臣父子兄弟夫妇,圣人便为制下许多礼数伦序,只此便是裁成处。"①天道经由圣人"裁成",转化为君臣、父子、兄弟、夫妇之道,因此"三纲五常"等伦理精神,乃是天道在人间的反映,君、父、夫的绝对权威性和臣、子、妻的完全依附性就是出于天道。正如"无我"的臣民必然依附于君主一样,"无我"的圣人则必然要"顺天无违"。子之于父母以孝顺为本,圣人之于天地也以孝顺为本。子之孝中还含有"子为父隐"等内容,而天恒无过,故圣人顺天唯"敬","'敬'只是一个'畏'字"②。"畏"则"至顺","天地之道,至顺而已矣。大人先天不违,亦顺理而已矣"③。

"畏天"还不能"尽天地之用","尽天地之用"必须从"忧天"始。所以圣人不仅"畏天",而且"忧天"。朱熹说:"圣人所以有忧者,圣人之仁也;不可以忧言者,天也。盖圣人成能所以异于天地。"④圣人有心故有"忧",天地无心故无"忧"。宋儒以"忧"强调了圣人不同于天的能动意义,圣人在天人相分时忧,在天人合一时乐。人与天相分,正如婴孩脱离母体一般,忧患与生俱来。圣人之忧,表达了一种与人的自由意志背道而驰的复返自然、与天为一的愿望,就像婴孩渴望回归母体一般。圣人"穷神知化",不能不忧;圣人"以天下为己任",不能不忧。圣人在忧患意识中建立起来的自我,又在天人合一的大团圆中失落了,"曲终人不见","化则纯是天德也"。

圣人尽"天地之用"的过程,始于"忧"——自我意识的觉醒,终于"乐"——"无我"即自我意识的圆寂。"乐"是圣人判明"无我"的标尺。圣人之"乐"有三种:一是"从心所欲"之乐;二是"心广体胖"之乐;三是"大公无私"之乐。

"从心所欲"之乐,是从天理上言。"无我"的圣人,"左来右去,尽是天理,如何不快活"⑤。圣人与天为一,如鱼得水,此谓忘我之乐。

"心广体胖"之乐,是从自身上言。圣人之心何以能广大?朱熹曰:"无愧怍,是无物欲之蔽,所以能广大。"⑥"愧怍"萌于自我意识,有我便"愧怍","愧怍"便

---

①《朱子语类》卷七〇,第1759页。

②《朱子语类》卷一二。

③《二程集·河南程氏粹言》卷二上。

④《朱子语类》卷七〇。

⑤《朱子语类》卷二九。

⑥《朱子语类》卷一六。

狭小,"无我"则心"广大",体"舒泰","吾心即是宇宙,宇宙即是吾心",乃心广大至极;"万物皆备于我",则"体胖"至极。

"大公无私"之乐,是从人伦上言。圣人"至公无私,大同无我,虽眇然一身在天地间,而与天地无以异也,夫何疑焉?佛者厌苦根尘,是则自利而已"①。佛的解脱,是自私自利;而圣人的解脱,则是"至公无私、大同无我"。朱熹说:"仁者,天下之公。私欲不萌,而天下之公在我,何忧之有?"②"人之所以不乐者,有私意耳。"③

总之,圣人在向天认同的过程中,作为人的自我意识被自然化了,当圣人与天融为一体时,我们只看到了圣,而不见人的踪影。"圣人便是天,天便是圣人。"④我们很难想象,这样的圣人能表现出人所特有的自由意志。我们知道,自由是人的本质的显现,是人的主体性的表征,而"听天由命"则是人的自由属性的错位,它完全忽视了人的以社会性为特征的生存活动本身便是对自然的超越。当然要圣人超越天是不可能的,就像人不能超越"三纲"一样。

(2)圣人与理为一而无我

朱子曰:"天即理也。理者,天之体;命者,理之用。""性即理也。在心唤作性,在事唤作理。"⑤理无处不在,所谓心情都是一理所现,以其性质和功能的不同而分别命名。"圣人形骸虽是人,其实是一块天理"⑥,是"理"所借用的一个人形,是没有人欲的形式人,"虽圣人不作,这天理自是在天地间……只是借圣人来说一遍过。"⑦"圣人都忘了身,只有个道理。"⑧圣人的血肉仿佛被光芒四射的天理蒸发了,自我化为乌有,"大而化,则己与理一,一则无己"⑨。圣人"未化"时,还是个操尺度以量物的主体,当其已化之时,则从主体变为工具,其行

---

①《二程集·河南程氏粹言》卷一。

②《朱子语类》卷三七。

③《朱子语类》卷三二。

④《朱子语类》卷六八。

⑤《朱子语类》卷五。

⑥⑧《朱子语类》卷三一。

⑦《朱子语类》卷九。

⑨《二程集·河南程氏遗书》卷一五。

⑩《朱子语类》卷三六。

⑪⑫《二程集·河南程氏遗书》卷六。

为完全不由自主。"圣人只看理当为便为,不当为便不为,不曾道我要做,我不要做。只容一个'我',便是意了。"⑩这样的圣人有个特点,那就是"凝然不动"⑪。"盖惟圣人能寂然不动,故无过。"⑫

圣人"无过"的提出,对于宋儒来说具有重大意义,它以最直接的方式肯定了圣人权威的绝对性和真理性,因而最具现实性。尽管圣人"无过"的根据在于与理为一,但我们无法确认这一点,即无法以客观的尺度来检验圣人是否与理为一,天理的阐释权握在圣人的手中,宋儒在最需要论证的地方放弃了论证,将最不可靠的条件当作自明的前提。

(3)圣人尽心而无我

"存心养性"是宋儒的老生常谈。"心"是个载道的容器,是批发天理的场所,性和情都包容在其中,故宋儒有"心统性情说"。"心是神明之舍,为一身之主宰。性便是许多道理,得之于天而具于心者。发于智识念虑处,皆是情,故曰'心统性情'也。"①心虽主宰性情,但贯通这三种的却是天道,"在天为命,在义为理,在人为性,主于身为心,其实一也"②。

宋儒认为,心与性的载道功能不同,"心"的功能是"知","性"的功能是"行",所谓"尽心"和"知性",便是知行合一。朱熹说:"存得父子之心尽,方养得仁之性。"③父子之心是慈孝,慈孝之心尽了,仁之性便表现出来。君臣之心是仁忠,仁忠之心尽了,义之性便表现出来了。情与性皆本于心,心"既发,则谓之情",情发而中节,合于天理则谓之性。心的特点是"虚","虚"则能容,容则能通。因此,圣人尽心,说到底是虚心。心"虚之至"则"物物无遗",故朱子曰:"圣人之心,天地之心如赤子之心,盖赤子之心,纯一无伪,而大人之心,亦纯一无伪。"所不同的是赤子"虚心"是因为无知,而圣人"虚心"则因为无我,所谓"大人不失赤子心",是"取其纯一近道也"。

宋儒认为,心为知行之本,"致知"从"尽心"始,"力行"从"存心"始,知与行皆由心起,然而心何谓也?孟子认为,心有"四端",即仁义礼智。而宋儒则曰"心即理",宋儒所谓"理",不仅指事物的法则和规律,更主要的是指封建人伦纲常,即君臣、父子、夫妇之道。陆象山曰:"吾心即是宇宙。"非仅言心能弥纶天

---

①《朱子语类》卷九八。

②《二程集·河南程氏遗书》卷一八。

③《朱子语类》卷六〇。

地,包罗万象,亦特言心中之"四端""三纲",充塞天地,涵盖宇宙。"吾心"之"吾",在这里只有指称功能,而无实质意义,宋儒所谓"尽心",非尽"吾"之心,而是尽天地心,宇宙心,即"四端""三纲"。

(4)圣人尽性而无我

宋儒皆持天赋人性说,认为"天之付与之谓命,禀之在我之谓性"①。性善由天定,与人为无关。"良能良知,皆无所由,乃出于天,不系于人。"②人有善恶,皆因气禀不同,"性者万物之原,而气禀则有清浊,是以有圣愚之异"③。禀得清气者为圣人,反则"为愚为不肖"。圣人因得清气,故善性自在。愚不肖者,则因气蔽其本性而为恶。宋儒以"气禀说",弥补了孟子性善论的不足。

宋儒认为,性即天道,"道即性,性即道,固只是一物。然须看因甚唤做性,因甚唤做道"④。在天为道,在人则为性,将性与天道等同起来,不仅使作为最高自然法则的天道充分伦理化,而且使伦理自然化,人伦纲常便是自然秩序的显影。不过天道转化为人道尚须圣人"裁成",即通过圣人"尽性"来完成。所谓尽性,就是将"自家性分之内"的道充分发挥出来,这只有圣人才能做到,"惟尧舜为能无物欲之蔽,而充其性"⑤。就人性本于天道而言,天道为体,人性为用,然而在这里,性与天道的关系发生了变化。这个"道"便是天道通过人性而显现的人道,即仁义礼智。仁义礼智被先验化而成为人的天性,圣人尽性即尽此四者。圣人"百行皆由仁义礼智中出"⑥。宋儒从根本上倒转了人性,人的本能如"嗜欲""利害"等,被看作后天获得的社会性加以排斥,仁义礼智等伦理精神反倒成为先天的自然性。宋儒实际上以人的社会性否定了人的自然性,而宋儒却认为他们所肯定并维护的正是人的自然性。

宋儒将仁义礼智规定为人的自然属性,是基于一个"生"字。仁义礼智"犹春夏秋冬",春为仁,有个生意。宋儒从生本能上把握人的自然性无疑是正确的,但是如果将"嗜欲""利害"等同"生"本能分开,那么"生"也就脱离了本能,

①《二程集·河南程氏遗书》卷二。
②《二程集·河南程氏遗书》卷一。
③《朱子语类》卷四。
④《朱子语类》卷五。
⑤《朱子语类》卷五五。
⑥《朱子语类》卷六。
⑦《朱子语类》卷六二。

而成为仁义礼智之"生"。

宋儒在把仁义礼智确立为人的本性的同时,还提出了几种"尽性"的方式。朱熹说:"率性者,只是说循吾本然之性,便自有许多道理。"⑦这"许多道理",要而言之,便是第一,"无意"。张载曰:"率性之谓道,则无意也。性何尝有意?无意乃天下之良心也。"①朱熹也说:"无意而安行,性也。"②第二,"节情"。何谓情?喜怒哀乐之谓情,情之未发之谓"中"。情未发,人皆得"中",虽圣愚并无不同。情一发,则圣愚自别,唯圣人能"发而中节"。第三,"至诚"。第四,"践形"。"践,非践履之谓。盖言圣人所为,便踏着这个形色之性耳。"③宋儒认为人体是载道之车,"践形"就是要充分发挥人体之载道功能。"天生形色,便有本来天理在内、贤人践之而未尽,圣人则步步踏着来路也。"因此,"尽性、践形,只是一事"④。

综上所述,"无意"是从行为上言,"节情"是从情感上言,"至诚"是从态度上言,"践形"是从身体上言。这四个方面贯穿一个基本精神——"无我"。"无意而安行"是天行,行动的主体是天而非人;"发而中节"之情,是"无我"之情,发情的主体,当然也"是天而不是人"。在人的一切秉赋之中,情最具主观性,最富于"我",如果连一点喜怒哀乐之情和饮食男女之欲都不能自主,那么无论作为社会意义的个人,还是作为自然意义的人都被扼杀了。"至诚"是一种排除了自我意识的非我化态度,而"践形"则是否定了感官物欲功能的非我化感觉。宋儒的理论所反映的正是专制制度否定人性的一面,它以人的本质的颠倒为前提,以否定人性而告终。

2.圣王专制的几个特点

和先秦儒家一样,宋儒为圣人设计的路线是一条内圣外王的路线。圣如何向王转化?宋儒提出了三个基本点。第一,圣人尚公尚同。圣人之心,与天为一,无我至公。以一己之"公心",发而"感天下之心",圣人便向圣王转化了。圣人一天下之公心,当垂法后世,"圣人是人与法为一,己与天为一"⑤。不言而喻,法即圣人之言,法的功能是尚公尚同,法的根据是天道,圣人向圣王转化,在这里表

---

① 《张载集·语录中》。

②⑤ 《朱子语类》卷六一。

③④ 《朱子语类》卷六〇。

现为天道向法的转化。法是"圣人公心尽天地万物之理"的产物,是圣王确立的根本标志。第二,圣人立己立人。立己是成圣,立人则为王,"己欲立而立人",一个"欲"字,包含了圣人向圣王转化的全部契机。宋儒曰:"率性则谓之道,修道则谓之教。"①"率性"是"立己","修道"是"立人"。"夫子之道"一以贯之,忠恕而已,"忠"是立己,所谓"尽己之谓忠","恕"是立人,即"人事"也。"忠"体"恕"用说表明:圣人立人必以立己为本。离开立己,就无从谈"恕"。"忠"与"恕","犹形影也,无忠则不能为恕矣"②。"忠者天下大公之道,恕所以行之也。"③"忠"是内圣,立己也;"恕"是外王,立人也。"以己及人"是圣人向圣王转化的"大本达道也"。第三,圣人成己成物。圣人不独成,故宋儒以成己成物并举。成己成物的关键是一个"诚"字。何谓"诚"?宋儒曰:"尽性为诚。"尽性有二:尽己之性与尽物之性。尽己之性是成己,尽物之性是成物,二者兼成谓之"诚","诚者合内外之道"④。"'克己复礼为仁',岂不是成己?'知周乎万物而道济天下',岂不是成物?仁者,体之存;知者,用之发。"⑤无我以复天理是成己,成己为仁;以成己之道"济天下"是成物,成物为智。立己便是"存心",而成己便是"养性";立人以"事天"为本,而成物则以"济众"为本。"存心养性"是修身之德,而"事天济众"则为教化之功。如果说"养性"之成己是内圣的过程,那么"济众"之成物便是外王的过程,由己及物,意味着圣人向圣王的转化。

圣人与圣王有一点不同,即圣王不仅载道、传道、行道,而且将天道与政权结合在一起,实行天道专制。关于这个问题理学家有广泛的论述。这里只讲几个深层次问题。

(1)"灭人欲"与杀"心中贼"

在宋儒看来,人生在世"只有天理、人欲两途,不是天理,便是人欲"⑥。而且天理人欲之争,谁胜谁负,殊难预料,因此,人应该"把定生死关头,扶起此心来斗",斗则进,不斗则退,"人只有个天理人欲,此胜则彼退,彼胜则此退,无中立不进退之理"⑦。人欲不仅与天理构成矛盾,而且人欲的无限性与财富的有

① 《二程集·河南程氏遗书》卷一。
② 《二程集·河南程氏外书》卷一一。
③ 《二程集·河南程氏外书》卷二。
④ 《二程集·河南程氏遗书》卷一。
⑤ 《朱子语类》卷六四。
⑥ 《朱子语类》卷四一。
⑦ 《朱子语类》卷一三。

限性也构成矛盾,宋儒主张压抑人欲,鼓励人们追求道义上的满足,认为以无穷的人欲来追逐有限的财富是违背人的本性的。宋儒只看到人欲的消极性的一面,而没有看到人欲还具有积极的创造性的一面。实际上,人欲能不断创造出自己所追逐的对象来。同样,对于道义,宋儒也只看到了其作为无形的财富所具有的无限性的一面,而忽略了道义所具有的封闭性的一面。

尽管如此,宋儒并不排斥适可而止的人的本能欲求,只是这种满足以不被物欲所夺为限。因此宋儒主张应重视肉体这大自然的赐物,应该使它的每个器官都能得到自然的满足。在某种意义上可以说这是道德的基础。"饮食者,天理也;要求美味,人欲也。"①饮食是自然欲求,而"要求美味"则含有文化因素,它破坏了自然欲求的封闭性和自足性。而自然欲求的这种封闭性和自足性恰恰是一种动物的特征。在这一点上,我们可以说宋儒表明了一种反文化倾向。在宋儒看来,耳目口鼻及四肢躯体都执行"天职",它们构成执行天理的系统,如有一毫私意施与它们,"即废天职","口目耳鼻四肢之欲,性也。然有分焉,不可谓我须要得,是有命也"。②故其欲"惟分是安"。饮食男女等自然欲求是天理的一种低级的表现形式,与人欲不同,它的特点是"安分",人欲的特点则是过分。然而,实际上正是在这种"过分"的人欲,对自然的封闭性和自足性的突破和超越中,包含着文化生成的契机。宋儒的人伦纲常思想就是建立在"安分"这一自然欲求的基础上。

当天理向人伦落实时,即表现为礼,天理与人欲的矛盾,在现实生活中表现为"己"与"礼"的矛盾,"灭人欲"就是"克己",而"存天理"则是"复礼"。宋儒认为,人之所以为人,就在于有"礼"。在这里"人"是一个类概念,并不包含个体"己"在内,"人"与"己"是对立的,只有"克己"才能成人。毫无疑问,宋儒的伦理精神是扼杀个人的。"'克己'者,一似家中捉出个贼,打杀了便没事。"③我们认为,如果活生生的个人被打杀了,作为类概念的人,是毫无意义的。

(2)"一刀切"——教与刑

---

① 《朱子语类》卷一三。

② 《二程集·河南程氏遗书》卷一九。

③ 《朱子语类》卷四四。

④ 《朱子语类》卷一五。

宋儒认为,芸芸众生皆为蒙者,"存天理,灭人欲"归根到底就是治蒙,圣人的使命就是"启众生之蒙,去众生之昏","启蒙"和"去昏"都要"一刀切",毫无例外。"'壹是',一刀也……颜师古注:'犹如以刀切物,取其整齐。'"④宋儒以理为快刀,以"一刀切"灭私,"有己则喜自私,私则万殊,宜其难一也"。①圣人以"一刀切"杀尽人的私心,"使人齐入于圣人之域"②。"圣人之域"的标志是"广居"。"广居,无私意也","以天下为一家,中国为一人,何广如之"③。

宋儒认为,实现"一刀切"既须教化,又须凭借刑政的力量。教化讲得很多了,这里主要讲讲理学家的以刑治蒙。"圣王为治,修刑罚以齐众,明教化以善俗。"④"教人之术,若童牛之牿,当其未能触时,已先制之,善之大者……如有不率教之人,却须置其槚楚,别以道格其心,则不须槚楚,将自化矣。"⑤"牿""槚楚",皆刑罚之喻也。圣人之治,要在防患于未然,就像小牛的角还没有长出来,就要使之适应笼套一样,对"不率教之人",须"以道格其心",即在心上绑着一个结结实实的笼套。"圣人为天下,何曾废刑政来!"⑥宋儒不仅以理杀人,而且以刑杀人。在宋儒看来,杀人也是替天行道,对于下民,他们主张先刑后教,以杀启蒙,"发下民之蒙,当明刑禁以示之,使之知畏,然后从而教导之"⑦。"九居初,最下无位者也,下民之象,为受刑之人,当用刑之,始罪小而刑轻……《系辞》曰:'小惩而大戒,此小人之福也。'"⑧故芸芸众生皆是可刑之人,只要本于天理,杀人也是教化,且不失圣人爱人之心。"圣人之于民,虽穷凶极恶而陷于刑戮,哀矜之心无有异也。"⑨"虽曰杀之,而仁爱之实已行乎中。"⑩圣人做大事不以小不忍为心,只要打着天理的旗帜,就可以大开杀戒,"圣人于天下自是所当者摧,所向者伏"⑪。

---

①《二程集·河南程氏粹言》卷二。

②《朱子语类》卷一四。

③《朱子语类》卷五五。

④⑦《二程集·周易程氏传·蒙》。

⑤《二程集·河南程氏遗书》卷二。

⑥《朱子语类》卷二三。

⑧《二程集·周易程氏传·噬嗑》。

⑨《二程集·河南程氏文集》卷八。

⑩《朱子语类》卷七八。

⑪《朱子语类》卷七五。

(3)忠与孝——人人臣仆化

圣王"一刀切"使众生都成为"无我"之人,这"无我"之人面对社会,已不能作出任何有益于己的个人选择,他们任凭圣王将自己织入以三纲五常为经纬的命运之网中,"人皆可以为尧舜",在这里实际上意味着,在这命运之网中人人皆可找到一个恰如其分的位置;这位置像一个死结一样,牢牢地拴在自己的身份上。

君、臣、父、子、夫、妻、兄、弟、友构成儒家的社会关系网,在这张网中,每一种身份都有一套与之相应的角色模式。宋儒曰:"圣人教人有定本……教以人伦:父子有亲,君臣有义,夫妇有别,长幼有序,朋友有信。"①君臣父子夫妇之道为"道之大本"②,是天理之在人者。"天教你'父子有亲',你便用父子有亲;天教你'君臣有义',你便用君臣有义。不然,便是违天矣。"③人伦出于自然,不仅表现在以天为本,对天的认同上,而且表现在追根溯源,寻祖归宗的血缘认同上。"父之所以慈,子之所以孝,盖父子本同一气,只是一人之身,分成两个,其恩爱相属,自有不期然而然者。其他大伦皆然,皆天理使之如此,岂容强为哉!"④宋儒由此推论人伦关系"非是其如此",而是天与血缘运行的必然结果。"有牝牡,便是有夫妇;有大小,便是有兄弟;就他同类中各有群众,便是有朋友;亦有主脑,便是有君臣。只缘本来都是天地所生,共这根蒂,所以大率多同。圣贤出来抚临万物,各因其性而导之。"⑤圣人"各因其性而导之",就是根据自然法则,将每个人都固定在他们所特有的身份之中。身份是每个人生存的标志和目的,谁也摆脱不了,"父子君臣,天下之定理,无所逃于天地间"⑥。天和祖是儒家精神的两根支柱,两个本原,自然本于天,而人文出于祖,自然主义和祖考精神成为儒家传统的两个原动力。儒家人伦纲常中,君臣和父子关系最为重要。在这两种关系中,君与臣,父与子,各自承担的伦理义务不同,所拥有的权力也不同。父子关系是君臣关系的原型,如果一直追溯下去,它们又源于一种更为基本的天人关系。实际上君臣关系是父子关系的再现和展开,在父子关系中,个人的政治行为方式和政治心理机制已经定型,它们为君臣关系的种种定则提供了心理基础。忠本于孝,

---

① 《朱子语类》卷八。

② 《二程集·河南程氏遗书》卷一八。

③ 《朱子语类》卷六〇。

④ 《朱子语类》卷一七。

⑤ 《朱子语类》卷一四。

⑥ 《二程集·河南程氏遗书》卷五。

君主的权威源于父亲的权威,君主对臣民的德刑并举,实质上是父亲对子女的爱与罚的再现,即如臣谏君也可以在父子关系中找到它的伦理依据。

孝与忠在本质上都是个"顺"字,它们的区别就在于所面对的对象不同。"顺"以"无我"为根柢,因此,人子之顺,便是"以父母之心为心"①。不能有一点主体性;不言而喻,人臣之顺,自然也要以君主之心为心,同样不能有一丝一毫的主体性。宋儒主张"事君致其身",所谓"致身",便是"一如送这身与他,便看他将来如何使",这种不有其身的精神,是"不为己之私计也"②。然而君和亲也不是天生圣人,难免要犯错误,如果只是僵化的顺从,而导致君亲错上加错,便是"顺"的异化,为了克服"顺"的异化,宋儒又提出了"谏"。"人情自有偏处,所亲爱莫如父母,至于父母有当几谏处,岂可以亲爱而忘正救!所敬畏莫如君父……岂可专持敬畏而不敢言!"③但是,人子人臣只能"微谏"。何谓"微谏"?朱熹说:"微谏者,下气、怡色、柔声以谏也。见得孝子深爱其亲,虽当谏过之时,亦不敢伸己之直,而辞色皆婉顺也。"④一言以蔽之,"敬不违"也。"上不违微谏之意,切恐唐突以触父母之怒;下不违欲谏之心,务欲置父母于无过之地。其心凡念念只在于此。若见父母之不从,恐触其怒,遂止而不谏者,非也,欲必谏,遂至触其怒,亦非也。"⑤天下无不是的父母,结果只能是"子为父隐";臣于君也是如此,"看来臣子无说君父不是的道理,此便见得是君臣之义处"⑥。这种文过饰非的"微谏",只是"顺"的一种补充,其作用显而易见是强化了"顺"。作为人臣和人子,必须维护君与父权威的绝对性和真理性,为此可以做出任何牺牲,"君要臣死不得不死,父要子亡不得不亡",顺到生物本能也丧失了的地步,无论冠以怎样荣耀而崇高的谥号,恐怕也不能掩盖人性异化的实质吧。

圣人观,可以说是我们民族精神的一个焦点,由此焦点,我们可以对中国传统政治文化作多层次、多角度的透视,它是一种人格类型,又是一套政治范式;它既是"关于人的共同观念体系",又是关于自然的认识模式。举凡天人、道器、形名、体用、本末、心性、理欲、义利等观念,无一不与圣人相关。上自宇宙本体,下至饮食男女;从"赞天地之化育"的王者之事,到百姓日用,皆以圣人为轴心而转动。

①⑤《朱子语类》卷二七。
②《朱子语类》卷二一。
③《朱子语类》卷一六。
④《朱子语类》卷二七。
⑥《朱子语类》卷一三。

它由一个普通观念,升华为一种文化精神,几乎涉及传统文化所有方面。且不论它作为一种思维方式所具有的独特意义,即就其政治伦理方面而言,它也显示了一种恒固的气质,它的"无我"特性历千年而弥留,潜移默化,植入深层的国民性中,形成我们民族的一定时期的文化-心理结构。它不仅滞留在精英文化意识中,而且泛化在民俗文化意识中,从某种意义上来说,它仍然是我们民族所认同的对象。

传统圣人观对近代政治伦理生活,具有深刻的不容忽视的影响,它的以"无我"为本位的臣民价值观,或多或少、自觉不自觉地影响并妨碍了近代价值观的确立。如果说自我意识是近代民主的酵母,那么无我意识便是古代传统专制的思想支柱。在宋代理学圣人观中,自我像幽灵一样被驱逐、被流放,无我意识、臣民意识和圣王意识构成了王权主义和专制制度的道德基础。从中世纪走出来,首先就意味着要建立一个新的道德基础,即以主体意识、公民意识和民主意识代替无我意识、臣民意识和圣王意识。

十、传统国民主奴组合性格与王权主义 *

本文的核心命题是:亦主亦奴是中国古代最具普遍意义的社会人格。官僚群体的政治人格是主奴综合意识的典型代表。圣人人格则是主奴根性的抽象化、理想化。这种社会人格是专制主义社会政治体系得以长期维系的文化根源。

社会人格,是指一定社会群体共同的人格特质。它是由社会环境铸模而成的,是一定社会群体共同生活方式和基本经验的产物,是人们将社会的文化的规范与要求内化于心的结果,它埋藏在个体人格的深蕴处。由于社会人格之中包含着许多为社会公认的精神品格、行为规范和道德信条,因此,它属于典型的"文化的主观方面"。社会人格既是社会形态和文化体系的产物,又是社会形态的一种存在形式和文化体系的一种载体,因而在维护公共秩序、调节人际互动方面发挥着重要的作用。本文所说的亦主亦奴人格是中国古代社会人格中最重要且最具普遍意义的一种。

1."官僚"的主奴综合性格

一般说来,帝王、官僚、庶民构成中国古代三大社会政治等级。官僚介于帝

---

* 本节与张分田合作。

王与庶民之间,是主与奴、贵与贱统于一体的典型。相对于君,他们是下,是奴,是臣子;相对于民,他们是上,是主,是父母。他们出则舆马,入则高堂,一呼百诺,权势炙手,但在君主和长官面前则必须俯首帖耳,唯命是从。其实"官僚"称谓本身就生动地刻画出这种政治角色的双重地位。

在中国古代,官僚既有官、管之称,又有僚、宦之称。"官",本义为官府、官衙,引申为官吏,是权力者、管理者的称谓。《广雅·释诂》:"官,君也。"官,是一种君主称谓。官又多用为天子以下一切国家公职人员的泛称。如《礼记正义·王制疏》说:"其诸侯以下,及三公至士,总而言之,皆谓之官。官者,管也。"官是权贵,是主子。而作为君之从属的官又被称为"僚""宦",如为官称"为宦",官场称"宦海",仕途称"宦途"。称官为僚、群僚、僚属的例子则更为常见,故官又称"官宦""官僚"。然而推其本义,宦与僚原本皆为奴仆之称。"宦"即家奴。甲骨文中的"宦"字是房屋下臣隶仆妾的象形。"僚"又作"寮",最初也是仆隶、属下之称。《诗经·大东》"百僚是试"之僚是指操劳杂务的奴仆。《左传》将人分为十等,其中"隶臣僚,僚臣仆",僚的地位极其卑贱。《说文》:"官,吏事君者也……犹众也。"官形同君之众仆、属下,故僚亦可用于称呼官、官署。如毛公鼎、令彝等有"卿事寮""大史寮"等,指君主属下的大官。从历史过程看,将官与僚结合在一起,是君主制度的产物。在中央集权政体形成过程中,君主将家相、群僚提升为官,大量使用身份卑贱者为公卿将相,又将诸侯、卿大夫贬抑为僚属,使之成为官僚制度中的臣。这就造就了官僚,造就了亦主亦奴,亦贵亦贱的群体。"官"与"僚"从此粘连一体,成为这一群体的文化标识。

作为文化符号,"官僚"一词既形象又贴切。它准确地揭示着官僚群体的实际地位和人格特征。官,本为君之称,后来一直用于称呼拥有政治权势的支配者;僚,本是奴之称,后来一直用于称呼处于从属地位的被支配者。官与僚连缀在一起,就使官长与僚属、支配者与被支配者这两类文化意义复合于一体。这一称谓的内涵是:亦君亦臣、亦上亦下、亦主亦奴。

官僚的地位、角色、规范、称谓共同铸模着这一群体的精神世界,亦主亦奴成为官僚群体普遍的人格模式。这里着重看一看宰相意识和宦官意识的主要特点。宰相与宦官分别处于等级式职官体系的最高层和最低层,因而最具典型性。

宦官的主奴综合意识可以概括为八个字——"身为下贱,口含天宪"。宦官是地地道道的皇室家奴。大多数宦官终身从事贱役,无权无势,任凭驱使责

270

罚。然而权力塔尖上的奴仆毕竟有与众不同之处。内宦多有官职品阶,他们肩扛着官的头衔,故称之为"宦官"。这一群体历来不乏位高秩重者,有的甚至出将入相,以至封侯。宦官的奴才意识显而易见,大凡贱奴、劣奴的种种心态多可以在这个群体中找到。这里着重揭示这一群体的主子意识。

宦官既是帝王的贱奴,又是帝王的鹰犬。他们一旦获得帝王的宠幸,便"窃持国柄,手握王爵,口含天宪"①。其权势重者竟能使宰相公卿、封疆大吏敬之畏之,歌之颂之,甚至拜倒在他们脚下,自称门生、义子,尊之为"九千九百岁"。专权的宦官以一种极端的形式展示着骄横、酷虐、野蛮的主子意识。他们弄权朝堂,仗势欺人,巧取豪夺,骄奢淫逸,"举动回山海,呼吸变霜露。阿旨曲求,则光宠三族;直情忤意,则参夷五宗"②。这类角色许多朝代都曾大批涌现,明代的魏忠贤最为典型。"口含天宪"的宦官与仗势欺人的豪奴属于同一类,而其主子是帝王,故为害尤为酷烈。

帝王是主子的极致,而权阉主子意识的极致却表现为凌驾于帝王之上。他们竟然恶奴欺主,玩帝王于股掌之中。齐国的竖刁幽闭齐桓公,使一代霸主饿死宫中。秦朝的赵高公然在朝堂之上"指鹿为马",愚弄皇帝,欺压公卿,终将秦二世置于死地。汉唐一批权阉擅废立,弑君王,作威作福。李辅国拥立唐代宗,竟欲代行君权,对代宗说:"大家但内里坐,外事听老奴处置。"③鱼朝恩公然威逼皇帝,政令不合己意便大怒称:"天下事有不由我者邪!"④欲以家奴、宠臣之身凌驾于天下之心溢于言表。杨复恭拥立唐昭宗,以"定策国老"自居,把天子视为"门生"⑤。明代群阉更为嚣张,魏忠贤号称"九千岁",其甚者竟有谋夺帝位之心。

宦而为官,官而为宦。宦官角色主与奴双兼,甚至以家奴之身而行无冕君王之实,令至尊的皇帝自叹受制于家奴。这就集至卑与至尊于一体。"宦官"意识与"官宦"意识相通、相同。

宰相的主奴综合意识也可以概括为八个字,即"一人之下,万人之上"。宰相号称"百官之长"。"宰相门子七品官"的俗语,以及历代权相专横跋扈的故

---

①《后汉书·朱穆传》。

②《后汉书·宦者列传》。

③《旧唐书·宦官传》。

④《资治通鉴》卷二二四。

⑤《新唐书·杨复恭传》。

事,集中体现着这批人的主子地位、主子权势和主子气焰。然而"一人之下"又注定他们在帝王面前可怜得很。这里着重揭示宰相群体的奴才意识。

古代文献诠释"宰相",谓之"燮理阴阳""辅相君王""宰制万端"。然而"宰"与"相"最初都是卑职。《说文》:"宰,罪人在屋下执事者。"这本是家奴或家奴总管的称谓。后来,宰相又被称为"司徒""司空""司马"等,而它们本也是为主人服役的卑微家臣的头衔。后来又称"尚书""侍中""仆射"等,寻根溯源,当初也都是卑微小臣的称谓。即使作为最高文官头衔的太师、太傅、太保,最初也只是王者或储君的保姆的称谓。宰相仍属臣的范畴。君之相犹如家之宰,国之百官总长犹如家之奴仆总管。宰相之所以权势炙手,是因为其主子非同寻常,乃普天之下的至上君王。所谓"百官之长"其实不过是幕僚长。就连这些位居人上的权贵们也必须头顶着卑微的冠冕,匍匐在帝王脚下,俯首称"臣",甚至自称"奴仆""奴才"。这就以极端的形式展示着古代官僚尊与卑、主与奴双涵的角色、规范和人格。

或许许多人忘记了"宰相"等称谓的本义,然而他们直面这类权贵时,仍能准确无误地指出:贵为宰相亦不过是君之奴耳!《太平广记》卷四一九收录了《续玄怪录》中的一则故事。这则故事的主人公是唐卫国公李靖。据说他年轻时曾帮助过一位神龙夫人。为了答谢李靖,神龙夫人召来两个家奴,"一奴从东廊出,仪貌和悦,怡怡然。一奴从西廊出,愤气勃然,拗怒而立"。她对李靖说:"山居无物,有二奴奉赠。总取亦可,取一亦可,唯意所择。"李靖选取了"拗怒而立"者。后来李靖"竟以兵权静寇难,功盖天下而终不及于相"。故事记述者认为:两奴分别象征相与将。将相虽位极人臣,而毕竟仍属臣仆范畴,"所以言奴者,亦下之象"。其实在古代政论中,以"臣""下""仆"界定宰相确属常见。人们普遍认同这一政治定位和文化定位,宰相们亦不例外。宰相们的臣属意识是奴才意识的一种表现形式。

奴才意识在"奸相"们的身上以一种极其丑恶的形式外显。依据传统观念,奸相属于"小人得志"。他们有的颇有几分智谋,善于先意逢君,献媚取宠,秦相赵高、唐相李林甫属于此类典型;有的平庸卑劣,"无他才略,唯一意媚上"[1],宋相蔡京、明相严嵩属于此类典型;有的更为卑劣,专以阿附权臣,谄谀宦官为能事,甚至认权阉为父为祖为师为长,甘愿做奴才的奴才,明代首辅顾秉谦是此

---

[1]《明史·严嵩传》。

272

类典型。这类奸相与"佞幸"无异，道德人格无足称道，政治品质极其恶劣，且集主子意识之恶与奴才意识之恶于一身。

奴才意识在多数宰相身上以一种卑顺、平庸、苟且的形式外显。汉武帝的丞相石庆最为典型。这个人靠着恭谨卑顺的世传家风而位极人臣。在任太仆时，一次他为武帝驾车出行，武帝问：车上套了几匹马？御驾六马，一目了然，可是石庆还要一、二、三、四地数一遍，才敢报告皇帝，可谓恭谨有加。位居丞相之后，他在政治上毫无建树，"在位九岁，无能有所匡言"，故"君子讥之，为其近于佞也"①。多数宰相有类似的意识和行为。《明史》卷二一八记载了一批首辅、阁老的言与行，史家对他们的评价是："外畏清议，内固恩宠，依阿自守，掩饰取名，弼谐无闻，循默避事。"这类史评在历代宰相传记中实属常见。人们为这类"太平宰相"起的绰号也很说明问题：唐代的杨再思人称"两脚狐"、苏味道人称"模棱手"，宋代的王珪人称"三旨宰相"、李邦彦人称"浪子宰相"，明代的夏言等人称"青词宰相"，清代的曹振镛人称"琉璃球"。这类绰号勾画出宰相们一幅幅委琐的图像，他们实为奴在心者。

奴才意识在贤相身上多以忠臣的形式外显。贤相上忧其君，下忧其民，有所匡助，有所建树，其人格与功业都有令人称道之处。然而他们都是将臣道规范内化于心中的人。他们认同君尊臣卑、君主臣从，自我归属于下僚、贱类，在君主面前自称"待罪宰相"②，任凭帝王驱使责罚。他们认同名分观念和忠孝规范，尽心所事，忠诚不贰，愿为君之"耳目""股肱"，甚至自比为"犬马""爪牙"。这种依附性政治意识只能归属于奴才意识。

宰相的奴才意识是专制主义政治法则和文化观念共同铸模而成的。这种法则与文化注定就连"一人之下"的权贵也必须恪守臣道。他们必须有奴性，才能安稳地待在这尊荣者的领地。他们必须有奴性，才能从帝王那里分享权与利，而对他人颐指气使。他们必须有奴性，才能辅佐君王而建功立业。在这一点上，宰相与宦官的境遇并没有太大的差别。始终不能顺应这种法则与文化的人，很难循着权力的阶梯上行。志为忠臣良相的人却极易从权力的高塔上跌落。因此，跻身高官显贵的臣子们，尽管其中不乏贤良才能之士，却又不能不自

---

①《史记·万石张叔列传》。
②《史记·陈丞相世家》。

居卑贱,自甘平庸,自称罪过,不能不自认奴才。一旦无才无德或有才无德的人靠着奴才之身与奴才之心登上高位,一位兼备奴才之恶与主子之恶的奸佞、恩幸便应运而生了。这就是专制主义秩序与文化为包括宰相在内的官僚群体所注定的宿命。

类似的地位与心态在官僚群体的各个层次中都可以发现。如地方官中普遍存在"为一人分忧,为万民作主"的心态。前者是一种臣属意识,后者是一种主宰意识,两种地位与意识共时性地寓于一体。小小县令,称其卑则云"七品芝麻官";道其尊则说"灭门县令"。"拜迎官长心欲碎,鞭挞黎庶令人悲。"唐代著名诗人高适的《封丘作》中这两句诗揭示了八品县尉的卑与尊,以及由此而产生的矛盾心态和精神苦闷。

官僚、官宦的本质是奴仆,故主奴意识的根本是奴性。这一点体现在官僚称谓上就是这批权贵统称为"臣"。《说文》:"臣……象屈服之形。"以仆役之"臣",界定君、臣、民之"臣",这是对官僚地位、角色、规范、人格的最具根本意义的文化界定。有权有势,又位居属僚,扮饰奴才,恪守臣道,这就是官僚。

2.主奴综合意识的社会根源和文化根源

如果把视野进一步拓展开来,就会发现以奴为本、亦主亦奴的地位与人格特征具有更为普遍的意义,它并不局限于官僚群体内。尽人皆奴的社会结构和泛化的绝对权威崇拜是亦主亦奴人格的社会根源和文化根源。

中国古代社会结构属于"权力-依附"型结构。这种结构广泛存在于社会生活的各个层面。在生产关系上,生产资料占有者与生产者之间有绝对的(主人与奴隶)或较强的(主人与部曲,主户与客户)隶属关系。人与人之间的经济关系是主奴或近乎主奴的关系。在政治关系上,帝王、官僚、庶民之间等级分明,君支配臣,臣支配民。官僚队伍内部也等级分明,形成上对下的支配、下对上的依附。在宗法关系上,大宗与小宗、父家长与其他家庭成员,以及长辈与晚辈、兄与弟、夫与妻、嫡与庶,都属于支配与被支配关系。其中父与子的隶属关系更具绝对性。在其他各种社会关系中,类似的"权力-依附"关系普遍存在。如师与徒之间犹如君与臣、父与子。总之,几乎一切人与人之间的纵向关系都有明确的序位,并依序位构成"权力-依附"式的等级关系。这就使除帝王以外的一切社会角色都在不同程度上具有"奴"的属性。"尽人皆奴"是生产关系、社会关系、政治关系及相应的文化观念所共同构建的社会现实。

与普遍化的"权力-依附"型社会结构相适应的是普遍化的绝对权威崇

拜。中国古代社会权威崇拜的特点是:几乎一切社会权威,无论虚拟的还是实在的,都被视为绝对权威,即具有较强的支配性、强制性和不可违逆性;每一种权威总是由一个未经民主程序认定的个体来体现,并尊之为绝对主宰;为了维护这类权威,总是力图剥夺服从者的人格独立乃至一切权利和自由;权威者与服从者的关系实质是人身依附关系,即主奴关系。这类权威又大多染以神圣的油彩,以致成为全社会的信仰。

例如,"天地君亲师",这是中国古代五种最重要的社会权威。分而言之,它们分别代表不同体系、不同关系中的绝对权威。天地是天人体系中的绝对权威。无论将其视为天神、地祇,还是将其视为义理、自然,人们总是奉"天经地义"为一切事物的终极依据,甚至认为普天之下,万类万物,皆为天地之子女、臣民,就连人世间至尊至贵至圣至明的帝王也必须对天地称臣。君是政治体系中的绝对权威。人们大多认同"君命无贰""君要臣死,臣不敢不死"的道德律条。许多仁人志士主张"以道事君""格君心之非",主张作诤谏辅拂之臣,甚至主张对无道之君实行"革命"。这一切又为统治思想和主流文化所认可。然而"君臣大义"又是凛然不可犯的。"君有不明,臣不可以不忠。岂有君而可叛者乎?[①]亲是家族体系中的绝对权威。在观念上,父母对子女的支配最具绝对性。孔孟大儒以"无违"概括孝道。他们虽然也倡导子谏父,然而必须谏而"不暴父恶",必须"谏而不听,号泣而随之","父要子死,子不敢不死",小杖则必须受之,充其量允许"大杖走之"。总之,"事亲有隐而无犯"[②]。师是学术体系的绝对权威。"师长,君臣之纪也。"[③]师的权威属性类同于君臣、父子。天地君亲师的绝对权威还受到法律的保护。据说孔夫子有言:"五刑之属三千,而罪莫大于不孝。要君者无上,非圣人者无法,非孝者无亲,此大乱之道也。"[④]总而言之,天地君亲师都是"君",五者之间是互拟、互类、互证关系,它们集中代表着各种绝对权威的基本属性和特点。

天地君亲师崇拜实质是一种泛化的君崇拜。在古代文献中不乏"天,君也""父,君也""师,君也"之类的说法与注疏。此外,在三纲、五伦、六纪中还有许多

①《朱子语类》卷七九。
②《礼记·檀弓上》。
③《白虎通义·三纲六纪》。
④《孝经·五刑章》。

类似的"君"。如三纲中的夫与妇、五伦中的兄与弟、六纪之中的长与幼,都被认为具有君臣、父子属性。对此,《白虎通义》等有详细的论述,其基本思路为历代大儒所继承,并获得全社会的广泛认同。这就是说,一切居尊居长者都是"君",一切居卑居幼者都是"臣"。因此,在宗教中,天是百神之大君,"天道"亦可称"帝"。在政治上,天子为君宗、大君,诸侯为邦君、国君,卿大夫为封君,某些长官为使君、郡君、府君。在家庭中,子女称父母为严君、君父,媳妇称公婆为君,妻妾称丈夫为君子、夫君、君父,偏妾称嫡妇为君。在学校中,学生事师长如君父。在观念上,位高德重堪为治者则称为"君子"。一切权力者都被赋予君的属性,这就形成了一种泛化的君崇拜。天地君亲师及其他形形色色的绝对权威,分而言之,各有其分野、领域;总而言之,又互相比附,连为一体。这就织就了一张遍布天人体系、政治体系、宗法体系、学术体系的绝对权威支配之网。无论人们处在哪一个体系中,都将面临一个似曾相识的无上权威。这个权威大网又有梯级配置。人们在学尊师,在家尊亲,在国尊君,在天下尊天地。天至高无上,然而毕竟是虚拟的。因此,这张绝对权威大网的核心和真正支配者是政治之君。人们称君主为"天子""帝王""君父""君师",将各种权威属性奉献给他。政治之君在观念上是至上的,但在实际上却难真正支配一切,因而必须借重天地、神圣、父母、师长及其他各种类君角色。君主居于社会政治体系之巅,兼握天地君亲师,而其他各种权威崇拜的最终导向是君权崇拜。因此,君主才是名副其实的至上权威。

泛化的君崇拜为一切等级的上下关系都注入了支配与被支配的属性,使人与人之间的关系大多类似于主子与奴仆的关系。

应当指出的是:在中国古代文化观念中,君臣、父子、夫妇、师徒等都有"义交"的成分,即所谓"道义之交""朋友之道"。于是又有相对性的要求,如君礼臣忠、父慈子孝等。这又为在下者提供了人际互动中的某些变通,如君臣相正、净谏君父。这类观念不是对绝对权威的否定,而是为维护绝对权威而设。它包含着能动的调整成分,具有现实性、合理性,却从不具有彻底否定君、父、夫、师的支配权的意义。

尽人皆奴的社会结构和泛化的绝对权威崇拜,把各种社会角色明确分为两大类:主子与奴仆。前者有男、夫、父、长、兄、主、上、君等,后者有女、妇、子、幼、弟、奴、下、臣等。古代人又分别将两大类角色概括为阳与阴。阳又称乾,属天道;阴又称坤,属地道。阳尊阴卑、阳主阴从、阳刚阴柔、阳完善阴缺损……总之,居阳者永远支配居阴者,居阴者永远是被动者。阴居阳上,不能待倡而和,则属反常,属悖戾。

尽人皆奴和泛君崇拜铸就了遍布社会的奴性,同时也就铸就了遍布社会的主性。道理很简单:层层为奴必定层层为主,其分别只在上下之间,即凡相对居上者皆为主,相对居下者皆为奴。上与下皆相对而言,凡是处于等级金字塔中间的人必然亦上亦下,亦主亦奴。当一个人既做他人的奴仆,又做另外一批人的主子时, 他就必然兼备主奴两种角色与相应的精神品格。由主奴双重地位、规范铸模成的人格特质,就是主奴综合意识,亦可称之为亦主亦奴人格。

3.主奴意识的泛化

庶民百姓、部曲奴婢是否有主子意识? 皇帝老子是否有奴才意识? 这些问题的答案是:一般说来,在中国古代社会,主奴综合意识寄寓在每一个成年社会个体的灵魂深处,上至帝王,下至奴婢,概莫能外。

在中国古代社会,几乎一切社会个体都会历时性或共时性兼备主奴双重角色。主要原因有以下几点。

其一,金字塔式的社会政治等级结构注定除位于塔尖的帝王和塔底的奴婢、贱民以外,绝大多数人处于中间阶层,他们往往身兼上与下、尊与贵、主与奴双重角色。这一事实显而易见,故不拟赘述。

其二,角色转换注定大多数社会个体,包括帝王与奴婢在内,都可能历时性地兼备主奴两种角色。

"多年大道熬成河,多年媳妇熬成婆。"生命历程和社会经历总会使许多人发生角色转换,或化主为奴,或化奴为主。中国古代等级制度的多元性和成员的流动性更使角色转换,特别是政治角色的转换成为一种很常见的现象。在家庭中,子孙变成父祖、媳妇熬成婆婆、卑幼跻身尊长、偏妾扶为正室等;在社会中,徒弟熬成师傅、佃户变成东家等;在政治上,庶民变成官僚、僚属升迁官长、大官贬为小官、权贵沦为刑徒等。这些都属正常的转化或常见的现象。俗语说"十年财东轮流坐","朝为田舍郎, 暮登天子堂","皇帝轮流坐, 何时到我家"。总之,"一朝权在手,便把令来行",除夭折者外,一生不发生角色转变的几乎找不到。

其三,角色丛使社会中的很多人同时兼备主奴两种角色。在日常生活中,他们一会儿遵行主子规范,一会儿恪守奴才规范,两种角色与意识共时性兼备于一身。

角色丛,是指一个个体同时所承担的角色的总和。在实际生活中,大多数个体都是各种社会身份复合于一体,兼具主奴。如既是父,又是子,既是上,又是下。

还有这样一种情况:某些个体身为奴才却得以行主子之威。如许多权势者的"豪奴"倚仗主子的权势欺压良善,甚至在某些官员面前也趾高气扬,专横跋扈。这种现象表明:亦主亦奴人格的形成是整个社会环境培育的结果。学习做奴才,也就习得了如何像主子一样行事,反之亦然。因此在相当频繁的角色转换中,大部分人相当顺畅自然,亦不需要修习新角色的规范,其原因就在于此。当然两种角色兼备具有强化主奴综合意识的作用。因为这会使人们对两种角色与规范都有切身的体验。

上述几种情况综合在一起,必然使亦主亦奴具有普遍意义。

或问:帝王有主奴综合意识吗?我们的回答是肯定的。从历史材料看,除少数夭亡的童稚皇帝外,所有的帝王都有奴才意识,其来源大体有三个途径:一是角色转换与角色丛,二是文化体系对帝王的特殊要求,三是权力法则对帝王的支配作用。

首先,一切帝王都经历过由臣而君的过程,他们曾经为子为臣并遵守忠孝规范。开国之君都有长期为臣为民的经历。世袭之君也要经历为子为臣的阶段。他们与先皇是父子、君臣双重关系。储君的启蒙教育是学习臣子规范,所谓"以知为臣,然后可以为君;知为子,然后可以为父也"[1]。父皇对他们的教诲是:"为臣贵于尽忠,亏之者有罚;为子在于行孝,违之者必诛。"[2]许多嗣君在即位前所蒙受的苦难和屈辱并不比普通臣民少。

其次,传统思想文化专门为帝王设置了一套特殊的臣子规范,主要有三条:其一曰事天如君,其二曰天子之孝,其三曰以师臣为父。在观念上,天帝至上,主宰一切。君为天子,必须父天母地,对天俯首称臣。天子不仅要孝敬天地、祖宗、父母,而且要"父事三老,兄事五更"[3],如此才能感天动地,垂范臣民,"以孝治天下"。帝王还要尊崇师臣,"事师之犹事父"[4]。在现实中,许多帝王未必认真遵守这些规范,然而这些规范写入君道,又获得公众赞同,它们对帝王的人

---

① 《抱朴子外篇·崇教》。

② 《旧唐书·李泰传》。

③ 《汉书·礼乐志·李奇注》。

④ 《吕氏春秋·劝学》。

格还是有一定影响的。

再次，权力法则常常迫使一些帝王面对强权而卑躬屈膝，身心形同臣仆。如汉代一批傀儡皇帝受制于母后、外戚、权臣。他们在称尊享御时，更像一个摆设，在受制于人时，无异于臣仆。许多大权在握的皇帝也有类似的境遇。唐文宗哀叹受制于家奴，后晋高祖愿为儿皇帝，宋高宗甘为大金之臣，都是典型事例。这类帝王的政治意识中不可能只有唯我独尊，而无卑微心态。

上述事实表明，帝王也有主奴综合意识。至尊尚且有奴性，等而下之者还能例外吗？

在任何一种社会形态中，一种广泛适用的规范必然被视为理所当然，一种普遍具备的人格必然被理想化。这种规范和人格又必将被抽象为一般法则和最高典范。在中国古代，最能体现文化的一般性的是"圣人"。圣人能够超然于社会的、文化的、人格的亦主亦奴的罗网之外吗？ 当然不可能。

4.圣人:理想化的亦主亦奴人格

何谓圣人？ 诸子异说，而异中有同:圣人人格是理想人格，这种人格具有原生性、自然性、完善性、彻底性。

儒家所说的圣人大体有两大类:一类是历史上的人格典范，如周文王和孔子。另一类是文化体系的人格理想。人格理想是人格典范的抽象，人格典范是人格理想的范例。现实中的"圣人"与文化化的"圣人"是一种互证关系，有时很难将其分开。圣人无论被描述得如何神妙，毕竟根植于那个时代、那个社会，并凝集着生活于那个社会结构和文化环境的群体的理想。作为尽人皆奴社会结构所需要的人格典范，中国古代主流文化体系，特别是儒家文化体系中的圣人，正是亦主亦奴社会人格的最高抽象。

被儒家奉为圣人的历史人物依据其政治身份可分为圣王与圣臣。

最为儒家推崇的圣王当数尧、舜、周文王。他们都被奉为最理想的王，自然也是为主者的人格典范。然而妙就妙在圣王之所以为圣，是由于他们又是奴才人格的最优载体。孟子说:"圣人，人伦之至也。欲为君，尽君道，欲为臣，尽臣道，二者皆法尧舜而已矣。"[1]他又说:"尧舜之道，孝弟而已矣。"[2]这就是说，孝悌为人伦之本、圣道之至，圣王之为圣，首先是因为他们是为子为臣的模范。儒家编造

---

① 《孟子·离娄上》。

② 《孟子·告子下》。

279

的尧舜故事也堪为这一认识的注脚。在他们看来,舜兼备民的模范、臣的模范、子的模范、兄的模范、夫的模范、君的模范、父的模范于一身。周文王最受孔孟之徒赞美,其最优之处就在于"三分天下有其二,以服事殷,周之德,其可谓至德也已矣"①。文王以王者之资而恪尽臣道,既是为君之典范,又是事君的样板,故为"至德"之人。

　　商汤与周武王也是获得广泛认同的圣王。人们在论说革命论时常以"汤武革命"为样板。然而无论人们如何为"奉天伐暴",诛"独夫民贼"的汤与武修饰、开脱,实行"革命"毕竟是以臣犯君。因此,自孔子以来,许多人就对这两位圣王颇有微词。孔子盛赞文王为"至德",武王则"未尽善"。朱熹对此的解释是:"汤、武是吊民伐罪,为天下除残贼底道理。"尽管恪守君臣之义与诛伐独夫民贼二者"道并行而不相悖","但其间不无些子高下",因为,"君臣大义"更根本、更重要,"毕竟人之大伦,圣人且要守得这个"②。泰州学派创始人王艮非议"汤武革命"的依据就是:"君臣大论,岂一日可忘!"③纣可伐,而天下不可取,武王应迎立商王族中的贤人为君,自己老老实实地继续做臣子。这就是说,汤武虽圣,而臣道未尽,毕竟算不得圣中之圣。唯有圣王与圣臣都做得尽善尽美方为"尽伦"。

　　最为儒者推崇的圣臣当数伊尹、周公和孔子,其中"孔子之谓集大成"④。圣而为臣,其圣质主要显现于对臣道的契合。"上则能尊君,下则能爱民,政令教化,刑下如影……是圣臣者也。"⑤这与官僚"为一人分忧,为万民作主"的心态正好合辙。圣臣必须兼备臣属与治者双重品格,这不正是亦主亦奴人格吗?据说,伊尹、周公和孔子均堪为王者。孔子为后儒奉为"素王"。儒家推崇这三位圣人的主要理由是:他们既是圣臣,又堪为圣王,集最优秀的君与最优秀的臣这双重品格于一身。

　　在儒家的政治道德论中,圣贤都是最优秀的治者、最理想的王者,因为他们与道同体,具备理想治者的一切人格素质,可以"赞天地之化育"。然而亦主亦奴社会人格是以奴性为核心人格特质的, 圣人作为这种社会人格的最高抽象和

---

① 《论语·泰伯》。

② 《朱子语类》卷三五。

③ 《王心斋全集·答尚宗恩》。

④ 《孟子·万章下》。

⑤ 《荀子·臣道》。

文化典范又恰恰是以奴性为核心人格特质的。圣人之道,概言之,孝悌而已。孝悌本是专为在下者设置的道德义务,却又用来概括一般道德信条。这种思维方式本身就内蕴着意味深长的文化意义:如果"奴"的规范得到普遍的认同与全面的贯彻,那么亦主亦奴的社会结构就会稳如泰山。圣中之圣的孔夫子不也正是恪守奴规范的典范?孔子的道德论中的确有许多维护人格尊严的思想,如"三军可夺帅也,匹夫不可夺志也"[1]。这类思想在人的自我完善中曾经充当过善良的导师,造就过许多古代的仁人志士,其中也的确包含着民族文化的精华。然而作为旧时代的人格典范,奴性仍是孔子人格的主流与本质。谓予不信,请看《论语·乡党》的一段描述:"孔子于乡党,恂恂如也,似不能言者。其在宗庙、朝廷,便便言,唯谨尔。朝,与下大夫言,侃侃如也;与上大夫言,訚訚如也。君在,踧踖如也,与与如也。"又:"入公门,鞠躬如也,如不容。立不中门,行不履阈。过位,色勃如也,足躩如也,其言似不足者。摄齐升堂,鞠躬如也,屏气似不息者。"这种身份感、分寸感极强的言与行,在等级制度、君主制度下,只能出在一位奴在心者的身上。儒家所谓的圣贤正是这样的人格典范:一切言与行都从礼的角度认真对待,使其与自己的等级、角色、身份完全相符,尽善尽美而无可挑剔。在那个时代,这种道德论、圣贤观只能造就亦主亦奴、以奴为本的人格。

儒家之圣集圣王与圣臣于一体,其本质特征是"不勉而中,不思而得,从容中道"[2],做主子是最好的主子,做奴才是最好的奴才。"道者,天下万世之公理,而斯人之所共由者也。君有君道,臣有臣道,父有父道,子有子道,莫不有道。惟圣人惟能备道,故为君尽君道,为臣尽臣道,为父尽父道,为子尽子道,无所处而不尽其道。常人故不能备道,亦岂能尽亡其道! "[3]在旧时代的现实生活中,理想化的圣人绝无仅有,兼备主奴意识的角色却尽人皆是。所谓圣人,正是这种社会人格的文化化、理想化。"圣人"是专制主义社会精神的最高抽象。

以圣为信仰的人必然是奴在心者,因为他们认同臣道、子道、妇道、仆道。以圣为信仰的人又必然是主在心者,因为他们认同君道、父道、夫道、主道。这种人为人下人时,必定卑身自贱,奴颜婢膝,而一旦为人上人,便会自命为他人之天,摆出一副至尊的架势。绝对权威总是造就绝对服从,绝对服从总是造就绝对

①《论语·子罕》。

②《礼记·中庸》。

③《陆九渊集·论语说》。

权威,因为二者犹如一枚硬币的两面,相互依存,彼此相通。

奴性与主性都是不平等、不民主的产物。主奴根性归根结底是等级制度和等级观念在人格上的反映。君主专制制度既需要主性,也需要奴性,更需要主奴根性的综合。这种制度铸模着这种人格,这种人格也最适合这种制度。主奴综合意识是专制主义秩序得以维系的社会心理基础。

今人有娓娓道孔学之妙者,直欲以"内圣外王"引为今日中国富强、民主之灵丹,浑然忘却礼教杀人那一笔旧账,更不能或不敢揭破圣之质中的主奴根性。鲁迅先生曾怒斥此辈为"现在的屠杀者",言辞虽激烈,却切中肯綮。我们持这样的观点:千万莫将旧时训练主子与奴才的"内圣外王",借来为现代民主政治开路。

第四章　政治哲学与王权主义

一、天人合一与王权主义

天人合一是一个极其庞杂的命题,在不同学派、不同时代、不同思想家,甚至在每个思想家不同问题的议论中,都有不同的含义和内容。因此,要想用一句话对天人合一加以说明和概括,几乎是不可能的。强为之,不偏即陋。在中国的古代,天与人这两个概念本身就十分复杂。天,可以指自然,可以指神,可以指必然,也可以指命运等;人,可以指人类,可以指社会,可以指具体的人,可以指人的意志,也可以指人的生理等。在天人合一中,这些含义都可能出现,要联系上下文具体分析。至于天人是如何合一的,是在什么意义上合一的,可以说是各式各样,千奇百怪。这里不能按照历史的进程细细梳理天人合一观念是如何席卷思想界的,也不能给天人合一下一个明确的定义,更不能以一个简单的定义为据而概括各种问题。在我看来,天人合一主要是一种思维方式,所探讨的问题主要是天人(各式各样的"天"与"人")的联系及其之间有怎样的关系和结构。这里主要是讨论天人合一中有关社会结构和政治结构问题,而且主要是揭示其中包含的王权主义精神。

1.天人的神性合一与帝王的教主意义

天的含义极多,但在传统思想中始终具有神秘性和宗教性,这主要表现在,天是有意志的最高的造物主和主宰者。中国古代虽然没有以"天"为崇拜对象的完整组织系统的宗教体系,但对天的崇拜却有着宗教意义。其宗教性靠社会意识、礼俗和思想来维持。这种宗教不像有组织的宗教形成一个有组织的群体,而是充塞于整个社会,是一种弥散性的宗教。它的无形胜有形,无声胜有声。几乎每个人都是天然的教徒。君主便是这个弥散性宗教的教主。

"天子"可以说是教主最形象的表述。所有的帝王都是天的宠儿,他们的生命本身就具有神性与超人的性质,他们是感天而生的神物,是天人交媾的产儿。"天子"这个概念中包括了说不尽的宗教意义,只要认同这个称谓,自然便是自觉或不自觉的教徒。

"天子"本来已经神化了帝王,但帝王们还嫌不够,干脆径直称"天"。《尔雅》说"天,君也"。《左传》中也有这样的说法。《孟子·离娄上》说"天之方厥"云云,《注》曰"天,谓王也"。在古书中看到"天王""天元""天公""天父""天皇""天皇大帝"等类似概念,需要细细体味,它既可以指天神,也可以指帝王。

帝王的容貌曰"天表""天颜""天仪"等。

天子的感官系统和功能也不同于凡人,与天神一样,也称之为"天意""天聪""天明""天语""天听""天声""天情""天喜""天怒"等。

帝王之位曰"天位""天祚""天禄""天秩""天机""天枢"等。

帝王之居曰"天庭""天阙""天居""天府""天都""天陛"等。

帝王之恩威曰"天恩""天顾""天赐""天威""天罚""天讨"等。

帝王的命令曰"天诏""天旨""天敕""天笔"等。

帝王之族曰"天族""天潢""天绪""天孙"等。

这些词组所包含的宗教意义和神秘意义是无可置疑的,同时又具有至上性和权威性。人们只要接受这些概念,立刻会把自己变成没有主体意识的人,变成奴仆。

帝王是天,是天子,又是通天教主。在宗教性的天人合一,如郊祀、封禅等祭祀礼仪中,除天子外,任何人不能与天合一。对一般人,是绝对禁止与天地通的。

在天人合一中,天王合一始终是问题的核心,并且具有很强的神秘性,不断制造天子的神话。这方面的材料极多,不一一引述,只以《白虎通义》的有关论述作代表来说明之。

"爵所以称天子何?王者父天母地,为天之子也。""帝王之德有优劣,所以称天子何?以其俱命于天……何以知帝亦称天?以法天下也……何以皇亦称天子也,以其天覆地载俱王天下也。"①

"天子所以有灵台者何?所以考天人之心,察阴阳之会,揆星辰之证验,为万物获福无方之元。"②

"天子立明堂,所以通神灵,感天地,正四时,出教化,宗有德,显有能,褒

---

① 《白虎通义·爵》。

② 《白虎通义·辟雍》。

有行者也。"①

　　天在中国的古代从来就没有失去过神秘性,因此天子也总具有神性。这种神性既是其超人的证明,又是其绝对权力合法性的证明。

　　2.奉天承运与帝王的合理性

　　论述帝王的合理性的理论多多,而"奉天承运"可谓最具权威性。"奉天承运皇帝"作为套语是从明太祖朱元璋开始的,清朝继之。"奉天承运"四个字把帝王的超然性、必然性与合理性做了简要的概括,所包含的思想文化意义极为丰富,源远流长,凝结了多少代人的智慧。"奉天"这个词一开始就是表达帝王与天之间神秘性的词汇。《尚书·洛诰》有"奉答天命"之语。《泰誓》明确提出:"惟天惠民,惟辟(君主)奉天。"在其后漫长的岁月里,"奉天"既是君主神圣地位的依据和特有的功能,又是臣民对君主的一种认同、期盼,有时还是批评君主的理论武器。汉代的董仲舒提出圣王应以"奉天法古"作为政治的永恒原则,匡衡在上元帝书中提出"奉天承亲"。王充在《论衡·雷虚》中论述了能"奉天而行"时令者是贤主,反之,"天人相违"则背离"奉天之义",是昏君。帝王要奉天是整个社会的共识。说来有点蹊跷,直称"奉天皇帝"的,不是在位之君,而是一个谥号。唐玄宗之子李琮并没有当皇帝,他的弟弟李亨(肃宗)继位后,追认他这位功、德并显的哥哥,谥为"奉天皇帝"。在悠悠的岁月里与"奉天"含义完全相同的词很多,唐以后帝王的尊号、谥号一开头,大多是什么"统天""法天""仪天""应天""感天""体天"之类的词,都是表示帝王同天有着特殊的关系,是天命的体现。

　　"运"在中国思想文化中也是极富哲理的。运的本意是移动、旋转。在词义的扩展过程中,增加了形而上的内容。约略而言表现在如下三方面。其一,庄子提出"天运"这个概念,并写了《天运》篇。庄子之旨,言天地变化,皆属自然,同时又指天体运行。《文子·道原》讲:"天运地,轮转无废。"意思是天体之运转如车轮,周旋不止。其二,邹衍提出"主运"这个概念,并作《主运》,论述了阴阳五行主历史之变、朝代更替、帝王移姓及国策调整等,又称五德终始说。邹衍的这一理论影响极大,成为战国后期和秦汉魏晋南北朝时期的不移之论。其三,"运命",大抵是五德终始说和天命的混合。以上是析而言之,其实三种含义常常是交错混通,包括我们所说的神秘性的命运、大势所趋、历史的必然性及普遍性的规律等。落实在历史上,主要表现在朝代的更替、改制等。这种"运"

---

　　①《白虎通义·辟雍》。

与一般人是无缘的，只能由创业的君主和继体之君来承担、来体现。东汉班固作《王命论》，专门论述帝王之"运世"，又称"世运"。傅干作《王命叙》，论述了功业与天命、运命的关系，文中曰："虽有威力，非天命不授；虽有运命，非功烈不章。"三国李康作《运命论》，文章一开头即曰："夫治乱，运也；穷达，命也；贵贱，时也。故运之将至，必省圣明之君。"《文选》李善注曰："运，谓五德更运，帝王所禀以生也。《春秋元命苞》曰：'五德之运，各象其类，兴亡之名，应藉以相代。'宋均曰：'运，篆运也。'《春秋元命苞》曰：'命者，天下之命也。'"朝代的更替都是应运而兴，"夏殷承运，周氏应期"①，"汉承尧运"②，晋"太祖承运，神武应期"③。北魏献文帝拓跋弘把自己的功业也归之于运，"朕承洪业，运属太平⋯今稽协灵运，考会群心"④云云。宋文帝曰："人仕宦非须才，亦须运命。"⑤与"承运"意思相同的还有"应期""应运"等。

到了明朝，"奉天承运"成为皇帝的定语。这四个字充分表达了帝王的神圣性、不可超越性，冥冥的或现实的不以人的意志为转移的必然性，同时也是君主合理性的最高和最后依据。中国历史上的朝代更替，本来多是"马上"功夫，诚如刘邦所言，是"马上得天下"。然而在理论上，帝王和思想家们并不把摘取皇冠的原因仅仅归之于文韬武略，而是把天命、运命视为最后的决定力量和依据。这里仅举几位雄才大略的帝王有关之论。隋文帝说："帝王岂可力求！孔子以大圣之才犹不得天下。"⑥唐高宗说："帝王自有天命，非小子所能取。"⑦唐太宗说："帝王之业，非可以智竞，不可以力争者矣！"⑧朱元璋说自己"本无意据有天下"，只是以"救民为心"，后来做了皇帝是"天特命之"的结果。清太宗说："天运循环，无往不复，有天子而废为匹夫者，亦有匹夫而起为天子者，此皆天意，非人力之所能为也。"⑨司马光的以下说法大体代表了思想界的主流认识："王者受天命，临四海，上承天之序，下正人之统。"⑩

---

① 《晋书·律历志》。

② 《汉书·高帝纪》。

③ 《晋书·孙楚传》。

④ 《魏书·显祖纪》。

⑤ 《南史·羊玄保传》。

⑥ 《资治通鉴》卷一七八。

⑦ 《资治通鉴》卷一八六。

⑧ 《帝范·序》。

⑨ 《清太宗实录》卷五。

⑩ 《策问王道·第五道》。

我们应特别注意"奉天承运"这类套语的政治文化意义及其潜移默化功能。就政治意义而言,"奉天承运"四个字凝结了中国传统思想文化中有关"决定论"的最深邃的、最普遍的认识成果,同时也是人们的政治认同的最后、最高价值准则;就潜移默化而言,只要在习惯和无意中接受了皇帝是奉天承运这一观念,帝王就是无可争议的绝对权威,同时也成为自身社会定位的自觉依据。

君权神授是贯通整个古代社会意识的核心命题之一,也是君主合理性的最高依据。在中国的传统思想中,虽然有一股强大的圣人当王的思潮,但这个圣人不是别人,就是得到王位的帝王。思想界总体上也是这种看法。

3.天人秩序的统一:帝王是秩序的枢纽

天人之间有一种统一的秩序,这是中国古代哲人的伟大发现。在统一性的认识上,既有神性也有理性,两者又难分难解。但为了叙述方便,这里主要讨论后一方面的认识。天人合一的秩序以什么形式存在,在认识上又有极不同的理论和不同的思维方式。约略而言,可以归纳为如下几种:

其一,生成论。天生万物、生人,这一认识至少在西周已经形成。《诗经·荡》说:"天生烝民。"春秋战国思想界把天生民、生万物视为一种生命过程或进化过程。《易·系辞下》云:"天地氤氲,万物化醇;男女媾精,万物成化。"《序卦》云:"有天地然后有万物,有万物然后有男女,有男女然后有夫妇,有夫妇然后有父子,有父子然后有君臣,有君臣然后有礼义。"又说:"天地之大德曰生。"人们把这种认识称之为生生哲学,它是中国传统思想的一个具有根本性的命题。天地如何生万物,如何生人,又有各式各样的说法,另当别论。生成论把天人视为一种泛血缘关系,如同父子关系一样。这种关系无疑具有很强的"合一"性质。

其二,由"道"而相通。"道"是春秋战国时期由崇神向重理性转变过程中的一个核心概念。各家各派对"道"有着不同的理解和定义。从最抽象的意义上看,大抵又相近,这就是通常所说的法则、规律、必然性等。论述天道、地道、人道几乎成为所有思想家必有之议。天道与人道一脉相通,天人合一也就体现在道上。这无疑是中国古代最深邃的认识之一。

其三,制约论。在天人关系中,天居于主导地位,天制约万物和人事。《易·乾卦·象传》说:"大哉乾元,万物资生,乃统天。"《坤卦·象传》又说:"至哉坤元,万物资生,乃顺承天。"在整个思想界,几乎一致认为天制约人事,人应体察这种制约,自觉遵从这种制约。于是,诸如"体"天地、"顺"天地、"因"天地、"承"天地等,成为传统思想中的不移之论,并由此而发展了天人合一的思想。

其四,以"类"比附而相通。把事物进行类分,由来早矣。但到春秋战国诸子兴起时,类分成为人们普遍的、重要的一种认识方法。孔子提出的"举一反三"①"能近取譬"②"闻一知十"③等,都是以类分为基础的推理认识。《墨子·小取》说:"以类取,以类予。"荀子关于类分的论述更多,诸如"以类度类","类不悖,虽久同理","以一知万"④,"听类以类"⑤,等等。《吕氏春秋》中的有关论述也很丰富,《召类》专门论述了同类之间的同一性和联系性,提出"类同相召,气同相求"等著名论断。《易·系辞》提出了"物以类聚,人以群分"的光辉思想。以类为依据认识事物及事物之间的关系,在当时取得了辉煌的成果。但是,古人的类分并不都是科学的,在类分的过程中常常伴随着无类的比附和比拟,比如极为流行的五行说,其中就有数不清的无类比附和比拟的内容。由于世界之大、万物品类之多,显然不可能用"五行"类统。可是又硬要装进去,只有进行无类比附和比拟。今天看尽管不科学,在当时条件下,人们对这种思维方式深信不疑。在天人关系问题上,无类比附和比拟同样是极为流行的。以天喻人成为无须论证的公论和共识。天地君臣的比拟十分流行,姑且不论。在道德修行上亦复如是。如下最著名的两句话就属于这一类。"天行健,君子以自强不息。""地势坤,君子以厚德载物。"⑥有的学者把这两句话视为中国文化的精髓,这种评价固无不可,然而就其方法论而言,却是一种无类比附,同时又获得了天人合一的效果。这种无类比附和比拟在构成天人合一中具有十分突出的地位,董仲舒把它视为"类合",他说:"天亦有喜怒之气,哀乐之心,与人相副,以类合之,天人一也。"⑦

以上几种天人合一的方式不尽相同,但也不是截然分开的。我这里主要想说明它们有一个共同点,那就是要建立一个统一的宇宙秩序。在这个统一的宇宙秩序中,帝王处于什么样的地位呢?

为了说明这个问题,首先需要考察一下这种秩序的性质。据我的考察,对

---

①《论语·述而》。

②《论语·雍也》。

③《论语·公冶长》。

④《荀子·非相》。

⑤《荀子·王制》。

⑥《易·象辞》。

⑦《春秋繁露·阴阳义》。

这种秩序的认识虽然不乏科学的、客观的分析,如天的运行规律、日月盈缩、四时更替等,都是不依人的主观意志为转移的,正如荀子所说:"天行有常,不为尧存,不为桀亡。"①但是这一类的论述是有限的,因为古人关心天人合一主要是关心社会结构和政治结构的合理性问题。由于着眼点在这里,因此在论述天人合一时,其认识大多不是纯粹客观的,而是客观与主观的混合物。他们在论述宇宙秩序时有一个基本的特征,那就是把天人化和把人天化,这无疑是一个富有开拓性的思路。遗憾的是,大多数思想家不是首先明天人之分,而后言其合;而是一开始就从自己已有的社会认识和价值取向出发,去构建天人合一。所以把天人化和把人天化,一般都具有十分明显的社会价值和个人价值内容。在他们所建立的秩序中,更多是先把天人化,然后又以天为依据论证他们所认定的社会秩序是合理的、必然的。也就是说,多半是先把主观客观化,再把客观主观化,其特点是主观和客观循环论证,主观与客观混为一体。而在主观的因素中,又不是人人相同的,其中帝王(还有圣人,下面再论)扮演着主要角色,起着决定性的作用,或者说,这种秩序根本上就是为帝王而设的。这里不能按上述所列四种天人合一的建构方式一一对应论述帝王的地位和作用,而是从天人合一秩序的总体与帝王的关系作几点分析。

首先,天人合一的秩序究竟是什么,体现在什么地方?对此不同的派别有不同认识。就儒家而论,所谓贯通天人的秩序主要体现在"礼"上。礼既是天地秩序,又是社会秩序。早在春秋时期许多人便用礼来说明天人合一。"礼,上下之纪,天地之经纬,民之所以生也。"②鲁季文说:"礼以顺天,天之道也。"③子产说:"夫礼,天之经也,地之义也,民之行也。天地之经,而民实则之。"④《礼记·乐记》说:"礼与天地同节。""礼者,天地之序也。"《礼记·礼器》说:"礼也者,合于天时,设于地财,顺于鬼神,合于人心。"张载《正蒙·动物》说:"天之生物也有序,物之既形也有秩,知序然后终正,知秩而后礼行。"程颢也说:"夫天之生物也,有长有短,有大有小……天理如此,岂可逆哉!"⑤王夫之说:"天道、人性、

---

①《荀子·天论》。

②《左传》昭公二年。

③《左传》文公十五年。

④《左传》昭公二十五年。

⑤《二程集·河南程氏遗书》卷一一。

中和化育之德,皆于礼显之。"①又说:"礼虽纯为天理之节文,而必寓于人欲以见。"②礼既是人道的体现,又是天人合一的社会体现。在我们讨论儒家的天人合一的时候,如果论及人和社会,避而不谈礼,天人合一就没有着落,或者说,离开礼,在社会层面,天人合一就失去了中介。

礼的本质表现在"别""辨""分"上。《荀子·王制》说:"人何以能群?曰分。分何以能行?曰义。"又说:"先王恶其乱,故制礼义以分之。"《礼记·坊记》说:"夫礼,坊民所淫,章民之别……"《礼记·乐记》又说:"序故群物有别。"别的主要内容便是亲亲、尊尊。《礼记·丧服小记》说:"亲亲、尊尊、长长,男女之有别,人道之大者也。"《荀子·富国》说:"礼者,贵贱有等,长幼有差,贫富轻重皆有称者也。"礼的内容很多,简言之,即"三纲五常"。

在儒家看来,人是伦理的存在,正如《礼记》所说:"何为人义?父慈、子孝、兄良、弟弟、夫义、妇听、长惠、幼顺、君仁、臣忠。十者谓之人义。"个人只有在社会人伦关系网中才能找到自己的位置。人要证明自己是人,就必须以礼作证,离开了礼就失去了为人的资格。墨子主张兼爱,不别父兄;杨朱提出不损害他人的为我。可是孟子认为,这违反了亲亲、尊尊,斥之为禽兽。其实墨子、杨朱的主张更具人道精神,然而却不容于儒家的人道。理学家讲的"天地之性""天命之性""义理之性"等好似讲人性平等,但他们笔锋一转,用"气质之性"又论证了贵贱等差是天经地义的。朱熹对此有过详细说明:"人之性皆善。然而有生下来善底,有生下来恶底,此是气禀不同。"禀日月清明之气便是好人,禀日月昏暗之气便是坏人;人的性格也由它决定,"人性虽同,禀气不能无偏重,有得木气重者,则恻隐之心常多";人的贤愚、贵贱、寿夭也由它决定,"禀得清明者,便贵;禀得衰颓薄俗者,便为愚、不肖、为贫、为贱、为夭"。③等级贵贱与礼有不解之缘。可见儒家的人道不能离开礼的规范。

礼是天人合一的体现,又是帝王体制的基础和依托。

其次,王是天人合一秩序的制定者和操作者。

天人合一的源头是天王合一之说。我们从西周的天子说起。天是当时的至上神,是一切现象最后的决定力量。就人总体的本源而言,是天生烝民,但

---

① 《礼记章句》卷九。

② 《读四书大全说·梁惠王下》。

③ 《朱子语类》卷四。

是就个体而论,除周王外,人们同天并不能攀亲,只有周王才是天所生,是天之子,于是周王又称天子。由于这种特殊的关系,天把最高权力赋予了周王。《大盂鼎》称:"丕显文王,受天有大令(命)。在武王嗣文王乍(作)邦,辟厥匿,匐有(四)方,允正厥民。"《师克盨》称:"丕显文武膺受大命,铺有四方。"《尚书·梓材》说:"皇天既付中国民越厥疆土于先王。"《诗经·周颂·执竞》说:"丕显成康,上帝是皇。自彼成康,奄有四方。"

西周只有天王合一之说。随着天子的式微,天的观念的变化,在社会变动中民众作用的上升,天王合一逐渐演化为天人合一。从某种意义说,这是社会观念的一大变革。春秋战国时期的天人合一并不是每个人所具有的功能,应该说,只有圣人、圣王才能有天人合一的功能。圣人、圣王与天的合一同周天子与天的合一相比有很大的不同。前者主要是通过神性达到的,后者主要是通过理性实现的。也就是说,主要通过认识,把握了天人的本质、天人之间的规律和关系。具体而言,即天道、地道、人道及三者的合一。再抽象一点可用"道"概括之。道不无神性,但包含了更多的理性。人们对道可有各式各样的理解,常常各以己之道攻人之道,有时骂得狗血喷头。但在最高层次又有共同语言,这就是"知道""得道""有道""同道""备道""体道""修道"等。谁能与道相通,谁就是最聪明、最高尚、最有知识的人,也就是圣人,也就有资格居天下之首,为君王。"得道者得天下,失道者失天下"成了公论和民族的共同意识。这类的论述极多,仅举几条如下:

"子曰:'大哉尧之为君也!巍巍乎,唯天为大,唯尧则之!'"①

"古者包牺氏之王天下也,仰则观象于天,俯则观法于地。"②

"昔者,圣人之作《易》也,将以顺性命之理,是以立天地之道曰阴曰阳,立地之道曰柔曰刚,立人之道曰仁曰义。"③

"夫大人者,与天地合其德,与日月合其明,与四时合其序,与鬼神合其吉凶。先天而弗违,后天而奉天时。"④

"王者执一而为万物正","以身为家,以家为国,以国为天下。此四者异位

---

① 《论语·泰伯》。

② 《易·系辞下》。

③ 《易·说卦传》。

④ 《易·文言》。

同体,故圣人之事,广之则极宇宙,穷日月,约之则无出乎身者也"。①

"天子者与天地参,故德配天地,兼利万物,与日月并明,明照四海而不遗微小。"②

"帝者体太一,王者法阴阳,霸者则四时,君者用六律……生之与杀也,赏者与刑也。"③

"古之造文者,三画而连其中谓之王。三画者,天、地与人也……取天、地与人之中以为贯而参通之,非王者孰能当是。"④

"君道即天道也。"⑤

"自初卷至三百八十卷,必首叙帝王,以明一统之尊。繇是渐推之宫室,旁及阍僭,以终外戚,皆隶于君,犹之天一也……天道也,君道也……地道也,臣道也。"⑥

"礼者,天则也……夫赏,天命也;罚,天讨也。天子奉天而行者也。"⑦又说:"夫天佑下民,而作之君,作之师,礼乐刑政所以董正天下而君之也。"⑧

帝王把天道引渡给人间,统摄天地之道,而且他本身就是道的化身,即所谓的"体道"。就某个具体皇帝而言未必如此,但理论上应该如此。于是,帝王是体天道和施治道的主角,所以君主们总以法天行道者自居。皇帝的谥号和尊号是当时政治文化的凝结,其中最重要的两个字就是天和道。特别自唐朝以后,天与道处于领衔的地位。谥号、尊号一开始便是"统天""法天""仪天""感天""体天"等,继之便是与道的关系,如"继道""体道""明道""契道",等等。

总之,天人在社会秩序上的统一是以王为中枢的。社会必须有秩序,有秩序必须有帝王,于是帝王获得了绝对性和合理性。

4.天与道德理念的合一及其王权主义精神

天的道德理念化因素至晚在西周初已见其端倪。殷周嬗变是历史的一次巨变,其中宗教观念的变革有着特别重要的历史意义,对其后中国宗教意识

---

① 《吕氏春秋·执一》。

② 《礼记·经解》。

③ 《淮南子·本经训》。

④ 《春秋繁露·王道通三》。

⑤ 《二程集·河南程氏遗书》卷一一。

⑥ 《册府元龟·序》。

⑦ 《陈亮集·经书发题》。

⑧ 《上孝宗皇帝第一书》。

的发展开辟了一条新的思路。这个观念的核心就是"以德配天"。德既是一种理想的社会准则和政治准则，又是一种实践的规范和指导。内容有敬祖、尊宗、孝悌、保民、无逸、慎罚、用贤等。有否德是能否得到天助的依据和主观条件，天则依据德进行政治选择。这种观念可以说是一种宗教理性。到春秋战国时期，随着社会的巨变，上述的宗教理性越来越获得独立性，同时又对天进行改造，除了把天自然化以外，更主要的是把天道德化、理念化。具体而言，这就是天与心性一体化。这个问题在战国已成为一个重要的命题。《中庸》对此已有明确的论述："天命之谓性，率性之谓道，修道之谓教。"①这里的天命应该说是神性与自然性的混合。性是天命的，遵循本性就是道，教育的原则是修道。天、性、教是连续性一体化关系。实现这种一体化的中心环节是什么呢？归结为一个字，即"诚"。诚既是天之道，又是人之道，"唯天下至诚为能尽其性"②。又说："自诚明，谓之性。"③诚是一种道德理念，它沟通了天人，使天人合一。继《中庸》之后，孟子又做了进一步的阐发，他说："尽其心者，知其性也；知其性，则知天矣。"这样，尽心、知性、知天构成一体。仁、义、礼、智源于天，所以又称之为"天爵"。同时又存于心："存其心，养其性，所以事天也。"④由于天、心相通，于是便出现了"天心"这个概念。能通天心的并不是一般人，只有圣人和帝王才有资格，"当天心""顺天心""怀天心"成为帝王的合理性的首要条件。反过来讲，帝王们都有一颗"天心"。天、心相通的理念便成为王权至上的辩词。

宋明理学所讲的天理本身就是一个天人合一范畴。理学家在论述天人合一时，由于理论上的差别，比如对理、心、气等有不同的定位，对天人合一的具体论述不尽一致，这里我们不去讨论。但他们有一个共同点，都主张天人合一。邵雍在一首诗中说："天人焉有两般义，一身还有一乾坤。"⑤程颐说："在天为命，在义为理，在人为性。"又说："理也，性也，命也，三者未尝有异。"⑥张载也讲："圣人尽性，不以闻见梏其心。其视天下无一物非我。孟子谓尽心则知性

---

① 《中庸·一章》。
② 《中庸·二十二章》。
③ 《中庸·二十一章》。
④ 《孟子·尽心下》。
⑤ 参见《伊川击壤集》卷一五《观"易"吟》。
⑥ 《二程集·河南程氏遗书》卷二一。

知天以此。天大无外,故有外之心不足以合天心。"①王阳明说:"心即天,言心则天地万物皆举之矣。"②在理学家们的天人合一中进一步增加了道德、心性方面的内容,或者说把道德理念更加神圣化,这在理论上不仅强化了社会的规范,同时也力图加强对帝王的约束。但理学家所谓的天人合一,其中心仍是天王合一。正如程颢所云:"君道即天道也。"③当然,他们比前期儒家的论证更加细密、更加绕圈子,说白了,更迷惑人而已。他们所说的天理、道、性、命、心等,落实到社会和人,不外儒家通常所说的三纲五常。仅举数例以昭一般。

"人伦,道之大原也。"④

"人伦者,天理也。"⑤

"道之大本如何求?某告之以君臣、父子、夫妇、兄弟、朋友,于此五者上行乐处便是。"⑥

"道之在天下,其实原于天命之性,而行于君臣、父子、兄弟、夫妇、朋友之间。"⑦又说:"三纲五常,礼之大体。"⑧

"道之大纲,只是日用人伦事例所当行之理。"⑨

"吾儒之道乃天下之常道,岂是别有妙道?谓之典常,谓之彝伦,盖天下之所共由,斯民之所日用,此道一而已矣,不可改头换面。"⑩

在理学家看来,人伦为道之大本、大原,道为人伦之大本、大原,道与人伦同实异名,在理论上基本上也是同价的。人伦法则亦即宇宙法则。正是人伦法则把形形色色的儒家统一在一起。在理学中,真正贯彻始终、渗透一切的范畴是人伦,是三纲五常。理学的各式各样的理论,几乎没有例外地都通向对三纲五常的肯定。在三纲五常中,每个人都要各安其位,这就是"天命""天分""定分"。朱熹说:

---

①《正蒙·大心》。

②《王阳明全书·答季明德》。

③《二程集·河南程氏遗书》卷一一。

④《张子语录下》。

⑤《二程集·河南程氏遗书》卷七。

⑥《二程集·河南程氏遗书》卷一八。

⑦《朱文公文集》卷七八。

⑧《四书集注·论语·为政》。

⑨《北溪字义》。

⑩《陆九渊集·与王顺伯》。

"天分即天理也。"①又说:"君臣父子,皆定分也。"②这就是说,等级差别出于天命、出于天然,不得有任何非分之想,更不能有非分之举,"须着安于定分,不敢少过始得。""且如嗜刍豢而厌藜藿,是性如此。然刍豢分无可得,只得且吃藜藿。"③等级制度、贵贱有别是君主专制制度赖以存在的社会基础,其最后的归结必然是王权主义。正如石介所说:"夫物生而性不齐,裁正物性者天吏也。人生而材不备,长育人材者君宰也,裁正而后物性遂。"④张载在《西铭》中把宇宙宗法化,而皇帝便是这个宗法体系中的宗子。朱熹讲得也很清楚:"聪明睿智能尽其性者出于其间,则天必命之以为亿兆之君师。使之治而教之,以复其性,此伏羲、神农、黄帝、尧舜所以继天立极,而司徒之职、典乐之官所由设也。"⑤

天的道德理念化确实把道德提升了,如果只看某些言论,似乎就一隅而言,道德高于等级,甚至还可以得出在道德面前人人平等的结论。一些学者正是这样看问题的。然而这是极其片面的。在把天的道德理念化的过程中,应该说理学家走到了极致。但有一个基本事实,正是在理学成为统治思想的时期,中国古代的王权主义和专制主义达到了顶峰。这一事实足以说明在当时的条件下,天的道德理念化不但没有否定王权主义,应该说,而是更细密、更巧妙地肯定了王权主义。

天人合一是一个哲学命题,同时也是一个社会历史命题。把天人合一说成是人类与自然的和谐与统一,是难以成立的,至少是相当偏颇的。天人合一的社会历史内容是等级制度和王权主义,对此不可不察!

二、王、道相对二分与合二为一

"道"是中国传统思想文化的核心范畴之一,是理性的最高抽象,又是整个思想文化的命脉。

"王"是最高权力者的称谓,同时又代表着以专制权力为中心的社会秩序,以及与这种秩序相对应的观念体系。

道与王是什么关系?就我拜读过的论著,特别是新儒家,十分强调儒家的

①《朱子语类》卷九五。

②《朱子语类》卷六三。

③《朱子语类》卷六一。

④《徂徕石先生文集》卷一七《上颍州蔡侍郎书》。

⑤《四书集注·大学章句序》。

道与王是二分的,道是社会的独立的理性系统,对王起着规范、牵制和制约作用。就一隅而论,足以成理,然全面考察,则多偏颇。

我认为道与王的关系,如本文题目所示,是相对二分与合二而一的有机组合关系,分中有合,合中有分,分合相辅,以合为主。这不限于儒家,而是整个传统思想文化中的主干。

这个问题关系到整个传统思想文化的历史、价值定位问题。试论一二。

1.道、王相对二分

从历史考察,作为思想文化概念的道从一开始就与王胶着在一起,很难真正进行二分。不过又诚如一些学者所指出的,两者在一些地方的确又分为二。学者多论儒家的道、王二分,应该说这是不全面的。就先秦诸子而论,这是共同的议题,问题的提出又早于诸子。

早在政治理念萌发之时已蕴含王、道二分。历史给我们留下的第一篇政治文诰《盘庚》,已有政治理念的端倪。盘庚虽然以上帝(文中又称"天")化身来发号施令,但同时也还讲"德""重民"等。盘庚翻来覆去强调,他自己一切遵奉"德",事事"积德","不敢动用非德"。显然,德已经悄悄站在王之旁成为一个政治理念准则。殷周之变,大大促进了政治理念的发展。周武王、周公等用"以德配天"和"天以德择主"的认识方式,解释了夏、商、周的历史之变,德与王的二分更为明朗化。在后来的发展中,为什么在"德"之旁生出来了一个"道",而且又后来居上?依我看,主要原因是,德是一个附属于天神的人事性观念,在春秋战国思想文化转型中,要突破天神的束缚,张扬理性的形而上学,"德"显然是不能适应的,需要创立新的观念,"道"正是适应这一思潮的要求而被张扬起来。("道"并没有取代"德",而是与"德"并存,容纳了"德",并赋予"德"以新的内容。道与德联袂,于是又创造了"道德"这一概念。这个问题另述。)从最抽象的意义上说,"道"是有关宇宙(天、地、人)理论体系的一字性凝结和概括,同时又是真、善、美和智慧的最高体现。道的理论体系一旦形成,它就会成为超越任何具体事物和个人的一种存在,即使是权力无限的君主也难以驾驭。西周时期的天子大致还能驾驭"德",并给予界定。随着"道"的发展,君王们也一直在设法占有它、支配它,或让它适应自己,这点下边再论。不过"道"作为一种观念系统,也是无法改变的、无可奈何的事实。这不仅表现在道、王相对二分,而且"道"对于王还具有某种超越性。大致而言,有如下几点:

其一,道、王二系。道所表达的是知识、道理和价值合理性系统,王所代表的是秩序、制度和权力系统。道、王二分在诸子之前已经有相当明朗、清晰的认识。"先王之道""先王之制""王道"等观念的出现及其超现实君主的性格已经表达了道、王二系这层意思。晋国丕郑论"义"高于君，把认识推向一个新的高度。晋献公得丽姬，生奚齐，欲废太子申生。大臣荀息唯命是从，并讲了如下的道理："吾闻事君者，竭力以役事，不闻违命。君立臣从，何二之有？"丕郑对此提出异议，他认为："吾闻事君者，从其义，不从其惑。惑则误民，民误失德，是弃民也。民之有君，以治义也。"①丕郑把义与君分为二系，义高于君，从义不从君。诸子之兴，创造了新的思维方式和新的知识体系，在道、王二系问题上又增加了新的内容，把认识提高到一个新的阶段。由于各家各派理论体系不同，论述的方式和侧重点也有差异。

儒家主要是把宗法道德理性与王权分为二系。所谓宗法道德理性，是指崇尚亲亲、尊尊，把亲亲、尊尊为中心的人伦道德体系视为道的体现，并以人伦道德为中心整合、治理社会。王所表示的主要是社会权利系统。前贤、时贤对儒家的道、王之分论述详备，此不赘言。我这里只说几句儒家"道"的主旨究竟是什么？时下，很多人著文，称儒学的核心是"人学"，或"成人之学"。依我之见，这种说法太宽泛了，还应接着往下说。所谓"下"，就是具体化、历史化。如果说儒家的核心是"人学"，其"人"并不是独立、自主、自由的人，而是以君臣、父子、夫妇为中心网络化、社会化的"等级人"。这种"等级人"的关系是由"三纲五常"来维系的。我所说的宗法道德理性，其中心内容就是"三纲五常"。在儒家的理论中，"三纲五常"既被天命化，又被本体化，同时还是天人统一秩序的具体体现。儒学是"人学"还是"等级人学"，这是一个大问题，容另文讨论。

法家主要是把法制（或"治"）理性与王权分为二系。所谓法制理性，指法是道的体现，是人类的"公"，因此要尚公崇法，依法治国。法家在哲学上受道家影响最为直接，慎到是把法与道结合起来的最早代表人物，其后《管子》中的法家代表人物，如韩非等都把道视为法的本体，法源于道。所有的法家都认为，法理（法哲学）及体现法理的法、律、令等，都具有规律性和一般性。法要顺天道、随时变、因人情、遵事理、量可能，因此常常用"道""常""则""节""度""数""理""时""序"等概念来表达天道、历史、人情、事理与法的内在的统一和规律。这种统一和规律体现了自然、国家和社会的统一。因此法制理性超越王本身。法家对王的定义则主要是从权势着眼，谁有最高权势谁就是王。"贤不

---

① 《国语·晋语一》。

足以服不肖，而势位足以屈贤矣。"①"君所以尊者，令。"②"势者，胜众之资。"③"人臣之于其君，非有骨肉之亲也，缚于势而不得不事也。"④"凡人君之所以为君者，势也。"⑤法家是主张君主专制最有力的一派，同时也是最富政治理性的一派。现实的君主同法制理性分为二系是法家的一个重要命题。

　　道家主要是把自然理性与王分为二系。所谓自然理性，是指以自然为本，凡属自然的均是合理的，自然而然，崇尚自然。它与王的关系，大体又分为两派：一派以庄子为代表，另一是黄老派。庄子一派认为道与王是对立的，道虽然没有完全否定王，但王在道面前是等而下之的卑物。这种思想在老子那里已经有经典性的表述："失道而后德，失德而后仁，失仁而后义，失义而后礼。"⑥其中已包含着对王权的鄙视。庄子沿着这一路线对君王们进行了猛烈的鞭挞(有些篇例外)，指斥君主们是一批盗贼，"窃国者为诸侯"；君主又以名利挑动人欲，破坏了人们的自然生活，是搅乱人心的祸首。人们都称颂尧舜，在庄子看来，恰恰是尧舜把天下引向万丈深渊。体现自然理性的是那些"真人""至人""体道者""圣人""神人"等；帝王系列的人物，如黄帝、尧、舜等，大抵是离道者。黄老派与庄学相反，是积极主治的一派。有的学者称黄老派为"道法家"，是很贴切的。"道生法"⑦把问题说得十分清楚。道、法一系，法本于道。君主之所以为君主，则主要是有权势。"衔命者，君之尊也。"⑧"人主者，天地之□也，号令之所出也，□□之命也。"⑨"主上执六分(按：指君臣在权力结构中不同地位的六种情况)以生杀，以赏(信)，以必伐(罚)。"⑩庄学与黄老派对政治的态度尽管有很大差异，但都崇尚自然理性。自然理性与君王是二分的。

　　墨家主要是把社会公正理性与王分为二系。所谓社会公正理性，指的是以社会为本位，倡导"兼相爱，交相利"，以此作为社会的公"义"。公义与"一人

①《慎子·威德》。

②《北堂书钞》卷四五引《申子》。

③《韩非子·八经》。

④《韩非子·奸劫弑臣》。

⑤《管子·法法》。

⑥《老子·第三十八章》。

⑦《法经·道法》。

⑧《管子·形势》。

⑨《经法·论》。

⑩《经法·六分》。

一义"的私义是对立的,公义高于私义。公义原于天,出于圣。天是有意志的天神,圣人是天意的体现。这种社会的公正理性高于王,规范王。王作为"政长"系统的首脑应实行公义,如果违反公义,不败则亡。

阴阳家主要表现在五德终始的历史理性与王的二分。阴阳家的学说很庞杂,这里只谈邹衍的五德终始历史理性问题。五德终始说主要包含两方面的内容,一是历史按五德依次循环,二是相应地把政治分为五种类型(或五种模式)。在五德终始的历史理论中虽然混杂着神秘色彩,但在当时它又是最富于理性的历史理论。它向人们揭示,没有不亡的朝代,没有不变的政治格局。历史之变是不可抗拒的,只有善于适应历史者才能获得胜利。在这个历史理性面前,一个朝代是有限的,具体的王的时代更是短暂的。

道、王二系是诸子的共同话题,也是整个思想文化中的一个基本命题。道作为政治理性,源于认识,王则源于社会政治运动。道、王二系在理论上完成了政治理性与王的二分。由此引申出,政治理性不是王的私有品,也不是王所能垄断的,它是人类认识范畴中的一个问题,是一个社会价值问题。从认识意义上说,任何一个人都可以参加到认识行列中来。先秦诸子"横议"政治,以及其后士人关切、评品政治,甚至平民、布衣上书议政,应该说都是以道、王二系为依据的。

其二,道高于君。这一理论概括最早是荀子提出的,但这层意思在"道"的理论化过程一开始就萌发了。道高于君不为儒家所独有,各家各派大抵都有类似的主张,是时代的通识,连极力鼓吹君主专制主义的法家也在其中。《管子》中的法家派著作一方面提出君主是"生法者";另一方面又提出,法一旦制定出来就成为超越君主的一般准则,要高悬在君主的头上,君主也必须遵守。这如同工匠能成规矩而不能成方圆那样,方圆高于工匠;法一旦制定出来也高于君主。韩非在《解老》中说:"凡道之情,不制不形,柔弱随时,与理相应。万物得之以死,得之以生;万事得之以败,得之以成。"对君主也是一样,道是胜败存亡的依据,所以他一再告诫君主要"因道"。道高于君主要包含以下两方面的内容:

一方面表现在"君道"的抽象超越了具体的君王。社会角色的规范和抽象是人类自我完善、自我制约、自我提高必不可少的一环,也是人类理性发展的一个重要标志。商、西周时期虽然政治理性在君主之旁已悄然兴起,但人们还不能对神秘的"天子"做出更多的规范,因为他是崇拜的对象。随着周天子的式微、疑天思潮的泛滥和以"道"为中心的理性的兴起,"王"无疑还受到人们的膜拜,但已从神坛上请下来变成认识对象。诸子百家有关"先王之道""王道""圣王之道""君道"等的理论,集中体现了对君主认识和抽象的成果。君道无疑肯定了君主,但又超越了具体的君主,成为君主的一般性规范。它具有提高君主的作用,又是一种政治理想。在这种一般和理想面前,一个个的君主都变成等而下之的具体存在。一般高于具体,这是人类创造的通则,是社会完善的必由之路。君道超越君主是政治理性发展的重要标志之一。

另一方面表现在道的形而上内容远远超越了君主。道的形而上学内容有不同层次,具体而论,有"天道""地道""人道",这些都已远远超越了具体的君主。统而言之,道是有关天地人的统一性(又可称之为宇宙体系或宇宙秩序),以及天地万物本源和规律性的形而上学论,其超越君主的意义更不待言。在这些形而上的理论体系中,君主只不过是其中的一个网结。《老子》说:"道生一,一生二,二生三,三生万物。"其中还没有明确给君主留下位置,当然在另外的论述中,又把道、天、地、王并称为四"大"。《易传》说"一阴一阳之谓道"①。天为阳,地为阴。"有天地然后有万物。有万物然后有男女。有男女然后有夫妇。有夫妇然后有父子。有父子然后有君臣。有君臣然后有上下。有上下然后有所措。"②显然,君主只是整个宇宙生成系统的一环。这类宇宙理论体系的道,无疑是高于君主的。

道高于君是中国传统政治理性的一个核心命题,同时又凝结为政治文化而成为中华民族的一种政治精神和价值准则。在这个大纛下演出了一幕又一幕政治多彩剧。

其三,以道事君、从道不从君。君臣之间本来是主奴、主仆关系,在春秋以前盛行的是绝对盲目服从,诸如"君命无二"③"君命,天也"④"委质为臣,无有二心"⑤等观念,在君臣关系中占主导地位(此后也一直流行)。"道"的凸起,道高于君,引起了君臣关系的变化。高扬"道"的人认为,要把"道"视为君臣关系的第一纽带。在这股思潮发展中,孔子进一步提出了"以道事君"⑥这一具有划

---

①《易·系辞上》。

②《易·序卦》。

③《左传》僖公二十四年。

④《左传》定公四年。

⑤《国语·晋语》。

⑥《论语·先进》。

时代意义的命题。以道事君表示，臣是道义的承担者，为道义而仕，在道义面前，臣与君是平等的。

如果道与君之间发生矛盾，则要以道为上。孔子温和地提出了"邦有道则仕，邦无道则可卷而怀之"①。孟子增加了刚烈的大丈夫精神："天下有道，以道殉身；天下无道，以身殉道；未闻以道殉乎人者也。"②荀子更明确地提出"从道不从君"③。"志意修则骄富贵，道义重则轻王公。"④刘劭说："违上顺道，谓之忠臣。"⑤为了实现道，在是非和道义问题上，臣要有"格君心之非"的责任和勇气；在行动上要敢于进行争、谏、辅、拂，还要有为道舍身精神。黄宗羲说："吾以天下万民起见，非其道，即君以形声强我，未之敢从也，况以无形无声乎！非其道，即立身于朝，未之敢许也，况于杀其身乎！"⑥如果王实在不可救药，儒家还主张实行革命，取而代之，但这只有圣人才可以做。

墨子同样主张以道义事君。墨子说："道不行不受其赏，义不听不处其朝。"⑦墨子主张言行一致，下边两个故事说明在行动上是以道义为重的。墨子派弟子高石子去事卫君，卫君待之甚厚，设之以卿位，致之以厚禄。高石子在朝堂上尽言墨家一套主张，卫君听而不行。高石子愤然离去，见到墨子说："卫君以夫子之故，致禄甚厚，设我於卿。石三朝必尽言，而言无行者，是以去之也。卫君无乃以石为狂乎？"墨子回答说："去之苟道，受狂何伤？"⑧宁为狂而不失道，何等豪迈！越王通过墨子的弟子公尚过转请墨子到越共商国是，还以五百里地预封墨子。墨子听后说道："子观越王之志何若？意越王将听吾言，用吾道，则翟将往，量腹而食，度身而衣，自比于群臣，奚能以封为哉？抑越不听吾言，不用吾道，而我往焉，则是我以义粜也。钧之粜，亦于中国耳，何必于越哉？"⑨

墨子把道义看得比权势、禄位更重，虽然许多诸侯争相聘请，大多因政见

---

①《论语·卫灵公》。

②《孟子·尽心上》。

③《荀子·子道》。

④《荀子·修身》。

⑤《申鉴·杂言》。

⑥《明夷待访录·原臣》。

⑦《墨子·贵义》。

⑧《墨子·耕柱》。

⑨《墨子·鲁问》。

不合而拒仕,宁肯过清贫的生活,也不折道义。

法家对此问题的看法与儒、墨有别。他们在君尊臣卑这个问题上无疑比其他派别更为突出,更强调主令臣从,但同时又主张君臣在法面前应平等以待,对法要"共立""共操""共守""公执",要以法为公,尚公而抑私。所谓"私",内容很多,这里不去讨论,其中有一点对君臣是共同的,法之外都是"私"。君主在法之外行惠,与施暴一样,都是对法的破坏,都属于"私"。法是既成的规定,面对法,更强调执行,而不主张法之外的能动性和创造性。因此,对臣下进谏持分析和慎重的态度。不过法家还是有限提倡进谏的,但要以法、以公、以功业为准则。所谓忠臣、谏臣,对上要"说人主使之明法术度数之理以避祸难之患",对下能"领御其众以安其国"①。"忠言拂于耳,而明主听之,知其可以致功也。"②"能上尽言于主,下致力于民,而足以修义从令者,忠臣也。"③如果在法和功业问题上与君发生矛盾,同样不能盲从。"能据法而不阿,上以匡主之过,下以振民之病者,忠臣之所为也。"④"为人臣者,君有过则谏,谏不听,则轻爵禄以待之。"⑤法家以对法的态度和执行情况,对君臣进行了品分,《管子·七臣七主》便把君臣分成七类。法家也是主张以道事君的。

道家对这个问题的态度较为特殊。庄学一派尊道而排斥君,出世而鄙视君,甚至走到无君的地步。黄老派则积极主治,在思想上兼收法、儒,主张以道事君。《经法》中黄帝和大臣力黑之间的论治突出的是道。《淮南子》对臣以道事君,君以道纳谏进行了充分的肯定。西汉时期著名的主黄老的大臣汲黯面折汉武帝,从一个例子说明黄老派是坚持以道事君的。

在理论上诸子的主流应该说都是主张以道事君的,对从道不从君的观点也都或多或少进行了论述。至于具体个人在实践上如何,则另当别论。

其四,以道品分君主,明君要以道为上,在道面前应有勇气低下高贵的头。春秋以前,君王主要是崇拜的对象,不能自由认识。此后,随着理性的发展,自由认识范围的扩大,君主逐渐变成认识对象。对君主的认识包括许多内容,其中重要一项是以道为标准品分君主。各家各派品分标准尽管不一样,大

---

① 《韩非子·奸劫弑臣》。
② 《韩非子·外储说左上》。
③ 《管子·君臣上》。
④ 《管子·君臣下》。
⑤ 《韩非子·难一》。

致说来分为"好""中""坏"三种。所谓好，就是"圣王""明主""有道之君"等；坏，即"乱主""暴君""不肖之主""亡国之君""无道之君"等。好、坏之间还有多品，可通称为"庸主"。按韩非的说法，好的和坏的都是千年不一出的，绝大多数是庸主。孟子也说五百年才出一个合格的王。当时的思想家把现实的君主放在道面前衡量时，几乎得出了一个大体相同的结论，一句话，都不合格。孟子与梁惠王对话后，指斥梁惠王"不仁哉"①。又说："不似人君！"②荀子也认为没有一个合格的，都是"乱其教，繁其刑"③之辈。又说："今君人者，急逐乐而缓治国，岂不过甚矣哉。"④即使像法家这样的君主专制的讴歌者，对当时的君主也大有微词。"今乱世之君臣，区区然皆欲擅一国之利，而管一官之重，以便其私，此国之所以危也。"⑤道高于君和以道品分君主在当时形成一股强大的社会思潮，并凝成一种稳定的政治文化，即形成了社会的普遍观念和政治价值准则。在这股劲风面前，许多君王战战兢兢，不能自已，在理性面前能低下高贵的头，程度不同地矫正自己的决策和行为。《淮南子·修务训》记述魏文侯故事，魏文侯便深明道义重于权势，他说："段干木光于德，寡人光于势；段干木富于义，寡人富于财。势不若德尊，财不若义高。"齐威王以虚心纳谏著称，他曾下令："群臣吏民，面刺寡人之过者，受上赏；上书谏寡人者，受中赏；能谤议于市朝，闻寡人之耳者，受下赏。"⑥战国时期形成一种礼贤下士的政治风气，这同士张扬道有很大关系，君主们因重道而尊士，甚至与士人"分庭抗礼"。君主屈权而重道成为一种美德，即使在以后君主专制极度膨胀时期也时时有之。《申鉴·杂言上》说："在上有屈乎？曰：在上者以义申，以义屈。高祖虽能申威于秦项，而屈于商山四公；光武能申于莽，而屈于强项令。"这一类例子说明有些清醒的君主是尊重政治理性的。

道、王二分是相对的，道对王起着整合作用，同时又为王提供了一个新的武器，得道即能王天下。

2.得道而得天下

人类思想发展史向我们展现一个极为重要的事实，凡属社会存在的重要

①《孟子·尽心下》。

②《孟子·梁惠王上》。

③《荀子·宥坐》。

④《荀子·王霸》。

⑤《商君书·修权》。

⑥《战国策·齐策一》。

现象,人们都要设法为他编织相应的合理与合法的理论,从而获得人们的认同,也使人们的心理得到平衡。君主是社会生活中一种最重要的存在,所以关于君主合理与合法的问题,是人类思维最古老的、最重要的课题之一。在中国古代,任何社会现象的合理性问题莫如君主合理性问题最为重要和突出,在诸多现象的合理性理论中,君主合理性理论又居于主导地位。商以前史料阙如,难以论说。就殷周时期而言,那些最早的文献有关君主合理与合法的论述最为突出。当时君主合理与合法性的观念与理论,是以天命为中心而展开的,简言之,即君权神授。随着春秋战国思想文化与社会观念的转型,君主合理与合法性问题也发生了重要的变化,当时关于这个问题有多种看法,但影响最大的、逐渐占据主流地位的是"有道而王"。

先秦诸子以道论王的合理性最力者应属道家,尽管在道家那里,与淳朴的自然相比,王是等而下之者,不过在理论上用道论述王的合理性是由道家开其先河的。老子最早提出并论述了这个问题,他说:"知常容,容乃公,公乃王,王乃天,天乃道,道乃久,没身不殆。"①庄子对君主的合理性问题进一步从道的角度进行了论述,在他看来,人们俗说的君主,甚至包括唐尧虞舜,都属盗贼之类。只有真正体悟了"道"的人才配做君主。"君原于天而成于德。故曰:玄古之君天下,无谓也,天德而已。"②"唯无以天下为者,可以托天下也。"③

儒家在这个问题上相对落后,他们在不同程度上保留着君权神授观念,不过当面对实际时,也突出了道。孔子没有直接提出这个问题,但他提出不仕无道之君,已经包含了以道作为认同君主的内容。孟子在一些地方大讲君权神授,在另一些地方又把道的意义向前推进了一步。他说:"得道者多助,失道者寡助……助之至,天下顺之。"④"非其道,则一箪食不可以受于人;如其道,则尧受舜之天下,不以为暴。"⑤道的标志是民的向背。"桀纣之失天下也,失其民也;失其民者,失其心也。得天下有道:得其民,斯得天下矣。"⑥又说:"得乎丘民而为天子。"①荀子对道更加张扬,他说,"威有三:有道德之威者,有暴察之

①《老子·第十六章》。

②《庄子·天地》。

③《庄子·让王》。

④《孟子·公孙丑下》。

⑤《孟子·滕文公下》。

⑥《孟子·离娄上》。

威者,有狂妄之威者……"②三种威有三种不同结果,前者王,中者危,后者亡。儒家以道义为标准对君主进行品分,最理想的是圣王,最坏的是暴主,如桀纣。桀纣之类的君主失去了合理性,可以对他进行"革命"。《逸周书》各篇的创作时代前后不一,其中《殷祝》篇就其文气而言应属战国之作。文中有一段商汤灭夏之后所说的话,完全是以"道"作为合理性的依据。"天子之位,有道者可以处之。天下非一家之有也,有道者之有也;故天下者,唯有道者理之,唯有道者纪之,唯有道者宜久处之。"贾谊在《新书·修政语下》引述了这段话,但安在姜太公头上。接着还有一段话论述了道与兴亡的关系:"故天下者,难得而易失也,难常而易亡也。故守天下者,非以道行弗得而长也。故与道者,万世之宝也。"

法家对君主合理性问题的认识,究其原,也归结为道。慎到说过这样的名言:"古者立天子而贵之者,非以利一人也。曰:天下无一贵,则理无由通。通理以为天下也。""立天子以为天下,非立天下以为天子也。立国君以为国,非立国以为君也。"③"为天下""为国"是天子、国君合理性的前提,如果为自己,把天下、国家变成囊中物,那就违反了立天子、国君的初衷。《管子》中法家派的著作论述王的合法性十分注重"道""德"的意义和作用。《管子·君臣上》说:"明君重道德而轻其国也。故君国者,其道君之也。王天下者,其道王之也。"王天下不是王的个人行为,不是以王为主体,而是道高于王,王是道的肩荷者和执行者。有道是有国的前提。又说:"君失其道,无以有其国。"《管子·君臣下》说:"德之以怀也,威之以畏也,则天下归之也。""德""威"是合法性的两大支柱。又说:"神圣者王,仁义者君,武勇者长,此天之道,人之情也。"《管子·重令》认为威、兵、德、令四者兼具才能王天下,这四者可简化为德、威两项。《管子·霸言》说:"得天下之众者王,得其半者霸。"《管子·版法解》:"与天下同利者,天下持久。"《管子·君臣上》还提出君民一体:"与民一体则是以国守国,以民守民也。"这同儒家的看法如出一辙。连韩非这样极端的君主专制主义者也把道视为君主合理性的依据,"母者,道也;道也者,生于所以有国之术;所以有国之术,故谓之'有国之母'。"④秦始皇是法家的崇尚者,他对自己的合理性有一系列的论述,其中重要一项就

---

① 《孟子·尽心下》。

② 《荀子·强国》。

③ 《慎子·威德》。

④ 《韩非子·解老》。

是"体道行德""诛戮无道"①。可见法家也非常注重用"道"作为合理性的依据。

《吕氏春秋》中许多篇对君主的合法性进行了论述。合法性的支点是君主要顺民、惠民，得到民的拥护。"人主有能以民为务者，则天下归之矣。"②"凡王也者，穷苦之救也。"③"天下，非一人之天下也，天下之天下也。"④"置君非以阿君也，置天子非以阿天子也。"⑤为民而置君、而置天子。"先王先顺民心，故功名成。夫以德得民心以立大功者，上世多有之矣。失民心而立功名者，未之曾有也。"⑥顺民、惠民是道的体现。

各家各派都主张圣人为王，这与得道而为王是一个问题的两种说法，因为圣人是道的人格化。

天命而王与得道而王，有路线的不同，前者崇神性，要从神那里寻求合理与合法性；后者崇理性，要以人的自我完善、功业、德政作为合理与合法的依据。崇尚神性更多表现为依赖，崇尚理性更多表现为主观能动性的创造。春秋战国时代，是竞争和角力的时代，更需要从社会现实中寻求力量，应该说这是"得道而王"思潮大兴的历史条件。"国将亡，听于神；将兴，听于民。"⑦这句话可谓两条不同路线最早和最简洁的表述。就事实而论，中国历史上从来没有割断神的脐带，即使在春秋战国理性大发扬的时期，道也没有与天命一刀两断，但侧重点是大不一样的。

道是理性的抽象，不能用感官直接感觉，对此老子已有论述。韩非在《韩非子·解老》中更明确地指出，道是"不可闻见"的。但是道并不是不可知的，只要仔细观察它的功能，用抽象的思维方法是完全可以认识和把握的，也是可以论说的。下面一些各派交叉使用的词组，如"闻道""通于大道""知道""安道""得道""守道""体道""因道"等，即是证明。

道要通过学习才能获得，这是时代的共识，君主们也不例外。君主有明、

---

①《史记·秦始皇本纪》。
②《吕氏春秋·爱类》。
③《吕氏春秋·慎势》。
④《吕氏春秋·贵公》。
⑤《吕氏春秋·恃君》。
⑥《吕氏春秋·顺民》。
⑦《左传》庄公三十二年。

暗之分,其区别的重要标志就是能否知道和遵道。"道者,诚人之姓也,非在人也。圣王明君善知而道之也。"①君主如何知"道",除自己体悟外,还要通过尊师、用贤、纳谏等方式来获得。

为政之要在行道。只有行道才能把握住政治的总体。春秋战国以降,只要稍稍有点头脑的人都明白,政治不只是一个社会权力问题,还需要从形而上学的高度,即从"道"的高度来把握,这就是所谓的君子要"坐而论道"。圣君、明主要通天道、地道、人道,并付诸实践,简而言之,即"法天地""天人合一"。天人合一对中国传统政治功能的影响至深。一方面,它赋予政治以视野广阔、登高望远、居高临下的长处;另一方面,也使政治具有全能的性质,而王权则是全能的核心。

得道而王,一方面表明道具有超越王的意义,王要向道靠拢,要体认道;另一方面,道又是王的合理性依据,道、王之间没有不可逾越的界线,王可以得道,这为王占有道开了通途。

3.王对道的占有

道就其本始意义而言,在一定意义上是与王的权威并立的一种社会性的精神权威,然而中国由来已久的君主专制制度是不能容许这种精神权威无限发展和扩充的,不容许"道"在王之外超然独立。王能支配社会,无疑也要设法支配"道"。另一方面,当时思想家们创立的这个道在很大程度上是为了重新塑造政治和改造政治,然而政治的主角是君主,于是思想家们又纷纷把实现"道"的使命交给了君主。上述两种趋势的结合,"道"即使没有完全被王吃掉,也大体被王占有。大致表现在如下几个方面。

其一,先王之道的构建和神化。先王这个词最早见于《尚书·盘庚》篇,它一出现就具有神圣和权威的意义。从西周以降,先王或先王之道已成为一个十分重要的、内容丰富的政治范畴。先王既是一个具体的概念,又是一个抽象概念。所谓具体,是说在位之王称其先祖为先王。所谓抽象,是说"先王"这个概念已超越具体的王,成为一个泛称。

在春秋以前,"先王"这个概念主要是作为行为主体来使用的,当然在先王的行为中同时也凝结了丰富的政治原则和政治哲理。到春秋时期这些政治

---

① 《管子·君臣上》。

原则和政治哲理被抽象为"先王之道",这个词最早见于《论语》。先王和先王之道,就其内容而言没有太大的区分,细致考究,先王更多指主体及其行为,先王之道则指先王所创立的政治制度、政治原则和政治哲理。与先王之道相类的概念还有许多,诸如"先王之法""先王之训""先王之命""先王遗训""先王之教""先王之令""先王之法制"等。

在历史的演进中,人们赋予先王和先王之道无限的神圣性和权威性,这表现在以下几点:

先王与上帝是对应、互通关系。有关上帝选立先王,先王配上帝、祀上帝的记载多多,无须征引。还有另一类资料,把事情倒过来,上帝是由先王创立的。《国语·周语上》说,"古者,先王既有天下,又崇立上帝,明神而敬之"云云,显然,先王的地位比上帝还要显赫。众多的史料表明,祭祀上帝与祭祀先王的规格大体是相同的,尊先王如尊上帝。

一切"文明"制度几乎都是先王创立的,诸如礼乐制度、祭祀制度、宫室制度、等级制度、行政制度、设官分职、田制、度量衡、文字等,都归功于先王。

先王还有"成百物"的作用。《国语·郑语》说:"先王以土与金木水火杂,以成百物。"先王与造物主同列。

先王之道既包括制度,更深藏着精神。其精神是什么,这要依各家各派的学说而定。大致说来,先王之道也就是各家所倡导的道或学说,正如韩非所指出的:"先王有郢书,而后世多燕说。"[①]先王注我。

儒、墨等以先王为旗帜,事事以先王为法。儒家的巨子荀子虽曾提出"法后王",其实他所说的后王就是三代之王,与孔、孟提倡的"法先王"没有原则的区别。他们把自己的主张还原为先王之道,同时又把先王神圣化,使先王变成一种绝对的权威,并凌驾于现实的政治权威之上。由法先王而提出的复古,在理论上有迂腐的一面,但另一方面又树立了一个超越现实君王的历史权威和精神权威,人们可以举起先王的旗帜对现实的君王进行某种程度的制约和批判。

法家对先王与儒、墨有所不同,儒、墨把先王当旗帜,法家把先王视为工具,有时作为自己理论的注脚,有时又视如敝屣。为了给自己的法治理论寻求历史依据,他们把先王变成实行法治的楷模。"先王明赏以劝之,严刑以威之。""先王尽力于亲民,加事于明法。""公私不可不明,法禁不可不审,先王知

---

① 《韩非子·外储说左上》。

之矣。""先王以道为常,以法为本。"①"先王所期者利也,所用者力也。"②"先王之所以使其民者,非爵禄则刑罚也。"③"先王以三者(按:指目、耳、虑)为不足,故舍己能而因法数,审赏罚。先王之所守要,故法省而不侵。""法审,则上尊而不侵,上尊而不侵,则主强而守要。故先王贵之而传之。"④"先王寄理于竹帛,其道顺,故后世服。"⑤先王俨然是自己的祖师爷。当讲到历史之变和变法时,先王都成为过去。"先王当时而立法,度务而制事。法宜其时则治,事适其务故有功。"⑥"今欲以先王之政治当世之民,皆守株之类也。"⑦这些话是温文尔雅的婉辞,更为激烈的则是"不法古""废先王之教""无先王之书"等之类的摈弃之言! 在与儒、墨争辩时,批评儒、墨借先王张扬自己,是拉大旗作虎皮。他们认为先王不复生,死无对证,虚构而不实,是一种文字游戏,"非愚则诬"。更为严厉的是,指斥儒、墨颂扬先王包含着险恶用心。"为人臣常誉先王之德厚而愿之,是诽谤其君者也。"⑧在法家看来,先王只能为现实的君主所用,决不允许先王变为高于现实君主的权威,不能成为批评和制约现实君主的口实。

其二,王道的构建和神化。王道比先王之道更为抽象,更具有普遍意义。在这个概念中,道是依附于王的,是王之道。王道这个概念最早出现在《尚书·洪范》篇。《尚书·洪范》九畴的第五畴为"皇极"。皇,就是君主;极,就是法则。文中关于王道的论述常常被后人引用。这段文字极为重要,摘录如下:

> 无偏无陂,遵王之义;无有作好,遵王之道;无有作恶,遵王之路。无偏无党,王道荡荡;无党无偏,王道平平;无反无侧,王道正直。会其有极,归其有极。

"皇极"这一"畴"专论王道,在另外八"畴"中也有涉及,诸如王道的原自问题、王道内容、王道的作用、王道的意义等,均有论述。庞朴先生在《原道》一

---

① 《韩非子·饰邪》。
② 《韩非子·外储说左上》。
③ 《韩非子·外储说右上》。
④ 《韩非子·有度》。
⑤ 《韩非子·安危》。
⑥ 《商君书·六法》。
⑦⑧ 《韩非子·五蠹》。

文"王道"一节中已有精彩的分析。为了本文的需要,吸取庞朴的高见,另外也略有修正和补充,条析如下。

首先说王道的原自问题。从《尚书·洪范》整篇看,王道是原于天(上帝)而成于王。箕子对话之始就告诉武王,"洪范九畴"是上帝赐予夏禹的。然而在具体的叙述中又说"皇建其有极",意思是说,王要建立为王的最高法则。王道原于天,又成于王,表明王是天的化身,王道是王的护身符。

其次,王道的政治内容简要而要求极高,第一项是要赐给臣民"五福"。何谓五福? 文中没有交代,不过《尚书·洪范》的第九畴所讲的"五福"指:"一曰寿,二曰富,三曰康宁,四曰攸好德,五曰考终命。"一些注家认为前后的"五福"是一个内容。毋庸多说,这是极高的要求,也是极其伟大的事业。第二项是讲王要以身作则,才能使臣民心服。第三项讲刑罚要有度。第四项讲要用"有能有为"之人,尊敬"高明"之人。

再次,王道"荡荡""平平""正直",是整个社会的道德准则和行为准则,所谓"会其有极,归其有极"。王与臣民要共同遵守。《墨子·兼爱下》引这段文字说明文王、武王之德:晋国大臣祁奚"称其雠,不为谄;立其子,不为比;举其偏,不为党"①。他也引这段文字表彰其公而无私的精神,把社会道德准则附在王道名义下,王道与社会道德一体化了。

复次,王道还规定,王既是绝对的权威,又是民之父母。"惟辟(君主)作福,惟辟作威,惟辟玉食。臣无有作福、作威、玉食。臣之有作福、作威、玉食,其害于而家,凶于而国。"上下、贵贱截然相分。然而这个作威作福的君王又恰恰是民之父母。"天子作民父母,以为天下王。"臣民对君王的指令在行动上必须绝对遵从,"是训是行";在情感上还要完全投入君王的怀抱,"以近天子之光"。君王对臣民的权力支配和情感支配结合在一起,这对中国传统社会生活的各个方面都有深刻的影响。

王道是上承天、下理民的通则,既有超越具体王的一面,又有王占有道的一面,可以说是王与道的混合体。以至在同一段文字中,王道与王是不分的,混而为一。

这里附带说一下"王道"这一概念发生的时间问题。近期有几位学者著文论证《尚书·洪范》是殷周之际的作品,如果可信的话,那么,王最先与道结缘,"王道"要先于"天道""人道"等概念。然而现存的西周、春秋文献及金文,除《尚书·洪范》外,直到《左传》和《墨子》再引用这段文字,没有第二处使用"王

---

① 《左传》襄公三年。

310

道"这一概念。难道它像桂林的独秀山,一兀突起?这显然与社会思想发展不相宜,颇有可疑之处。这里暂存疑。但有一点可以断定,"王道"不是继"天道"之后的衍生物。

战国时期,"王道"虽然是一个通用词,不过使用频率并不高。随着王、霸之争,王道大抵为儒家所倡导,或成为儒家的代称。赵烈侯改革,儒法并用,儒者牛畜"侍烈侯以仁义,约以王道"①。商鞅以"帝道""王道"进说秦孝公,秦孝公昏昏欲睡;说之以"霸道",虚心聆听,数日不倦。王道、霸道之分,即是儒、法之分。

对王道在理论上做出更深论述的要属董仲舒。他在《春秋繁露·王道通三》中有一段极著名的话:

> 古之造文者,三画而连其中,谓之王。三画者,天地与人也,而连其中者,通其道也。取天地与人之中以为贯而参通之,非王者孰能当是?事故王者唯天之施,施其时而成之,法其命而循之诸人,法其数而以起事,治其道而以出法,治其志而归之于仁。仁之美者在于天。天,仁也。

在董仲舒之前,有关道贯通天、地、人和王通天、地、人的论述虽然很多,但概括为"王道通三",仍不失为一个创造。其中有以下几点值得注意。

董仲舒在前人的基础上做了综合。在他以前,王、王道、天道、地道、人道虽然已经常常混通,但还没有达到一体的程度。董仲舒通过对"王"字形的解析巧妙地把几者"混通"为一体,真可谓聪明之极。

把天德性化,君主的德性要随天,这种思想很早就有了,但把两者一体化,以致连帝王的喜怒哀乐都源于天之四时,是董仲舒的又一发明。"天常以爱利为意,以养长为事,春秋冬夏皆其用也。王者亦常以爱利天下为意,以安乐一世为事,好恶喜怒而备用也。然而主之好恶喜怒,乃天之春夏秋冬也,其俱暖清寒暑而以变化成功也。"

以往虽然也讲天与王的功能是相通的,但认为天的功能更为重要,天制约王。董仲舒进而突出了王的功能:"人主立于生杀者位,与天共持变化之势,物莫不应天化。"王与天"共持变化之势",这种提法是前所未有的,是董仲舒

---

① 《史记·赵世家》。

的新创造!

以往是以王对应天地、比拟天地,董仲舒则把天地、人主一体化,"天地人主一也",天与王合二而一。

董仲舒对"王"的解说是一种哲学释义。许慎的《说文解字》完全采用了董仲舒的说法,其后两千年没有人提出异议。这里附带说一句,把一种思想变为字书或辞书的解词,说明这种思想已成为社会的共识,甚至成为整个民族的体认标准。董仲舒的著作在汉代以后逐渐被冷落,《说文解字》却一直是小学中的权威之作,董仲舒对王的神圣化的理论通过《说文解字》普及到整个社会。由此想到,小学、训诂之作是研究思想史,特别是研究思想社会化、定型化不可忽视的资料。

在董仲舒这里,王道不仅仅是通常所说的王之道,他几乎把整个的"道"纳入了王道。王道内容的扩张,同时也标志着王的功能的进一步的扩张。

儒家一直高扬王道的大旗。王道作为一种观念,无疑同具体的王是有别的。人们不仅希望王实行王道,还常常用王道作为批判某些具体王的理论武器,宋代理学家甚至以王道为准则对三代以后的所有帝王持批判和否定的态度,乍看去,确有大丈夫浩然之气和无所畏惧的批判精神。然而稍稍留意,有两点颇耐人寻味:其一,对三代君王歌颂备至;其二,对宋朝的君主们寄予了深情的希望和期盼,不只比附尧舜,甚至抑尧舜而扬宋君。从理论上看,他们把三代以下、宋朝以前的历史都否定、抛弃,唯独宋是继三代之后的"圣朝",对此,并没有讲出任何道理;明明知道宋朝积历代之弊,还作如是说,显然违背他们的思想逻辑。这种批判历史,屈从现实的现象,如果是为了"生存",后人应予以理解,然而这也恰恰说明传统士人学理的非一贯性和人格的双重性。另一方面,还有一个更为重要的事实不容忽视,那就是,理学家在张扬王道的同时,又以最精巧的理论、从更高的意义上肯定了君王制度。天理、王道、三纲一体化就是明证。这里不是苛求理学家,而是要同当代新儒家辩明一个事实,即宋代的理学家是不是君主制度的最忠贞的维护者?如果这是理学家理论的大前提(理论的和事实的),那么,在评价理学家们的所谓"人格独立"等之类的问题时,就应该有分寸。严格地说,君主专制制度与人格独立在理论上是不相容的。

我们不能忽视王道论的某些批判意义,但同时也要看到,越是张扬王道,就越被王制所限;越是把王道作为一种理论追求,那么所谓的"道"就越依附于王。

其三,圣王之道的构建和神化。关于圣与王的关系问题,下边还要论述,这里只简单叙述与本题有关的几个问题。圣与王本来不同,圣是在王之旁生出来的一个代表知识和道德体系的人。然而有无限权力的王不能容忍圣的无限扩展;另一方面,祈求把圣人所代表的知识和道德付诸实现的思想家们又不得不把希望寄托在君王身上。这样一来,王与圣的结合成为必然之势。两者的结合最先体现在"圣王"这个词上。"圣王"一词在《左传》中仅一见,载于文公六年。《老子》《论语》中未见,而《墨子》中则连篇皆是。其后几乎无人不谈圣王。圣王是贯通客体、主体、认识、实践的枢纽,是一个超级的主体,主宰着一切,是真、善、美的化身,是权力最合理的握有者。圣王是一个极大的概念,在很大程度上关系着中国的文化的特点和特性。我们固然可以说它是对王的提高,但也可以说是王对圣的占有。圣王之道成为绝对的真理,只能遵循、崇拜,不可置疑。这个问题将另文讨论。

其四,王、道一体,道出于王。先秦诸子把圣人、君子视为道之原,同时又认为先王、圣王也是道之原。这在理论上为现实的王与道一体化,以及道源于现实的王铺平了道路。秦始皇是历史上第一位把自己视为与道同体、自己生道的君主。秦始皇宣布自己是"体道行德",实现了王、道一体化。"体道"这个词最早见于《庄子·知北游》。荀子说:"知道察,知道行,体道者也。"[1]韩非提出"体道"是君主有国、保身之本。[2]秦始皇的"体道"便是由此而来。秦始皇不仅体道,又是圣王,他颁布的制度、命令是"圣制""圣意""圣志",永垂万世。先秦诸子创造的巍巍高尚的"道"一下子变成了秦始皇的囊中之物。秦朝虽然很快垮台了,秦始皇的思想却流传给后世。其后,贾谊提出"君也者,道之所出也"[3]。董仲舒在《春秋繁露·王道》中说:"道,王道也。王者,人之始也。"道、王道、王混为一体。李觏竟说出这样的话:"无王道可也,不可无天子。"[4]李觏的看法虽不是理论的主流,不过在许多时候是事实。对王来说,既要搞"朕即国家",又要搞"朕即道"。

宋、明理学家高扬道统的大旗,道统俨然独立于王之外。然而恰恰在把道统说得神乎其神的同时,却又把这个神圣的道敬献给帝王,这一点在谥号中

---

① 《荀子·解蔽》。

② 参见《韩非子·解老》。

③ 《新书·大政下》。

④ 《李觏集·佚文》。

表现得尤为突出,诸如"应道""法道""继道""合道""同道""循道""备道""建道""行道""章道""弘道""体道""崇道""立道""凝道""明道""达道""履道""隆道""契道""阐道""守道"等词,在谥号中居于前列。汉语词汇实在太丰富了,在这里,都说明一个问题:帝王是道的体现者。

这里再说几句作为观念的"王"。作为观念的"王",其中已包含着"道",先王、圣王、王道等在某些地方都可以简化为一个"王"字。孟子所说的"五百年必有王者兴",就是有道之王。王成为道的化身,此时希冀王就是希冀道,维护王就是维护道。

王对道的占有,或者说道依附于王,是整个传统思想文化的一个基本命题,几乎所有的思想家,甚至包括一些具有异端性质的人,都没有从"王道"等大框框中走出来。只要还崇拜"王道"等,那么不仅在理论上被王制和王的观念所锢,而且所说的道也是为王服务的。

4.道的王权主义精神

王对道的占有只是问题的一面,另一面更应注意道本身的王权主义精神。在思想史中有一个重要的事实,即人们在阐发、高扬"道"的观念过程中,一直向"道"注入王权主义精神。进而言之,道的主旨是王权主义。这一点被我们的许多学者,特别是被新儒学所忽视。只要稍稍留意观察,这一事实应该说是昭然的。这里我只谈三点:

其一,道对王的定位及其王权主义精神。

中国传统思想文化中的道无所不在,千姿百态,但影响最大、最具有普遍性的,要属有关宇宙结构、本体、规律方面的含义了。正是在这种形而上学的意义中给予王以特殊的定位。

宇宙结构说有多种多样,但都遵循天人合一这一总思路。《易·系辞上》说:"一阴一阳之谓道。"阴阳相交而生万物,而君臣尊卑之位便是宇宙结构和秩序的一环。"天尊地卑,君臣定矣;卑高以陈,贵贱位矣。"前边已经讨论过,天人合一的中心是天王合一。中国古代的宇宙结构理论无疑有其历史认识意义,然而这个恢宏结构真正能把握的部分是其下层的社会结构。社会结构的主体就是贵贱等级制度。王则是等级之纽。

道是宇宙万物的本体,同时又为宇宙万物之用,即所谓的体用不二。细致分析,在不同的语境中,道、天道、地道、人道、天理、心性、礼仪、刑法、道德等无疑是有区别的,但从更抽象的意义说又混为一体。无论是"体"或"用",表现在社会关系上,其主旨都是为君主体制服务的。有人会说,这未免把深奥的哲学问题简单化了,其实,如果把深奥的哲学问题还原为社会历史问题,有时就是相当"简单"的。把"简单"的社会历史问题深奥化,固然是认识不可缺少的,反过来,把深奥的哲学问题还原为"简单"的社会历史问题,同样也是不可或缺的。"体用"问题如果落实在社会历史上,难道不是为君主制度辩护吗?

道所蕴含的规律性思维方式及其所揭示的规律,在中国的思想文化中有说不尽的话题,然而其中最主要的、影响最大的、在社会生活中最实际的,应该说是社会等级制度,以及以等级制度为基础的王权至上论。

其二,道的纲常化及其王权主义精神。中国是一个宗法-王权社会,从有文献记载开始,有关伦理纲常的内容就十分突出。伦理纲常向来与政治就是一体的。伦理纲常是儒家的主题自不待言,墨家及法家在不同程度上也是倡导的。在道家中,庄学对纲常投以鄙视的眼光,其他派别,特别是黄老派对纲常是十分重视的。

把伦理纲常形而上学化很早就开始了。春秋以前是神化,随着道的兴起,又开始道化(依然保留着神性)。伦理纲常的细目很多,其中最核心的是"三纲"。董仲舒做了一件影响千古的大事,这就是把伦理纲常概括为"三纲五常",并把它形而上学化,即道化和神化。理学家们的思维具有极强的形而上学性,内部的分歧也多,不过其中有一点是高度统一的,那就是条条认识道路都通向三纲五常,都把三纲五常形而上学化,并与形而上学中最高范畴一体化,构成一而二、二而一的关系。张载说:"人伦,天理也。"①程颐说:"天地人只一道也。才通其一,则余皆通。""道之大本如何求?某告之以君臣、父子、夫妇、兄弟、朋友,于此五者上行乐处便是。"②朱熹说:"三纲五常,天理民彝之大节,而治道之本根也。"③又说:"道之在天下,其实原于天命之性,而行于君臣、父子、兄弟、夫妇、朋友之间。"④陆九渊说:"吾儒之道乃天下之常道,岂是别有妙道?谓之典常,谓之彝伦,盖天下之所共由,斯民之所日用,此道一而已矣,不可改头换面。"⑤在理学家那里,人伦与道可以说是同实异名。人伦法则也就是宇

---

①《张子语录下》。

②《二程集·河南程氏遗书》卷一八。

③《朱文公文集·戊申延和奏札》。

④《朱文公文集·徽州婺源县学藏书阁记》

⑤《陆九渊集·与王顺伯》。

315

宙法则,三纲五常"自是亘古亘今常在之物,虽千五百年被人作坏,终殄灭他不得耳"①。"此理在宇宙间,固不以人之明不明、行不行而加损。"②

儒家所论的伦理纲常无疑比具体的君主更有普遍意义,甚至经常高举纲常的大旗批判某些君主,有时还走到"革命"的地步。然而这丝毫不意味着对君主制度的否定。恰恰相反,而是从更高的层次肯定了君主专制制度,用形而上学论证了君主制度是永恒的。我们不能忽视儒家的纲常对王的规范和批判意义,同时也不宜忽视这种规范和批判的归结点是对王权制度的肯定。我们的新儒家朋友对此实在有点漠视,或视而不见,真不知其可也!

其三,道施化万物的中介是圣王。道化万物,主宰万物,又是万物之所以为万物的依据。道的作用,其大无外,其小无内,无所不在。然而道并不是在任何情况下都独立自主地施化,在许多情况下,圣王、圣人是道施化万物,特别是施化人类的不可缺少的助手,甚至没有圣王、圣人,道也就失去了它应有的作用。从另一方面讲,圣王、圣人之所以为圣王、圣人,就在于体道。圣王、圣人是道的人格化。此处只强调一点,把圣王、圣人作为道施化万物的中介,圣王之制也因此而被神圣化。只要翻开我们老祖宗的著述,有一点是普遍的、共同的认识,那就是对圣王之体的崇拜,只要圣王出世或实行圣王之制,就会把人类带入极乐太平世界。圣王无疑不同于一般的王,但只有王才有可能成为圣王,这也是没有疑问的。在理学家眼里,三代以下无圣王,也无圣制,可是有一个极为有趣的现象,他们对大宋的万岁爷几乎都颂扬为圣或期待成圣。应该说这同他们的理想曲不大合拍,如果按他们的逻辑推下去,宋朝的万岁爷都应该靠边站。可是他们没有按逻辑往下走,其中除了现实问题之外(我绝没有意思让理学家都上断头台),在理论上有一个基本点,那就是:道需要通过王来实现,现实的王有可能成为圣王。儒者角色是帝王之师,要设法格君心之非,帮助王成为圣王。这种精神固然有其珍贵的地方,然而他们的思维方式和价值选择不仅没有离开王制,而是以肯定王制为前提的,毫无疑问也肯定了王权主义。

5.余论

以往学者对道的论述,特别是新儒家,大抵多强调道的理性规范和批判意义,强调其理性的独立性及其与王的二元关系,对道的王权主义精神很少论

①《朱文公集·与陈同甫》。
②《陆九渊集·与朱元晦三》。

316

及。就历史实际而言,我认为这类看法有极大的片面性,甚至可以说忽略了主要的历史事实。其实,无论怎样抽象的思想,它都有一定的历史内容,抛开历史内容,只能是灰色的、无生命的东西,或者是文字游戏而已。

道、王相对二分与合二而一是有机组合关系,同时也形成一种思维范式,历史上最伟大的思想家都没有从这种范式中走出来。这种思维范式的影响比具体内容的影响更为广泛和深远,不可不察!

三、王、圣相对二分与合二为一

王、圣关系问题,就大体而言,它是文化之纲,关涉中国传统思想文化的全局;就实质而论,它是文化之核,决定中国传统思想文化的本质。如果说王与道的关系问题,其根底在于寻求权威合法性,那么王与圣的关系问题,其目标则在于确立权威理想性。圣是道的人格化,王圣关系问题是王道关系问题在人的社会角色上的展开。

1.文化转型:从神化到圣化

中国传统思想文化观念,以春秋战国为界,此前以崇拜上帝、上天为主,其后以崇圣为主。由崇神向崇圣的转变是中国历史上思想文化转型时期的一大创造,也是一大特点。

殷代思想文化及人们的精神情感沉湎于"率民以事神"的氛围之中。从现存的资料看,殷人对神还缺乏终极追求意识,也缺乏道德意义。他们崇拜上帝诸神,一方面是神主宰着他们的生活和命运;另一方面,他们所求于神的,大抵只限于实用价值,即对吉、凶、祸、福进行判断和选择。因此,还处于宗教的初级阶段。

周取代殷,对殷人的上帝崇拜有因有革,这表现在"祈天永命"和"以德配天"的有机统一。从现有资料看,不能说周人仅仅把上帝、上天当作工具使用,他们在思想情感上依然十分崇拜上帝、上天,而且十分投入。但与殷人相比,也有重要变化,这就是神人相需、互补、互动,其中枢是"德"。天唯德是佑,人则以德配天。在这种关系中,人的主动性和能动性明显增加了,而这又是以理性为基础的。周初诰命中反复强调的"敬""慎""无逸"及有关"我有周既受,我不敢知曰:'厥基永孚于休'"①的警告,都可视为理智的标志,也可称之为实践

---

① 《尚书·君奭》。

理性。这里强调一点，即周人的智慧和贡献与其说是上述观念的本身，毋宁说是它的思维方式。这种思维方式意味着：在敬神中会把神抽空，或者说，实践的理性不可避免地要把神性排挤到后边。

春秋战国的社会变动为这种观念的转变提供了历史条件，给人们的历史创造性提供了更广阔的舞台。在复杂的社会角斗中，人们进一步悟出了如下的道理："国将兴，听于民；将亡，听于神。"①"夫民，神之主也。是以圣王先成民而后致力于神。"②重民，主要是从政治力量上讲的，如何把这种力量组织起来，就需要智慧了。于是在用人问题上，突出了用贤和使能，于是有"使能，国之利也"③之类观念的兴起，有以贤能为"国宝"之喻。在用贤、使能的浪潮中，"圣"被凸现出来。从认识运动看，春秋时期突出圣人，反映了认识的深化，即理性的进一步发展；从历史的运动看，突出圣人，反映了神的功能的下降，人的能动性的上升和对自身力量的信心的增长。

在把"圣人"推向理性的化身和人类的救星这一历史运动中，老子和孔子有着特殊的贡献。在老子那里有两种圣：一是用形而上的方法"得道"之圣；一是凭借直观感觉之智规范事理之圣。老子认为后一种圣人是世俗之圣，只懂形而下之事，把握不住事物的本质，只会带来灾难，对这种凡俗之圣应摈弃。反之，那种以形而上的方式"得道"的圣人才是真正的圣人。老子的观念无疑有极大的偏颇，但他推崇形而上的抽象，无疑大大推动了理性认识的发展。而这正是圣人的本性之一。

孔子从社会历史的角度高扬了圣人。圣人最伟大的功能是"博施于民而能济众"。这不是一个小问题，而是关乎理想国的头等大事。在孔子看来，尧、舜还有点不够格。"博施于民"表达了圣人道德的高尚和当政的目的性，"能济众"则表示圣人的社会历史作用和功能。圣人的历史作用无以复加矣！

老子、孔子是春秋战国新兴文化的两位巨擘，他们虽都不否定神鬼，但由于崇尚理性和相信人的能动性而把神鬼放在侧位，而理性及其实现是由圣人来承担的。沿着老子、孔子的思路，后来更加高扬圣人。终战国之世，基本上完成了思想文化由崇神向崇圣的转变。

---

① 《左传》庄公三十二年。
② 《左传》桓公六年。
③ 《左传》文公六年。

2.圣人"知道"与圣、神相通

(1)圣人是理性的化身

圣人作为理性的化身,主要表现在通晓一切事物的道理和规律,并能把道理和规律与实践结合起来,达到预期的目的。"体道"这个词便包含这两层意义。

《尚书·洪范》说:"思曰睿","睿作圣"(今文"睿"作"容",这里不论)。"睿","通也"。孔安国注曰:"于事无不通谓之圣。"《白虎通义·圣人》说:"圣人者何?圣也,通也,道也。道无所不通,明无所不照。闻声知情,与天地合德,日月合明,四时合序,神鬼合吉凶……万杰曰圣。"周敦颐说:"无思而无不通,为圣人。"①无所不通可以说是认识的极致、完成和终结。又如钱大昕所说:"夫六经定于至圣,舍经则无以为学;学道要于好古,蔑古则无以见道。"②这种观念不限于儒家,圣人穷尽真理是整个传统思想文化的共识。

圣人无所不通的核心是通道。老子、孔子开始以道定位圣人。在《老子》一书中,圣人是道的人格体现。孔子提出"朝闻道,夕死可矣"③,把道视为最高的追求。从此以后,整个思想文化界把通道、闻道、问道、知道、得道、思道、事道、体道视为认识和实践的根本问题。发明、发现、揭示、实行道是最深奥、最神圣的事业,是人能达到的最高境界,能达到这个境界的便是圣人、君子。圣人和道是一种一体关系。这又表现为如下三种情况。其一,有时把圣人视为道之原,《易·说卦》曰:"昔者圣人之作《易》也,将以顺性命之理。是以立天之道,曰阴曰阳;立地之道,曰柔曰刚;立人之道,曰仁曰义。"《中庸》说:"大哉,圣人之道!洋洋乎发育万物,峻极于天。"圣人吃掉了宇宙,吐出了天道、地道和人道,圣人无以复加矣!如果细加分析,对圣人立天道、地道这一点并不是所有的人都赞成,或者说不是所有的人都以此立论,但对圣人立人道这一点几乎没有任何分歧,人道源于圣人是传统思想文化的共识。其二,道高于圣人,独立于圣人之外,圣人的功能是对道的体认和发现。诸如"则道""中道""体道""达道""通道""得道"等概念所表达的大抵都是这种意思。《大戴礼·哀公问五义》说:"所谓圣人者,知通乎大道,应变而不穷,能测万物之情性者也。大道者,所以变化而凝成万物者也。情性也者,所以理然。不然,取、舍者也。"通道中的道也包括神道。《易·彖传》说:"观天之神道,而四时不忒;

①《通书》第九册《周子全书》。

②《经籍籑诂·序》。

③《论语·里仁》。

圣人以神道设教，而天下服矣。"其三，道、圣分工协作成就万物和人类社会。其要义就是"天地生之，圣人成之"八个字，"生"与"成"是相继过程，又是完善过程。无"生"固无"成"，无"成"则"生"纯属自然而散漫。"死生因天地之形，天因人，圣人因天；人自生之，天地形之，圣人因而成之。"①《周易·象传》说："天地养万物，圣人养贤以及万民。"又说："天地之道，恒久而不已也……圣人久于其道，而天下化成。"以上分析只是为说明道与圣的组合形式，其实在诸子的理论中这三种关系并没有逻辑上的区分，常常是混同或混用的。

道与圣人是相依相成的关系，圣人是道的体现者，道要靠圣人发明而显现。道虽然无处不在，但"百姓日用而不知"，只能由圣人引渡、传播才能有所悟。《鹖冠子·能天》说："圣人者，后天地而生而知天地之始；先天地而亡而知天地之终。"圣人把知识穷尽了。

与通道、知道、体道等大体相近的还有如下一些：

知"必然"，又称"必"和"然"。如"圣人知必然之理"②，明主"见必然之政"③，"万物尽然，明主知其然"④，"有术之君，不随适然之善，而行必然之道"⑤，等等。

知"理"。"理"的含义很多，理与道意义相近，只是没有道那种本体和主宰的意义。韩非对道、理之分曾说："万物各异理而道尽稽万物之理。"⑥庄子也有类似的说法："知道者必达于理，达于理者必明于权。"⑦理作为规律的意义，既包含自然，也包括社会。有"天下之理""物理""天理""天地之理""万物之理""事理""人理"等概念，为各家各派所共用。在一些人的论著中理与道几乎没有差别。"物各（合于道者）谓之理，理之所在谓之道。"⑧圣人"执道循理，必从本始，顺为经纪，禁伐当罪，必中天理"⑨。天理这个概念以后有极大发展和扩充，特别是在理学家那里尤为突出。圣人成为天理的化身。

知"数"。如果说"理"是对规律性的定性概括，那么"数"是对规律性的定

---

① 《国语·越语下》。

② 《商君书·画策》。

③ 《管子·七臣七主》。

④ 《管子·禁藏》。

⑤ 《韩非子·显学》。

⑥ 《韩非子·解老》。

⑦ 《庄子·秋水》。

⑧ 《经法·论》。

⑨ 《经法·四度》。

量表示。"圣人审数以治民"①,圣人"修道理之数"②。

表示规律的概念,还有"度""序""经""纪""一""常""势"等。圣人与这些也是同体的。

"知道"是圣人在认识上的特性,也是理性的最高表现。在实践上,圣人的最大特点是"知为"。知为就是知道实践的条件和机遇。行道、遵道、践道等概念的提出,把认识原则与实践原则一体化,应该说这是极其高明的。行道是总原则,还有一些较为具体的准则,即"贵因""执中""用当""知要""原宗应变"。

所谓贵因,就是善于认识和把握客观事物的规律、条件和依据,不可主观行事,任意而为。道家在这方面的论述最为充分,同时也是诸子的共同认识。《管子·心术上》说:"因也者,舍己而以物为法者也。""执中"与"用当"大体相同,"执中"为儒家所倡导,"用当"为道家所倡导。"中"和"当"就是恰到好处。知要就是善于抓住主要矛盾、主要关键,解决主要问题。要的本质就是道。《管子·君臣上》说:"道也者,万物之要也。"商鞅说:"圣人明君者,非能尽其万物也,知万物之要也。故其治国也,察要而已矣。"③以后思想界一再讨论以一驭多,以一驭万,都与抓主要矛盾的思想有密切的关系。"原宗应变"就是既要坚持原则,又要灵活机动,随机应变。孔子所说的"权"就是这个意思。"子曰:'可与共学,未可与适道;可与适道,未可与立;可与立,未可与权。'"④在孔子看来,能达到权变自如的,非圣人莫属。荀子说:"宗原应变,曲得其宜,如是然后圣人也。"⑤中国古代思想中有一个共同命题,这就是万变不离其宗。

道是中国传统思想文化中理性的最高范畴和最高境界,而其核心所表达的是本体性、必然性、规律性、规范性、决定性、不可超越性等方面的内容。这些东西或者由圣人制定,或者由圣人发现,不管什么途径,都形成了道与圣人一体化的关系。于是,崇道必崇圣,崇圣必崇道,这成为中国传统中的一条铁则。

(2)圣人使人成为人

人作为"一类"的观念起源于何时?无从稽考。不过在殷代的文献中,"人"已经是一个"类"概念。

人之所以为人,这个问题的提出或许很早,不过从有文字记载看,是西周

①《商君书·算地》。

②《淮南子·主术训》。

③《商君书·农战》。

④《论语·子罕》。

⑤《荀子·非十二子》。

时期的事。《诗经·相鼠》有言:"人而无礼,胡不遄死?"这个问题已经明确地告诉人们,礼是人之为人的依据,失去了礼,就失去了生存的资格。《礼记·礼运》篇在论述以礼作为人的本质时即引此诗作为经典依据。问题的提出是理论认识的先导,从现有的资料看,具有理论性的认识是从春秋后期开始的,诸子百家从多角度进行了深入的讨论,并形成了大体一致的共识。人之所以为人,或者说人与禽兽的区别就在于:人有礼义道德、有制度、能"力"(劳动)、有"群"(社会性或群体性)、有"天理"等。

儒家把礼义道德作为人与动物区分的基本标志。孔子说:"今之孝者,是谓能养。至于犬马,皆能有养。不敬,何以别乎?"①孟子说:"人之所以异于禽兽者几希。"②所谓"几希",即那么一点点。这一点点是什么呢?就是"不忍人之心",亦即仁、义、礼、智。《礼记》中多处把问题说得更明确:"凡人之所以为人者,礼义也。"③荀子除讲礼义外,又进一步提出了"群"这个标志,人"力不若牛,走不若马,而牛马为用,何也?曰:'人能群,彼不能群也'"④。"群"就是我们所说的社会性、团体性。人何以能群?还是因为有礼义。理学家所说的"人之所以为人,以有天理也","天理"亦是礼义。

儒家所说的礼已经包含着社会制度的内容。这里再强调一下"制度",因为法家、墨家对礼不那么强调,他们认为法律制度、行政制度是区分人与动物的标志。墨子还提出人与动物的区分在"力"。禽兽不耕不织,靠自然生存,"人与此异者也,赖其力者生,不赖其力者不生"⑤。这个思想极其光辉,遗憾的是他没有深论。

礼义是区分人与动物的标志,那么礼是怎样产生的呢?一种看法是,礼从天而降,礼与天地并生。另一种看法是,礼是由圣人创造的、制定的。其实这两种说法并行不悖,天生礼也要通过圣人之手。所以作为创制礼的主体,大抵都归结为圣人。圣人制礼作乐是儒家的一个基本认识,论述多多,无须征引。

法家、墨家所讲刑法、行政制度,同样是圣人创立的。《商君书·君臣》说:"古者未有君臣上下之时,民乱而不治,是以圣人列贵贱,制爵位,立名号,以

①《论语·为政》。

②《孟子·离娄下》。

③《礼记·冠义》。

④《荀子·王制》。

⑤《墨子·非乐上》。

别君臣上下之义。"《管子·任法》说:"所谓仁义礼乐者皆出于法,此先圣之所以一民者也。"由于圣王创立了行政制度,才归于有序,才与禽兽有别。

汉以后法、墨不彰,他们所说的制度也可以包括在"礼"之中,以礼义作为区分人与动物的标志遂成为公论。

先秦诸子对"器物"在人的文明化中的地位也十分注重。他们在追溯人类的历史时,大都认为有过洪荒的初始阶段。在那遥远的过去,人们茹毛饮血,无器物之用,裸体而行,栖息山野,一派原始状态。后来圣人发明了各式各样的"器物",使人类步入了文明。

孟子在《孟子·滕文公上》中历数了舜、益、禹、后稷等教民耕稼、人伦,而后人才与动物揖别。《易·系辞》历数了器物发明史,包牺氏"作结绳而为网罟,以佃以渔";神农氏"斫木为耜,揉木为耒","日中为市";黄帝、尧、舜"刳木为舟,剡木为楫","服牛乘马","断木为杵,掘地为臼","弦木为弧,剡木为矢";"上古穴居而野处,后世圣人易之以宫室";"上古结绳而治,后世圣人易之以书契"。

墨子说: 古之民 "未知为宫室","未知为衣服","未知为饮食","未知为舟车",生活异常困难。于是有圣王出,发明了宫室、衣服、饮食、舟车,便民之用,在圣人的指导下人类进入了文明时期。[①]

商鞅、韩非等认为人类的历史是一个进化的过程,在"上古"时期,人与禽兽杂处,人、兽难分,后来有圣人出,"构木为巢","钻燧取火",使人与禽兽区分开来。

《世本》一书中有"作篇",专门记述了器物发明史。齐思和先生曾写过一篇《黄帝制器考》,收集资料甚详。我们的先人把器物发明权都系于圣人的名下。

圣人的第一历史作用是引导人与禽兽相别,使人变成了人。其后,则是使人进一步成为完善的人。如何使人完善,其术多多,要之:圣人是"体道"者,把"道"撒向人间,将人提升为知道的人;"圣人,尽伦者也",使人变成道德化的人;圣人治天下,使人成为安居的顺民。

人类赖圣人而成立,《易·文言》说:"圣人作而万物睹。"又如《中庸》所说:"百世以俟圣人而不惑。"韩愈说得更简明:"如古之无圣人,人之类灭久矣!"[②]

---

① 参见《墨子·节用中》。
② 《原道》。

(3)圣、神相通

圣本是理性的标志和理性的人格化,然而由于圣人垄断了理性,而且在历史上又是使人成为人的"塑造者",于是圣人逐渐从"人"中分化出来,在圣人身上逐渐增加了超越性。其结果是圣人与神相通,圣、神合一。

老子与孔子在以圣人推进理性,以理性塑造圣人方面具有空前的贡献。但同时,他们也把圣人置于神的同列。在老子的描述中,圣人不仅仅是"知道"者和"体道"者,同时又是超越人的感官认识和实践能力的神秘人物。孔子眼中的圣人是超越尧舜的,而尧舜在那个时代是具有神性的。如果说孔子对抽象的圣人的神化还是含蓄的,那么他们师徒在自我圣化和神化方面却走得相当远。弟子们把孔子视为圣人而加以崇拜,如日中天,仰之弥高。在中国传统思想中,日一直具有神性,只要同日结缘,也无不具有神性。孔子虽然自谦不是生而知之者,可是他又自称"天生德于予",传统文化都凝结在他身上,如果他出了意外,中国的文化就会断绝,这无疑是在自我神化。应该说,孔子已有圣、神结合的意味,于是有"天纵之将圣"①之说。老子和孔子通过高扬圣人发扬了理性,同时他们也为圣、神的结合铺平了道路。

战国以降,圣、神合一,圣、神相通成为一股强大的思潮。概括而言,有以下几点:

第一,天降圣人,圣人法天,圣人通天,圣人如天。"天地感,而万物化生。圣人感人心,而天下和平。"②"圣人参于天地,并于鬼神,以治政也。"③"圣人者,怀天心,声然能动化天下者也。"④"夫圣人为天口,贤人为圣译。"⑤"圣人如天,圣神一体。"⑥"圣人之智犹天也。"⑦

第二,圣、神相通。"大而化之之谓圣,圣而不可知之之谓神。"⑧"圣人为天地主,为山川主,为鬼神主,为宗庙主。"⑨"天地神明之心,与人事成败之真,固

---

① 《论语·子罕》。

② 《易·象传》。

③ 《礼记·礼运》。

④ 《淮南子·泰族训》。

⑤ 《潜夫论·考绩》。

⑥ 参见《阳明全集》卷一《传习录》上。

⑦ 《胡仲子文集》卷一《五行志序论》。

⑧ 《孟子·尽心下》。

⑨ 《大戴礼记·曾子天圆》。

莫之能见也,唯圣人能见之。"①汉代谶纬化的经学中,所有的圣人都是神、人的统一体。二程说:"圣不可知,谓圣之至妙,人所不能测。"②朱熹说:"圣人,神明不测之号。"③

第三,圣人是"气"之精。在传统思想中,"气"为万物之本说有广泛的影响。在"气"说中,圣人同样处于特殊的地位,他不同于一般人和一般物,圣人是由"精气""和气""清气"等超常之气凝结而成的。实际上,这种气与神没有什么区别。

第四,圣人过"性"。在传统的思想中,人性问题是一个具有普遍性的理论问题。人们通过人性来说明人的本质和变异。在人性论中,虽有圣人与一般人同"性"之论,但更有超"性"之论。孟子说,圣人是出乎其类,拔乎其萃者。荀子认为圣人最伟大的功能和奇异之处就在于能"化性起伪"。董仲舒说:"圣人之性不可以名性。"④圣人过性,同一般人不能同日而语,属于超人。

第五,圣人是先觉者,穷尽了一切真理,是认识的终结。《中庸》说:"百世以俟圣人而不惑。"没有圣人,所有的人只能处于昏昏然的状态。朱熹如下一句话把问题说得也很清楚:"道理,圣人都说尽了。"⑤既然圣人把道理都说尽了,那么人还有什么意义呢?结论只能是:代圣人立言,践圣人之教。人不再具有创造性,是一群侏儒而已。

3.圣、王合一

在春秋战国思想文化由神性向理性转型过程中,"圣人之治"是诸子百家的共同话题,也是表达政治理想的主要命题。诸子百家对圣人有各式各样的论述,包含着丰富的内容,然而几乎无一例外的是,最终都把圣人与"治"连在一起,或者说圣人问题的归结点都是"治"。"圣人之治"无疑具有明显的理想性和设计性,它同当时十分流行的另一些命题,如"先王之道""王道""先王之治"等,几乎是同义语,或者说是同指、同价。这样圣人与王便结下不解之缘。在许多人言论中,圣人与王是没有区分的,圣人的本质和功能就是王的本质和功能。且看两位思想巨擘老子和孔子的言论。

在老子那里,圣人有这样和那样的功能,而其主要的职责就是治天下。

---

① 《春秋繁露·郊语》。

② 《二程集·河南程氏遗书》卷二上。

③ 《论语集注·述而》。

④ 《春秋繁露·实性》。

⑤ 《朱子语录》卷六。

"圣人在天下,歙歙焉为天下浑其心。"①"是以圣人之治,虚其心,实其腹,弱其志,强其骨,常使民无知无欲,使夫智者不敢为也。为无为,则无不治。"②

孔子所信的圣人同样也是以政治为主要功能的,圣人的社会、历史功能是"博施于民而能济众",又超越尧舜,此圣人非王而何?

在先秦诸子及其后的整个思想界,凡是提到圣人和论及圣人的社会功能的,几乎没有不同政治连在一起的,没有不同治理天下连在一起的,没有不同王连在一起的。在思想史界,一些学者认为,圣人主要是一种理想的道德人格,是社会理想的化身,特别是理学家们,已经把圣人从王权中解脱出来,成为一种独立的精神力量和人格标准,等等。应该说,这种看法不无道理,但实际上有极大的片面性。如果我们认真面对事实,面对资料,那么无论如何不应忽视,所谓的圣人之治始终是圣人的本质和社会历史功能,也就是说,圣人首先是政治人。正如墨子所说:"圣人以治天下为事者也。"③《管子·乘马》也说:"圣人之所以为圣人者,善分民也。圣人不能分民,则犹百姓也。""圣王"一词的创立把圣和王统一起来了。

从现存的文献看,"圣王"一词最早见于《左传》桓公六年:"圣王先成民而后致力于神。"在诸子著作中,《墨子》一书中"圣王"一词屡见,圣人与圣王几乎没有什么区别。同一个内容,有时用圣人,有时便用圣王。所谓圣王,从历史上看,也就是唐尧、虞舜、夏禹、商汤、周文王、周武王、周公等先王。

圣王在诸子著作中出现的频率极高,凡属理想政治都与圣王相连,圣王是理想的实现者,是最伟大的仁慈者和创造者,圣王几乎都是崇拜的对象,都是希望所在,都是社会政治问题的核心。它的重要性,可以从以下假定来说明,即如果把圣王一词去掉,可以断言,所有思想家的社会政治的论述就失去了主体,就会散架。圣王论有极大的理论意义。

圣王的提出,适应了思想文化由崇拜神性向崇尚理性和人文转化的需要,使王由原来的神化人格转为理性、人文和道德人格。在不同的学派那里,圣王具有不同学派的性质和形象,但在这点上又有一致性。在先秦诸子中,圣人与圣王是没有什么太大的区别的,如果说有什么区别,圣人有时更侧重于理性、人文和道德本身,圣王则是这些品格和权力的结合与统一。正如荀子所说:"圣

---

①《老子·第四十九章》。

②《老子·第三章》。

③《墨子·兼爱上》。

也者,尽伦者也;王也者,尽制者也。两尽者,足以为天下极矣。故学者以圣王为师,案以圣王之制为法。"①从荀子的论述看,圣王应该说比圣人更全面、更崇高、更伟大。

谁来做王呢？圣人当王成为当时的一股强大思潮和诸子的共识。有些论述十分明快,如:"明一者皇,察道者帝,通德者王,谋得兵胜者霸。"②"无为者帝,为而无以为者王,为而不贵者霸。"③荀子提出"尊圣者为王"④,又说:"天下者,至重也,非至疆莫之能任;至大也,非至辨莫之能分;至众也,非至明莫之能和。此三至者,非圣人莫之能尽。故非圣人莫之能王。"⑤在诸子论述历史时,那些著名的先王都是圣王,"帝德广运,乃圣乃神。"⑥"古之治天下者必圣人。"⑦圣人当王虽然不是唯一的理论,还有其他的,如王权神授、兵胜者为王等。但是圣者当王,其理性色彩无疑更为突出,更具有说服性和合理性。

圣王思潮还包含着极大的创新精神。在历史上圣王都具有伟大的历史贡献和创造,人们对他们充满了英雄崇拜的情绪,人们甚至把他们作为顶礼膜拜的对象。儒家呼唤法先王,其中虽不乏守成精神,甚至还有极其浓厚的复古气息,然而由于先王是极其伟大的,且不说达到先王的标准,仅仅是认真学习就必须付出毕生的精力。在法家那里,他们不主张法先王,甚至认为那是复古,是倒退,但他们并不否认先王们的伟大贡献,只是时代变了,现在需要新时代的英雄和圣王,即他们所呼唤的"新圣"。新圣就必须有新的贡献和新的创造,要敢于打破一切成规和过时的东西。新圣理论与法先王不同,但仍然属于圣王理论中的一种。

因圣而王,打通了知识、道德与权力之间的通道,这在当时及以后,对权力独占是一个挑战。人们既然把圣作为王的一个必要条件,甚至作为合理性的重要依据,那么,在逻辑上就出现了这样一条路,谁是圣人,谁最有知识和道德,谁就有做王的理由。孔子本人就有点以"王"自居之味,他说:"文王既

---

①《荀子·解蔽》。

②《管子·兵法》。

③《管子·乘马》。

④《荀子·君子》。

⑤《荀子·正论》。

⑥《尚书·大禹谟》。

⑦《大戴礼记·诰志》。

没，文不在兹乎？"①很明显，他以文王的继承人自居。他的弟子们把他置于尧舜之上，宰我认为孔子"贤于尧舜远矣"②。尧舜是公认的圣王，孔子比尧舜还伟大，把他列入圣王之列，应该说是合乎逻辑的。于是他的徒子徒孙就有把孔子尊为王的舆论。《墨子·公孟》篇记述儒家信徒公孟认为孔子应为天子。孟子也是雄心勃勃的，他讲"五百年必有王者兴"。从周文王、周武王算起，到他生活的时代已超过五百年，于是他豪迈地称："夫未欲平治天下；如欲平治天下，当今之世，舍我其谁也！"③虽然我们不能说孟老夫子要称王称帝，但他同孔子一样，把自己同文王视为一系。儒家主张内圣外王，修齐治平，其中也包含了强烈的政治雄心。正如孟子所说的："穷则独善其身，达则兼善天下。"④这其中不能不说包含着极大的政治抱负。荀子在《荀子·非十二子》中把君子、圣人、圣王视为一系，君子只要继续努力，是可以成为圣王的。荀子在《荀子·儒效》中就论述了大儒为帝王的可能性，文中曰：大儒"势在人上，则王公之材也；在人下，则社稷之臣，国君之宝也"。又说："通则一天下，穷则独立贵名。"大儒与帝王之路是相通的。《礼记·学记》中有一段论述也同样耐人寻味："君子知至学之难易，而知其美恶，然后能博喻；能博喻然后能为师；能为师然后能为长；能为长然后能为君。故师也者，所以学为君也。"圣与王相通是诸子的共识，连庄子也说，"静而圣，动而王"⑤。孔子没有当上王，无论如何是儒家的一大遗憾。后来的儒生们，为了填补心灵的不平衡，把孔圣人列入王之列。荀子率先发此议："孔子仁且知不蔽，故学乱（作"治"解）术足以为先王者也。"⑥其后的儒生尊孔子为"素王"，像吸鸦片一样，在精神上过过瘾，圆了圣人当王的梦。后来有些儒生一直在这个梦中盘桓，清代的曾静说："皇帝合该是我学中儒者做，不该把世路上英雄做。"⑦在他看来。孔子、孟子、二程、朱熹、吕留良等都应该做皇帝。其实，以内圣外王、修齐治平为依据而称王的，也是有其例的，这就是王莽。其他帝王也几乎无不以圣作为自己

①《论语·子罕》。

②《孟子·公孙丑上》。

③《孟子·公孙丑下》。

④《孟子·尽心上》。

⑤《庄子·天道》。

⑥《荀子·解蔽》。

⑦《知新录》。

合理的依据之一,关于这个问题另行讨论。

在圣王观念中还蕴含着批判精神。在理论上,圣王与一般的王既有统一性,又有矛盾。所谓统一性,即圣王与王都是王,同属一系,其间没有不可逾越的鸿沟;所谓矛盾,即两者的等次不同,有好坏之别,甚至有天壤之别。所以一般的王应该向圣王学习,应该力争做圣王。圣王是衡量王的标准,是品评王的依据。在春秋战国,可以看到一个具有普遍性的现象,几乎所有的思想家对当时的王都采取批评态度和立场,有些批评是极其尖锐的,有时竟使一些王在朝堂上十分尴尬,当众出丑,下不了台。出现这种情况的原因很多,其中有一个重要原因就是,在强大的呼唤圣王出世的思潮中,当时的王没有一个敢以圣王自居。由于当时的王都没有达到圣王的标准,所以在一定程度上容忍这种批评,或为了使自己成为圣王而主动接受批评。

圣王观念与革命也有着极其密切的关系。革命观念是在殷周之变中提出的一个极其重要的思想。殷周之际的革命思想与春秋战国时期的革命思想有很大的不同。殷周之际的革命主要还是一种宗教观念,革命的主体是上帝。由于殷纣王暴虐失德,周文王、周武王有德,于是上帝更改自己的命令,选择新的代理人,命周取代商。春秋战国兴起的革命思潮,无疑承继了殷周之际的革命思想资料,但又有了新的发展,其中最主要的是,革命的主体由上帝变成了圣人,可以说是"圣人革命论",圣人革命的基本依据是"有道"。以有道伐无道,乃是最大理由,最高的依据。有道者就是圣王。

在圣王这一观念中,既包含了政治理想,又把政治理想与权力结合为一体。中国历史上的王从一开始就是专制政治的体现,不管历史有过多少沧桑之变,王权专制体制没有质的变化,从总的趋势看,反而越来越强化。圣王在体系上同现实的王是一个系列。中国古代的思想家们虽然在政治理想上有极光辉的创造和极丰富的想象力,他们构思了极美好的图景,但他们同时却把画笔交给了帝王。所以在圣王观念中,理想政治与王权专制是一体化的,不可分割的。应该说,政治理想与专制的合一,是中国古代政治思想的一大特点,也是整个思想文化的归结点。

4.王圣同体两千年

春秋战国的思想家们不停地制造古久圣王的神和理想境界,同时又呼唤新的圣王出世,秦始皇的伟大功业把人们想象的圣王从遥远的古代移到现实中来。人们不禁大呼:啊,圣王就在阿房宫!

秦始皇在同他的臣僚们总结自己胜利的原因时，说了这样和那样的原因，而其中富有理论意义的是如下十二个字:"原道至明""体道行德""诛戮无道"。诸子喋喋不休地说"得道而得天下"，秦始皇的大业应该说已基本满足了这一理论要求。他把自己的胜利说成"道"的胜利，是顺理成章的。圣人是道的人格体现，作为"体道"者的秦始皇称圣是合乎逻辑的。于是,他被称为"大圣""秦圣";他是圣的化身——"躬圣""圣智仁义";他立的法是"圣法";他的旨意是"圣意";他做的事是"圣治";他撒向人间的是"圣恩"。总之,圣与现实的帝王合为一体。

秦朝短祚,秦始皇成为一个反面教员,不停地遭到来自各方面的批评和谴责,可是秦始皇制定的一套皇帝制度却被继承下来,秦始皇整合和规范的一套皇帝观念同样被继承下来,其中便包括帝王与圣同体观念。其后两千年,帝王的一切无不与圣结缘。

帝王的尊称为"圣上""圣皇""圣王""圣明""圣仪""圣驾""圣主""圣帝"等。

帝王的命令称为"圣旨""圣令""圣喻""圣策""圣诏""圣训""圣敕""圣诲"等。

帝王的决断称为"圣裁""圣断""圣决"等。

帝王的政事、功业称之为"圣政""圣文""圣武""圣德""圣勋""圣业""圣功"圣治""圣绪""圣统"等。

帝王的尊号中,圣占有突出的地位。历史上第一个有尊号的帝王是汉哀帝,这位死后谥号为"哀"的帝王,生前竟然得了"陈圣刘太平皇帝"的美称。唐朝是尊号大兴之世,"圣"成了主体词。

帝王的谥号(唐以后尊号与谥号有混通)、庙号也多有以圣为标榜,甚至连那些昏庸的皇帝也不例外。

帝王的感官与智力都以圣来形容,如"圣览""圣听""圣问""圣聪""圣谋""圣虑""圣意""圣猷""圣略""圣思""圣心""圣鉴"等。

以圣称颂王的词汇还有许多,不一一列举。圣虽不乏神性与不可知性,但主要还是理性、人文和道德精神,总括了人类最美好的文化成果,是文明的最高标志。只要与圣发生联系,便具有不可怀疑和超越的性质。人们在圣面前,只能做学生,做服从者,做矮子。

古代思想家虽然有一些人,一直在努力把圣人与王分开,力图让圣人代表理性和道德,让王代表权力。然而由于王权太强大,不仅王要独占圣,把圣变成王的附属物和王的一种品格,使圣为王服务,为王张目,成为王的合理性的依据;另一方面,我们的思想家们,由于大多数依赖于王权,认同王权,又把对圣的理想寄希望于王,所以在理论上也不可能把圣与王分开,更多的是把圣交给了王,特别是当朝的王,不管其政绩如何,大多被称之为圣。

这里仅以理学家为例来说明这个问题。理学家号称是张扬圣学的,在理论上似乎全面主张道高于君,就历史的评价来说,在他们眼里,三代以下几乎没有一个合格的王。然而别有意味的是,理学家们的多数却把一顶又一顶的圣冠戴到当朝帝王的头上。以倡导道学著称的韩愈作《元和圣德颂》,以颂扬唐宪宗的所谓功德。宋初理学三先生之一的石介把宋太祖、宋太宗、宋真宗吹捧为圣王,作《三朝圣政录》,又作《庆历圣政颂》,而且远过唐尧、虞舜,亘古所无,肉麻之极。这同他们鼓吹的道学精神相距甚远。二程在奏疏中对皇帝多有批评,但称圣道神的语言也不少。如程颐在《上仁宗皇帝书》中称颂仁宗:"德侔天地,明并日月,宽慈仁圣,自古无比,曷尝害一忠臣,戮一正士。"这类的阿谀奉承之辞同上疏的内容是极不协调的。陆九渊、王阳明是有个性的人物,然而,他们的奏疏中也不乏上述之类的语言,如陆九渊在《荆门到任谢表》中把昏庸的宋光宗称颂为"道同舜禹,德配汤文,灼三俊之心,迪九德之行,精微得于亲授,广大蔚乎天成"。王阳明在《乞养病疏》中把昏庸的正德皇帝称为"至仁天覆,惟恐一物不遂其生"的仁慈之主。

或许有人说,称颂帝王为神圣是当时的套话,这固然不无道理,然而在套话中恰恰包含了更多的时代精神和文化共识,套话常常是人们不假思索的前提,是人们的思维定式,是当然的、无可怀疑的理论基础。对此尤其值得认真分析。

帝王对圣的占有,是对理性占有的一种表现,是权力支配理性的证明。在中国古代,理性虽然比神性有更突出的地位和发展,然而,理性终于没有摆脱权力婢女的可怜地位。这是中国古代思想史中一个极其重要的特点。

5.结语

中国传统政治文化,就其历史形态而言,可作三段论:①神化阶段。三代时期,其特征为神道设教,率民以事神。②圣化阶段。自春秋至辛亥革命,从事神转向尊圣,从神道设教转向内圣外王,圣王即是神。③民主化阶段。自辛亥革命至今,从圣人本位转向个人本位,从王权转向民权。这三个阶段,圣化阶段承上古,开近代,国人的思维方式,文化的基本价值,皆于此阶段形成。其历时之久,影响之深,传播之广,举世公认,所谓传统,主要在此。今天,我们处在民主化时代,可我们的价值观却留着圣化的烙印。圣化能与民主化兼容吗?从圣化的传统中,能"创造性地转化"出民主来吗?内圣外王能开创出民主化的新天地吗?回答这些问题,是历史赋予我们的使命,走出圣化,是时代对我们的要求。圣王不死,大乱不止,中国两千年治乱循环的历史早已证明了这一点。

四、尊经教条主义与多样性

汉武帝推行独尊儒术与开科取士,把士人中的多数引上读儒书、入仕途之路,同时也把儒术变为政治的组成部分。这样便带来两个明显的后果。其一,像清人方苞所称:"儒之途通而其道亡。"方苞的话不免绝对,但大体是中肯的。多数儒士不是把儒学作为"道"来追求,而是把它作为入仕的敲门砖;儒术被置于独尊之位,同时也被禁锢了,失去了学术文化的独立性与超越性。其二,儒术成为规范社会和人的理论原则。这些原则是至高、至圣的,高悬在全社会之上。社会历史的自然发展一下子变成了儒家经典与原则的翼卵物。于是理论高于实践,原则高于生活,儒家教条主义弥漫于全社会,这可以说是留给中华民族的最大灾难之一。

尊经,读经,代圣人立言,把众多的人变成了吃"经"虫子。但对如何"吃",又不可避免产生歧义,于是在经学内又出现了多样化与多元化的运动。这是最初实行独尊儒术者所未料及的。应该说,这是思想多元化规律的一种变态表现。但是,作为统治阶级的意识形态又不能使多样化走得太远,而思想本身又不可能统一。那么,要达到统一只能借助权力,于是皇帝成为最高经师和裁决者。儒术教条主义同王权结成了连体,互相依存,成狼狈之势。

1."五经"神话

汉武帝独尊儒术以后有两种力量把"五经"一步一步推向神圣的地位。一是汉家政权的提倡,以"经"取士,把广大的士人引导到读经的轨道;二是儒生们不断编造有关"五经"的神话。在这两种力量的推动下,"五经"由行政规定性权威进而成为神化权威。

"经"这个概念早在战国时期就出现了,当时的"经"指提纲或主旨。在《墨子》中有"经"与"说",《管子》中有"经"与"解",《韩非子》中的《内储说》《外储说》有"经"与"传"。"说""解""传"都是训释或发挥"经"义的。马王堆古佚书中的黄老派著作有《经法》。儒家著作中称"经"的现象更为突出,《荀子·劝学》说:"始乎诵经,终乎读礼。"荀子又称礼为"礼经"。《管子·戒》载:"泽其四经。"四经就是"诗、书、礼、乐"。《庄子·天道》说孔子"繙十二经"。《庄子·天运》篇载:孔子治六经。其文曰:"孔子谓老聃曰:'丘治《诗》《书》《礼》《乐》《易》《春秋》六经。'"汉武帝独尊儒术的主要内容之一是立五经博士。

"五经",即《易》《书》《诗》《礼》《春秋》,在此之前这五部虽亦有称"经"者,但均属民间的诸子之学。经汉武帝钦定,才上升为官方之学。"五经"不仅仅是官方颁布的教科书,更主要的它是官方意识的体现,是皇帝钦定的国家与社会的指导思想,是控制社会的工具和行为规范准则。由于"经"与王权的结合,它就不仅仅是一种思想文化,而且是一种政治力量,违反"经"就是违法。所谓封建文化专制,其内容就是儒家经典专制。汉代除尊"五经"外,将《论语》《孝经》与"五经"同列,称之为"七经"。

"五经"之史可以上溯到商周,乃至更早,正像《庄子·天运》篇称引老子之语:"夫'六经',先王之陈迹也。""六经"即"五经"再加《乐》。汉武帝立经学时,《乐》未单独立,其实《乐》与《诗》《礼》相配合,包括在"五经"之中。文献中称"六艺""六经"与"五经"同指。"五经"早在孔子之前已广泛流传,孔子对这些古文献作了删定和选编。汉代立"五经"后,更强调了孔子的删定纂修之功,或者反过来讲,只有孔子删定的方可称之为"经"。司马迁说:"中国言'六艺'者折中于夫子。"①匡衡上疏云:"孔子论《诗》以《关雎》为始。"②王充在《论衡·须颂》中说,孔子编辑《尚书》;范升说:"'五经'之本自孔子始。"③徐防上疏:"臣闻《诗》《书》《礼》《乐》,定自孔子。"④马端临引应劭的话:"诸国之教未必尽备六者(按:指《书》《诗》《礼》《乐》《易》《春秋》)。盖自夫子删定赞修笔削之余,而后传习滋广,经术流行。"⑤

孔子删定"五经"之论大体可信,但也有言过其实之处。东汉以后,怀疑思潮兴起,对孔子与"五经"的关系提出了质疑。如王弼认为《易传》非孔子之作,杜预对孔子作《春秋》也提出怀疑。

孔子定"五经"足可称圣典,但还缺少神气,于是一帮儒士又制造出了"五经"神话,主要载于纬书中。

《诗》不仅言志、道情,还包涵着天人之际,《春秋纬·说题辞》讲:"诗者,天地之精,星辰之度,人心之操也。在事为诗,未发为谋,恬淡为心,思虑为志,故

---

① 《史记·孔子世家》。

② 《汉书·匡衡传》。

③ 《后汉书·范升传》。

④ 《后汉书·徐防传》。

⑤ 《文献通考》卷一七四《经籍一》。

诗之为言志也。"《诗纬·含神雾》:"诗者,天地之心,君德之祖,万福之宗,万物之户也。集微揆著,上统元皇,下叙四始,罗列五际。"《春秋纬·演孔图》说:"《诗》含五际、六情。"在这些论述中,诗已从人之情、志一跃而为"天地之心"的表现,并且成为万物出入的门户。文中所谓的"四时""五际""六情"同阴阳五行、天人合一相杂而成论。《诗纬·氾历枢》说:"《大明》(按:诗的篇名,下同)在亥,水始也;《四牡》在寅,木始也;《嘉鱼》在巳,火始也;《鸿雁》在申,金始也。"又说:"午亥之际为革命,卯酉之际为改正,辰在天门,出入候听。《后汉书·郎𫖮传》载:"《诗·氾历枢》曰:'卯酉为革政,午亥为革命,神在天门,出入候听。'言神在戌亥,司候帝王兴衰得失,厥善则昌,恶则亡。""卯,《天保》也;酉,《祈父》也;午,《采芑》也;亥,《大明》也。然则,亥为革命,一际也。亥(依《郎𫖮传》当为"戌亥")又为天门,出入候听,二际也;卯为阴阳交际,三际也;午为阴谢阳兴,四际也;酉为阴盛阳微,五际也。"文中的亥、戌亥、卯、午、酉表示八卦方位,《诗》同《易》八卦方位说纠葛在一起,变成了宇宙图式的一种表现。"《诗》之为学,情性而已",本是不错的。然欲知情性,须"参之六合五行"[1],于是喜、怒、哀、乐、好、恶之情性融入了神秘的天人合一之中。

《书》本是历史文献的汇编,汉儒也赋予其神性,《孝经纬·援神契》:"《易》长于变,《书》考命符授河。""授河",即授《河图》《洛书》,以考命符。《书》不仅是先王的陈迹,同时也是天命的记录。《尚书纬·璇玑钤》云:"尚者,上也,上天来文象,布节度;《书》者,如也,如天行也。"又云:"《书》务以天言之,因而谓之《书》,加'尚'以尊之。"《春秋纬·说题辞》云:"《尚书》者,二帝之迹,三王之义,所以推期运,明命授之际。书之言信而明天地之情,帝王之功。"

《易》之成,流行的说法,源于伏羲,成于周文王。纬书的作者还嫌不神秘,又制造了更古老的神话,《易纬·乾坤凿度》称,最初,由圣人"章流立文,以诂息孙",以后相继传授于天老氏、混沌氏、天英氏、无怀氏、神农氏、烈山氏、鳌厘氏、老孙氏、轩辕氏……所以称"乾坤凿度",就是开凿通向天门和大地的道路。《春秋纬·说题辞》云:"《易》者,气之节,含五精,定律历,《上经》象天,《下经》计历,《文言》立符,《彖》出期节,《象》言变化,《系辞》设类迹。"

《礼》"所以设容,明天地之体也"[2]。

《春秋》是孔子接受天命之作,在制作过程中充满了神气。

---

①《汉书·翼奉传》。

②《春秋纬·说题辞》。

334

"五经"不仅是圣人之作,同时又是天意的体现或天授。"五经"神圣化的直接后果,就是至上性,它不再是认识的阶梯,而只能是崇拜的最后真理。

2.孔子神话

"五经"由孔子手定,神化孔子与神化"五经"构成互动互推关系。神化孔子早在孔子在世之时就开始了。孔子死后,门徒一代接一代把神化一步一步地推向高峰。汉高祖的祭孔和汉武帝的独尊儒术,以及后来的帝王不断地尊孔,如祭祀、加封号、封孔子之后等,为神化孔子提供了政治环境。

把孔子纳入"王"的行列,使孔子兼具"圣"与"王"双重之尊,是汉儒的新发明。由于孔子没有真正做过"王",于是给孔子加上"素王"的王冠,《淮南子·主术训》最早记述此事:"孔子……专行教道,以成'素王',事亦鲜矣。"《主术训》的作者不免还有点讥讽之意。但在儒家的纬书中,孔子与他的弟子俨然建立了小朝廷。

"仲尼为素王,颜渊为司徒。"①
"左丘明为素臣。"②
"麟出周亡,故立《春秋》制,素王受,当兴也。"③

三皇五帝、三代圣王都是感天而生的。孔子"祖述尧舜,宪章文武,上律天时,下袭水土,辟如天地之无不持载,无不覆帱,辟如四时之错行,如日月之代明,万物并育而不相害,道并行而不相悖"④。这位功比尧舜、文武的"素王"也同样是感天之灵而生的:

"叔梁纥与徵在祷尼丘山,感黑龙之精,以生仲尼。"⑤
"孔子母颜氏徵在游于太冢之陂,睡梦黑帝使请己,己往梦交,语曰'汝乳必于空桑之中',觉则若感,生丘于空桑之中。"⑥

今天看起来,除了荒唐之外,就是可笑。然而在当时,这是极为严肃、极其

①②《论语摘辅象》。
③《春秋纬》。
④《中庸》。
⑤《礼记·檀弓正义》,引《论语撰考谶》。
⑥《春秋纬·演孔图》。

神圣的,只有极少数带异端意味的杰出思想家,如王充敢提出怀疑,成千上万的儒生都深信不疑。在中国历史上,神化躯体与神化思想相辅相成,孔子被神化,他所删定的"五经"也进一步被神化。

汉家举起尊孔的大旗,反过来,吃汉家饭的儒生们又制造了孔子为汉家制度的神话。这在纬书中讲得最多。

《春秋纬·演孔图》说:"圣人不空生,必有所制,以显天心。丘为木铎,制天下法。"孔子制天下法,照理应为一代之王,可惜,孔子生不逢时,仍不免两手空空。但历史为孔子之法做了安排,这就是由汉来实现。所以又说:"孔子仰推天命,俯察时变,却观未来,豫解无穷,知汉当继大乱之后,故作拨乱之法以授之。"按五德终始说中的一说,夏朝属金,尚白;殷朝属水,尚黑;周朝属木,尚青。秦朝是个怪胎,被排除正统之外,不当位。这样继周的就是汉朝了。汉朝属火,尚赤。所以汉朝人讲孔子为汉制法,又称为"赤帝制法""为汉赤制""为赤制"等。《春秋纬·感精符》说:"墨孔生,为赤制。"孔子之母与黑龙交而生孔子,黑同墨,同玄,所以又称孔子为"墨孔""玄孔"。《春秋纬·演孔图》说:"玄丘制命,帝卯行也。"卯、卯金,为繁写"劉"字之别字或隐语。劉(刘),就是刘邦开创的汉家天下。《春秋纬·汉含孳》则直称:"丘览史记,援引古图,推集天变,为汉帝制法,陈叙图录。"

在当时,一些著名儒家经师、大学者也大谈特谈孔子为汉家制度。郅恽说:"汉历久长,孔为赤制。"李贤注:"言孔丘作纬,著历运之期,为汉家之制。汉火德尚赤,故云为赤制。"[1]苏竟说:"夫孔丘秘经,为汉赤制,玄包幽室,文隐事明。"[2]班固说:"孔猷先命,圣孚也。"李贤注:"猷,图也。孚,信也。孔丘之图,先命汉家当须封禅,此圣人之信也。"[3]王充不信谶纬,但对孔子为汉家制度这一点,却尾随谶纬而称是:"夫'五经'亦汉家之所立,儒生善政大义,皆出其中。董仲舒表《春秋》之义,稽合于律,无乖异者。然则《春秋》,汉之经。孔子制作,垂遗于汉。"[4]

孔子为汉家制度之说,在当时不是没有受到挑战,西汉后期儒家内部就有"更命"说,或"革命"说。但随着王莽改革的失败与垮台,思汉思潮急遽复

---

① 《后汉书·郅恽传》。

② 《后汉书·苏竟传》。

③ 《后汉书·班彪传附班固传》。

④ 《论衡·程材》。

兴,孔子为汉家制度说又笼罩了社会。宋代欧阳修曾对此进行过批评:"甚矣,汉儒之狡陋也!孔子作《春秋》,岂区区为汉而已哉!"①欧阳修说汉儒"狡陋",从历史的角度看是不错的,但这种"狡陋"正反映了汉代儒生的心态。

孔子为汉家制度说不仅表明汉儒对汉家的认同,同时也表明儒生们都变成了汉家的工具。既然孔子为汉家制度,作为孔圣人的信徒只有一条路,这就是为汉家效力、尽忠。孔子为汉家制度说对塑造汉儒的精神有着极为重要的意义,它的最显著的作用就是把儒生塑造为汉家政治的从属物。

3.“五经”是放之四海而皆准的“最后真理”

清末经学家皮锡瑞在其所著《经学历史》中对孔子删定“六经”的意义做过如下评述:

> 读孔子所作之经,当知孔子作“六经”之旨。孔子有帝王之德而无帝王之位,晚年知道不行,退而删定“六经”,以教万世。其微言大义实可为万世之准则。后之为人君者,必遵孔子之教,乃足以治一国;所谓“循之则治,违之则乱”。后之为士大夫者,亦必遵孔子之教,乃足以治一身;所谓“君子修之吉,小人悖之凶”。此万世之公言,非一人之私论也。孔子之教何在?即在所作“六经”之内。故孔子为万世师表,“六经”即万世教科书。

皮锡瑞的这段话既概括了汉代儒者对“六经”的膜拜之情,也概括了历代尊孔派的共识。最早总论“五经”的当推荀子,他首先把“五经”视为集圣人之道德与“天下之道”的经典,在《儒效》中说:“圣人也者,道之管也。天下之道管是矣,百王之道一是矣,故《诗》《书》《礼》《乐》之归是矣。”在《劝学》中又说:“《礼》之敬文也,《乐》之中和也,《诗》《书》之博也,《春秋》之微也,在天地之间者毕矣。”打开汉代的历史,类似的论述不绝于史。

汉初陆贾在《新语》中就把“五经”抬高到体“天道”的境界:“……于是后圣乃定‘五经’,明‘六艺’,承天统地,穷事察微,原情立本,以绪人伦,宗诸天地,纂修篇章,垂诸来世,被诸鸟兽,以匡衰乱,天人合策,原道悉备,智者达其心,百工穷其巧,乃调之以管弦丝竹之音,设钟鼓歌舞之乐,以节奢

①《欧阳文忠全集·后汉鲁相晨孔子庙碑》。

侈,正风俗,通文雅。"①"五经"无所不包,无所不能,无事不成,"乃天道之所立,大义之所行也"②。

贾谊把道家之道,阴阳五行与六艺混而为一,把六艺抬到一个新高度,他在《新书·六术》中先论述了"道"、阴阳与道德的一统关系,后说:"是以先王为天下设教,因人所有,以之为训;道(导)人之情,以之为真。是故内本六法,外体六行,以与《诗》《书》《易》《春秋》《礼》《乐》六者之术以为大义,谓之六艺。"

董仲舒特别注重"深察名号",其中不乏逻辑与名实关系之学,但这不是主要的,董仲舒要深论的是"名发天意"。在董仲舒看来,儒家经典的每一字,都是圣人表达天意的符号,"名则圣人所发天意"③。既然是圣人发天意,自然也就是是非之准。他说,"欲审是非,莫如引名","事各顺于名,名各顺于天"。"五经"通天,字字句句是真理!

司马迁在评论"五经"意义之后概括道:"是故《礼》以节人,《乐》以发和,《书》以道事,《诗》以达意,《易》以道化,《春秋》以道义。"④

匡衡在上疏中说:"臣闻'六经'者,圣人所以统天地之心,著善恶之归,明吉凶之分,通人道之正,使不悖于其本性者也。故审六艺之指,则天人之理可得而和,草木昆虫可得而育,此永永不易之道也。及《论语》《孝经》,圣人言行之要,宜究其意。"⑤

贡禹在上疏中说:"孔子,匹夫之人耳,以乐道正身不解之故,四海之内,天下之君,微孔子之言亡所折中。"⑥

王凤代成帝所拟诏中称:"'五经'圣人所制,万事靡不毕载。"⑦《春秋纬·说题辞》:"'六经'所以明君父之尊,天地之开辟,皆有叙也。"

东汉前期的大儒桓荣说:"夫'五经'广大,圣言幽远,非天下之至精,岂能与于此! "⑧

---

①《新语·道基》。

②《新语·本行》。

③《春秋繁露·深察名号》。

④《汉书·司马迁传》。

⑤《汉书·匡衡传》。

⑥《汉书·贡禹传》。

⑦《汉书·宣元六王传》。

⑧《后汉书·桓荣传》。

胡广评说陈平佐刘邦定天下,用六奇之策时说,"六奇之策,不出经学"①。陈平本好黄老,胡广也要归之于儒术。

班固说:"六艺者,王教之典籍,先圣所以明天道,正人伦,致至治之成法也。"②

东汉末年的荀爽曰:"天地'六经',其旨一揆。"③

这些论述由理性开始而推向神性。在纬书中还有一系列关于"五经"的神话,这样"五经"便限定了人们的认识范围,认识的无限性被取消了,于是认识主体被圈在一个固定的牢笼中。正如钱大昕所说:"夫'六经'定于至圣,舍经则无以为学;学道要于好古,蔑古则无以见道。"④求知是不断推进认识向纵深发展,也就是追求认识的无限性,一旦禁止这种追求,认识基本上就停止了。把"五经"奉为"放之四海而皆准"的最后真理,对于"定于一"是有意义的,但对于历史的发展来说,无疑是扼杀了它的生机,在认识上也造成了退化现象。

4.经学化的思维方式

经学,不仅作为一种知识,同时也作为一种行政化的权威,支配和控制着社会。在经学的传解、阐释、灌输、推广、传播过程中,形成了一种经学化被动性的思维方式,这种思维方式不仅为众多的儒士接受和坚持,同时也影响到整个社会。关于思维方式,人们可以从不同的角度去界定,这里主要指人们的思维定式和认识的价值取向。所谓"经学化",是指思维习惯和认知价值取向被经学所规范;所谓"被动性的",是指在经学的规范下人们作为认识主体程度不同地失去了主动性,变成了被动的接受者,没有或很少有创造精神。经学化的被动的思维方式有诸多表现,这里略作分析。

第一,权威崇拜。这里所说的权威,又可分为两种类型:一是政治权威,主要是先王和汉家帝王;二是知识、道德权威,主要是孔圣人、"五经"和著名的经师。政治权威和知识、道德权威不是截然相分的,而是有着相辅相成的关系和互相转化、兼而备之的性质。

汉代的知识、道德权威是由政治权威确定的,并以行政的方式加于社会之上,这就是独尊儒术。同时知识权威也被政治化,刘邦开帝王祭孔子之先

①《后汉书·胡广传》。

②《汉书·儒林传》。

③《后汉书·荀爽传》。

④《经籍籑诂·序》。

河,他的继承者封孔子为殷之后,加封号。成帝时"下诏封孔子世为殷绍嘉公"①。这样做的一个主要目的是可以改变"以圣人而歆匹夫之祀"②,使孔子政治化、特权化。"五经"的官学地位与国家意识形态的地位也是由王权确立的。当时的经师虽然不能同孔子和"五经"相提并论,但由于汉代所立的官学同官方认定的解经的"传"或"说"联系在一起,"传"与"说"是经师的产物。汉代仕途的一条主要道路是"明经选官","明经"很注重"家法"和"师法",所以著名的经师也有相当的权威性。

汉代的政治权威,通过自我认定和知识权威的捧场,也兼有知识、道德权威的品格。汉代的帝王,很多都扮演过最高经师的角色。

政治权威和知识、道德权威的结合,对整个社会和知识界形成苍穹压顶之势。由于威逼加利诱,这种权威对绝大多数学人,特别是儒士,既是外在的规定和强迫性的导引与灌输,又常常转化为内在的自觉与主动的信奉。这里且不说对圣人、帝王、"五经"的崇拜,就是对经师,许多庸士也不敢易一辞。正如王充所指出的:"传者传学,不妄一言,先师古语,到今具存,虽带徒百人以上,位博士、文学,邮人、门者之类也。"③这些背书虫,只知其表,不知其里,只知其文,不知其旨,正如班固所指出的:"今论者但知诵虞夏之《书》,咏殷周之《诗》,讲羲文之《易》,论孔氏之《春秋》,罕能精古今之清浊,究汉德之所由。"④

在独尊儒术的规范和导引下,权威从人们的认识对象中分离出去,变为崇拜的对象。人们对权威只能接受,只能作为认识的前提和当然之物,权威是凌驾在实践之上的,一般人的实践仅仅是在权威支配下的一种有限的活动或木偶性的表演。在权威面前,人已不再具有认识主体的独立性格,人的认识仅仅是对权威的领会和解释,是代圣人立言和传道,思想上虽然不免有分歧和多样性(这一点下面再论),但在认识上是属低层次的。权威崇拜是君主专制的思想基础。

第二,思维框架化或公式化。独尊儒术之前,天人合一、天人感应、阴阳五行等皆属于创造性的思维,但随着独尊儒术的确立,并由于董仲舒在儒术中的特别地位与影响,董仲舒所建立的天人合一、天人感应、阴阳五行等混合的理论体系,逐渐成为代代儒生的思维框架,形成了一种定式。

---

①②《汉书·梅福传》。

③《论衡·定贤》。

④《后汉书·班彪传附班固传》。

董仲舒的"天",约言之有三种含义:神灵之天,道德之天,自然之天。这三者分而论述有区分,但本体又同一。天体为万物或"宇宙"之"元",又有一个合分过程:"天地之气,合而为一,分为阴阳,判为四时,列为五行。"①天是有意志的,有道德的,有情感的:"仁之美者在于天。天,仁也。"②天有喜怒哀乐,天与人相感应,这种感应主要表现在"天人同类","天人相副"。他讲:"天地之精所以生物者,莫贵于人。"人的身体结构与天相副:"天以终岁之数,成人之身,故小节三百六十六,副日数也;大节十二分,副月数也;内有五藏,副五行数也;外有四肢,副四时数也。"人的品性与天相副:"乍视乍瞑,副昼夜也;乍刚乍柔,副冬夏也;乍哀乍乐,副阴阳也。"③人的情感道德也与天相副:"天两有阴阳之施,身亦两有贪仁之性。天有阴阳禁,身有情欲栣,与天道一也。"④天与人之间相互感应,吉凶祸福均在其中。董仲舒特别强调了天的灾异谴告:"灾者,天之谴也;异者,天之威也。谴之而不知,乃畏之以威……凡灾异之本,尽生于国家之失。"⑤"国家将有失道之败,而天乃先出灾害以谴告之,不知自省,又出怪异以警惧之,尚不知变,而伤败乃至。以此见天心之仁爱人君而欲止其乱也。"⑥

董仲舒这一套天人合一、天人感应、阴阳五行相配的理论在具体的结合与解释上自有其特点,其他人也各有异论,不过,在汉代的儒生中,特别是在今文学派中,这一套成了公认的思维方式,成为较稳定的框架和模式,好像一个筐,什么都可以往里装。《白虎通义》是经过经学家们讨论,由皇帝裁定的一部著作,很能代表当时儒生们的思维方式。在书中可以看到,不管是国之大政、社会结构,乃至日常生活、婚丧嫁娶、日用器具,都可以用这一套"代数学"去解释、去附会。

当时朝廷设三公,即司马、司徒、司空。司马如何解释?《白虎通义》作者说:

> 司马主兵。不言兵言马者,马,阳物,《乾》之所为,行兵用焉,不以伤害为文,故言马也。⑦

---

① 《春秋繁露·五行相生》。

② 《春秋繁露·王道通三》。

③ 《春秋繁露·人副天数》。

④ 《春秋繁露·深察名号》。

⑤ 《春秋繁露·必仁且智》。

⑥ 《汉书·董仲舒传》。

⑦ 《白虎通义·封公侯》。

璧是一种信物,历来用以聘问,《白虎通义》也要把它放在这个模式中作一番理论论证:

> 璧以聘问何?璧者,方中圆外,象地,地道安宁而出财物,故以璧聘问也。方中,阴德方也。圆外,阴系于阳也。阴德盛于内,故见象于内,位在中央。璧之为言积也,中央故有天地之象,所以据用也。内方象地,外圆象天也。①

讲阴阳灾变,天象示人事的更为流行。像桓谭这样一位杰出的智勇之士,敢在朝堂上批驳谶纬之谬,但对灾变之论仍然信奉不疑。等而下之者,就更不待言了。阴阳灾变之论充满了汉代史籍。

以今度之,许多论述简直是风马牛不相及,甚至荒唐可笑,然而在当时,这种论述方法不仅是普遍存在的事实,而且是很严肃的,是在朝堂上辩论后而得出的"公论"或"决议"。这种模式化的论述,由于它的方法是公认的,具有权威性,因此它的结论几乎在论述之前就已被确定了。

当然,这种模式化的思维方式,在讲到一些具体问题如何与阴阳五行相配时,也常常发生分歧。天象示人,究竟示什么?也多异说。然而微末细节上的分歧无碍上述思维模式的流行,不影响它的"公理"性,只要代入这个公式,众多的人就得到了满足。这正是一种时代精神。

第三,通经致用。"五经"与圣人之言被普遍认定为放之四海而皆准的真理,因此,引经据典,联系实际便成为普遍论述问题的方法和套套。许多人的聪明才智用来进行两者的结合。正如《汉书·儒林传》所说:"六艺者,王教之典籍,先圣所以明天道,正人伦,致至治之成法也。"在这种情况下,经学成为朝廷处理政事的指导和依据。

政治活动的合理性,要由经学证明;评价事物的优劣、政事的是非、品物论人都把经典作为标准;皇帝下诏书,臣民上书言事,都以经书作为价值判断的标准。"朝廷论议靡不据经。"这种风气从汉武帝独尊儒术之后越来越盛。皇帝在许多诏书中,上至国家内政外交,下至废立皇后与太子,都要引经据典,以表示法圣、合理、合经。汉武帝元朔元年春,立皇后卫氏诏说:"朕闻天地不

---

① 《白虎通义·瑞贽》。

变,不成施化;阴阳不变,物不畅茂。《易》曰'通其变,使民不倦'。《诗》云'九变复贯,知言之选'。朕嘉唐虞而乐殷周,据旧以鉴新。其赦天下,与民更始。诸逋贷及辞讼在孝景后三年以前,皆勿听治。"①前六句话,其中两句引自《易》《诗》。皇帝问政事方针,也要求以经书对。严助为会稽太守,汉武帝赐书问政,明确要求:具以《春秋》对,毋以苏秦纵横。昭帝下诏书选拔人才,首先说明自己对经书的学习情况。汉宣帝在位期间诏书中也多次引用经文,如诏书中引用经书作为选拔人才的标准。"传曰:'孝弟也者,其为仁之本欤!'其令郡国举孝弟、有行义闻于乡里者各一人。"②元帝更加崇儒,引经据典更为突出,如求直言之士对策,其策曰:"天地之道何贵?王者之法何如?'六经'之义何上?人之行何先?取人之术何以?当世之治何务?各以经对。"③

东汉皇帝每有大事,在诏书中一般都引经书为据,光武帝更换太子,其诏书先引《春秋》。诏书说:"《春秋》之义,立子以贵。东海王阳,皇后之子,宜承大统。皇太子强,崇执谦退,愿备藩国。父子之情,重久违之。其以强为东海王,立阳为皇太子,改名庄。"④光武帝废郭皇后,立阴皇后,随即又更换太子,均向经书寻求根据。章帝要想改变刑狱办案的时间,事关传统政策,因此既要听取儒生的意见,又要考之于经典。诏书说:"《春秋》于春每月书'王'者,重三正,慎三微也。律十二月立春,不以报囚。《月令》冬至之后,有顺阳助生之文,而无鞫狱断刑之政。朕咨访儒雅,稽之典籍,以为王者生杀,宜顺时气。其定律,无以十一月、十二月报囚。"⑤

两汉时期,尤其是西汉中期以后,官僚士大夫响应帝王的号召,加之受经学影响,上疏言事和讨论政事时竞相引经据典。在国家政治生活中,尤其在意识形态领域,儒家经典变成了一种法定性权威,任何事理只要与经相符,就是正确的。在议论中有经典为据就有说服力,一般情况下,皇帝也容易信从和接受。凡是能以经义断事的就可以受到信任和重用,否则会受到轻视。翟方进"知能有余,兼通文法吏事,以儒雅缘饰法律,号为通明相,天子甚器重之,奏事

---

① 《汉书·武帝纪》。

② 《汉书·宣帝纪》。

③ 《汉书·杜周传》。

④ 《后汉书·光武帝纪》。

⑤ 《后汉书·章帝纪》。

亡不当意"①。而薛宣为丞相，"时天子好儒雅，宣经术又浅，上亦轻焉"②，最后被免职。在论奏中引经为据，即使有冒犯龙颜之处，由于有儒家经典这个护身符，不至于受惩处。

通经致用在规范社会与个人行为方面，可以有一个公则，既便于得到公认，又方便操作。但这种方式本身具有浓厚的教条主义精神，而不是历史性的创造活动。

第四，复古。儒家宪章文、武，称祖道圣，又囿于"五经"，因此，复古成为普遍流行的一种思维方式。复古的内容极为庞杂，它的中心点是以"古"作为价值判断的标准和认识的前提。表现形式有泥古、颂古是今、颂古非今、借古造伪、托古改制。

泥古，主要指一帮食古不化的迂腐之儒。这帮人认为"古"是不能变的。早在汉初，叔孙通拟议朝仪时便与迂儒发生了"泥古"与"变通"的争论。叔孙通征鲁生三十余人拟汉仪，有两位儒生不合作，说道："公所为不合古，吾不行。公往矣，毋污我！"叔孙通笑曰："若真鄙儒，不知时变。"③这种泥古之风发展到拘泥于师说，而不敢易一辞。皮锡瑞在《经学历史》中曾做评论："汉人最重师法。师之所传，弟子所受，一字毋敢出入，背师说即不用。"昭宣时期的赵宾治《易》很著名，好为己见，其他治《易》者难不倒他，然而依然被排斥，理由就是"非古法也"，在这里，背古即背理。

东汉光武四年，韩歆上疏建议立费氏《易》和左氏《春秋》博士，范升上疏反对，其理由是："臣闻主不稽古，无以承天；臣不述旧，无以奉君……今费、左二学，无有本师，而多反异，先帝前世，有疑于此，故京氏虽立，辄复见废……愿陛下疑先帝之所疑，信先帝之所信，以示反本，明不专己。"④范升把"稽古"作为"承天"的前提，把"述旧"作为"奉君"的根本，用今天的眼光看，本是不同范畴的两回事，然而在当时，却成为不待论证的公理。为什么"稽古"与"承天"相通，"述旧"与"奉君"连体？范升在下文中做了这样的交代："天下之事所以异者，以不一本也。《易》曰：'天下之动，贞夫一也。'又曰：'正其本，万事理。'"

①《汉书·翟方进传》。
②《汉书·薛宣传》。
③《汉书·叔孙通传》。
④《后汉书·范升传》。

344

在范升看来,"古"与"旧"是定型化的"一","稽古""述旧"就能做到"正其本,万事理"。从当时看,范升的说法是有一定根据的,在儒家中,遵"古""旧",也就稳定了现实的秩序。

遵"古""旧"是造就"守成"人物的最便当之路,此类人物也是统治者所需的主要人才。当桓荣以经师而升帝师、华贵士林时,他得意地告诉门人弟子:我之所以至此,乃"稽古之力也"。

儒生又常常把"学古"与"颂汉"连在一起,说明汉是"古"的继承者。贾谊以五百年必有圣人兴,以证汉帝当为尧舜再出:"臣闻之,自禹已下五百岁而汤起,自汤已下五百余年而武王起。故圣王之起,大以五百为纪。自武王已下,过五百岁矣,圣王不起,何怪矣! 及秦始皇似是而卒非也,终于无状。及今,天下集于陛下……天宜请陛下为之矣。然又未也者,又将谁须也?"①萧望之吹捧平庸的元帝,也要与尧舜比附,"陛下布德施教,教化既成,尧舜亡以加也","今陛下以圣德居位,思政求贤,尧舜之用心也"②。这一类的歌功颂德之辞固然可视为套话,然而套话反映的是一种政治心态或政治文化观念。

鼓吹汉胜于古的不仅有普通儒士,像晁错这样的清醒的政治家也在其中,他对文帝进行一系列歌功颂德之后言道:"所为天下兴利除害,变法易故,以安海内者,大功数十,皆上世之所难及。"③

就事实而论,应该如王充所说的,汉高于周,但在"古"成为当世理想的思想文化背景下,讲这些话难免显得有点媚颜。

事情也有另一面,一些富有批判精神的人物,高扬"崇古"的旗帜,对时弊腐败及帝王之昏庸进行了尖锐的批判,这就是颂古而非今了。

由于尊古观念笼罩着社会,于是又出现了托古改制、托古更命思潮,王莽就是托古改制和更命的典型人物。

第五,烦琐的思想方法。权威崇拜、教条主义、复古等相杂,必然造成烦琐的思想方法。烦琐,依颜师古的说法,即"颣妄"。《汉书·艺文志》对烦琐之弊作了概述:"后世经传既已乖离,博学者又不思多闻阙疑之义,而务碎义逃难,便辞巧说,破坏形体;说五字之文,至于二三万言。后进弥以驰逐,故幼童而守一

---

① 《新书·数宁》。

② 《汉书·萧望之传》。

③ 《汉书·晁错传》。

艺,白首而后能言;安其所习,毁所不见,终以自蔽。此学者之大患也。"

《汉书·儒林传》载:"一经说至百余万言。"小夏侯再传弟子秦荣"增师法至百万言"。桓谭《新论·正经》载:"秦近君能说《尧典》,篇目两字之说至十余万言,但说'曰若稽古'三万言。"

这种烦琐是既要遵古、遵师之成说,又要显示博学所不可避免的现象。

以上从几个方面叙述了在经学束缚下所形成的思维定式。在这种思维方式的束缚下,很难出现有创造性的思想家,许多当时著名的经师、大儒,都没能留下有价值的著述,与这些地位显赫的人形成对比的是,那些异端和在野之士倒多有著述传诸后人,其中有各式各样的原因,主要原因之一,就是前者之作缺乏个性和创造性。

5.儒学的在官与在野之争

从汉武帝始,政治上定儒家为一尊,通过利诱加权逼,要人们尊儒。但是,思想这个怪物是很难装入一个口袋中的,即使以儒为宗者,也不可避免出现有个性的人物。统观汉代思想界,我们看到一个基本事实:儒家内部的争论在某种意义上绝不比儒家与其他学派的争论为少,儒家内部不同流派的争论同样是思想多元运动的一种表现。

独尊儒术并不是凡儒皆尊。对于"五经",官方与儒徒有一个接近的共识,但在今文、古文及版本上还有很多争论,这里暂且不论。问题在于,从一开始立儒家为官学并不仅仅是以原始经典为限,而是同"传"与"说"纠缠在一起,甚至可以说,"传"与"说"更具有直接性,"经"被汉人朝野上下、君主士人视为最高原则和教条,但如何与汉家统治和汉代的社会实践相结合,这就必须通过"传"与"说"这个中介来实现。"传"与"说"是"五经"的再诠释。再诠释势必要出现多元化或多样化。其中有的立为官学,有的则被摈除于官学之外,于是便出现了儒学在官与在野之分。这一点刘师培、侯外庐曾有所阐述。遗憾的是这个问题在他们之后未能再引起学界的足够重视,甚至被忽略了。其实,无论是从政治史或学术史看,这个问题都是非常重要的。

在官与在野并不是固定不变的。有些学派忽而登朝,忽而被黜,以致有些史实至今还未能澄清。这个问题应另文考证。在官与在野的升降和在官与在野的争论,促使儒学走向多样化或多元化,同时又是儒学的内在发展动力。

关于儒学的多样化与多元化问题,可以从多方面去考察。

从唯心、唯物去分析,既有唯心主义,又有朴素的唯物主义,还有两者之间的过渡或混合形态,泛称"二元论"。

图谶问题贯穿于两汉的始终,但与经学纠缠在一起主要是在西汉的后期、新莽和东汉的前期。在图谶问题上,大部分儒生都卷进去了,通经与通图谶是"通儒"的一个重要标志。西汉平帝时的名儒苏竟"以明《易》为博士讲《书》祭酒。善图纬,能通百家之言"[①]。新莽与东汉前期谶纬之学更盛,以致把谶纬视为内学,"五经"竟落入外学的窘境。光武诏定"图谶",颁布天下。明帝时,樊儵受命,"与公卿杂定郊祠礼仪,以谶记正'五经'异说"[②]。曹褒"依准旧典,杂以《五经》谶记之文",撰修"汉仪"[③]。直到东汉后期的大儒马融、郑玄都博通谶纬。与这种官学之风相对,有勇敢之儒在朝堂上面对皇帝,向图谶提出非难和质疑。桓谭、尹敏、郑兴、张衡等就是最突出的代表。图谶这个问题还不能作为划分唯心、唯物的标准,但在当时,这是涉及政治指导思想的一个大问题。没有极大的勇气,是不敢反图谶的。且不说讲出什么深刻的道理,只要敢于怀疑一声,就会震动朝野。光武问郑兴郊祀事曰:"吾欲以谶断之,何如?"郑兴对曰:"臣不为谶。"光武怒问:"卿之不为谶,非之邪?"郑兴惶恐地解释道:"臣于书有所未学,而无所非也。"[④]以今日眼光视之,这算什么大事?然而在当时,可谓重大事件,引得范晔大书特书,载之于史。更为尖锐的是桓谭。他在朝堂上公然顶撞光武帝,称谶不合儒家经典。光武大怒曰:"桓谭非圣无法,将下斩之。"桓谭急忙叩头,直至流血,才算饶他一死。信谶与不信谶,就会带来儒家的分化与多样化。

在政治思想上,儒家的主张也是各式各样的。为了取悦汉王室,儒家中一部分人制造了孔子为汉家制度理论。另一部分儒生则时隐时现地坚持革命论。最著名的是汉初景帝时黄生与辕固生在帝廷发生的一次破帽子是否永远戴在头上的争论。持黄老之说的黄生主张帽子虽破,必须戴之于头;鞋子虽新,只能着之于脚。著名的儒生辕固生则主张革命:帽子破了,就应去掉,否则,"高帝代秦即天子之位",岂不成了非法的吗?!辕固生的看法无疑是有根有据有理的,但这种理论是已经坐了天下的汉家天子所不能赞成的。景帝于是下命:"食肉不食马肝,不为不知味;言学者无言汤武受命,不为愚。"[⑤]景帝的结论是专断之论,取消了问题,不让人思考,不是愚己愚民又是什么?司马迁

---

① 《后汉书·苏竟传》。

② 《后汉书·樊儵传》。

③ 《后汉书·曹褒传》。

④ 《后汉书·郑兴传》。

⑤ 《史记·儒林列传》。

说，是后学者"莫敢明受命放杀者"。太史公对学者的胆量估计得太低了。历史问题和理论问题是难以用行政方式取消的。命令可管一时，不能管永久。比辕固生稍晚一点的董仲舒变换一个侧面更深入地论述了革命问题。董仲舒说："天之生民，非为王也，而天立王以为民也。故其德足以安乐民者，天予之;其恶足以贼害民者，天夺之。"①如果说，董仲舒还只限于抽象的理论，从昭帝开始兴起的"更受命"思潮则直接同汉家命运联系在一起。深谙《春秋》的眭弘借异变对汉昭帝的地位、合法性，以及汉家命运问题发出了石破天惊之论："先师董仲舒有言，虽有继体守文之君，不害圣人之受命。汉家尧后，有传国之运。汉帝宜谁差天下，求索贤人，禅以帝位，而退自封百里，如殷周二王后，以承顺天命。"②眭弘提的问题太尖锐了，也太直接了，难免人头落地。然而，杀了眭弘，并不能取消社会危机、矛盾与这一理论问题。宣帝时正直清廉的儒臣盖宽饶对宣帝的用刑法、信任宦官不满，又以"革命"论为其底蕴在上书中提出了尖锐的批评："方今圣道浸废，儒术不行，以刑余为周召，以法律为《诗》《书》。"又言："五帝官天下，三王家天下，家以传子，官以传贤，若四时之运，功成者去，不得其人则不居其位。"在宣帝意识中，这是无法容忍的挑战和诽谤，文吏们又深文周纳，说盖宽饶是"指意欲求禅，大逆不道"③，坚信儒术的盖宽饶只好以自杀证明忠贞。然而，他提出的"不得其人则不居其位"的论说，比他的死更有影响。成帝时的大儒刘向，劝谏成帝戒奢，又提出："王者必通三统，明天命所授者博，非独一姓也。""自古及今，未有不亡之国也。"④与刘向同时的大儒谷永把"革命"论更明快地摆在了成帝的御案上:天"垂三统，列三正，去无道，开有德，不私一姓，明天下乃天下之天下，非一人之天下也"。如果陛下怙恶不悛，只能"更命有德"⑤。哀帝时的另一位名儒鲍宣也以"革命"论为依据，痛斥汉家的腐败与恶政。

就实而论，这几位儒生的"革命"论、"更受命"论，绝不是鼓动人们造反，推翻汉家，而是爱深而恨切，希望汉家改革以保永命。当然，从逻辑上看，的确对汉家存在的合理性与合法性提出了质疑和挑战。应该说，正是这种理论为王莽代汉提供了理论依据。"革命"论与汉家"永命"论都可打着儒家的旗号，

---

① 《春秋繁露·尧舜不擅移汤武不专杀》。

② 《汉书·眭弘传》。

③ 《汉书·盖宽饶传》。

④ 《汉书·楚元王传》。

⑤ 《汉书·谷永传》。

但其思维方式显然是不同的。

在官与在野之争是儒学发展的内在动力之一。在官与在野之争固然有争权、争利的内容，但也不能忽视其间的思想文化竞争意义。就实而论，权与利也是推动思想文化发展的动力之一。思想文化并不是超越尘世的灵性，它与权和利也有共存、相辅相成与交换关系。在官之儒要保持自己的地位，在野之儒为了纳入官学，都必须发展或改进自己的学说，张扬自己的特点与意义。如果具体考察，许多儒学流派并不是以入官作为最初的目的和追求，他们在很长的时期内所追求的是一种独立意识与文化观念。儒学自创立之始，虽一直在力求与当权者结合，然而历史提供的事实是，直到汉武帝之前，儒学与当权者大致处于若即若离的关系，在秦代还遭到了禁杀的厄运。在生死与思想文化独立两者难兼的情况下，许多儒生选择了为道殉身的艰难道路。这里充分表现了思想文化不依附权力的独立性格。汉武帝独尊儒术时只立了七家博士，七家之外的在野诸家并没有因此放弃自己的学说和追求，仍在为自己的文化存在而思索。武帝立的《尚书》博士为欧阳高的欧阳氏《尚书》，夏侯胜与夏侯建都师事欧阳氏，但他们二人又不死守欧阳氏《尚书》，各自从事自己的个性化的创造。大、小夏侯在世时虽以自己的学说而闻名，也任过高官，但他们并没有争立自己为一家博士。在他们死后的石渠阁会议上才立大、小夏侯《尚书》博士，与欧阳氏形成三足之势。京房治《易》长于言灾变，他以此显赫一时，也因此而招祸，被元帝杀头。说来蹊跷，京氏《易》又由元帝立博士，旋即又被废弃。可是京氏《易》并没有因京房被杀、博士被废而消亡，相反，京氏《易》在此后又广泛流传，到东汉光武时又立为博士。显然，京氏《易》的发展主要是以文化和社会思潮的需要为基础的。

古文经学的艰苦发展更能证明思想文化特有的独立的逻辑力量。以《左传》为例，它一直被排斥在官学之外，王莽曾立《左传》为博士，但随着王莽的垮台而又受冷落。汉光武帝立了又废，章帝喜好《左传》等古文，经贾逵的进劝，曾下诏派人专门习《左传》，这对治《左传》的儒生颇有鼓舞作用，"学者皆欣欣羡慕焉"。但《左传》终东汉并未立为官学。然而由于《左传》内在的文化力量，它的影响一直在不断扩大，许多儒生孜孜以求，到东汉末，它终于在《春秋》诸学中争到了上风地位。显然，《左传》之兴，只用官方的一时支持是不能说清楚的。

如果把视野放得更广些，从整个思想史看，在野的儒家对思想文化的贡献似乎更为突出。

6.官学内部的分化与儒学的多样化

官学各家是由皇帝钦定的。各家有严格的师法和家法。博士传学要"各以家法教授"①。师法和家法主要体现在章句上。由于谨遵师法、家法，便出现了一批背书匠，正如王充所描述的："传者传学，不妄一言，先师古语，到今具存，虽带徒百人以上，位博士、文学，邮人、门者之类也。"②在王充看来，这些高级儒生大多数只不过是邮递员、看门人而已。众多的儒生和某些皇帝把死守师教视为官学家传的原则。汉昭帝时，《易》博士缺，诸儒者以通《易》闻名的孟喜补之，"上闻喜改师法，遂不用喜"③。正像鲁丕所说："说经者，传先师之言，非从己出，不得相让；相让则道不明，若规矩权衡之不可枉也。"④

照理，官学应该是稳定不变的。然而事实并非如此。官学内部会不断地分化。文化邮递员可以传学，可以造就文化庸人，但不能成"家"。然而由于学术、学问、求个性的本能，以及为争名利、抢仕途的竞争，必然会突破固定的教条。哪怕在大框架上无大差别，在框架内也会增加个性色彩，翻出新样。正如班固所说："自武帝立五经博士，开弟子员，设科射策，劝以官禄，讫于元始，百有余年，传业者浸盛，支叶蕃滋，一经说至百余万言，大师众至千余人，盖禄利之路然也。"⑤徐防说："发明章句，始于子夏。其后诸家分析，各有异说。""今不依章句，妄生穿凿，以遵师为非义，意说为得理，轻侮道术，浸以成俗。"⑥杨终抱怨官学的分化，上书奏道："宣帝博征群儒，论定'五经'于石渠阁。方今天下少事，学者得成其业，而章句之徒，破坏大体。宜如石渠故事，永为后世则。"⑦杨终是个教条主义者。他不知道，章句之徒尚且分化，何况大体之学？大体之学属更高层次，分歧只能更多。先帝所定不能垂久，后来之帝又如何能做到永为后世则？

官学分化之状可以概括为：经中分派，派中分学，学中分家。这种概括只是为了方便，就史载而言，"派""学""家"不是依次包容关系，常常是互混的。"学"中又可分"家"，"家"中可分"学"。这里仅举两例，以示其概。

---

① 《后汉书·儒林列传》。

② 《论衡·定贤》。

③ 《汉书·儒林传》。

④ 《后汉书·鲁恭传附鲁丕传》。

⑤ 《汉书·儒林传赞》。

⑥ 《后汉书·徐防传》。

⑦ 《后汉书·杨终传》。

《公羊传》从武帝时便立为官学。《公羊传》立的是"胡母、董氏(仲舒)派"。后来"胡母、董氏派"分出"严氏(彭祖)学"和"颜氏(安乐)学"。严、颜二学在宣帝时均立为博士官学。其后严、颜二学又有分化,如颜氏之学分化出"泠(丰)之学""任(公)之学""筦(路)之学""冥(都)之学"等。

《尚书》先后立于官学的,有"欧阳氏学""大夏侯(胜)学""小夏侯(建)学"。在承传中"小夏侯学"又有"郑(宽中)、张(无故)、秦(恭)、假(仓)、李(寻)氏之学"①。张无故善修章句,守小夏侯说文;秦恭增师法至百万言;李寻善说灾异。

在儒学的传授中,章句繁简问题不仅是个技术问题,它也会涉及诠释的多样性问题。秦近君说《尧典》篇目两字,达十万字,解释"曰若稽古"一句竟至三万言。②秦文早佚,无从分析,但不妨试想,若没有旁征博引和驳推新说,如何会有如此多的文字。烦琐,不妨说也是以破成说和破师法为条件的。烦琐,自有烦琐的弊病,像刘歆指出的:"分文析字,烦言碎辞,学者罢老且不能究其一艺。"③但烦琐本身又何尝不是多样化的一种表现。为了解决烦琐问题,在传授中又出现了删繁就简的趋势。这个问题早在昭宣时期就已提出来,西汉末这个问题更加突出。儒者中出现了删繁就简的要求。到东汉,删繁就简可以成一家之学。东汉前期大儒桓荣习欧阳《尚书》,初受"朱普学章句四十万言,浮辞繁长,多过其实。及荣入授显宗,减为二十三万言"。桓荣儿子桓都传家学,后又"删省定成十二万言。由是有桓君大小太常章句"④。另一位名儒樊儵删《公羊严氏春秋》章句,世号"樊氏学",樊儵弟子张霸"以樊儵删《严氏春秋》犹多繁辞,乃减定为二十万言,更名'张氏学'"⑤。《后汉书》中多有删繁就简的记载。由于这些书均亡佚,无法比较,但有一点可推断,繁简的思维方法会有不同程度的差异。

除章句的删繁之争外,章句与"大义""大道""义理""经旨"之间也有复杂的统一、矛盾关系。章句无疑在一定程度上贯彻了"大义"等,但这种注释本身又不可能充分容纳创见和系统的新论。章句与大义之间的争论,从一开始就存在。独尊儒术之后,由于行政的干预,这个问题更加突出。大、小夏侯之争的中心就是章句与大义能否统兼问题。一批有思想、有独立意识的儒生程度

①《汉书·儒林传》。
②参见《新论·正经》。
③《汉书·楚元王传》。
④《后汉书·桓荣传》
⑤《后汉书·张霸传》。

不同地反对拘泥章句。王充"好博览而不守章句"①,班固"所学无常师,不为章句,举大义而已"②,桓谭"遍习'五经',皆诂训大义,不为章句"③。韩韶"少能辩理而不为章句学,声名甚盛"④,荀淑"博学而不好章句,多为俗儒所非"⑤。章句对思维程式化极为有用,是实现文化专制和禁锢思想的有效手段。正像徐幹在《中论·治学》中批评的,章句之徒"无异乎女史诵诗,内竖传令也,故使学者劳思虑而不知道,费日月而无成功"。有思想的人是不会安于章句之笼的。从统治者的利益看,仅靠这种庸才也是难成事的。杨终在上明帝书中对"章句之徒破坏大体"也提出了批评,主张学经主要应明"大体"。在两汉,章句之学与大义之学形成儒家中两种不同发展方向和两种不同思维方式,两者之间的争论促成了官学乃至整个儒家的多样化与多元化。

儒家传授有一定的师法和家法。在独尊儒术之后,师法、家法更为严格。这对培养文化奴才与思想僵化的庸人是极为有用的。但对于有个性的人来说,他们不拘泥于师法、家法,而是多师或无常师,博采而独创,或兼而有之。夏侯胜就是这样的一位儒者。"胜少孤,好学,从始昌受《尚书》及《洪范五行传》,说灾异。后事蓳卿,又从欧阳氏问。为学精孰,所问非一师也。"⑥东汉时期不遵家法章句已相当普遍,在博士弟子中也蔚然成风。徐防在和帝时上书指出:"伏见太学试博士弟子,皆以意说,不修家法,私相容隐,开生奸路。每有策试,辄兴争讼,论议纷错,互相是非。"⑦徐防是反对这种现象的,但这是思想发展的潮流,不可逆转。东汉时期有几位大儒,几乎都不遵师法、家法。如唐晏所云:"爰暨贾(逵)、马(融)、服(虔)、郑(玄),始有菲薄前人之思,举两汉博士所传者排斥无遗,争胜前人,别求新解。"⑧这里须特别一提的是,有不少经师并不是要求学生固守己说,相反鼓励学生自己探索。西汉的王式就是如此。张长安、唐长宾、褚少孙师王式,"问经数篇,式谢曰:'闻之于师具是矣,自润色之。'不肯

---

①《后汉书·王充传》。

②《后汉书·班彪传附班固传》。

③《后汉书·桓谭传》。

④《后汉书·韩韶传》。

⑤《后汉书·荀淑传》。

⑥《汉书·夏侯胜传》。

⑦《后汉书·徐防传》。

⑧《两汉三国学案·序》。

复授"①。张、唐、褚发挥独立思考,后来都自成一家。东汉初的张玄"少习《颜氏春秋》,兼通数家法",教授时"辄为张数家之说,令择从所安。诸儒皆伏其多通,著录千余人"②。张玄这样的老师,实在开通!

在儒家的传承中,从着重通一经到兼通五经,从专一家到兼诸家,无疑促进了儒家诸说的融合,而这种融合又可视为多样化的一种表现。

钦定的官学尚且不可避免分化,可见思想多元化或多样化的规律是不能用行政方式压抑住的。

7.皇帝裁定分歧和定是非

汉廷把独尊儒术作为基本国策,然而由于儒家存在着在官与在野之争,官学内部又有分化,儒家出现了多元化或多样化问题。这个问题在儒生之间是不可能解决的。为了统一思想最终只能取决于皇帝。儒家独尊的地位是由王权确定的,其间的分歧也只能由皇帝裁定,从某种意义上说这也是合乎逻辑的。我们所以称之为合乎逻辑,是因为儒学除了作为一种学说之外,它也变成了政治的一个组成部分。政治中的分歧,在当时的条件下,最后只能取决于皇帝。例如最初《春秋》是崇《公羊传》还是崇《穀梁传》,武帝便让学《穀梁传》的江公与学《公羊传》的董仲舒在朝廷辩论,结果江公不如董仲舒,于是武帝重《公羊传》。至于儒学与实际政治相结合中出现的分歧,当然更须皇帝裁断。汉武帝独尊儒术之初,在徐偃、张汤、终军之间发生了一起关于"经"的解释与政治运作,以及同法律关系的争论。徐偃作为钦差大臣到地方视察风俗,他到胶东、鲁国,矫命允许二国铸钱(当时武帝已把铸钱权收归中央)。回朝之后,张汤劾徐偃矫制,应处死。徐偃以《秋》之义为己辩护:大夫出疆,只要为了安社稷、便万民,可以专命。张汤用法律驳不倒徐偃。于是武帝便问终军如何判断是非。终军反驳徐偃说:古今形势不同,古时诸侯国异俗分,受命之臣可以因具体情况做决定。"今天下为一,万里同风,故《春秋》王者无外'。偃巡封域之中,称以出疆何也?"③徐偃不能对。武帝很欣赏终军之论,下令把徐偃交御史大夫按察。

儒学作为政治的一部分,政治的决策者和皇帝就要对它进行规范和统一,这是政治运行所不可缺少的。从两汉看,规范与统一的办法,大致有如下

①《汉书·儒林传》。

②《后汉书·儒林列传》。

③《汉书·终军传》。

353

几种：

第一种，崇家说，守家法。汉所立官学，实际上都是家学。僵化的经师们严格按家法教授，一句一字不走样。汉光武立十四博士，特别明令"各以家法教授"①。范升上书提出"正其本，万事理"。反之"天下之事所以异者，以不一本也"。他所说的"正其本"，其中就包括严守家法。②选举时，格外注重师说与家法。像董仲舒这样有独创性的学者也不敢说己见，只说"承学"。萧望之举匡衡，称匡衡"经学精习，说有师道，可观览"③；举张禹说："经学精习，有师法，可试事。"④东汉时的左雄则上书要求选举孝廉时，"诸生试家法"⑤。

第二种，举行廷辩，由皇帝裁选。汉武帝时就开始实行，如韩婴与董仲舒"论于上前"⑥。关于封禅事，诸儒异说，莫衷一是。兒宽进言："唯圣主所由，制定其当，非群臣之所能列。"⑦以后各朝几乎都有廷辩。陈元给光武帝的上疏中说："陛下拨乱反正，文武并用，深愍经艺谬杂，真伪错乱，每临朝日，辄延群臣讲论圣道。"⑧陈元与范升在光武面前曾辩论十余次。

第三种，召集专门会议，议论重大理论问题，最后由皇帝裁定。大家所熟知的石渠阁会议与白虎观会议最为典型。皇帝钦定之后的文本被称为"国宪"。

第四种，钦定教本、经说和章句。早在汉文帝时，"使博士诸生刺'六经'中作《王制》"⑨。宣帝时命夏侯胜"撰《尚书》《论语说》"⑩。钟兴传颜氏《春秋》，光武帝令钟兴"定《春秋》章句，去其复重，以授皇太子。又使宗室诸侯从兴受章句"⑪。明帝命贾逵作《周官解故》⑫，章帝时命郑众作《春秋删》十九篇⑬。诏命之作

---

①《后汉书·儒林列传》。

②《后汉书·范升传》。

③《汉书·匡衡传》。

④《汉书·张禹传》。

⑤《后汉书·左雄传》。

⑥《汉书·儒林传》。

⑦《汉书·兒宽传》。

⑧《后汉书·陈允传》。

⑨《史记·封禅书》。

⑩《汉书·夏侯胜传》。

⑪《后汉书·钟兴传》。

⑫《后汉书·贾逵传》。

⑬《后汉书·郑兴传附郑众传》。

屡有记载,至于多次统一经文,是人所熟知的。

两汉统治者虽然企图用行政方式把思想规范化、统一化、固定化,但是从两汉整个思想界看,又存在着统而不死的现象。这又可以从两方面考察。

其一,对官学之外在野之儒,采取了兼而存之的政策。刘歆在《移太常博士书》中曾说:"往者博士《书》有欧阳,《春秋》公羊,《易》则施、孟,然孝宣皇帝犹复广立《榖梁春秋》,梁丘《易》,大、小夏侯《尚书》。义虽相反,犹并置之,何则?与其过而废之也,宁过而立之。"①应该说"与其过而废之也,宁过而立之","学不厌博"(东汉章帝评宣帝语)是较为开明的文化政策。从历史上看,秦始皇搞的是"过废"政策。"过废",从某种意义上看,符合行政原则,省去文化人吵吵嚷嚷给行政带来的干扰。但是从秦始皇的教训看,杜绝言路和禁止不同思维造成的结果是缺乏应变能力和调整能力。秦的速亡从某种意义上证明"过废"不是一种妥当的文化政策。"宁过而立之"对行政运行也会增加麻烦和干扰,但总的来说,比"过废"无疑要合理些。正像本文一开始所谈的,政治与思想文化的运行规律不完全相同。"宁过而立之"像郑子产不毁乡校一样,在一定意义上说为文化的发展留出了余地。特别是对儒家内部的不同派别采取"宁过而立之",无论是对儒家的发展与调整,还是对统治者,都利大于弊。西汉的统治者,大抵坚持这一政策,正如班固所说,增立官学"所以罔(网)罗遗失,兼而存之,是在其中矣"②。王莽时期广为网罗,立三十余博士。光武帝作了调整,但大致奉行宣帝的做法,即所谓"扶进微学,尊广道艺"③。范升对光武帝的做法有褒有贬,他上疏光武帝:"陛下愍学微缺,劳心经艺,情存博闻,故异端竞进。"④一言以蔽之,光武帝是允许儒家内部的异端存在和发展的。其后章帝又重申"扶微学、广异义"⑤的政策,还专门派人学习没有立于官学的儒学,主要是古文学。汉代统治者承认儒学内部的分化和流派的存在,并采取较宽容的政策,对统治者与儒学发展的本身都是有利的。

其二,对儒学之外的其他学说采取了较为宽容的态度。在儒家的言论中虽不乏对非儒学派的指斥、批评,以及要求禁绝的呼声,但在实际上未见统治者对非儒学派著作和学人进行焚毁和囚戮的记载。罢黜百家主要表现在立官学

---

① 《汉书·楚元王传》。

② 《汉书·儒林传·赞》。

③ 《后汉书·章帝纪》。

④ 《后汉书·范升传》。

⑤ 《后汉书·章帝纪》。

和选举上,不用或少用非儒之士。在利禄的引导下,形成了士人趋儒若鹜之势,因为当时学人除了仕途之外是很少有出路的。不过仕途的引诱并不能包容一切文化追求,有些文人不慕仕途而追求他所喜欢的思想和学说。从当时情况看,主要是黄老之学。两汉时期,黄老之学一直延绵不断,而且还有新发展。法家也没有沉寂,从表面看是时伏时起,内里则大用法家。

总之,两汉统治者对思想文化统而不死,对微学、异端、异义、异家、刑名、法理、文赋、神仙、方术等,非但没有过分的干预,有些皇帝也相当喜好。汉武、昭、宣帝杂王霸而用之,东汉的光武帝、明帝、章帝同样也是杂王霸而兼用。这些都为思想文化的多元与多样的发展保留了一席之地。

政治,通过强力或其他手段,对思想文化的干预作用是很大的,但有一点是做不到的,即完全把思想文化统一起来或完全纳入政治。不管是秦朝的焚书坑儒,抑或两汉的独尊儒术,都有一批士人不怕死、不图官,宁肯隐居、自耕自食、卖卜行医乃至乞食,也要保持和追求自己的思想独立和价值理想。这表明,思想文化多元化与多样化的规律总是顽强地表现出来。相比之下,汉代的统治者比秦始皇要聪明得多。秦始皇过分迷信权力,一味高压,效果并不好;汉代统治者主要是利诱、利导、利用。这样,既找到了与士人主要是儒生的结合点,建立了皇帝-官僚-士人-地主的统治体制,同时又有一定的宽容,为思想文化多元与多样性的存在与发展留有余地。正是这两方面的结合,使两汉思想文化多元与多样性的发展与春秋战国诸子百家争鸣相比,具有不同的特点。如果把春秋战国时期思想多元竞争视为常态,则两汉只能称之为变态。这种变态有以下几个特征:

第一,理论逻辑不能充分发展。儒家是在不断趋向统一与不断分化的两种反向力的动态平衡中存在与发展的。由于分化的程度不同,有时表现为多样化,有时表现为多元性,但无论是多样或多元,由于被独尊为圣教,便丧失了在开放的态势中充分展开自己内在逻辑的可能性。

第二,儒家的外延不清。一种学说的外延有时从理论上很难说清,但从直观上却可以把握。然而汉代儒家的外延有时从直观上也是难以把握的。儒被独尊,具有显赫的地位,众多的士人都转向儒家或向儒家靠拢。我们看到,有不少人本来不是学儒的,因种种原因后来都加入了儒家的行列或以儒自居。另一方面,儒家也必须适应社会,它必须实现与政治及社会的结合。而政治与社会显然不是儒家一说所能包容的。于是,儒家也大量吸收其他诸说:法家、阴阳五行及名家等各派的思想观念及思维方法,还有灾异、图谶、神仙、堪舆等术数迷信,都一拥而成为儒术的组成部分,一时五花八门,泥沙俱下。说这些不属儒,却明明载之于史;说是儒,不仅与先秦之儒不同,也遭到当时一些儒生的反对。儒家的外延不清,不能不说是一种变态。

第三,其他学派在儒学的影响下,也出现了变态发展,有的萎缩了,或由显文化变成潜文化,如墨家、名家,直到东汉以后才被人们重新注意;有些向儒家靠拢,像黄老一派的《太平经》,便表现了道、儒的混杂与结合;老学自汉武帝时期开始从政治舞台上退下之后,在文化上仍比较活跃,许多大儒很精通或喜欢《老子》,在大臣上疏中也多有称引《老子》以为教导者,专心于《老子》之学的既有排儒的一面,又有兼儒的一面;法家自盐铁会议后,理论上未有发展,但同文吏、法律相结合,在实际政治中仍起重要作用。

8. 余 论

汉以后,直到清代,儒术的独尊地位一直没有大的变化,不管如何改朝换代,易姓称王,孔子的香火缭绕不绝,而且越来越旺。儒术的独尊地位不变,前边谈到的几个历史现象也同样绵延不止。"五经"神话和孔子神话与汉代相比虽有某些形式的变化,但神话一造再造,与汉代相比更加精巧而已。"五经"(后来增至十三经)的绝对真理的地位有增无减。人们的经学思维方式越来越严重,从某种意义上说也越来越僵化。儒学的在朝与在野之争时隐时现,一直没有停止过。其间之争无疑有思想文化上的意义,同时也是一种政治斗争。儒家内部的分歧最后同样都要通过帝王来裁定。哪些儒家著述被定为"经"依然要由帝王决定,"经"的注疏也要由帝王确定,有时帝王本人还出面做"注"。甚至帝王对"经文"都要进行审议和删减。总之,有关"经"的问题,都要由皇帝决定。从政治角度看,这是合乎逻辑的,因为儒术是由帝王们选定的"官方"意识形态,儒术既然是政治的组成部分,因此儒术中有什么分歧和争论理所当然应归帝王来裁定,这既是帝王的权力,又被儒生们普遍认同。帝王们只要想充当最高经师,不管多么著名的儒生,几乎都乖乖地匍匐在地。不管儒生们如何高扬"道统",实际上"道统"是依附于"君统"的。

"五经"神话与孔子神话本来应该结束了,然而使人惊愕的是现在还有人继续造新的神话,诸如儒学可以救中国,救时弊,可以充当现代化的精神支柱等,据说其妙法就是"抽象继承",连"三纲五常"都可以抽象出现代文化意义,这真是新时代的天方夜谭。我想作为说故事,固无不可,但作为严肃的理论,我只能说:难矣哉!